www.sistemasolar.pt

Isadora Duncan

A MINHA VIDA

tradução e apresentação
José Domingos Morais

sistema solar

TÍTULO DO ORIGINAL: *MY LIFE*

© SISTEMA SOLAR, CRL (2018)
RUA PASSOS MANUEL, 67B, 1150-258 LISBOA
tradução © JOSÉ DOMINGOS MORAIS

1.ª EDIÇÃO, MARÇO DE 2018
ISBN 978-989-8833-25-9

NA CAPA: EDWARD STEICHEN, *ISADORA DUNCAN
SOB O PÓRTICO DO PARTÉNON*, ATENAS, 1920
REVISÃO: ANTÓNIO D'ANDRADE

DEPÓSITO LEGAL 438508/18
ESTE LIVRO FOI IMPRESSO NA EUROPRESS
RUA JOÃO SARAIVA, 10 A
1700-249 LISBOA
PORTUGAL

Isadora Duncan nasce em São Francisco da Califórnia, a 27 de Maio de 1877, «quando Vénus se encontrava em ascendência», tal como ela gostava de dizer, segundo referem alguns comentadores da sua vida.

É certo que a sua autobiografia, agora traduzida, não esconde os seus amores e paixões, mas revela-nos as fontes de inspiração das suas ideias sobre a arte da dança e o modo como as pôs em prática. Isadora, ao dançar, ignorava as técnicas do ballet clássico. Não usava sapatilhas, dançava com os pés nus e os cabelos soltos, vestia túnicas leves e ondulantes e movimentava-se num cenário constituído única e simplesmente por uma cortina. Isadora amava a natureza e a sua dança inspirava-se no vento e nas árvores a baloiçar, na ondulação das águas do mar, no voo das aves e nos movimentos dos outros animais. No Louvre e em outros museus encontrou vasos gregos e nesses vasos descobriu e admirou figuras de dançarinas que ilustraram o seu amor pela natureza e confirmaram o seu horror pela ginástica ritmada do ballet. Visitou e habitou a Grécia e foi desenvolvendo, como diz a ensaísta Eli Boscatto, «o domínio do próprio corpo em movimento, que ao mesmo tempo permite esquecer-se dele e entrar em comunhão com o espaço e a música». A dança é então, diz ainda Eli Boscatto, «uma celebração da vida, uma manifestação dos sentimentos através do corpo». Não se limita a um mero divertimento.

Assim foi acontecendo com Isadora Duncan e assim se compreende como ignorou as músicas folclóricas e as do ballet ginasticado, e se rendeu ao fascínio de Chopin, Beethoven e Wagner.

Para Isadora, a dança foi de facto uma celebração da vida, mas não é menos certo que a vida foi também uma celebração, a da sua arte. Não se limitava a dançar no espaço cénico de um teatro e, quando visitava amigos, *obsequiava-os dançando nas suas salas. Não era um acto de exibicionismo, mas sim o gosto de transmitir o amor à vida. Do mesmo modo, quando era ela a receber amigos brindava-os na sua sala, pequena ou grande, decorada apenas com cortinas a revestir as paredes. Amava a natureza, como já se disse, e portanto amava as crianças. Procurou ensiná-las a amar também a vida e não encontrou melhor maneira senão incutir-lhes o gosto pela dança. Para isso fundou escolas na Alemanha, na França e na Rússia, abertas a meninas pobres. Esta actividade não lhe proporcionava receitas financeiras suficientes para a manter e via-se obrigada a fazer digressões artísticas, a solo ou com as alunas.*

Isadora amava a vida e a natureza e, consequentemente, amava a liberdade. Não respeitava tradições estéticas para exercer a sua arte, nem acatava ensinamentos. A arte da dança era a sua vida, gozada em liberdade. E também em liberdade gozava a vida social. Teve vários amores e todos se desvaneceram. Nestas memórias relata-os pormenorizadamente e dá-nos a saber que em todos se sentiu feliz, porque em nenhum, excepto o último, esteve acorrentada pelos laços institucionais do matrimónio. Para Isadora o casamento era uma prisão, o amor uma alegria, um prazer e uma felicidade.

Note-se porém, que as suas memórias terminam na Primavera de 1921, quando recebeu um convite do Governo Soviético para criar na Rússia uma escola de dança para crianças. Isadora aceita o convite e parte para Moscovo. Termina as memórias dizendo «Adeus, Velho Mundo!» Era um Novo Mundo que ela saudava.

Como a sua morte prematura, ocorrida em Setembro de 1927, não lhe permitiu relatar os últimos seis anos de vida, não sabemos como exactamente os viveu e, muito menos como exactamente os apreciou. Mas sabemos que, apesar dos preconceitos contra o casamento, em Maio de 1922 casou na Rússia com o poeta soviético Serguei Essenine. O casamento durou dois anos e em 1924 divorciou-se, seguindo-se em 1925 o suicídio do poeta e ex-marido.

De regresso a França, instalou-se na cidade de Nice, na Riviera, e aí se dedicou à escrita da autobiografia, onde nos dá a conhecer a família, os ami-

gos e os amores. Tinha uma irmã, Elizabeth, e dois irmãos, Augustin e Raymond. Com todos os três conviveu, tal como com a mãe, que se divorciou poucos meses após o nascimento de Isadora. Era grande conhecedora e apreciadora de música, acompanhou a filha ao piano nos primeiros anos e muito contribuiu para o seu sucesso. Ao longo da sua carreira de dançarina, Isadora contou sempre com o apoio dos irmãos e este bom relacionamento com a família é um dos aspectos relevantes da autobiografia.

Em 1899 muda-se com a mãe, o irmão Raymond e a irmã Elizabeth para Chicago, onde dançou e travou conhecimento com o encenador de teatro Augustin Daly, que lhe proporcionou a primeira actuação em Nova York. Em 1900 a família Duncan muda-se para Londres, onde se relaciona com diversas personalidades da alta sociedade londrina, incluindo o Príncipe de Gales, tendo dançado para muitas delas. Em 1904 encontra-se em Berlim com o encenador britânico Edward Gordon Craig, um dos grandes nomes do teatro do século XX, que vem a ser um dos seus grandes amores e será, em 1905, o pai da filha Deirdre. O nome da menina, uma das mais celebradas figuras da mitologia celta da Irlanda, foi naturalmente escolhido por Isadora que, em 1910, será mãe de um menino chamado Patrick, filho de Paris Eugène Singer, milionário e herdeiro da famosa indústria de máquinas de costura.

Isadora não foi feliz com os filhos e isso não aconteceu por não os amar. Muito pelo contrário, na sua narrativa conclui-se precisamente o oposto. Amava-os profundamente e sonhava que viriam a ser os mais excelsos exemplos da sua maneira de encarar a vida e os mais admiráveis dançarinos capazes de revelar ao mundo o encanto pela vida e a paixão pela arte da dança e pela liberdade. Não aconteceu assim porque, em 1913, Deirdre e Patrick, ela com oito anos de idade e ele com cinco, pereceram afogados no rio Sena, juntamente com a preceptora, quando o automóvel em que regressavam a casa, vindos de Paris, se despenhou no rio. Anos mais tarde, de uma terceira paixão veio a ter um terceiro filho, que apenas sobreviveu algumas horas.

Não foi feliz com os filhos, mas apesar da sua saudade e sofrimento, soube encarar a vida, viver em liberdade, dar e receber amizade e gozar os seus amores. Encontrou amigos naqueles que viviam nas artes e pelas artes, poetas e pintores, gente do teatro e da literatura. Entre todos, talvez se possam destacar a actriz de teatro Eleonora Duse, italiana, e o escritor Gabriele D'Annunzio, também italiano, que não desdenharia ter conquistado o leito de Isadora. Embora o achasse um homem belo, digno e de boa e cultivada companhia, diz-nos que foi «a única mulher que soube resistir aos seus encantos e avanços», porque era ela quem escolhia os seus amores e porque não queria competir com a amiga Eleonora Duse.

 A autobiografia termina, como já referido, com a partida para a Rússia, em busca de um Novo Mundo. Não sabemos se ficou totalmente satisfeita. Não teve tempo para o dizer por escrito, mas sabemos que para ela o Novo Mundo seria aquele onde a liberdade pairasse por toda a sociedade, a igualdade não fosse uma ilusão e a sua escola pudesse florescer. Isadora tinha a esperança de que a revolução soviética de 1917 tivesse instaurado na Rússia esse mundo idílico de liberdade, igualdade e fraternidade que se esforçou por criar nas suas escolas de meninas pobres. Desiludida com a relação tempestuosa com o marido Essenine, como referem alguns ensaístas, regressou ao Velho Mundo europeu de que se despedira. Por certo reatou amizades antigas e outras terá criado, sem fazer distinções. Numa breve viagem pelos Estados Unidos, as suas intervenções públicas a favor da União Soviética causaram escândalo.

 Na casa de Nice foi desafiada a escrever as suas memórias. Não diz quem se atreveu a tal ousadia, apenas confessa que se sentiu assaltada por um grande terror. Admite que a sua vida «tenha sido mais interessante do que qualquer romance e mais recheada de aventuras do que qualquer fita de cinema, mas existe um problema... e esse problema é escrevê-la». Duvida que qualquer pessoa conheça a verdade sobre si própria, e a visão que cada um tem de si não é igual à visão que os nossos amigos, os nossos inimigos e os nossos amores têm de nós; todas são diferentes. É Isadora quem, logo no início do livro, faz estas afirmações e talvez se possa acrescentar que, embora diferentes, todas as visões são correctas.

APRESENTAÇÃO

Ao lerem as memórias de Isadora Duncan, cada um dos leitores terá a sua visão da autora, todas diferentes e todas correctas. Quero crer porém que o mais importante é que cada leitor se aperceba da visão que Isadora tinha do mundo, da sua arte, da sociedade, da amizade e do amor, compare essa visão com a sua própria, reconheça as semelhanças e as diferenças e se sinta desafiado a escrever as suas memórias.

A Minha Vida, as memórias da bailarina Isadora Duncan, teve a sua primeira edição em Inglaterra, em 1928, cerca de um ano após a sua morte ocorrida a 14 de Setembro de 1927.

A morte de Isadora Duncan é uma história trágica. Ao tempo, os automóveis descapotáveis eram uma manifestação de bom gosto e bom viver. Isadora dispunha de um desses carros, mas evitava utilizá-lo porque isso lhe recordava a morte dos filhos no rio Sena. Nesse dia 14 de Setembro decidiu usá-lo e saiu de Nice acompanhada pelo motorista. Levava ao pescoço uma écharpe comprida que, arremessada pelo vento se enrolou numa das rodas traseiras, estrangulando-a e arrancando-a do assento que ocupava. Em Paris, no cemitério Père Lachaise, foi sepultada a fundadora da dança moderna.

A tragédia ocorreu numa estrada da Riviera Francesa, certamente com o mar no horizonte e é curioso verificar que, em um outro dia 14 de Setembro, este do ano 1982, morre tragicamente a actriz e princesa do Mónaco, Grace Kelly, ao volante do seu automóvel, também numa estrada da Riviera e também com o mar como pano de fundo.

Uma amiga de Isadora dizia que as últimas palavras por ela proferidas, antes de entrar no carro, foram:

Adeus amigos! Vou para a glória!

J.D.M.

INTRODUÇÃO

Confesso que, na primeira vez em que me propuseram escrever este livro, senti-me assaltada por um grande terror. Isto não quer dizer que a minha vida não tenha sido mais interessante do que qualquer romance, nem mais recheada de aventuras do que qualquer fita de cinema e, se for realmente bem escrita, passe a ser considerada como a narrativa marcante de uma determinada época. Contudo, existe um problema... e esse problema é escrevê-la!

Foram precisos anos de luta, de trabalho duro e de pesquisa, para aprender a fazer um só e simples gesto, e sei o suficiente sobre a Arte de escrever para me aperceber de que necessitaria, de novo, de outros tantos anos de esforço tenaz e concentrado para escrever uma só frase simples e bela. Quantas vezes afirmei que, embora um homem possa aventurar-se por terras do Equador e travar recontros tremendos com tigres e leões, se porventura tentar narrá-los por escrito, não conseguirá fazê-lo, enquanto um outro, que nunca saiu da varanda de sua casa, é capaz de descrever a matança de tigres na selva e fazê-lo de tal modo que os seus leitores não duvidem que na verdade ele andou por esses sítios e com ele partilhem os seus medos e angústias, sintam o cheiro dos leões e ouçam o temeroso aproximar da cobra cascavel. Nada parece ter existência real senão na imaginação e todas as coisas maravilhosas que me aconteceram e vivi podem vir a perder o seu sabor pela simples razão de eu não possuir a pena de um Cervantes ou mesmo de um Casanova.

Mas isto não é tudo. Como se pode escrever a verdade a propósito de si próprio? Será que cada um de nós a conhece? Há a visão que os nossos amigos têm de nós; a visão que temos sobre nós próprios e a visão que o nosso namorado tem de nós. Há ainda também a visão que os nossos inimigos têm de nós... e todas estas nossas visões são diferentes. Tenho boas razões para saber e dizer o que disse, pois já me aconteceu trazerem-me com o pequeno-almoço os jornais da manhã e ler, em um deles, uma crítica em que se dizia que eu era tão bela como uma deusa e que era um génio. Mas ainda mal acabara de sorrir de contentamento pelo que lera, logo peguei em outro jornal e aí se declarava que eu não tinha o mais pequeno talento, que era mal feita e não passava de uma harpista.

Não esperei muito tempo para desistir de ler as críticas ao meu trabalho. Não podia exigir que só me dessem a conhecer as boas; as outras, as más, eram demasiado desencorajadoras e atentatórias. Houve um crítico, em Berlim, que me perseguiu com insultos. Entre outras coisas, disse que eu não tinha o mais ínfimo sentido musical. Um dia escrevi-lhe a implorar que me viesse visitar, acrescentando que havia de o convencer dos seus erros. Ele veio, sentou-se à minha frente, do outro lado da mesa de chá e, durante hora e meia, discursei sobre as minhas teorias acerca do movimento visual inspirado pela música. Reparei que ele tinha um ar muito prosaico e impassível, mas qual não foi o meu espanto e a minha consternação quando o vi tirar do bolso uma corneta acústica e me comunicou que era muito surdo e que, mesmo com aquele instrumento mal conseguia ouvir a orquestra, apesar de se sentar sempre num lugar da primeira fila da plateia! Era este o homem cujas opiniões a meu respeito me deixavam acordada uma noite inteira!

Se assim é, se cada um vê em nós, segundo o seu ponto de vista, uma pessoa diferente, como será possível encontrarmos em nós ainda mais uma personalidade para sobre ela escrever um livro? Será a Casta Madona, ou a Messalina, ou a Madalena, ou a Sabichona da Meia Azul?[1] Onde poderei

---

[1] *Meia Azul — Blue Stocking*: era uma sociedade de mulheres intelectuais e instruídas, existente em Inglaterra no século XVIII. (*N. do T.*)

eu achar a mulher de todas estas aventuras? Quer parecer-me que não existe só uma, mas centenas... e que a minha alma paira nos ares, lá no alto, sem que seja afectada por alguma delas.

Foi muito acertado dizer-se que a condição essencial para se escrever sobre qualquer coisa é que o escritor não tenha nenhuma experiência sobre o assunto em causa. Escrever, tentar exprimir por palavras aquilo que realmente se viveu é o mesmo que descobrir que as palavras se tornaram evasivas. As memórias são menos tangíveis do que os sonhos. Para mim é bem certo que muitos dos sonhos que sonhei me parecem mais vivos e reais do que as minhas recordações de facto reais. A vida é um sonho, e é bom que assim seja pois de outro modo como poderíamos sobreviver a algumas das suas provocações? Tais como, por exemplo, ao naufrágio do *Lusitânia*[1]. Um acontecimento, uma provação como essa, deveria deixar gravada para sempre, no rosto dos homens e das mulheres que a sofreram, uma expressão de horror e, no entanto, encontramo-los felizes e sorridentes por aqui, por ali e em todo o lado. É só e apenas nos romances que as pessoas sofrem metamorfoses súbitas. Na vida real, mesmo após as mais terríveis provações, as linhas definidas do carácter permanecem exactamente as mesmas. Atente-se no número de príncipes russos que, após terem perdido tudo o que possuíam, todas as noites se podem ver em Montmartre a cear na alegre companhia de coristas de teatro, tal como era seu costume antes da guerra.

A mulher ou o homem que escrever a verdade da sua vida terá escrito uma grande obra. Mas ainda ninguém se atreveu a escrever sobre a verdade da sua vida. Jean-Jacques Rousseau fez em prol da Humanidade este supremo sacrifício — desvelar os seus mais íntimos actos e pensamentos. O resultado foi um grande livro. Walt Whitman doou a sua verdade à América e tempo houve em que o seu livro foi condenado e proibido por ser «imoral». Hoje, este rótulo parece-nos absurdo. Não há

---

[1] *Lusitânia*: Luxuoso navio britânico afundado por um submarino alemão, ao largo da Irlanda em 7 de Maio de 1915. (*N. do T.*)

memória de mulher que alguma vez tenha contado toda a verdade da sua vida. As autobiografias das mais famosas mulheres mais não são do que uma série de relatos da sua existência externa, de triviais acontecimentos e de anedotas que não transmitem nenhuma ideia sobre a sua vida real. No que toca aos grandes momentos de alegria ou de angústia, permanecem estranhamente silenciosas.

A minha Arte é justamente um esforço para expressar a verdade do meu Ser por gestos e movimentos. Precisei de longos anos para encontrar um movimento absolutamente verdadeiro. As palavras têm um significado diferente. Perante o público que se amontoava para assistir às minhas representações, não hesitei. Dei-lhe os impulsos mais secretos da minha alma. Desde o início dancei sempre e apenas a minha vida. Em criança dancei a alegria espontânea dos seres em crescimento. Como adolescente, dancei com uma alegria que se ia tornando apreensão pelas primeiras concretizações dos trágicos acontecimentos que adivinhava e receava... uma apreensão pela inspiradora brutalidade da vida e pelo seu esmagador desenvolvimento.

Com dezasseis anos dancei sem música perante uma audiência. No final, alguém gritou subitamente do meio da sala: «É a Morte e a Donzela». De aí em diante, o bailado passou a ser chamado «A Morte e a Donzela»[1]. Mas este significado não era minha intenção. Eu apenas pretendia exprimir a consciência que pela primeira vez tive da tragédia que sempre se esconde no fundo de todas as manifestações de aparente alegria. O bailado, segundo o meu entendimento, deveria ter sido chamado «A Vida e a Donzela».

Mais tarde, dancei a minha luta com esta mesma vida, a que o público chamará morte, e os meus esforços para lhe arrancar as suas alegrias efémeras.

Nada está mais longe da exacta verdade de uma personagem do que o herói ou a heroína de uma vulgar fita de cinema ou de uma novela.

---

[1] *A Morte e a Donzela*: Quarteto de Cordas e *Lieder* de Franz Schubert. (*N. do T.*)

Geralmente dotados de todas as virtudes, é-lhes impossível cometer uma má acção. Para *ele* está reservada a nobreza, a coragem, a força da alma, etc.... etc.; para *ela*, a pureza, a doçura, etc.... etc. Todas as qualidades medíocres e pecados são a parte que cabe ao vilão da intriga e à «Mulher Má», embora todos nós saibamos que na realidade não há ninguém inteiramente bom ou inteiramente mau. Podemos não infringir os Dez Mandamentos, mas somos certamente capazes de o fazer. Dentro de cada um de nós acoita-se o infractor de todas as leis, pronto a saltar na primeira oportunidade. Gente virtuosa é simplesmente aquela que nunca foi suficientemente tentada, ou porque vive num estado vegetativo, ou porque os seus objectivos estão de tal modo focalizados numa única direcção que não têm tempo, nem vagar para lançar um olhar em seu redor.

Vi uma vez um filme maravilhoso intitulado *O Carril*. O tema e sentido do filme consistia em dizer que todas as vidas dos seres humanos são, todas elas, como que uma locomotiva a correr ao longo de calhas fixas. Se a locomotiva salta fora das calhas ou encontra à sua frente um obstáculo intransponível, o desastre não pode deixar de acontecer. Felizes os maquinistas que, ao depararem com uma descida abrupta, não se sentem inspirados por um diabólico impulso de ignorarem todos os travões e precipitarem-se na destruição.

Por várias vezes me perguntaram se eu considerava o amor mais digno e elevado do que a arte e eu respondi que não conseguia separá-los, pois o artista é o único verdadeiro amante, só ele tem a visão pura da beleza e o amor é a visão da alma quando lhe é permitido contemplar a beleza imortal.

Talvez uma das mais maravilhosas personalidades do nosso tempo seja Gabriele D'Annunzio. No entanto é uma figura pequena, de baixa estatura, e dificilmente pode dizer-se que é bonita, excepto nos momentos em que o seu rosto se ilumina. Quando fala com alguém que ama, transfigura-se a ponto de se assemelhar ao próprio Febo Apolo e assim ganhou o amor de algumas das mais distintas e mais belas mulheres dos dias de hoje.

Quando D'Annunzio ama uma mulher, eleva-lhe a alma muito para além da Terra, até às regiões divinas onde Beatriz se move e resplandece. Uma a uma, faz participar cada mulher na essência divina, eleva-a tão alto que ela acredita encontrar-se realmente na companhia de Beatriz, aquela que Dante cantou em estrofes imortais. Houve uma, em Paris, que levou o culto de D'Annunzio a uma tal dimensão que ele foi o amado de todas as mais celebradas beldades. Nesses dias fez esvoaçar sobre as suas favoritas, uma a uma, um véu resplandecente. A favorita pairava muito acima da cabeça dos comuns mortais e passeava-se envolvida por uma auréola estranha.

Quando o capricho do poeta chegou ao fim, aquele véu desvaneceu-se, a auréola eclipsou-se e a mulher voltou a ser uma vulgar figura de argila. Ela própria não sabia o que lhe acontecera, mas estava consciente de uma súbita descida à terra e olhava para trás, para a transformação por que tinha passado quando adorada por D'Annunzio. Então apercebia-se de que jamais ao longo de toda a sua vida futura, voltaria a encontrar aquele génio do amor. Lamentando a sua sorte, ficou cada vez mais desolada, até chegar ao ponto de as pessoas dizerem, ao vê-la: «Como pôde D'Annunzio amar esta mulher tão banal e de olhos vermelhos?». Gabriele D'Annunzio era um amante tão grande e poderoso que lhe era fácil transformar a mais vulgar mortal e dar-lhe por momentos a aparência de um ser celestial.

Só uma mulher na vida do poeta resistiu a esta provação. Foi a reincarnação da divina Beatriz e D'Annunzio não necessitava de a envolver em qualquer véu. Na verdade, eu sempre acreditei que Eleonora Duse era de facto a Beatriz de Dante reincarnada nos nossos dias e, por isso mesmo, diante dela D'Annunzio só podia cair de joelhos em adoração. Foi esta a única experiência de beatitude ao longo de toda a sua vida. Em todas as outras mulheres ele não encontrava mais do que aquilo que lhes havia dado e transmitido; somente Eleonora pairava acima dele, revelando-lhe a inspiração divina.

O mundo e as pessoas sabem tão pouco acerca do poder das adulações subtis! Sentir-se lisonjeado com esta magia característica de D'Annunzio é qualquer coisa semelhante, imagino eu, à experiência de Eva quando ouviu a voz da serpente no Paraíso. D'Annunzio pode e sabe dar a qualquer mulher a sensação de que ela é o centro do Universo.

Lembro-me de um passeio maravilhoso que com ele fiz na floresta. Em dado momento detivemos a nossa marcha e fez-se silêncio. Então D'Annunzio exclamou: «Oh, Isadora, somente contigo é possível estar na Natureza. Todas as outras mulheres destroem a paisagem; tu somente, e mais ninguém, nela te sabes incorporar». Pode alguma mulher resistir a uma tal homenagem? «Tu fazes parte das árvores, do céu, tu és a deusa suprema da Natureza».

Era assim o génio de D'Annunzio. Sabia dar a cada mulher a sensação de que ela era uma deusa, cada uma em domínios diferentes.

Aqui estendida numa cama do Negresco, tento analisar aquilo a que chamam memória. Sinto o ardor do sol do Meio-Dia. Ouço as vozes de crianças a brincar no parque vizinho. Sinto o calor do meu próprio corpo. Olho para baixo, para as minhas pernas nuas... e estico-as o mais que posso. Olho para os meus seios e sinto a sua doçura, olho para os meus braços que nunca estão imóveis, mas sempre a balouçar em suaves ondulações, e apercebo-me de que desde há doze anos ando fatigada, que no meu peito se encerra uma dor sem fim, que estas mãos à minha frente estão marcadas com sinais de tristeza e que, quando estou só, estes meus olhos raramente estão secos. As lágrimas correram durante doze anos, desde esse dia, doze anos atrás, em que, deitada num outro leito, fui subitamente despertada por um imenso grito e, virando-me, vi L.[1] a gritar como um homem ferido: «Mataram as crianças». Recordo-me que uma doença estranha me atacou, sentia a garganta a arder como se tivesse engolido brasas de carvão, mas não conseguia compreender nada do que se passava. Falei-lhe com muita suavidade, tentei acalmá-lo,

---

[1] *L.*: inicial de Lohengrin, nome que Isadora Duncan dá a Paris Singer ao longo da sua autobiografia. Paris Singer era o milionário e proprietário da indústria das famosas máquinas de costura *Singer*. (*N. do T.*)

disse-lhe que isso não podia ser verdade. Então apareceram outras pessoas, mas eu continuava sem perceber o que acontecera. Entrou um homem de barba preta e disseram-me que era um médico. «Não é verdade», disse, «eu vou vê-las e tratar delas».

Acreditei no doutor. Quis ir com ele, mas as pessoas presentes agarraram-me e não me deixaram acompanhá-lo. Soube mais tarde que procederam assim porque lhes pareceu melhor eu não saber que na verdade não havia qualquer esperança. Recearam que o choque que eu sofreria me causasse graves perturbações e é certo que, entretanto, eu já estava num estado de grande exaltação. Reparei que todos os que ali se encontravam não cessavam de chorar, mas eu não chorei. Pelo contrário, senti um imenso desejo de os consolar a todos. Olhando hoje para trás, é-me difícil compreender o estranho estado da minha mente. Teria eu, então, recebido uma tal clarividência que me levava à certeza de que a morte não existe… que aquelas duas pequenas e frias imagens de cera não eram os meus filhos, mas simplesmente as suas roupas? Que a alma dos meus filhos continua a viver no seu esplendor e sempre viva? Somente duas vezes ressoou em mim aquela chama da mãe, que a mãe ouve como se não viesse da intimidade do seu peito mas sim do lado de fora. Esses dois momentos foram o Nascimento e a Morte, pois quando senti nas minhas mãos o frio daquelas duas pequeninas mãos que jamais voltaria a apertar nas minhas, ouvi os meus clamores… os mesmos clamores que ouvira quando vieram ao mundo. Porquê os mesmos… se um é o clamor da suprema Alegria e o outro é o da Tristeza? Não sei porquê, mas sei que são iguais, são o mesmo. Será que no Universo existe somente um único Grande Clamor que exprime Tristeza, Alegria, Êxtase, Agonia, o Clamor da Mãe da Criação?

CAPÍTULO I

O carácter de uma criança está definido desde o início, desde o seio da mãe. Antes do meu nascimento a minha mãe sentia uma grande agonia e achava-se numa trágica situação. Não podia tomar qualquer alimento excepto ostras frias e champanhe gelado. Se alguém me perguntava quando começara a dançar, eu respondia: «No ventre da minha mãe, provavelmente como resultado das ostras e do champanhe... a alimentação de Afrodite».

Por esse tempo, a minha mãe arrastava-se através de provações tão trágicas que frequentemente dizia: «Esta criancinha que está para nascer, por certo não será uma criança normal». Esperava um monstro e, de facto, parece que logo no momento do meu nascimento comecei a agitar os braços e as pernas com um tal furor que a minha mãe bradou: «Estão a ver como eu tinha razão, a menina tem manias!» Mas mais tarde, metida numa camisinha, no meio da mesa, eu era o grande divertimento da família toda e dos amigos a verem-me dançar ao som de qualquer música que alguém tocava. A minha recordação mais recuada é a de um incêndio. Lembro-me de ter sido arremessada do alto de uma janela para os braços de um polícia. Devia ter dois ou três anos de idade, mas lembro-me perfeitamente da reconfortante sensação de segurança que, no meio da grande confusão de gritos e chamas, o polícia me transmitiu e lembro-me dos meus pequenos braços agarrados ao seu pescoço. Devia ser um irlandês. Ainda hoje vejo a minha mãe a gritar num frenesim: «Os meus meninos, os meus meninos!». E vejo-a ser agarrada pela multidão e impedida de entrar em casa, onde ela supunha que os meus dois irmãos tinham ficado. Recordo-me de, algum tempo depois, ter encontrado os dois rapazes sentados no chão da sala de um bar a calçarem as meias e os sapatos e lembro-me do interior de uma carruagem e de ter estado sentada a um balcão bebendo chocolate quente.

    Nasci à beira-mar e tenho reparado que todos os grandes acontecimentos da minha vida ocorreram à beira-mar. A minha primeira ideia sobre o movimento, sobre a dança, recolhi-a certamente do ritmo das ondas. Nasci sob o signo de Afrodite, Afrodite que também nasceu no mar e quando a sua estrela se levanta no céu os acontecimentos são-me sempre propícios. Aí a vida corre-me leve e de feição e sinto-me capaz de criar. Tenho também reparado que o desaparecimento desta estrela é habitualmente seguido de um desastre na minha vida. A ciência da astrologia talvez não tenha hoje a importância que tinha no tempo dos antigos Egípcios ou dos Caldeus, mas é certo que a nossa vida psíquica sofre a influência dos planetas e, se os pais tivessem isto em consideração, observariam e estudariam as estrelas para gerarem filhos mais belos.

    Creio também que a vida de uma criança nascida à beira-mar deve ser muito diferente da vida daquela que nasce nas montanhas. O mar sempre me atraiu, enquanto a montanha me transmite uma vaga sensação de desconforto e um desejo de fugir. As montanhas sempre me deram a impressão de ser uma prisioneira da terra. Ao olhar para os seus cumes, não sinto a mesma e geral admiração dos turistas, mas somente um desejo de saltar-lhes por cima e desaparecer. A minha vida e a minha arte nasceram do mar.

    Tenho de me sentir agradecida por a minha mãe ser pobre quando nós éramos novos. Não podia ter criados ou governantas ao seu serviço e é a este facto que devo a espontaneidade da vida que tive a oportunidade de viver, espontaneidade que em criança sempre manifestei e nunca perdi. A minha mãe era música e o ensino da música era o seu meio de ganhar a vida. Como ia dar lições ao domicílio dos alunos, estava ausente de casa durante todo o dia e várias horas ao serão. Quando eu conseguia fugir da prisão da escola, ficava livre e podia vaguear sozinha à beira-mar, ao sabor das minhas fantasias. Como lamento, ainda hoje, e tenho pena das meninas e dos meninos que constantemente vejo acompanhados de amas ou governantas, sempre vigiados e protegidos e muito cuidadosamente vestidos! Como podem gozar a vida? A minha mãe estava muito ocupada e afadigada para poder pensar em eventuais riscos que os seus filhos corressem, pelo que os meus dois irmãos e eu estávamos completamente livres para seguir os nossos impulsos de vagabundagem, que por vezes nos conduziam a aventuras que, caso a mãe viesse a saber, a teriam mergulhado num estado de devastadora ansiedade. Felizmente ela era abençoadamente despreocupada. Felizmente para mim, devo dizer, é certamente a esta vida selvagem e sem entraves da minha infância que devo a inspiração da dança que criei e que não foi mais do que a expressão da liberdade. Nunca estive submetida aos contínuos «não faças isso» que, em meu entender, fazem da vida das crianças uma miséria.

    Aos cinco anos de idade dei entrada numa escola pública. Julgo que a minha mãe deu informações falsas sobre a minha idade, mas era indispensável para encontrar um sítio onde me arrumar. Creio que o que cada um de nós é chamado a fazer na vida se manifesta claramente na mais tenra infância. Quanto a mim, nesse tempo eu já era uma bailarina e uma revolucionária. A minha mãe, que fora baptizada e criada numa família católica irlandesa, continuou a ser uma devota católica até ao dia em que descobriu que o meu pai não era modelo de perfeição que ela sempre julgara. Divorciou-se e deixou-o, levando consigo os seus quatro filhos para enfrentar o mundo. Desde então, a sua fé na religião católica esmoreceu, deu um volte-face violento para o ateísmo e tornou-se uma seguidora de Bob Ingersoll, cujas obras passou a ler para nós os quatro.

    Entre outras coisas decidiu que a sentimentalidade não fazia qualquer sentido e, era eu pouco mais do que um bebé, revelou-nos o segredo do Pai Natal. Como resultado desta revelação, aconteceu que numa festa de Natal da minha escola, quando a professora distribuía rebuçados e bolinhos e nos disse: «Vejam, meninos, o que o Pai Natal vos trouxe», eu levantei-me e repliquei: «Não acredito nisso, essa coisa do Pai Natal não existe». A professora ficou embaraçada e disse: «Os rebuçados são só para os meninos que acreditam no Pai Natal». «Então não quero os rebuçados», respondi eu. A professora irritou-se despropositadamente e, para que eu servisse de exemplo a não seguir, deu-me ordem para me aproximar e sentar-me no chão. Avancei e, voltando-me para a classe, fiz o primeiro dos meus famosos discursos: «Não acredito em mentiras», berrei. «A minha mãe disse-me que é pobre de mais para fazer de Pai Natal. Só as mamãs ricas podem fingir que são o Pai Natal e dar presentes aos filhos.»

Ao ouvir isto, agarrou-me furiosa e quis obrigar-me a sentar no chão, mas eu retesei as pernas e agarrei-me a ela; conseguiu apenas arrastar-me a bater com os tacões dos sapatos no chão da sala. Vendo o seu fracasso, pôs-me de pé a um canto da sala, virada para a parede e de costas para a classe. Porém, logo que me vi naquela posição, virei a cabeça por cima do ombro e gritei: «Não existe Pai Natal, não existe nenhum Pai Natal». Finalmente, a professora não teve outro remédio senão mandar-me para casa. Assim fiz e pelo caminho fui sempre aos gritos de «não existe Pai Natal», sem nunca esquecer nem atirar para o lado a injustiça com que tinha sido tratada, privada de rebuçados e punida por ter dito a verdade. Depois de contar esta história à minha mãe, perguntei-lhe: «Não é verdade? Não existe Pai Natal, pois não?» Ela replicou: «Não existe Pai Natal e Deus também não existe, só podes contar contigo e com a força da tua alma para te ajudarem.» Nessa noite, comigo sentada no tapete aos seus pés, leu-me os ensinamentos de Bob Ingersoll.

A educação geral que uma criança recebe na escola é, a meu ver, absolutamente inútil. Lembro-me de, na minha classe, ser umas vezes considerada espantosamente inteligente e a primeira da turma e, outras vezes, dotada de uma estupidez sem remédio e a última da aula. Tudo dependia de uma pequena habilidade da minha memória que me permitia aprender ou não aprender de cor a matéria que nos estava a ser ensinada. Diga-se, porém, que eu não fazia a mais pequena ideia da matéria em causa. Quer eu estivesse à cabeça ou na cauda da classe, as horas de aula eram horas de fadiga e aborrecimento e não me cansava de olhar para o relógio, esperando que os ponteiros batessem as três horas e nos devolvessem a liberdade. A minha verdadeira educação decorria ao fim da tarde e ao serão, com a minha mãe a tocar para nós Beethoven, Schumann, Schubert, Mozart, Chopin ou a ler em voz alta poemas de Shakespeare, Shelley, Keats ou Burns. Eram horas de encantamento. Quase sempre a mãe recitava a poesia de cor e um dia, tinha eu seis anos, imitei-a. Durante um festival escolar, electrizei a audiência ao recitar «António e Cleópatra», de William Lytle:

«Estou a morrer, Egipto, a morrer!
Baixa depressa a rubra maré da vida».

Noutra ocasião, a professora pediu a cada aluna para escrever a história da sua vida, a minha foi mais ou menos narrada como se segue:
— «Quando tinha cinco anos, vivíamos numa casa da Rua 23. Como deixámos de pagar a renda, não pudemos continuar a morar ali e tivemos de mudar para a Rua 17. Muito pouco tempo depois, o dinheiro faltou-nos, o novo senhorio zangou-se e tivemos de mudar para a Rua 22, onde também não foi possível viver em paz e tornámos a mudar, agora para a Rua 10».

A história continuava sempre desta maneira, com um número infinito de mudanças. Quando me levantei para ler o meu trabalho, a professora ficou muito encolerizada com o que ouviu. Julgou que estava a troçar dela, representando um papel de mau gosto. Fez queixa à directora, que chamou a minha mãe. Quando a minha pobre mãe leu o meu trabalho, desfez-se em lágrimas e confirmou que tudo aquilo era rigorosamente verdadeiro. Era assim a nossa existência nómada. Espero que as escolas tenham mudado, desde o tempo em que eu era uma menina pequena. As minhas recordações do ensino nas escolas públicas mostram-me uma brutal incapacidade para compreender a infância e as crianças. Lembro-me também do enorme suplício que era tentar permanecer sentada num banco de madeira dura, de estômago vazio e os pés dentro de um par de sapatos húmidos. A professora parecia-me um monstro inumano que ali estava com a finalidade de nos torturar. Destes sofrimentos, as crianças nunca falam.

Não tenho ideia da nossa pobreza em casa nos causar sofrimento. Considerávamo-la uma coisa natural e corrente e foi unicamente na escola que eu sofri. Para uma criança sensível e senhora de si, o sistema da escola pública, tal como recordo, era tão humilhante como um reformatório ou uma penitenciária. Senti sempre uma tremenda revolta.

Tinha eu cerca de seis anos, a minha mãe ao chegar um dia a casa, deparou com meia dúzia de bebés da vizinhança que eu tinha reunido, todos eles demasiado novos para poderem andar. Tinha-os sentado no chão, à minha frente, e entretinha-me a ensinar-lhes a balouçar e ondular os braços. Pediu-me uma explicação e informei-a que aquilo era a minha escola de dança. Achou graça, sentou-se ao piano e começou a tocar. A escola continuou e tornou-se muito popular. Mais tarde, várias meninas pequenas do bairro vieram frequentá-la e os pais pagaram-me umas reduzidas quantias de dinheiro para eu as ensinar. Foi assim o início de uma actividade que, com o tempo, acabou por ser muito lucrativa.

Ao atingir os dez anos, a frequência da minha escola tornou-se bastante numerosa e decidi participar à minha mãe que não valia a pena eu continuar na escola, onde apenas perdia tempo em vez de o aplicar a ganhar dinheiro, coisa que, aliás, considerava infinitamente mais importante. Enrolei o cabelo no alto da cabeça e passei a dizer que tinha dezasseis anos. Como era muito alta para a minha idade, todos me acreditavam. A minha irmã Elizabeth, que tinha sido criada pela nossa avó, veio viver connosco e ajudou-me a dar as aulas. Fomos muito solicitadas e exercemos a nossa actividade em muitas casas ricas de São Francisco.

CAPÍTULO II

Como a minha mãe se tinha divorciado quando eu era bebé de colo, nunca tinha visto o meu pai. Uma vez perguntei a uma das minhas tias se eu nunca tinha tido pai e ela respondeu: «O teu pai era um demónio que destroçou a vida da tua mãe.» Desde então sempre o imaginei como um desses demónios que se vêem nas gravuras dos livros, com cornos e cauda e quando, na escola, as outras meninas falavam dos pais, eu ficava silenciosa.

Tinha sete anos e vivíamos em dois compartimentos quase completamente vazios, num terceiro andar. Um dia ouvi a campainha da porta a tocar. Corri para a sala de entrada para ver quem era e deparei com um senhor muito bem parecido, de chapéu alto, que me disse:

— Podes levar-me ao apartamento de Mrs Duncan?

— Eu sou a filha mais nova de Mrs Duncan — repliquei.

— És tu a minha Princesa Pug? — disse o cavalheiro desconhecido. (Era este o nome que ele me dava quando eu era bebé).

Sem perder um segundo, tomou-me nos braços e cobriu-me de beijos e lágrimas. Fiquei muito surpreendida e perguntei-lhe quem era, ao que ele respondeu, a chorar: «Sou o teu pai.»

Fiquei deliciada com a novidade e precipitei-me para a anunciar à família.

— Está lá fora um homem que diz ser o meu pai.

A minha mãe levantou-se, muito pálida e agitada, correu para o outro quarto, meteu-se lá dentro e fechou-se à chave. Um dos meus irmãos escondeu-se debaixo da cama e o outro dentro de um armário, ao passo que a minha irmã foi acometida de uma violenta crise de nervos.

— Diz-lhe que se vá embora, que se vá embora, gritavam todos. Fiquei muitíssimo surpreendida mas, como menina bem educada, que de facto era, voltei à entrada e disse:

— A família não está hoje muito bem e não pode receber ninguém.

A estas palavras, o desconhecido pegou-me na mão e perguntou-me se não queria ir dar um passeio com ele. Descemos as escadas, saímos para a rua e fui saltitando a seu lado, num desconcertado encantamento, a pensar que aquele belo e gentil cavalheiro era o meu pai e não tinha cornos nem cauda, como sempre o tinha imaginado.

Levou-me a uma gelataria e atulhou-me de gelados e bolos. Regressei a casa num estado de grande excitação e encontrei toda a família tomada de um terrível abatimento.

— É um homem perfeitamente encantador —, disse-lhes eu, — e volta amanhã para me dar mais gelados.

Contudo, a família recusou-se a vê-lo e recebê-lo, pelo que, passado um certo tempo, regressou para junto da sua outra família em Los Angeles.

Após este episódio, não voltei a ver o meu pai durante vários anos. Mais tarde, reapareceu subitamente. Desta vez, a minha mãe foi menos severa e concordou em recebê-lo. Ofereceu-nos de presente uma linda casa que dispunha de várias salas de dança, um campo de ténis, um celeiro e um moinho de vento. Isto deveu-se ao facto de o meu pai ter feito fortuna pela quarta vez. Ao longo da sua vida tinha por três vezes acumulado uma fortuna e por três vezes se tinha arruinado. Esta quarta também se desmoronou com o tempo e, com ela, a casa e tudo o resto desapareceram. Mas durante alguns anos, poucos, nessa casa vivemos e ela foi para nós um porto de abrigo entre duas viagens tormentosas.

Antes do colapso, encontrei-me com o meu pai de vez em quando, soube que ele era poeta e passei a apreciá-lo. Entre os seus poemas, havia um que, de certo modo, era uma profecia de toda a minha carreira.

Relato aqui alguns pormenores da história do meu pai, porque estas impressões da minha mocidade tiveram uma tremenda influência na minha vida. Por um lado, alimentei o meu espírito e os meus conhecimentos com novelas sentimentais e, por outro lado, tive debaixo dos olhos um exemplo vivo e prático do que pode ser um casamento. Toda a minha infância parecia dominada pela sombra negra daquele pai misterioso de quem ninguém queria falar, e a terrível palavra divórcio ficou gravada na parte mais sensível do meu espírito. Como não podia pedir a ninguém explicações sobre estas coisas, tentei raciocinar e tudo compreender por minha conta. A maioria dos romances que li terminava num casamento e numa tão abençoada felicidade que não havia qualquer razão para prosseguir a narrativa. Mas em alguns desses livros, nomeadamente no *Adam Bede*, de George Eliot, há uma rapariga que não se casa, um filho que aparece sem ser desejado e uma desgraça terrível que se abate sobre a pobre mãe. Fiquei profundamente impressionada pela injustiça destas coisas que acontecem às mulheres e, associando as minhas leituras à história do meu pai e da minha mãe, decidi, de uma vez por todas, que dedicaria a minha vida a combater o casamento, a lutar pela emancipação das mulheres e pelo direito de cada mulher ter um ou mais filhos conforme lhe agradasse, mantendo intocados o seu direito e a sua honra. São ideias que podem parecer estranhas numa menina de doze anos, mas as circunstâncias da minha vida tornaram-me muito precoce. Informei-me sobre as leis do casamento e fiquei indignada por saber da condição de escrava a que a mulher está sujeita. Comecei a observar atentamente o rosto das mulheres casadas amigas da minha mãe e notei em cada uma delas a marca do monstro de olhos verdes e o estigma da escravatura. Fiz, de uma vez por todas, o voto de jamais me rebaixar a esse estado de degradação. Sempre fui fiel a este voto, embora isso me tenha custado o preço de um rompimento com a minha mãe e a incompreensão do mundo. Uma das boas coisas que o Governo dos Sovietes instituiu foi a abolição do casamento. Duas pessoas inscrevem os seus nomes num livro e sob cada assinatura fica impresso o seguinte: «Esta assinatura não implica qualquer responsabilidade para uma ou outra das partes e pode ser anulada por iniciativa e pedido de qualquer delas». Tal casamento é a única convenção a que uma mulher livre e independente pode dar consentimento e é a única forma de casamento que sempre subscrevi.

Nos tempos de hoje, creio que as minhas ideias são mais ou menos as de qualquer mulher livre, mas vinte anos atrás, a minha recusa em me casar e o exemplo que dei, com a minha própria pessoa, do direito que assiste às mulheres de terem filhos sem se casarem, suscitou considerável incompreensão. As coisas mudaram e ocorreu uma tão grande revolução nas nossas ideias que todas as mulheres inteligentes, assim creio, estão hoje de acordo comigo em que os princípios éticos do código do casamento não permitem, de modo nenhum, que uma mulher livre o reconheça e possa aceitar. Se, apesar disso, mulheres inteligentes continuam a casar-se, é simplesmente porque não têm coragem para afirmar as suas convicções. Aliás, se percorrermos com os olhos a lista dos divórcios dos últimos dez anos, facilmente se conclui que aquilo que estou a dizer corresponde à verdade. Muitas das mulheres a quem preguei a doutrina da liberdade, deram-me esta frágil resposta: «Mas quem vai tomar conta das crianças?» Quer parecer-me que, se a cerimónia do casamento é necessária para assegurar a indispensável protecção e educação dos filhos, isso quererá dizer que a mulher casou-se com um homem que suspeita vir a recusar, em determinadas circunstâncias, a responsabilidade e a obrigação de cuidar de todas as necessidades dos seus filhos. Essa mulher celebra, portanto, um contrato desprezível. Casou-se com um homem que já suspeitava, desde o início, ser um miserável vilão. Mas eu não tinha a triste opinião de acreditar que a maioria dos homens fosse constituída por tão lamentáveis exemplares da humanidade.

Foi graças à minha mãe que as nossas vidas de criança foram impregnadas de música e poesia. Ao serão sentava-se ao piano e tocava durante muito tempo. Não havia horas marcadas para nos levantarmos ou irmos para a cama, nem estávamos sujeitos a nenhuma disciplina. Pelo contrário, chego a pensar que a mãe se esquecia totalmente de nós, perdida na sua música ou a declamar poesia, e ignorava tudo o que se passava em seu redor. Uma das suas irmãs, a tia Augusta, era também muito talentosa. Visitava-nos com frequência e organizava pequenas representações teatrais privadas. Era muito bonita, de olhos negros e cabelo grisalho escuro. Lembro-me dela como Hamlet, vestida com uns *calções* de veludo preto. Tinha uma bela voz e poderia ter seguido uma esplêndida carreira de cantora, se tudo o que se relacionasse com o teatro não fosse considerado pelo seu pai e pela sua mãe como uma acção do Diabo. Percebo agora como toda a sua vida foi arruinada por aquilo que, nos dia de hoje, é difícil de explicar, — o espírito puritano da América. Os primeiros colonos que se estabeleceram na América trouxeram com eles uma atmosfera moral que nunca se dissipou inteiramente. A força do seu carácter impôs-se a este país selvagem, domando, de um modo admirável, os homens, os índios e os animais selvagens. Ao mesmo tempo, foram sempre tentando domar-se igualmente a si próprios; do ponto de vista artístico, o resultado foi desastroso.

Desde a mais tenra infância, a minha tia Augusta foi esmagada por este espírito puritano. A sua formosura, a sua espontaneidade, a sua voz gloriosa, tudo isso foi aniquilado. Qual a razão que levava os homens daquele tempo a bradarem: «Prefiro mil vezes ver a minha filha morta do que a actuar num palco»? Hoje, é quase impossível compreender este sentimento de horror, quando os grandes actores e as grandes actrizes são admitidos nos círculos mais fechados.

Suponho que foi devido ao nosso sangue irlandês que nós, em criança, estávamos sempre revoltados contra esta tirania puritana.

Um dos primeiros resultados da nossa mudança para a grande casa que o pai nos ofereceu, foi a abertura de um teatro no celeiro, levada a cabo pelo meu irmão Augustin. Lembro-me de ele ter cortado um pedaço do tapete de pele da sala para servir de barba a Rip van Winkle,[1] cujo papel ele

---

[1] Personagem de um conto de Washington Irving, publicado em 1919. No conto, Rip adormeceu num bosque e despertou vinte anos depois, com uma barba comprida. (*N. do T.*)

interpretou de modo tão realista que eu me desfiz em lágrimas enquanto assistia ao espectáculo instalada num camarote. Estávamos todos muito emocionados e não permitimos que nos acalmassem. O pequeno foi-se tornando conhecido e ganhou fama por todos os bairros vizinhos. Mais tarde, isto deu-nos a ideia de organizar uma digressão ao longo da costa. Eu dançava, Augustin declamava poemas e acabámos por montar uma comédia em que Elizabeth e Raymond também tomavam parte. Embora nessa ocasião eu só tivesse doze anos de idade e nenhum dos outros tivesse atingido os vinte, esta digressão ao longo da costa, por Santa Clara, Santa Rosa, Santa Bárbara e por aí adiante, revestiu-se de enorme sucesso.

A nota dominante da minha infância foi um perpétuo espírito de revolta contra a mesquinhez da sociedade em que vivíamos, contra as limitações da vida, acompanhada por um crescente desejo de fugir para leste, para lugares que imaginava mais alargados. Quantas foram as vezes em que tive com a família e os amigos uma conversa que acabava sempre da mesma maneira: «*Temos de sair* deste buraco. Nunca seremos capazes de fazer qualquer coisa de jeito.»

De toda a família, eu era a mais corajosa e quando não havia em casa nada para comer, era eu a voluntária que se oferecia para ir ao talho, onde conseguia, por meio de conversas astuciosas, que me cedessem costeletas de borrego sem as pagar. Era também a única que se dirigia ao padeiro para o convencer a renovar o crédito. Estas incursões eram para mim um autêntico prazer aventuroso, em especial quando bem sucedidas, como aliás geralmente acontecia. No regresso a casa, caminhava pelas ruas a dançar de alegria, carregada com o saque das minhas aventuras e sentindo-me como um salteador de estrada. Foi para mim uma excelente aprendizagem, pois ao aprender a adular e iludir os ferozes talhantes, adquiri as técnicas que mais tarde me tornaram capaz de enfrentar os ferozes directores de teatro.

Lembro-me de uma vez em que, ainda muito pequena, encontrei a minha mãe a chorar, deixando cair as lágrimas em cima de uns trabalhinhos que tinha tricotado para uma loja que os recusara. Tirei-lhe das mãos a cesta dos trabalhos, pus na cabeça um gorro de malha, calcei as mãos com luvas igualmente de malha e, assim ataviada, andei de porta em porta, armada em vendedora ambulante. Consegui vender tudo e trouxe para casa o dobro do dinheiro que a mãe teria cobrado na loja.

Quando ouço pais de família dizerem que andam a trabalhar para deixar aos filhos um monte de dinheiro, fico a pensar se eles conseguem perceber que, ao agirem assim, estão igualmente a esvaziar a vida dos mesmos filhos do mais ténue espírito aventureiro. Cada dólar que lhes deixarem, contribui para os tornar cada vez mais fracos. A melhor herança que se pode deixar a um filho é consentir que descubra o seu próprio caminho e o percorra, do princípio ao fim, pelos seus próprios pés. As aulas que a minha irmã e eu dávamos, permitiram-nos entrar, a ela e a mim, nas casas das famílias mais ricas de São Francisco. Não senti inveja das crianças ricas que ali encontrei; pelo contrário, senti pena delas. Fiquei espantada com a mediocridade e a estupidez das suas vidas e, ao comparar-me com aqueles filhos de milionários, tive a sensação de ser mil vezes mais rica em tudo o que dá valor à vida.

A nossa fama de professoras de dança não cessava de aumentar. Dizíamos que tínhamos um novo sistema de dança mas, na realidade, não havia nenhum sistema. Seguia a minha fantasia e improvisava, ensinando todos os gestos bonitos que me vinham à cabeça. Uma das minhas primeiras danças foi um poema de Longfellow, «Lancei uma flecha para o ar». Recitava o poema e ia ensinando as crianças a acompanhar o significado com gestos e movimentos. Aos serões, a minha mãe tocava para nós, enquanto eu ia criando as danças. Uma querida e velha senhora, nossa amiga, que com frequência vinha passar o serão connosco e que vivera em Viena, disse que eu a fazia lembrar Fanny Elssler e gostava de nos contar e recontar os triunfos de Fanny Elssler. «Isadora vai ser uma segunda Fanny Elssler», costumava ela dizer. Esta predição inspirava-me sonhos ambiciosos. Aconselhou a minha mãe a levar-me a um célebre mestre de ballet em

São Francisco, cujas lições, porém, não me agradaram. Quando o famoso professor me disse para me erguer na ponta dos dedos dos pés, perguntei-lhe porquê ao que ele respondeu: «Porque assim é mais bonito.» Disse-lhe que era horrível e contra-natura e, após a terceira sessão, desisti das lições para nunca mais voltar. A rígida e vulgaríssima ginástica a que ele dava o nome de dança, apenas confundiu os meus sonhos. Eu sonhava com uma dança diferente. Não sabia com exactidão o que devia ser, mas sentia-me atraída por um mundo invisível no qual adivinhava que poderia entrar se porventura encontrasse a chave. A minha arte estava já definida em mim desde menina e foi graças ao espírito heróico e aventureiro de minha mãe que não foi abafada. Creio que, seja o que for que uma criança tenha de fazer na vida, deverá dar-lhe início ainda muito nova. Pergunto a mim própria quantos pais compreendem que a pretensa educação que dão aos filhos somente os conduz à banalidade, privando-os de fazer qualquer coisa de belo e de original. Suponho, porém, que não pode deixar de ser assim, pois de outro modo onde se iriam buscar os milhares de caixeiros de lojas e de funcionários bancários, etc., etc., que parecem indispensáveis à organização da sociedade civilizada.

A minha mãe teve quatro filhos. Se tivesse adoptado um sistema de educação autoritária e coerciva, talvez tivesse feito de nós cidadãos dotados de espírito prático, o que por vezes lamentava não ter feito. «Por que razão devem todos os quatro ser artistas e nem um só ter adquirido o sentido prático da vida?» Mas foi o seu belo e incansável espírito que, de nós, fez artistas. Não dava a mínima importância às coisas materiais e transmitiu-nos um admirável desprezo pela posse de todas as coisas de preço elevado, como casas, mobílias, jóias e todo o género de objectos valiosos. Foi seguindo o seu exemplo que eu nunca usei jóias ao longo da minha vida. Ela ensinou-nos que tais coisas não eram mais do que estorvos e empecilhos.

Depois de ter deixado a escola tornei-me grande leitora. Havia uma biblioteca pública em Oakland, onde então vivíamos e, apesar das milhas que a separavam da nossa casa, eu andava para trás e para diante a correr, aos saltos ou a dançar. A bibliotecária era uma mulher maravilhosa e de grande beleza, uma poetisa da Califórnia, chamada Ina Coolbrith. Encorajou-me nas minhas leituras e parecia ficar muito contente quando eu solicitava bons livros. Tinha olhos muito bonitos a brilharem com ardor e paixão. Vim a saber mais tarde que o meu pai tinha, em tempos, caído de amores por ela. Fora evidentemente a grande paixão da sua vida e foi provavelmente por uma invisível teia de circunstâncias que me senti atraída por ela.

Nessa época li as obras completas de Dickens, Thackeray e Shakespeare, sem contar com milhares de romances, bons e maus, livros inspirados e outros de pacotilha; devorava tudo. Costumava sentar-me, à noite, a ler até de madrugada à luz de cotos de velas que ia arranjando durante o dia. Comecei também a escrever uma novela e, por esse tempo, editei um jornal para o qual tudo escrevia: os editoriais, as notícias locais e pequenos contos. Além disso, dediquei-me a escrever um diário numa linguagem secreta que inventei, porque nessa época eu tinha um segredo. Estava apaixonada.

Além das nossas aulas para crianças, a minha irmã e eu aceitámos alguns alunos mais velhos a quem ela ensinava o que então se dizia serem as «danças de sociedade», a valsa, a mazurca, a polca e por aí adiante. Entre estes alunos encontravam-se dois homens ainda muito jovens. Um era médico e o outro farmacêutico. O farmacêutico era de uma formosura espantosa e tinha um nome encantador, Vernon. Nesse tempo, eu tinha onze anos de idade mas parecia mais velha; usava o cabelo enrolado no alto da cabeça e vestia saias compridas. Tal como a heroína de Rita[1], escrevi no meu diário que estava loucamente perdida de amores e creio que na verdade assim acontecia. Se Vernon estava ou não consciente do facto, é coisa que não é do meu conhecimento. Com a idade que tinha, era demasiado tímida para declarar a minha paixão. Íamos a

---

[1] Rita é certamente o título de um conto para crianças. (*N. do T.*)

muitos bailes onde ele dançava comigo quase todas as danças e, uma vez regressada a casa, sentava-me até de madrugada a confiar ao meu diário os terríveis estremecimentos que sentira enquanto «flutuava» — foi assim mesmo que escrevi — «nos seus braços». Durante o dia ele trabalhava numa farmácia na rua principal e eu percorria milhas e milhas a pé para passar, pelo menos uma vez, em frente do seu estabelecimento. Por vezes, apelava a toda a minha coragem para entrar e dizer-lhe: «Como passas?» Descobri também a casa onde ele morava e, à noite, saía a correr para olhar a luz da sua janela. Esta paixão arrastou-se durante dois anos e fez-me, assim creio, sofrer intensamente. No termo desses dois anos, ele anunciou-nos o seu próximo casamento com uma jovem rapariga da alta roda de Oakland. Confiei ao meu diário o desespero atroz que se apoderara de mim e lembro-me do dia da cerimónia do casamento e de tudo o que senti quando o vi descer uma das naves laterais da igreja dando o braço a uma rapariga vulgar envolta num véu branco. Depois desse dia nunca mais o vi.

Na última vez que dancei em São Francisco, entrou no meu camarim um homem de cabelos brancos de neve, que no entanto parecia bastante jovem e era muito bem parecido. Reconheci-o imediatamente. Era Vernon. Pensei que passados todos estes anos, lhe podia contar a paixão da minha juventude. Entendi que isso podia diverti-lo, mas ficou apavorado e falou-me da mulher, a tal rapariga vulgar, que julgo ainda estar viva e de quem nunca desviou a sua afeição. Como pode ser tão simples a vida de certa gente!

Foi o meu primeiro amor. Estava loucamente enamorada e creio que, desde então, nunca deixei de amar loucamente. Na hora actual, estou a convalescer do meu último ataque, que me parece ter sido violento e desastroso. Estou, por assim dizer, no intervalo da convalescença que precede o último acto, ou será que o espectáculo chegou ao fim? Posso publicar a minha fotografia e pedir aos leitores que digam o que pensam.

CAPÍTULO III

Devido à influência dos livros que lera, planeei abandonar São Francisco e ir para longe. A minha ideia era integrar-me numa qualquer companhia de teatro, pelo que um dia pedi para ser recebida pelo director de um teatro ambulante que se exibia em São Francisco durante uma semana. Pedi-lhe o favor de me ver dançar. Ele acedeu e a prova ficou marcada para a manhã seguinte, num espaço nu, escuro e enorme. A minha mãe tocou para mim e eu, vestida com uma discreta túnica branca, dancei uma das «Canções sem Palavras», de Mendelssohn. Quando a música terminou, o director permaneceu uns momentos em silêncio e, em seguida, voltou-se para a minha mãe e disse:

— Estas coisas não servem para um teatro. São mais apropriadas para uma igreja. Acho melhor levar a sua filha para casa.

Desapontada mas não convencida, imaginei outros planos para a minha partida. Convoquei um concelho de família e, ao fim de uma hora de conversa, ficaram todos esclarecidos sobre as razões pela quais a minha vida em São Francisco se tornara impossível. A minha mãe ficou um tanto confundida, mas pronta para me acompanhar para qualquer lado. Assim partimos as duas para Chicago... com os dois primeiros bilhetes de turista da família. A minha irmã e os meus dois irmãos continuaram em São Francisco, com a ideia de se juntarem a nós, logo que eu conseguisse fazer a fortuna da família.

Tudo o que possuíamos à chegada a Chicago, num dia quente de Junho, era um pequeno baú, umas jóias fora de moda, pertencentes à minha avó, e vinte e cinco dólares. Esperava arranjar trabalho com muita brevidade e que tudo decorresse de simples e agradável maneira. Mas não foi o caso. Com a minha pequena e branca túnica grega, a um e um fui visitando e dançando para os directores de teatro, mas a opinião de todos eles foi sempre a mesma do primeiro para quem dançara: «É encantador», disseram, «mas *não* é bom para o teatro».

As semanas passavam, o dinheiro ia-se gastando e a penhora das jóias da minha avó não nos rendeu grande coisa. O inevitável aconteceu. Deixámos de pagar o aluguer do quarto, confiscaram-nos toda a bagagem e um dia encontrámo-nos no meio da rua sem um cêntimo no bolso. O meu vestido ainda tinha uma gola larga, feita de renda bonita e de muito boa qualidade. Nesse mesmo dia, andei horas e horas pelas ruas, sob um sol abrasador, tentando vender a gola de renda. Finalmente, já a tarde ia no fim, fui bem sucedida. Julgo que a vendi por dez dólares. Era uma peça muito bonita, feita de renda irlandesa que rendeu dinheiro suficiente para alugar um quarto. Com o dinheiro de sobra, tive a ideia de comprar um tabuleiro de tomate e durante uma semana alimentámo-nos de tomate, sem pão nem sal. A minha pobre mãe ficou tão enfraquecida que não mais conseguiu permanecer acordada e deitar-se tarde. Todas as manhãs levantava-me bem cedo para sair e tentar ser contratada por um director de teatro, mas por fim decidi aceitar o primeiro trabalho que me aparecesse e dirigi-me a uma agência de emprego.

— O que sabe fazer? — perguntou-me a mulher do balcão.

— Qualquer coisa —, respondi.

— Muito bem, parece-me que não sabe fazer nada!

Desesperada, solicitei que o director do Templo Maçónico Roof Garden me recebesse. Com um comprido charuto na boca e o chapéu caído para um dos olhos, observou-me a dançar com ar desdenhoso e arrogante, enquanto eu esvoaçava para lá e para cá ao sabor da música da «Canção da Primavera», de Mendelssohn.

— Pois bem, a menina é bonita, — disse ele —, e graciosa. Se quiser tornar isso que está a fazer numa outra coisa mais apimentada, tomo-a ao meu serviço.

Pensei na minha pobre mãe em casa, a cair desmaiada para cima dos últimos tomates e perguntei-lhe o que é que ele entendia por outra coisa com pimenta.

— Muito bem —, respondeu. — Nada daquilo que tem estado a fazer. Qualquer coisa com saias, folhos, rendas e emoções. Acabe com essa coisa grega e mude para as rendas e emoções e pode ser que saia uma alternativa interessante.

Mas onde ia eu arranjar folhos e rendas? Percebi que pedir-lhe um empréstimo ou um adiantamento seria inútil e limitei-me a responder-lhe que no dia seguinte estaria de volta com os folhos, as rendas e a pimenta. O dia estava quente, tempo normal em Chicago. Vagueava ao longo da rua, extenuada e quase morta de fome, quando vi à minha frente uma das grandes lojas da cadeia Marshall Field. Entrei e pedi para ver o patrão. Mandaram-me entrar para um gabinete, onde estava um homem ainda novo sentado a uma secretária. A sua expressão era simpática e expliquei-lhe que precisava, já na manhã seguinte, de uma saia com folhos e que, se me concedesse crédito, poderia pagar-lhe, com toda a certeza, logo que fosse contratada. Não sei o que levou aquele jovem a aceitar a minha proposta, mas de facto assim aconteceu. Anos mais tarde, voltei a encontrá-lo na pessoa do multimilionário Gordon Selfridge. Comprei tecidos, um branco e outro vermelho para fazer saias interiores e folhos de renda. Com o embrulho debaixo do braço, fui para casa, onde encontrei a minha mãe quase a dar o último suspiro. Encheu-se de coragem, sentou-se na cama e começou a costurar o meu vestido. Trabalhou a noite inteira e de manhã os últimos folhos estavam cosidos no sítio certo. Assim vestida, regressei ao Roof Garden, onde o director me aguardava. A orquestra estava pronta para o ensaio.

— Qual a música que escolheu? — perguntou.

Não tinha pensado nisso, mas respondi que era «The Washington Post», nesses dias muito popular. A música começou a soar e fiz o melhor que pude para presentear o director com uma dança apimentada e improvisada do princípio até ao fim. Ficou deliciado, tirou o charuto da boca e disse:

— Muito bem! Pode aparecer amanhã à noite, que eu preparo-lhe uma estreia especial.

Ajustou uma retribuição de cinquenta dólares pela primeira semana e teve a gentileza de os pagar adiantados.

Assumi um nome diferente para actuar naquele jardim-terraço e devo dizer que o sucesso foi retumbante. Todavia, o espectáculo mereceu o meu desagrado total e quando, no final da semana, ele me propôs um prolongamento do contrato, e até uma digressão, recusei. É certo que a ameaça da fome fora afastada, mas estava farta e enjoada daqueles esforços para divertir o público com ridicularias absolutamente contrárias aos meus ideais. Foi esta a última vez que fiz uma coisa destas, tão desagradável.

Penso que este episódio, ocorrido no Verão, foi um dos mais penosos de toda a minha vida e ainda hoje, sempre que visito Chicago, andar por aquelas ruas transmite-me uma repugnante sensação de fome.

Um dia, alguém me deu um cartão de apresentação para uma jornalista, uma mulher chamada Amber, subdirectora de um dos mais importantes jornais de Chicago. Fui vê-la. Era alta e magra, com aspecto doentio, cabeleira ruiva e cerca de cinquenta e cinco anos de idade. Disse-lhe quais eram as minhas ideias sobre a dança e ela ouviu-me com muita atenção e interesse. Em seguida, desafiou-me, a mim e à minha mãe, a descobrir o «Boémia», um clube onde, disse ela, poderíamos encontrar artistas e gente de letras. Nessa mesma noite, dirigimo-nos ao clube. Situava-se no topo de um altíssimo edifício e dispunha de umas tantas salas só mobiladas com mesas e cadeiras, repletas da gente mais extraordinária que alguma vez encontrei. No meio daquela gente, lá estava Amber, berrando como um homem: «Vivam os bons Boémios! Todos os bons Boémios!» E de cada vez que ela gritava pelos bons Boémios, estes levantavam-se, erguiam as canecas de cerveja e respondiam com vivas, saúdes e cantigas.

No meio deste ambiente, atrevi-me a exibir a minha dança religiosa. Os Boémios não se atrapalharam. Não sabiam como haviam de reagir, mas acharam que eu era uma bonita rapariguinha e convidaram-me para aparecer todas as noites, juntar-me a eles, dar vivas e fazer saúdes com os bons Boémios.

Os Boémios eram o mais surpreendente grupo de gente: poetas, artistas e actores de todas as nacionalidades. Tinham uma coisa em comum, nenhum deles possuía um cêntimo e suspeitei que muitos dos Boémios, tal como nós, não tinham nada para comer, salvo as sanduíches e a cerveja do clube que, em grande parte, eram devidas à generosidade de Ambar.

Entre os Boémios havia um polaco chamado Miroski. Era um homem com mais ou menos quarenta e cinco anos, com maciças e compridas melenas de cabelo ruivo encaracolado, barba igualmente ruiva e uns inquisidores olhos azuis. Sentava-se geralmente num canto, a fumar cachimbo e a observar os *divertissements* dos Boémios, com um leve sorriso irónico. Porém, foi somente ele, de toda a multidão para quem dancei nesses dias, o único a compreender os meus ideais e o meu trabalho. Era também muito pobre. No entanto, frequentes vezes me convidou, e à minha mãe, para jantarmos num modesto restaurante ou para irmos de eléctrico até ao campo, onde à hora do almoço fazíamos um piquenique nos bosques. Era um apaixonado pela virga-áurea, uma planta do campo de que me trazia grandes molhos sempre que me visitava. As flores violáceas, de um vermelho dourado, da virga-áurea, ficaram para sempre associadas na minha cabeça à cor ruiva do cabelo e da barba de Miroski.

Era um homem muito excêntrico, poeta e pintor, e tentou ganhar a vida abrindo um negócio em Chicago. Nunca foi bem sucedido e andava sempre meio morto de fome.

Nesse tempo, eu era ainda uma rapariguinha demasiado nova para ter consciência da sua tragédia ou do seu amor. Creio que, nessa época sofisticada, ninguém reconhecia a extraordinária ignorância, ou inocência, dos americanos desses dias. A minha ideia da vida era então puramente lírica e romântica. Não tinha experiência nem nunca estivera em contacto com as atitudes e reacções físicas do amor e foi preciso decorrer um largo tempo até eu me aperceber e compreender a louca paixão que havia inspirado a Miroski. Esse homem de cerca de quarenta e cinco anos havia caído na loucura do amor e ficara incapaz de lutar contra ela. Amava como só um polaco pode amar e o seu amor era eu, uma ingénua e inocente rapariguinha. A minha mãe não fazia, naturalmente, a mais pequena ideia e consentia que estivéssemos sós durante demorados momentos. *Tête-à-tête* um com o outro e longos passeios pelos bosques tiveram efeito psicológico e quando, finalmente, ele não mais conseguiu resistir à tentação de me beijar, pediu-me em casamento. Percebi então, e fiquei convencida, de que este seria o único grande amor da minha vida.

Porém, o Verão começou a declinar e estávamos absolutamente desprovidas de fundos. Decidi então que nada mais havia a fazer em Chicago, que não se vislumbrava qualquer esperança e devíamos trocar esta cidade por Nova Iorque. Mas como fazê-lo? Um dia li no jornal que o grande Augustin Daly e a sua companhia com Ada Rehan, como estrela, estavam em Chicago. Entendi que me devia encontrar com esse celebríssimo homem, reputado por ser o director de teatro da América com mais apurado sentido estético e com mais amor à sua arte. Passei tardes e noites sem conta, em pé à porta dos actores do teatro, a anunciar sem descanso o meu nome e a solicitar que Augustin Daly me recebesse. Respondiam-me sempre que ele estava muito ocupado e que só o director-adjunto me poderia receber. Recusei a alternativa, dizendo que era mesmo com Augustin Daly que eu devia falar sobre um assunto de grande importância. Finalmente uma tarde, já o crepúsculo caía, fui admitida à presença da sumidade. Augustin Daly era um homem notável, de muito boa e distinta presença, mas que procurava assumir, e sabia como fazê-lo, uma expressão absolutamente feroz. Fiquei assustadíssima, mas apelei a toda a minha coragem e consegui debitar um longo e extraordinário discurso.

— Tenho uma grande ideia para vos expor, Mr Daly, e sois provavelmente o único homem neste país capaz de a entender. Descobri a dança. Descobri a arte que tem andado perdida desde há dois mil anos. Sois um supremo artista de teatro, mas há uma coisa que falta no vosso teatro e que muito contribuiu para a grandeza do antigo teatro grego, e isso é a arte da dança — a arte que ensina e ajuda o coro a assumir e a transmitir a tragédia. Sem ela, o coro é cabeça e corpo, sem pernas para carregar a tragédia. Eu trago-vos a dança. Trago-vos a ideia que pode revolucionar inteiramente a nossa época. Onde a descobri? No Oceano Pacífico, no ondular dos pinheirais da Sierra Nevada. Vi a mágica e ideal figura da América juvenil a dançar nos cumes das Montanhas Rochosas. O poeta supremo do nosso país é Walt Whitman. Descobri que a dança é a digna companheira dos poemas de Walt Whitman. Não tenho a menor dúvida de que sou a filha espiritual de Walt Whitman. Para a juventude, para os filhos da América, eu posso e quero criar uma nova dança que lhes mostra e exprime a América. Pois o senhor sabe — continuei eu, tentando ignorar a impaciente interrupção do grande director: «Já chega! Já chega!» — pois o senhor sabe — continuei elevando a voz — que o nascimento do teatro foi a dança, sabe que o primeiro actor de teatro foi um bailarino. Dançava e cantava. Foi assim o nascimento da tragédia e até que o bailado, na espontânea grandiosidade da sua arte, regresse ao teatro, o vosso teatro não vive na sua verdadeira expressão!

Augustin Daly não sabia muito bem o que havia de fazer com esta frágil e estranha criancinha que tivera a audácia de o bombardear com um tal discurso. Tudo o que conseguiu replicar foi o seguinte:

— Pois bem! Tenho um pequeno papel ainda vago numa pantomima que vou levar à cena em Nova Iorque. Podes aparecer para os ensaios no dia um de Outubro e, se te aguentares, ficas admitida. Como te chamas?

— O meu nome é Isadora —, respondi.

— Isadora. É um nome bonito —, disse ele. — Muito bem, Isadora, espero-te em Nova Iorque no primeiro dia de Outubro.

Esfuziante de contentamento, corri para casa e contei tudo à minha mãe.

— Finalmente, — disse-lhe —, há alguém que me aprecia, Mamã. Fui admitida pelo grande Augustin Daly. Temos de estar em Nova Iorque a um de Outubro.

— Sim, disse ela, mas como nos vamos arranjar para comprar os bilhetes de comboio?

Agora, o problema era esse. Tive então uma ideia. Enviei o seguinte telegrama a um amigo de São Francisco:

«Contrato triunfal. Augustin Daly. Um de Outubro em Nova Iorque. Empresta-me cem dólares para o comboio.»

O milagre aconteceu e o dinheiro chegou. Com o dinheiro, chegaram também a minha irmã Elizabeth e o meu irmão Augustin que, entusiasmados pelo telegrama, ficaram convencidos de que a nossa boa sorte estava a caminho. Começámos então, todos nós, a preparar-nos para apanhar o comboio para Nova Iorque, com uma excitação e um entusiasmo desenfreados e confiantes no bom resultado da iniciativa. Finalmente, pensava eu, o mundo vai saber quem sou! Se tivesse adivinhado os penosos e fatigantes tempos que me aguardavam antes disso acontecer, o mais provável teria sido perder a coragem.

Ivan Miroski ficou desesperado com a perspectiva da separação, mas jurámos amor eterno e expliquei-lhe como seria fácil casarmo-nos logo que eu fizesse fortuna em Nova Iorque. Não quer dizer que eu acreditasse no casamento, mas nesse tempo considerava necessário não desagradar à minha mãe. Ainda não tinha erguido ao alto o cacete com que mais tarde lutei em defesa do amor livre.

CAPÍTULO IV

A primeira impressão que colhi em Nova Iorque foi que esta cidade tinha, de longe, muito mais beleza e mais arte do que Chicago. Por outro lado, sentia-me feliz por, uma vez mais, me encontrar à beira do mar. Sempre me senti asfixiada nas cidades do interior.

Instalámo-nos numa pensão situada numa das ruas transversais da Sexta Avenida. Os hóspedes eram, todos eles, gente muito estranha. Parecia-me que, tal como os Boémios, só tinham uma coisa em comum: nenhum deles dispunha de meios para pagar as contas e viviam em risco constante de serem postos na rua.

Uma manhã apresentei-me à porta do Teatro de Daly e, uma vez mais, fui admitida à presença desse grande homem. Quis de novo explicar-lhe as minhas ideias, mas ele estava muito ocupado e parecia muito aborrecido.

— Trouxemos de Paris a grande estrela da pantomima, Jane May, disse ele. Há um papel para ti, se puderes representar em pantomima.

Nunca considerara a pantomima como uma arte. O movimento é uma expressão dos sentimentos e emoções, que nada tem a ver com palavras e, na pantomima, os gestos substituem-se às palavras. A pantomima não é, portanto, nem a arte da bailarina, nem a arte do actor, cai entre as duas, numa esterilidade desesperada. Contudo, não podia fazer outra coisa senão aceitar o papel que me propunham. Levei-o para casa, para o estudar, mas tudo me parecia muito estúpido e bastante indigno das minhas ambições e dos meus ideais.

O primeiro ensaio foi uma horrível desilusão. Jane May era uma senhora insignificante, dotada de um temperamento violento que não perdia uma ocasião para me fazer estoirar de raiva. Quando me disseram que eu devia apontar-lhe o dedo para dizer TU, pousar a mão no coração para dizer AMOR e bater violentamente para dizer EU, tudo isso me pareceu extremamente ridículo. E, como não senti a mais pequena convicção, actuei de modo tão mau, que Jane May ficou completamente indignada. Virou-se para Mr Daly e declarou que eu não tinha sequer uma ponta de talento e o mais provável era eu não conseguir assumir o papel. Assim que a ouvi, percebi que a mais certa consequência seria sermos todos despachados para a ignóbil pensão, onde ficaríamos à mercê dos caprichos de uma patroa inflexível. Os meus olhos voltaram a ver uma pequena corista que ainda na véspera tinha sido posta na rua, sem mala nem maleta, e lembrei-me de tudo o que a minha pobre mãe havia sofrido e aguentado pelas ruas de Chicago. Ao recordar-me de tudo isto, as lágrimas vieram-me aos olhos e rolaram-me pelas faces. Devo ter ficado com um ar muito trágico e miserável, pois Mr Daly mostrou-se mais simpático e bondoso. Acariciou-me os ombros com uma leve palmada e disse a Jane May:

— Estás a ver. É muito mais expressiva quando se põe a chorar. Vai aprender.

Os ensaios que se seguiram foram um verdadeiro martírio. Disseram-me para fazer movimentos que considerei vulgares e idiotas e que não tinham nenhuma conexão real com a música a que deviam corresponder. No entanto, é certo que a juventude a tudo se adapta e por fim consegui conciliar-me com o espírito do papel que me fora distribuído. Jane May interpretava o papel de Pierrot, com quem eu tinha uma cena de amor. A três diferentes e sucessivos compassos da música, eu devia aproximar-me e beijar Pierrot na face, outras três vezes. No ensaio geral fiz isto com tal energia que deixei os meus lábios vermelhos impressos na face branca de Pierrot, que de imediato retomou a personalidade de Jane May, isto é, mulher perfeita e furiosa que não hesitou em me dar uma estalada nas orelhas. Foi um encantador início da minha vida teatral!

Todavia, à medida que os ensaios prosseguiam, não podia deixar de admirar a extraordinária e vibrante expressão daquela actriz de pantomima. Se, porventura, não tivesse ficado prisioneira da falsa e insípida modalidade que é a pantomima, poderia ter sido uma grande bailarina. Mas a modalidade era, de facto, demasiado limitada. Sempre senti vontade de dizer à pantomima:

— Se queres falar, por que não falas? Porquê todos esses esforços a gesticular, como se estivesses num asilo de surdos-mudos?

Chegou a noite da estreia. Eu vestia um modelo «Directoire» de seda azul e tinha na cabeça uma peruca loira e um enorme chapéu de palha. Que noite aquela! Onde estava a revolução artística que eu viera trazer ao mundo? Completamente escondida numa mascarada, não era eu. A minha querida mãe, sentada na primeira fila da plateia, estava siderada. Até então, não me havia sugerido que regressássemos a São Francisco, mas agora era evidente o seu desapontamento. Tanta luta, tanta canseira, para chegar a um resultado tão pobre!

Durante os dias dos ensaios para esta pantomima, tínhamos vivido sem dinheiro. Escorraçadas da pensão, havíamos alugado dois quartos vazios, sem nenhuma mobília, na Rua 180. Não havia dinheiro para os transportes e era normal eu ter de andar a pé até à Rua 29, onde me encontrava com Augustin Daly. Imaginava-me a correr no lodo, a saltitar pelas calçadas de pedra e a passear pelos bosques para que o caminho me parecesse mais curto. Inventava tudo o que era possível para alimentar a ilusão. Não comia nada ao almoço, porque não tinha dinheiro e retirava-me para um camarote onde, em vez de comer, dormia de exaustão. Depois retomava os ensaios, que continuavam durante a tarde sem eu ter dado uma só dentada. Foi este o meu regime durante as seis semanas de ensaio até à estreia e só após oito dias de espectáculo, recebi o primeiro pagamento.

Ao fim de três semanas em Nova Iorque, a companhia meteu-se à estrada, para uma digressão. Recebia quinze dólares por semana para cobrir as minhas despesas pessoais, mas enviava metade desse dinheiro à minha mãe para ela poder sobreviver. Quando chegávamos a uma nova cidade, não me alojava num hotel. Carregada com a mala e a pé, procurava uma pensão suficientemente barata para as minhas posses. O meu limite era de cinquenta cêntimos por dia, tudo incluído, e houve ocasiões em que tive de me arrastar milhas e milhas até encontrar o que me convinha. Aconteceu várias vezes a pesquisa conduzir-me a arrabaldes pouco recomendáveis. Recordo-me de um local onde me deram um quarto sem chave e onde os homens da casa, quase todos bêbedos, não desistiam de tentar introduzir-se. Fiquei apavorada, mas consegui empurrar um guarda-fato pelo quarto fora e com ele barricar a porta. Mesmo assim, não me atrevi a deitar-me na cama e dormir. Permaneci de guarda durante a noite inteira, sempre de pé. Não consigo imaginar existência mais lamentável e merecedora do auxílio de Deus do que a que se vive *pela estrada fora*, assim se costuma dizer, com uma trupe de teatro.

Jane May era infatigável. Convocava um ensaio todos os dias e nunca se mostrava satisfeita.

Eu tinha levado alguns livros comigo e lia sem parar. Escrevia, todos os dias, uma longa carta a Ivan Miroski, mas não me lembro de alguma vez lhe ter dito como me sentia miserável.

Após dois meses de digressão, a pantomima regressou a Nova Iorque. A aventura saldara-se por um fracasso financeiro para Mr Daly e Jane May regressou a Paris.

Que iria ser de mim? Voltei a ter mais uma conversa com Mr Daly e esforcei-me por interessá-lo na minha arte. Mas ele parecia bastante surdo e indiferente a tudo o que tentava propor-lhe.

— Estou a organizar uma digressão com o *Sonho de uma Noite de Verão*, disse ele. Se te agradar, podes dançar na cena das fadas.

As minhas ideias, os meus objectivos da dança consistiam em expressar os sentimentos e as emoções da humanidade. Historietas de fadas, em nada me interessavam mas acabei por aceitar. Sugeri dançar o *scherzo* de Mendelssohn, na cena do bosque antes da entrada de Titânia e Oberon.

Na estreia de *Sonho de uma Noite de Verão* estava vestida com uma túnica comprida e apertada, de cambraia branca e dourada, com duas asas ornadas de meia dúzia de lantejoulas baratas. As asas não me agradaram e quis ver-me livre delas. Eram ridículas e não serviam para nada. Tentei convencer Mr Daly que podia muito bem transmitir a noção de que tinha asas, sem necessitar da ajuda de um cartão colado nas costas, mas ele foi inflexível.

Na primeira noite entrei sozinha em cena, para dançar. Sentia-me arrebatada. Ali estava eu, finalmente num grande palco só para mim, com um público numeroso diante de mim, para quem eu podia dançar. E assim fiz... Dancei tão bem que o público explodiu num aplauso espontâneo. Aconteceu aquilo a que se dá o nome de êxito. Quando reentrei nos bastidores, esperava encontrar Mr Daly entusiasmado e estava pronta para receber as suas felicitações. Em vez disso, estava enfurecido, completamente fora de si. «Isto aqui não é um musical», trovejou ele. Com efeito, não estava previsto que o público aplaudisse a minha dança. Na noite seguinte, quando chegou a minha vez de entrar em cena e dançar, todas as luzes do palco foram apagadas e, de cada vez que dancei *Sonho de uma Noite de Verão*, tive de fazê-lo na obscuridade. Ninguém conseguia ver nada no palco, a não ser uma coisa branca a esvoaçar.

Duas semanas mais tarde, coube a vez ao *Sonho de uma Noite de Verão* meter-se pela estrada fora, numa digressão. De novo me vi obrigada a viver dias tristes e desoladores e a empenhar-me na busca de pensões baratas. Só que, agora, o meu salário subira para vinte cinco dólares por semana.

Nestas condições, se passou mais um ano.

Sentia-me extremamente infeliz. Os meus sonhos, as minhas ambições, os meus ideais, tudo me parecia fútil. Angariei poucos amigos naquela companhia de teatro, onde todos me olhavam como se eu fosse uma pessoa muito esquisita. Era meu costume refugiar-me nos bastidores com um livro de Marco Aurélio na mão, na tentativa de adoptar uma filosofia estóica para aliviar a miséria constante em que me via mergulhada. Todavia, nessa digressão, fiz uma amiga, uma rapariga nova chamada Maud Winter que interpretava a Rainha Titânia. Era muito doce e muito simpática, mas tinha a mania estranha de se alimentar apenas de laranjas e recusar tudo o mais. Imagino que não fora feita para viver na terra, pois alguns anos mais tarde, li a notícia da sua morte, causada por uma perniciosa anemia.

A estrela da companhia de Augustin Daly era Ada Rehan, uma grande actriz e, ao mesmo tempo, a mais insensível e antipática pessoa que vi lidar com os seus subordinados. A única alegria que me dava era vê-la representar. Raramente se integrava no elenco da companhia quando saíamos em digressão, mas em Nova Iorque tive imensas oportunidades de assistir às suas interpretações de Rosalinda, Beatriz e Portia.

Era, sem dúvida alguma, uma das maiores actrizes do mundo. Mas esta grande artista, na vida diária corrente, não tinha a menor preocupação em tratar bem os membros da companhia e fazer-se amada e respeitada. Era muito orgulhosa e distante e creio mesmo que fazia um grande esforço em dar-nos os bons-dias. Sucedeu uma vez depararmos com o seguinte aviso num dos painéis dos bastidores: *Os membros da companhia ficam informados de que não há a menor necessidade de dar os bons--dias a Miss Rehan!*

É certo que, ao longo dos dois anos em que fiz parte da companhia de Augustin Daly, nunca tive o prazer de falar com Miss Rehan. Era evidente que ela considerava todos os actores que interpretavam os papéis secundários como absolutamente indignos da sua atenção. Recordo-me de um dia em que se viu obrigada a esperar que Daly acabasse de dar instruções a um grupo de actores. Apontando com a mão para as nossas cabeças, exclamou: «Oh, Patrão, não vê que me está a fazer perder tempo com essas nulidades!» Como eu fazia parte das nulidades, não apreciei a alusão. Não consigo entender como uma tão grande artista e uma mulher tão fascinante como Ada Rehan podia cometer tal erro. Só encontro uma possível explicação no facto de, nessa ocasião, ela ter já uma idade próxima dos cinquenta anos. Foi, durante muito tempo, a adorada de Augustin Daly e talvez se sentisse ofendida com o hábito, que entretanto ele foi adquirindo, de escolher uma das raparigas bonitas da companhia para, inesperadamente durante duas ou três semanas ou até dois ou três meses, interpretar um papel de protagonista, sem haver nenhuma razão evidente para essa escolha, senão possivelmente uma outra que não era do agrado de Miss Rehan. Eu tinha a maior admiração por Ada Rehan como artista e, nessa época, o seu mais discreto encorajamento teria tido um grande significado na minha vida de artista. Mas, ao longo desses dois anos, ela nunca olhou para mim. Até recordo uma vez em que, no final da *Tempestade*, eu dançava para celebrar as bodas de Miranda e Ferdinand, ela ter virado a cabeça e assim a ter mantido até a dança terminar. Fiquei tão embaraçada que só a muito custo consegui levar a dança até ao fim.

No decurso da nossa digressão com o *Sonho de uma Noite de Verão*, chegámos um dia a Chicago. Finalmente! Senti uma alegria imensa por ter reencontrado o meu suposto noivo. O Verão havia regressado e, nos dias em que não ensaiava, íamos dar grandes passeios pelos bosques e aprendi a apreciar, cada vez mais, a inteligência de Ivan Miroski. Quando algumas semanas mais tarde parti para Nova Iorque, estava já decidido e combinado que ele me seguiria para nos casarmos. Ao saber disto, o meu irmão decidiu, felizmente, colher informações e descobriu que ele já era casado com uma mulher em Londres. A minha mãe, horrorizada, exigiu que nos separássemos.

CAPÍTULO V

Toda a família estava agora instalada em Nova Iorque. Tínhamos conseguido arranjar um estúdio com quarto de banho e, como eu queria a sala sem mobília, com espaço livre para dançar; comprámos cinco colchões de molas para dormir, pendurámos cortinas ao longo das paredes do estúdio, atrás das quais os colchões ficavam escondidos, em pé, durante o dia. Dormíamos com os colchões no chão, sem cama e sem lençóis; apenas um cobertor. Elizabeth começou a dar lições de dança, tal como fazia em São Francisco. Augustin juntou-se a uma companhia de teatro e raramente aparecia em casa. A maior parte do tempo andava em digressão pela estrada fora. Raymond arriscou-se a exercer a profissão de jornalista. Para fazer face às despesas, alugávamos o estúdio à hora, a professores de dicção, de música, de canto, etc. Como só contávamos com uma sala, a família via-se obrigada a sair para passear. Lembro-me muito bem de me arrastar penosamente pelo Central Park, procurando manter-me aquecida. Regressávamos depois a casa e púnhamo-nos a escutar à porta. Um professor de dicção estava sempre a ensinar o mesmo poema: «Mabel, a pequenina Mabel, de faces pousadas na almofada.» Não se cansava de o repetir de um modo exageradamente patético. Em seguida, o aluno recitava o poema com uma voz inexpressiva e o professor exclamava:

— Não *sentes* o que esses versos têm de patético? Não *sentes* mesmo?

Veio então um dia em que Augustin Daly teve a ideia de encenar a *Gueixa*. Distribuiu-me um papel em que eu cantava um quarteto. Nunca fui capaz de entoar, em toda a minha vida, uma nota de música! As outras três participantes do quarteto disseram que só as fazia desafinar, pelo que se decidiu que eu ficaria cuidadosamente de boca aberta mas sem emitir um único som. A minha mãe disse ser uma coisa extraordinária as outras estarem sempre a fazer tremendas caretas para cantarem, enquanto eu nunca perdia a minha doce expressão.

A estupidez da *Gueixa* contribuiu decisivamente para o rompimento das minhas relações com Augustin Daly, aliás já frágeis como uma palha. Lembro-me de um dia ele ter atravessado o teatro mergulhado na obscuridade e encontrar-me a chorar, deitada no chão de uma das frisas. Inclinou-se para mim e perguntou-me qual era o meu desgosto. Respondi-lhe que já não conseguia suportar a imbecilidade das coisas que aconteciam no teatro. Retorquiu-me que ele apreciava a *Gueixa* tanto como eu, mas tinha forçosamente de se preocupar com a saúde financeira da empresa. De seguida, para me reconfortar, deslizou a mão pelas minhas costas abaixo, mas este gesto apenas me irritou mais.

— Qual a vantagem de me terem aqui convosco, e mais o meu génio, disse eu, se não se servem de mim?

Daly limitou-se a fitar-me com uma expressão sobressaltada. Exclamou «Hum!» e desapareceu.

Foi esta a última vez que vi Augustin Daly, pois escassos dias mais tarde, com as duas mãos, agarrei coragem e apresentei a minha demissão. Pelo menos, tinha adquirido uma perfeita náusea ao teatro: a contínua repetição das mesmas palavras e dos mesmos gestos, noite após noite, a maneira caprichosa de olhar a vida e a algaraviada sem nexo haviam-me desgostado e até enjoado.

Deixei Daly e regressei ao estúdio em Carnegie Hall. Estava com muito pouco dinheiro, mas voltei a vestir a minha pequena túnica branca e a minha mãe voltou a acompanhar-me ao piano. Como, durante o dia pouco tempo podíamos dispor do estúdio, era pela noite fora que frequentemente a minha pobre mãe tocava para mim.

Nesse tempo, a música de Ethelbert Nevin cativava-me. Criei danças para o seu *Narciso*, a sua *Ofélia*, as suas *Ninfas das Águas* e outras mais. Um dia em que eu estava a exercitar-me no estúdio, a porta abriu-se e um homem jovem entrou de rompante. Tinha olhos de louco e os cabelos eriçados. Embora ainda muito novo, parecia estar já atacado da terrível doença que havia de causar-lhe a morte. Precipitou-se para mim, aos gritos.

— Disseram-me que anda a dançar ao som da minha música. Está proibida, proibida! A minha música não é música de dança. Ninguém a pode dançar!

Peguei-lhe na mão e ofereci-lhe uma cadeira.

— Sente-se aí —, disse. — Vou dançar a sua música. Se não gostar, juro que não torno a dançá-la.

Dancei então o seu *Narciso*, e dancei-o para ele.

Eu tinha encontrado na melodia o sonho do jovem Narciso que a olhar para o regato se apaixonou pela sua própria imagem, não conseguiu afastar-se do espelho da água, consumiu-se de desgosto e transformou-se numa flor. Foi esta a dança que dancei para Nevin. Esmorecia o som da última nota e já ele pulava da cadeira. Correu para mim e enlaçou-me com os braços. Olhava-me com os olhos inundados de lágrimas.

— Sois um anjo —, disse. — Sois mágica. Esses movimentos são os mesmos que eu vi quando compus a música.

Em seguida dancei para ele a sua *Ofélia* e depois as *Ninfas das Águas*. Estava cada vez mais entusiasmado e fascinado. Por fim, foi ele quem se sentou ao piano e compôs para mim, de improviso, uma dança muito bela a que deu o nome de *Primavera*. Tem sido sempre um dos meus desgostos e uma tristeza, que esta dança, embora diversas vezes a tenha tocado para mim, nunca tenha sido passada a escrito. Nevin ficou completamente fascinado e logo me propôs que déssemos alguns concertos em conjunto na pequena sala de Carnegie Hall. Seria ele próprio a acompanhar-me ao piano.

Foi Nevin quem organizou o concerto, alugou a sala, fez os reclames e os anúncios e vinha todas as noites ensaiar comigo. Sempre pensei que Ethelbert Nevin possuía todas as possibilidades para vir a ser um grande compositor. Poderia ter sido o Chopin da América, mas a tremenda luta que teve de travar para que nem o corpo, nem a alma soçobrassem nas cruéis circunstâncias da sua vida, foi a causa provável da terrível doença que lhe provocou a morte prematura.

O primeiro concerto foi um grande sucesso e foi seguido por vários outros que causaram muita sensação em Nova Iorque. É provável que, caso tivéssemos tido suficiente sentido prático para descobrir um empresário, este primeiro triunfo tivesse sido o início de uma carreira brilhante. Mas éramos dotados de uma ingenuidade inacreditável.

Diversas damas da alta sociedade fizeram parte da assistência e os meus êxitos abriram caminho para vários compromissos em diversos salões de Nova Iorque. Por esse tempo, eu havia criado uma dança para um longo poema de Omar Khayyam, na tradução de Fitzgerald. Umas vezes era Augustin que o lia em voz alta enquanto eu dançava, outras vezes era a minha irmã Elizabeth.

O Verão já se anunciava quando Mrs Astor me convidou para dançar na sua vivenda de Newport. A minha mãe e eu dirigimo-nos para Newport que, nessa época, era a mais requintada estância de Verão. Mrs Astor representava para a América o mesmo que uma Rainha representa para Inglaterra. Todos os que eram admitidos à sua presença, faziam-no com mais respeito e sentiam maior temor do que se estivessem a aproximar-se da realeza.

Contudo, ela recebeu-me muito afavelmente. Organizou os espectáculos no relvado da sua vivenda e a mais escolhida sociedade de Newport viu-me dançar na relva. Tenho uma fotografia desta representação onde se pode ver a venerável Mrs Astor sentada ao lado de Harry Lehr, bem como filas de Vanderbiltts, Belmonts, Fishes, etc., todos à sua volta. Dancei também em outras vivendas de Newport, mas as respectivas damas eram tão parcimoniosas que os *cachets* recebidos dificilmente foram suficientes para satisfazer as nossas despesas de viagem e alojamento. Devo ainda dizer que nenhuma delas, apesar de me olharem e verem dançar com evidente prazer e um ar deliciado, fazia a menor ideia do que se passava à sua frente, não compreendia nada daquilo a que assistia. No seu conjunto, a nossa visita a Newport deixou-nos uma impressão de desapontamento. Era uma gente que parecia tão envolvida no seu snobismo e no orgulho de serem ricos, que não possuíam uma sombra de sentido artístico.

Naqueles dias, os artistas eram considerados seres inferiores, uma espécie de criadagem mais qualificada. Desde então, este sentimento tem mudado muito, sobretudo depois de Paderewski ter assumido funções de Primeiro-Ministro de uma república.

Tal como a vida na Califórnia tinha deixado minimamente de me satisfazer, igualmente comecei a sentir uma forte vontade de mudar para uma atmosfera mais conveniente para mim do que Nova Iorque. Sonhei com Londres e com os escritores e pintores que ali poderia encontrar: George Meredith, Henry James, Watts, Swinburne, Burne-Jones, Whistler... Estes eram nomes mágicos e, para dizer a verdade, ao longo de todo o tempo passado em Nova Iorque, nunca encontrei uma simpatia inteligente nem nenhum apoio às minhas ideias.

Entretanto, a escola de Elizabeth havia adquirido outra dimensão e vimo-nos obrigados a mudar do estúdio de Carnegie Hall para duas grandes salas do rés-do-chão do Hotel Windsor. O preço destes quartos era de noventa dólares por semana e não foi preciso muito tempo para nos apercebermos de que, com as quantias que os alunos pagavam pelas lições de dança, era impossível dispor do dinheiro necessário e suficiente para fazer face ao custo do aluguer, bem como das restantes despesas.

De facto, apesar da prosperidade aparente, a nossa conta bancária estava deficitária. O Windsor era um hotel triste e um pesadelo ali viver e, ao mesmo tempo, manter as pesadas despesas. Uma noite, a minha irmã e eu, ambas sentadas à lareira, discutíamos a melhor maneira de arranjar dinheiro para pagar a conta. De repente, exclamei: «A única coisa que nos pode salvar é o fogo acabar com o hotel!»

Havia uma senhora, velha e muito rica, que vivia no terceiro andar em alguns quartos recheados de mobílias e quadros antigos. Era seu hábito descer todas as manhãs ao rés-do-chão, para tomar o pequeno-almoço às oito horas em ponto, na sala de jantar. Planeámos que na manha seguinte, eu deveria abordá-la e solicitar-lhe um empréstimo. Assim fiz, mas a velha dama estava de muito mau humor, recusou o empréstimo e queixou-se do café.

— Vivo neste hotel já há muitos anos —, disse. — Se não me derem um café melhor, vou-me embora.

Nessa tarde, ela foi-se mesmo embora quando as chamas de um incêndio arrasaram o hotel e ele ardeu até ficar reduzido a cinzas! Com grande presença de espírito, Elizabeth salvou heroicamente os seus alunos da escola de dança, conseguindo trazê-los para fora, de mãos dadas em fila indiana. Porém, nós fomos incapazes de salvar a mais pequena coisa e perdemos todos os nossos haveres, incluindo retratos de família que nos eram muito preciosos. Refugiámo-nos na mesma rua, num quarto do Hotel Buckingham e, poucos dias depois, encontrámo-nos no mesmo estado a que tínhamos chegado em Nova Iorque, ou seja, sem um cêntimo. «É o destino!» disse eu. «Temos de partir para Londres.»

CAPÍTULO VI

Todas estas desventuras em Nova Iorque deixaram-nos destroçados, no fim da temporada. Foi então que concebi a ideia de ir para Londres. O fogo do Hotel Windsor deixara-nos sem bagagem; nem sequer uma indispensável muda de roupa escapou às chamas. Os meus compromissos com Augustin Daly e as minhas danças perante a fina flor de Newport e perante os Quatrocentos de Nova Iorque[1] causaram-me uma amarga desilusão. Percebi que, no caso de ser esta a melhor resposta que a América tinha para me dar, seria inútil continuar a bater a uma porta tão hermeticamente fechada, a dançar diante de um público frio como gelo. O meu grande desejo era chegar a Londres.

A família estava agora reduzida a quatro pessoas. Augustin, no decurso de uma digressão com uma pequena companhia ambulante, em que lhe fora distribuído o papel de Romeu, caiu de amores por uma rapariguinha de dezasseis anos que interpretava Julieta. Um dia voltou a casa e deu-nos a novidade do seu casamento, o que foi considerado como um acto de traição. Por uma razão que nunca consegui entender, a minha mãe ficou furiosa e reagiu exactamente como no dia da primeira visita do meu pai. Correu para outra divisão da casa e bateu com a porta. Elizabeth refugiou-se no silêncio e Raymond ficou histérico. Fui eu a única a sentir alguma simpatia e disse a Augustin, pálido e angustiado, que estava pronta a acompanhá-lo para conhecer a noiva. Levou-me a uma lúgubre hospedaria, numa rua lateral, onde subimos cinco lances

---

[1] *Quatrocentos de Nova York* — nome por que era conhecida a elite social e milionária de Nova Iorque no final do século XIX. (*N. do T.*)

de escadas para entrar no quarto de Julieta. Era bonita e delicada e parecia doente. Revelaram-me que ela esperava um bebé. Assim sendo, era evidente que Augustin estaria forçosa e necessariamente fora dos nossos planos da expedição a Londres. A família parecia olhá-lo como alguém a excluir, porque não era merecedor do grande futuro que perseguíamos e nos aguardava.

Uma vez mais nos encontrámos alojados num estúdio sem móveis e de bolsa vazia. Estávamos no início do Verão e ocorreu-me a brilhante ideia de solicitar às mulheres ricas, em cujos salões havia dançado, a quantia de dinheiro necessária para a viagem a Londres. A primeira que visitei foi uma dama que vivia numa mansão apalaçada da Rua 59, defronte ao Central Park. Contei-lhe a história do incêndio do Hotel Windsor, da perda de todos os nossos haveres e falei-lhe também da incapacidade de Nova Iorque me compreender e apreciar e da minha certeza de em Londres ser bem avaliada, compreendida e apreciada.

Por fim, sentou-se à secretária, agarrou numa caneta e começou a preencher um cheque. Dobrou-o e entregou-mo. Despedi-me com lágrimas nos olhos e saí a saltitar de contentamento... mas, oh meu Deus!... ao chegar à Quinta Avenida, desdobrei o cheque e descobri que era apenas de cinquenta dólares, quantia escassa e amplamente insuficiente para transportar toda a família até Londres.

Decidi-me por nova tentativa e dirigi-me para a casa da mulher de outro milionário que vivia no extremo da Quinta Avenida, pelo que tive de caminhar ao longo de cinquenta quarteirões de prédios que separavam a Rua 59 do seu palácio.

Fui recebida ainda mais friamente por uma senhora já de certa idade que me pregou um sermão para justificar a impossibilidade de aceder ao meu pedido. Explicou-me também que, se porventura eu tivesse estudado a dança de *ballet*, a sua reacção seria diferente, acrescentando que, em tempos, conhecera uma bailarina de *ballet* que fizera fortuna! Continuei a insistir na defesa da minha causa e fi-lo com tal ardor que me senti mal e caí para o lado quase sem sentidos. Eram quatro horas da tarde e eu não tinha almoçado. A dama ficou perturbada e tocou a campainha. Um magnífico mordomo acorreu à chamada e, logo de seguida, trouxe-me uma chávena de chocolate quente e umas torradas. As minhas lágrimas caíam dentro do chocolate e em cima das torradas, mas não desisti de convencer a senhora da absoluta necessidade da nossa viagem a Londres.

— Um dia, serei uma grande celebridade —, disse-lhe. — E ter sido a primeira a reconhecer um talento americano só favorece a vossa reputação.

Por fim, esta dona e senhora de sessenta milhões, também me presenteou com um cheque... novamente de cinquenta dólares! Mas acrescentou:

— Quando ganhar dinheiro reembolsa-me!

Nunca a reembolsei, tendo sempre preferido dar o dinheiro aos pobres.

Andei assim, de porta em porta, a visitar as mulheres da maior parte dos milionários de Nova Iorque, com tão bons resultados que juntámos, um dia, a estrondosa quantia de trezentos dólares para nos proporcionarem a viagem a Londres. Todavia, esta admirável soma não era suficientemente elevada para permitir a aquisição de bilhetes de segunda classe num navio normal, se a nossa intenção fosse chegar a Londres ainda com algum dinheiro no bolso.

Foi Raymond que teve a brilhante ideia de andar pelos cais em busca de uma alternativa. Acabou por encontrar um pequeno cargueiro de gado que ia largar para Hull. O capitão do barco ficou tão tocado pela história de Raymond que anuiu em nos admitir como passageiros, apesar de a decisão contrariar o regulamento de bordo. Assim, uma manhã, munidos apenas com alguns sacos de mão, pois as nossas malas e baús tinham ardido no fogo do Hotel Windsor, embarcámos. Creio que esta viagem foi decisiva para a conversão de Raymond ao regime vegetariano. Certo é que assistir à luta que duas centenas de pobres animais, vindos das campinas do Middle West a caminho de Londres, travavam entre si, dia e noite no fundo do porão, às marradas uns aos outros e a mugir tão lastimavelmente, causou uma profunda impressão em todos nós.

Quando, mais tarde, nas cabines de luxo dos grandes transatlânticos em que viajei, recordava essa viagem num cargueiro de gado e a irreprimível alegria e encantamento que tudo nos suscitava, perguntava a mim própria, se uma permanente atmosfera de luxo não proporciona neurastenia. A nossa alimentação reduziu-se a carne de vaca salgada e chá com sabor a palha. Os beliches eram duros, as cabines pequenas, mas o custo das passagens era baixo e sentimo-nos sempre felizes durante as duas semanas da travessia até Hull. Tivemos vergonha de dar o nosso verdadeiro nome para viajar num barco daqueles, pelo que assinámos a inscrição com o nome da mãe da minha mãe, ou seja, O'Gorman. Passei a chamar-me Maggie O'Gorman.

O imediato do barco era um irlandês com quem passei de sentinela as noites de luar. Várias vezes me disse:

— Pode ter a certeza, Maggie O'Gorman, serei um bom marido, se me quiser aceitar.

Outras noites, o capitão, que era um bom homem, aparecia com uma garrafa de whisky e oferecia-nos a todos uns agradáveis grogues quentes. Tudo bem visto, pode dizer-se que passámos um belo tempo, apesar de todas as nossas aflições e só os mugidos e os bramidos do maltratado gado no fundo do porão nos incomodavam e entristeciam. Fico a pensar se, ainda hoje, o gado é transportado de tão bárbara maneira.

Os O'Gorman desembarcaram em Hull numa manhã de Maio, apanharam um comboio e, algumas horas depois, os Duncan chegaram a Londres. Se não estou em erro, creio que foi um anúncio no jornal *The Times* que nos encaminhou para um alojamento perto de Marble Arch. Os primeiros dias em Londres foram passados a andar de autocarro de um lado para o outro, mergulhados num êxtase perfeito e, maravilhados com tudo o que íamos vendo, esquecemo-nos absolutamente que os nossos recursos eram muito, mesmo muito, limitados. Vimos tudo o que havia para ver, passámos horas na Abadia de Westminster, no British Museum, no South Kensington Museum, na Torre de Londres. Visitámos os Kew Gardens, Richmond Park e Hampton Court e chegávamos a casa excitados e estafados. Tínhamo-nos, de facto, comportado exactamente como turistas que têm na América um pai sempre pronto a enviar-lhes dinheiro. Contudo, só no fim de algumas semanas fomos despertados do nosso sonho de turistas por uma senhoria irritada que nos exigia o pagamento da renda.

Então aconteceu que, um dia, ao regressarmos da National Gallery, onde tínhamos assistido a uma interessante conferência sobre a pintura *Vénus e Adónis*, de Correggio, a porta da pensão foi, à nossa frente, fechada a sete chaves. Ficámos estarrecidos nos degraus do patamar, com a nossa pouca bagagem dentro de casa. Fizemos o inventário do que tínhamos nos bolsos e descobrimos que, entre os quatro, podíamos arranjar cerca de seis xelins. Metemo-nos a caminho de Marble Arch e Kensington Gardens e, uma vez chegados, sentámo-nos num banco a reflectir no passo que em seguida devíamos dar.

CAPÍTULO VII

Se pudéssemos, efectivamente, ver uma fita de cinema sobre as nossas vidas, a surpresa seria enorme e teríamos exclamado: «Não, não foi a mim que isto aconteceu!» Por certo, as quatro pessoas que eu me lembro de ver a vaguear pelas ruas de Londres podiam perfeitamente ter existido na imaginação de Charles Dickens, mas na hora precisa é muito complicado acreditar na sua realidade. Que nós, os mais novos, tivéssemos podido conservar a boa disposição através desta série de desastres não tem nada de espantoso, mas que a minha pobre mãe, que já tinha sofrido tantas provações e tantos azares ao longo da sua vida, e já não era jovem, os considerasse como o curso normal e corrente das coisas, eis o que se me afigura inacreditável quando hoje olho para trás, para esses dias passados. Deambulámos pelas ruas de Londres sem dinheiro, sem amigos e sem qualquer meio de encontrar abrigo para passar a noite. Experimentámos dois ou três hotéis mas, dada a falta de bagagem, mostraram-se duros como pedra na exigência de pagamento adiantado. Experimentámos duas ou três hospedarias, mas as respectivas proprietárias agiram da mesma forma desumana e sem coração. Por fim, vimo-nos obrigados a ocupar um banco no Green Park mas, mesmo aí, um polícia de tamanho descomunal mandou-nos circular.

Assim continuámos por três dias e três noites. Vivíamos de pãezinhos de leite de preço insignificante e era tão espantosa a nossa vitalidade que passávamos os dias no British Museum. Lembro-me que lia a tradução inglesa da *Viagem a Atenas*, de Winckelmann e, esquecida da situação em que nos encontrávamos, chorava, chorava, não pelas nossas desventuras, mas de comoção pela trágica morte de Winckelmann no regresso da sua fogosa viagem de descobertas.

Todavia, na madrugada do quarto dia, decidi que alguma coisa tinha de ser feita. Tendo persuadido a minha mãe, Raymond e Elizabeth a acompanharem-me sem proferir uma palavra, dirigi-me directamente para um dos mais distintos hotéis de Londres, onde entrei e informei o porteiro da noite, meio adormecido, que tínhamos acabado de chegar no comboio nocturno e que a bagagem, vinda de Liverpool, devia ser rapidamente entregue no hotel. Queríamos, portanto, que nos conduzisse de imediato aos quartos que iríamos ocupar e nos mandasse servir um pequeno-almoço de café, bolinhos de farinha de trigo e outras especialidades americanas.

Durante o dia inteiro dormimos em camas sumptuosas e, de tempos a tempos, chamava o porteiro ao telefone para me queixar, com alguma irritação, por a nossa bagagem não ter chegado.

— É completamente impossível sairmos dos quartos sem, em primeiro lugar, mudar de roupa —, dizia-lhe eu.

Nessa noite, jantámos nos nossos quartos e, na madrugada do dia seguinte, admitindo que a eficácia do estratagema estava a esgotar-se, saímos, exactamente como tínhamos entrado, mas desta vez sem despertar o porteiro da noite!

Encontrámo-nos na rua, fortemente retemperados e prontos, uma vez mais, para enfrentar o mundo. Deambulámos rua abaixo até Chelsea onde nos sentámos, a descansar, no cemitério da igreja antiga. Reparei então num jornal que alguém atirara para o chão de uma das áleas. Apanhei-o e os meus olhos depararam com uma notícia que relatava que uma certa dama, em cuja casa eu dançara em Nova Iorque, alugara uma habitação em Grosvenor Square onde organizava grandes recepções. Assaltou-me uma súbita inspiração.

— Esperem aqui —, disse eu aos outros.

Sozinha, consegui encontrar o caminho para Grosvenor Square, onde cheguei ainda antes do almoço. A senhora achava-se em casa. Recebeu-me com muita simpatia e disse-lhe que estava a viver em Londres e que dançava em vários salões.

— É precisamente o que eu preciso —, disse ela, — para o serão da próxima sexta-feira. Será possível que, depois do jantar, nos dê algumas das suas danças?

Concordei e, delicadamente, dei-lhe a entender que um pequeno adiantamento era indispensável para garantir o meu compromisso. Com grande amabilidade acedeu imediatamente a preencher um cheque de dez libras. Com o cheque na mão, corri para o Cemitério de Chelsea, onde encontrei Raymond a discorrer sobre o conceito platónico de alma.

— Sexta-feira à noite vou dançar a casa de Mrs X., em Grosvenor Square. Provavelmente, o Príncipe de Gales estará presente e a nossa fortuna está garantida!

Mostrei-lhes o cheque e Raymond disse:

— Vamos agarrar nesse dinheiro, alugar um estúdio e pagar um mês adiantado. Nenhum de nós quer voltar a aturar os insultos dessa má gente, as desprezíveis mulheres das hospedarias.

Começámos logo à procura de um estúdio e encontrámos um, muito perto de King's Road, em Chelsea. Nessa mesma noite já dormimos no estúdio. Não tínhamos camas e tivemos de dormir no chão, mas sentimo-nos de novo a viver a vida de artistas e todos concordámos com Raymond que não podíamos, nem devíamos, voltar a instalarmo-nos, por uma noite sequer, em locais tão miseravelmente burgueses como as hospedarias.

Com o dinheiro que sobejou do pagamento do aluguer do estúdio, comprámos conservas enlatadas, que pusemos de parte para acorrer a necessidades futuras, e comprei ainda, no Liberty, umas tantas jardas de cambraia que na sexta-feira serviram para o serão de Mrs X. Dancei o *Narciso*, de Nevin, como um frágil e terno adolescente — nesse tempo, eu era muito magra — enamorado da sua própria imagem reflectida na água. Dancei também a *Ofélia*, de Nevin, e ouvi pessoas a murmurar «onde é que esta menina pequena terá ido buscar uma expressão tão trágica?» A concluir o serão, interpretei ainda a *Canção da Primavera*, de Mendelssohn.

A minha mãe tocou as músicas das minhas danças, Elizabeth leu alguns poemas de Teócrito, traduzidas por Andrew Lang, e Raymond fez uma curta prelecção sobre a dança e a sua possível influência na psicologia da humanidade futura. Foi um serão um pouco acima das capacidades de compreensão daquela audiência de gente bem alimentada mas que, ao mesmo tempo, se revestiu de grande sucesso, deixando a dona da casa perfeitamente deliciada. Ninguém fez menção ao facto de eu ter dançado com os pés nus metidos em sandálias e vestida com véus transparentes, atitude típica de uma assembleia de ingleses bem educados. Esta simples aparição provocou *Klatch* (falatório) na Alemanha alguns anos mais tarde, mas os Ingleses são um povo extremamente polido e não veio à cabeça de ninguém fazer, como já disse, qualquer observação sobre a originalidade do meu trajo, nem mesmo, coisa espantosa, sobre a originalidade da minha dança. Estavam sempre a dizer: «Que bonito!» «Admirável!» «Como vos agradeço, minha querida!» ou qualquer coisa do género… mas foi tudo.

Dessa noite em diante, recebi inúmeros convites para dançar em muitas das mansões mais conceituadas. Um dia dava por mim a dançar perante um membro da Realeza, ou no jardim de Lady Lowther, e no dia seguinte não tinha nada para comer. Por vezes, pagavam-me qualquer coisa, mas o mais corrente era não me pagarem nada. As senhoras donas das casas sabiam, muito bem, dizer-me: «Hoje vai dançar para a Duquesa d'Isto e para a Condessa d'Aquilo, e vai haver tanta gente distinta a apreciá-la, que o seu nome passa a ser um nome famoso em Londres.»

Recordo-me de um dia em que dancei quatro horas, colaborando num espectáculo de caridade e em que, como recompensa, uma dama da nobreza serviu-me um chá, com a sua própria mão, e ofereceu-me morangos. Mas eu estava tão fraca por, nos últimos dias, não ter tido nenhum alimento sólido, que os morangos e as natas me deixaram num estado ainda mais lastimoso. Entretanto, uma outra mostrava-me uma grande sacola cheia de moedas de ouro e dizia: «Veja o monte de dinheiro que arranjou para o nosso Lar de Meninas Cegas!»

Nós duas, a minha mãe e eu, tínhamos ambas muito amor-próprio para explicar àquela gente a crueldade inaudita de que estavam a ser culpadas. Pelo contrário, privávamo-nos de comer bem e como devia ser, para pouparmos o dinheiro necessário para nos vestirmos bem e aparentarmos prosperidade.

Comprámos beliches para o estúdio e alugámos um piano, mas passávamos a maior parte do tempo no British Museum, onde Raymond desenhava esboços de todos os vasos e baixos-relevos gregos. Pela minha parte, tentava imaginar como exprimir os mesmos vasos e baixos-relevos ao som da música que, em meu entender, melhor se harmonizava com os ritmos dos pés, a postura dionisíaca da cabeça e a movimentação do bastão de Baco. Também passávamos várias horas por dia na Biblioteca do British Museum, onde almoçávamos na cafetaria um pãozinho e café com leite.

Andámos loucos de entusiasmo com a beleza de Londres. Tudo o que era cultura e beleza arquitectural tinha-me faltado na América, mas agora estava pronta para saciar a minha sede.

A última vez que vi Miroski foi um ano antes de partir para Nova Iorque. Um dia recebi uma carta de um amigo de Chicago a dizer-me que Ivan se tinha alistado como voluntário para a Guerra de Espanha[1], que tinha sido internado num campo de instrução na Flórida, onde tinha adoecido com uma febre tifóide e morrera. Esta carta causou-me um choque terrível. Não conseguia acreditar serem notícias verdadeiras. Uma tarde, dirigi-me ao Cooper Institute, consultei os arquivos de jornais antigos e acabei por ler o seu nome, entre centenas de outros, impresso em caracteres minúsculos no rol dos mortos.

A carta tinha-me dado também o nome e a morada da sua mulher em Londres, pelo que um dia apanhei um cabriolé e pus-me à procura de Madame Miroski. A morada localizava-se muito longe, algures em Hammersmith. Eu ainda estava sujeita à influência puritana da América

---

[1] *Guerra de Espanha* — Guerra de Espanha com os Estados Unidos travada nas Antilhas no final do século XIX. (*N. do T.*)

e considerava medonho que Ivan Miroski tivesse deixado uma mulher em Londres, de quem nunca me disse uma palavra. Assim, nunca falei a ninguém do meu projecto. Dei a morada ao cocheiro do cabriolé e, ao longo de uma distância que me pareceu de milhas e milhas, fui conduzida quase até aos arrabaldes de Londres. Havia filas e filas de pequenas casas cinzentas, todas exactamente idênticas umas às outras, com frontarias sujas e tristes e cada uma ostentando um nome mais imponente do que o da vizinha: Sherwood Cottage, Glen House, Ellesmere, Ennismore e muitos outros nomes totalmente inapropriados. Por fim deparei com a Stella House, onde toquei à campainha e a porta foi aberta por uma criada ainda mais triste do que a maioria das criadas de Londres. Perguntei por Madame Miroski e fui introduzida numa saleta que cheirava a mofo. O meu vestido, desenhado por Kate Greenaway, era de musselina branca com uma faixa azul passando debaixo dos braços. Na cabeça tinha um grande chapéu de palha e os anéis do cabelo caíam-me pelos ombros.

Ouvi passos no andar superior, mesmo por cima da minha cabeça, e uma clara e aguda voz a dizer: «Quietinhas, meninas, quietinhas». Stella House era uma escola de raparigas. Eu lutava contra uma comoção, em que se misturava o medo e, a despeito da morte trágica de Ivan, um exasperado ciúme. Subitamente entrou na saleta uma das mais estranhas e mais pequenas figuras que alguma vez vi na minha vida. Não tinha mais do que quatro pés de altura, de uma magreza extrema quase transparente, olhos a brilharem de cor acinzentada, cabelos grisalhos e esparsos, o rosto pequeno e branco, com os lábios delgados, pálidos e cerrados

Acolheu-me com cumprimentos pouco cordiais. Tentei explicar-lhe quem eu era.

— Bem sei —, disse ela. — A senhora é Isadora Duncan. Ivan falava muito de si nas cartas que me escrevia.

— Lamento muito —, balbuciei. — Mas ele nunca me falou de si.

— Não —, respondeu. — Mas eu estava pronta a voltar para junto dele e agora… morreu.

Disse estas palavras com uma tal entoação que me fez chorar. Ela também começou a chorar, e foi como se sempre tivéssemos sido amigas.

Levou-me para cima, para o seu quarto cujas paredes estavam cobertas com retratos de Ivan Miroski. Havia retratos de juventude, com um rosto de vigor e beleza extraordinários. Havia outro, que ele lhe havia enviado, em que se exibia vestido com a farda de soldado. Este retrato, ela havia-o emoldurado numa faixa de crepe. Contou-me a história das suas vidas e como ele partira em busca de fortuna na América. Ela não o acompanhara porque escasseava o dinheiro para viajarem juntos.

— Eu devia e queria estar ao pé dele —, disse. — Estava sempre a escrever-me: «Dentro de muito pouco tempo, hei-de ter dinheiro e então virás para junto de mim».

Os anos foram passando, ela conservou sempre o emprego como governanta na escola de raparigas, o cabelo embranqueceu e Ivan nunca lhe enviou o dinheiro para a viagem até à América.

Eu comparava o destino desta velha e pequena senhora carregada de paciência — de facto ela parecia-me muito velha — com as minhas viagens aventurosas e não conseguia compreender. Se ela era a mulher de Ivan Miroski, por que não se juntou a ele, se era isso que queria? Podia ter viajado na terceira e última classe. Com efeito, nunca fui capaz de compreender, nessa ocasião nem mais tarde, por que razão alguém que quer fazer uma coisa, não se atreve a fazê-la. Pela minha parte, jamais hesitei em fazer o que me apetece. Esta maneira de ser conduziu-me muitas e variadas vezes a situações de desastre calamitoso, mas tive, ao menos, a satisfação de seguir o meu caminho e cumprir o meu desejo. Como pôde esta pobre e paciente criaturinha esperar, anos após anos, que um homem, aliás seu marido, a viesse buscar?

Rodeada pelos retratos de Ivan, sentei-me no quarto dela. Segurava as minhas mãos, apertava-as estreitamente entre as suas e, sem parar, falava acerca dele.

Assim continuámos até eu dar conta que o dia já escurecia.

Fez-me prometer que voltaria a visitá-la. Disse-lhe que devia sair e ir a nossa casa, mas ela asseverou-me que não tinha um instante livre, que trabalhava desde muito cedo até altas horas da noite, dando aulas e corrigindo os exercícios das meninas.

Como eu tinha despedido o cabriolé, regressei a casa no topo de uma diligência. Recordo-me de, durante todo o caminho até casa, ter chorado imensamente comovida com a má sorte de Ivan Miroski e da sua pobre e pequenina mulher. Porém, ao mesmo tempo, acometia-me um estranho e exultante sentimento de força e poder, e também de desprezo por aqueles que fracassam na vida ou que passam o tempo à espera do que possa acontecer. É assim a crueldade da extrema juventude.

Até então, eu dormia com a fotografia e as cartas de Ivan Miroski debaixo da almofada, mas desse dia em diante, remeti-as para a minha arca, bem embrulhadas e bem atadas.

Quando chegou o fim do primeiro mês de locação do estúdio de Chelsea, já fazia muito calor e instalámo-nos num estúdio mobilado que descobrimos em Kensington. Aí, eu tinha um piano e dispunha de mais espaço para trabalhar as minhas danças. Mas inesperadamente, no final de Julho, a temporada de Londres terminou e as sobras do dinheiro que havíamos ganho eram manifestamente escassas para acorrer às necessidades de Agosto. Passámos os dias deste mês ora no Kensington Museum, ora na biblioteca do British Museum e não foram poucas as vezes em que, após o fecho da biblioteca, regressámos a pé para o estúdio em Kensington.

Um dia, ao fim da tarde, para meu grande espanto, a pequenina Madame Miroski fez a sua aparição e convidou-me para jantar. Estava muito excitada e esta visita era, para ela, uma grande aventura. Chegou ao ponto de encomendar, para o jantar, uma garrafa de vinho da Borgonha. Pediu-me para lhe contar como era o Ivan em Chicago e de que falava. Contei-lhe como ele gostava de se passear pelos bosques a colher as douradas flores de giesta; contei-lhe como um dia o tinha visto com o sol a brilhar na sua cabeleira ruiva e os braços carregados de molhos de flores douradas e como, desde então, a sua imagem ficou, para mim, ligada à flor da giesta. Ela chorou e as lágrimas também me correram dos olhos. Bebemos uma segunda garrafa de Borgonha e entregámo-nos a uma perfeita orgia de reminiscências. Depois, ela deixou-me para reencontrar, num labirinto de ónibus, o caminha de retorno a Stella House.

Veio o mês de Setembro. Elizabeth, que tinha mantido alguma correspondência com as mães das nossas antigas alunas em Nova Iorque, recebeu de uma delas um cheque para a viagem de regresso. Decidiu que o mais sensato seria efectivamente retornar à América e aí tentar fazer algum dinheiro.

«Porque», dizia ela, «se assim acontecer, se ganhar dinheiro, enviar-te-ei algum e como em breve serás rica e famosa, poderemos então juntarmo-nos todos outra vez.»

Lembro-me de termos ido a um armazém em Kensington High Street, onde lhe comprámos uma manta de viagem, quente e boa. Acompanhámo-la à estação do comboio que havia de levá-la até ao barco e, todos os três, ficámos para trás, voltámos ao estúdio e aí permanecemos durante uns dias, num estado de absoluta depressão.

A alegre e doce Elizabeth tinha desaparecido da nossa vida de todos os dias. Outubro anunciava-se frio e lúgubre. Tivemos o primeiro encontro com o nevoeiro de Londres e um regime de sopas baratas ameaçou-nos de anemia. Até o British Museum perdera o seu encanto. Houve dias, que nos pareceram longos, em que nem sequer tivemos coragem para sair e ficámos sentados no estúdio, embrulhados em cobertores, a jogar xadrez num tabuleiro improvisado com peças de cartão.

Tal como fico espantada quando olho para o passado e me recordo da nossa extraordinária vitalidade, também agora, ao olhar para este período das nossas vidas, fico igualmente espantada com o colapso total do nosso ânimo e da nossa coragem. Houve, na verdade, manhãs em que não tínhamos vontade nem energia para nos levantar e dormíamos o dia inteiro.

Recebemos finalmente uma carta de Elizabeth onde vinha também uma remessa de dinheiro. Na chegada a Nova Iorque instalara-se no Buckingham Hotel na Quinta Avenida, abrira a escola e estava a sair-se bem. Esta notícia reanimou-nos. Como expirara o prazo do aluguer do estúdio, arrendámos uma pequena casa mobilada em Kensington Square. Tínhamos também direito a uma chave dos jardins do Square.

Uma noite, Raymond e eu dançávamos nos jardins quando nos apareceu uma mulher de grande beleza, com um enorme chapéu preto. Perguntou:

— De onde vêm? Qual o canto da terra?

— De nenhum sítio da terra —, repliquei. — Vimos da lua.

— Muito bem! Da terra ou da lua, tanto faz. Sois um encanto, não querem vir visitar-me?

Seguimo-la até à sua casa em Kensington Square, que era encantadora e onde maravilhosos quadros de Burne-Jones, de Rossetti, de William Morris reflectiam a sua imagem.

Era Mrs Patrick Campbell. Sentou-se ao piano, tocou e cantou canções inglesas antigas, em seguida recitou poesia e, por fim, eu dancei para ela. Era esplendorosamente bela, com um luxuriante cabelo preto, olhos negros e grandes, uma tez macia e de marfim e o colo de uma deusa.

Seduziu-nos a todos e este encontro resgatou-nos definitivamente do estado de tristeza e abatimento em que tínhamos caído. Marcou também uma viragem do nosso destino e da nossa sorte, pois Mrs Patrick Campbell declarou-se tão encantada com a minha dança que me deu uma carta de apresentação para Mrs George Wyndham. Disse-nos que, ainda rapariga nova, iniciara a sua carreira artística em casa de Mrs Wyndham, interpretando Julieta. Mrs Wyndham recebeu-me da maneira mais simpática e amável e foi essa a primeira vez em que tomei parte num chá inglês, das cinco horas, junto ao lume de uma lareira.

Há qualquer coisa nestes encontros à lareira, nas torradas com manteiga, no chá preto e forte, no nevoeiro amarelado do outro lado das vidraças e na calma civilizada das vozes inglesas que faz de Londres uma cidade muito atraente; e se anteriormente eu já tinha experimentado essa atracção, a partir dessa tarde não mais deixou de me fascinar. Pairava nesta casa uma atmosfera mágica de segurança e conforto, de cultura e bem-estar, e devo dizer que me sentia tão à vontade e com tanta paz e sossego como um peixe na água que é realmente a sua e é o seu mundo. A bela biblioteca da casa igualmente me atraiu muito.

Foi aqui que, pela primeira vez, dei conta do extraordinário comportamento e da postura dos bons criados ingleses, que se deslocam com uma espécie de segurança aristocrática e que, longe de recusarem a sua condição de servidores, ou de aspirarem a uma subida na escala social, como acontece na América, sentem-se orgulhosos por trabalharem para «as melhores famílias». Antes deles, os pais fizeram exactamente o mesmo, depois deles os filhos assim hão-de fazer. É este o tipo de coisas e um dos elementos que definem a paz, a calma e a segurança da existência.

Mrs Wyndham organizou para mim uma actuação no seu salão e, na noite aprazada, quase toda a gente do meio artístico e literário de Londres esteve presente. Foi aí que encontrei um homem que viria a influenciar profundamente a minha vida. Tinha cerca de cinquenta anos, com uma das mais belas cabeças que alguma vez vi. Os olhos afundados sob uma fronte proeminente, o nariz de um desenho clássico e a boca delicada, tudo inserido numa figura alta e delgada, com os cabelos grisalhos divididos por uma risca ao meio a ondularem sobre os ombros. A sua expressão era de uma doçura singular. Tratava-se de Charles Hallé, o filho do famoso pianista. De todos os jovens que nesse tempo encontrei, sempre prontos a fazerem-me a corte, não houve um que me atraísse e, de facto, nem sequer me apercebia das suas existências. É pois de estranhar que, logo de imediato, me tenha sentido apaixonadamente atraída por este homem de cinquenta anos.

Na sua juventude tinha sido um grande amigo de Mary Anderson, e convidou-me para tomar chá no seu estúdio onde me mostrou a túnica que ela usara na interpretação de Virgília, de *Coriolano*, e que ele guardava como uma relíquia. Após esta primeira visita, a nossa amizade foi-se estreitando cada vez mais, tornou-se muito profunda e não houve nenhuma tarde, ou quase nenhuma, em que eu não tivesse encontrado o caminho para o seu estúdio. Contou-me muitas coisas a propósito de Burne-Jones, de quem havia sido íntimo amigo, de Rossetti, William Morris, de toda a escola dos Pré-Rafaelitas e ainda de Whistler e Tennyson. A todos conhecera muito bem. Passei horas de encanto no seu estúdio e, em parte, devo à amizade deste amigo fascinante a revelação da arte dos Mestres Antigos.

Por esse tempo, Charles Hallé era director da New Gallery onde expunham todos os artistas modernos. Era um museu pequeno e encantador com um pátio central e uma fonte, e Charles Hallé concebeu a ideia de eu me exibir neste cenário. Apresentou-me aos seus amigos Sir William Richmond, o pintor, Mr Andrew Lang e Sir Hubert Parry, o compositor. Todos três concordaram em fazer uma conferência. Sir William Richmomd sobre a dança e o seu relacionamento com a pintura. Andrew Lang sobre a dança e o seu relacionamento com os mitos gregos e Sir Hubert Parry sobre a dança e o seu relacionamento com a música. Dancei no pátio central, em torno da fonte, rodeada de plantas raras, de flores e de folhas de palmeiras. Foi um grande sucesso. Nos jornais apareceram notícias entusiásticas e Charles Hallé ficou triunfante e contentíssimo com o meu êxito. Todos os notáveis de Londres convidaram-me para um chá ou um jantar e vivemos um curto período de tempo, durante o qual a boa fortuna não deixou de nos sorrir. Uma tarde, durante uma recepção em casa de Mrs Ronald, com as salas pejadas de gente, fui apresentada ao Príncipe de Gales, o futuro Rei Eduardo. O Príncipe clamou em voz sonante que eu era uma beldade saída das pinturas de Gainsborough, cumprimento que muito contribuiu para aumentar o entusiasmo generalizado da sociedade de Londres.

A nossa situação financeira melhorara consideravelmente, pelo que pudemos alugar um amplo estúdio em Warwick Square, onde passava os dias a trabalhar, tentando formalizar as recentes inspirações resultantes das peças de arte italiana que vira na National Gallery, embora seja certo que nesses dias estivesse também fortemente influenciada por Burne-Jones e Rossetti.

Foi também por esses dias que entrou na minha vida um jovem poeta de voz suave e olhos sonhadores, recentemente saído de Oxford. Descendia de uma linhagem Stewart e o seu nome era Douglas Ainslie. Todas as tardes, ao pôr do sol, dava entrada no estúdio com três ou quatro volumes debaixo do braço e lia-me poemas de Swinburne, Keats, Browning, Rosseti e Oscar Wilde. Gostava imenso de ler em voz alta e eu adorava ouvi-lo. A minha pobre mãe, que julgava absolutamente necessário assumir, nestas ocasiões, as funções de pau-de-cabeleira, embora conhecesse e apreciasse esta poesia, não conseguia entender a maneira oxfordiana de a recitar e, ao fim de mais ou menos uma hora, sobretudo quando ouvia William Morris, caía num sono profundo. Nesse momento, o jovem poeta inclinava-se para mim e depositava-me um suave beijo na face.

Sentia-me completamente feliz neste ambiente afectuoso e não era meu desejo que qualquer outro amigo viesse juntar-se a Ainslie e Charles Hallé. Os jovens vulgares aborreciam-me e embora nesses dias houvesse muitos que, depois de me terem visto dançar nos salões de Londres, estavam desejosos de me verem e saírem comigo, eu mostrava-me tão distante e superior que eles ficavam completamente gelados.

Charles Hallé residia numa pequena casa antiga na Cadogan Street, na companhia de uma adorável irmã, velhota e donzela. Miss Hallé era também muito simpática e afável comigo e frequentemente convidava-me para uns jantares muito simples, em que só os três participávamos. Foi com os dois irmãos que pela primeira vez fui visitar Henry Irving e Ellen Terry. Foi em *Os Sinos* que pela primeira vez vi Irving actuar no palco e a sua arte imensa despertou em mim tanto entusiasmo e tanta admiração que durante semanas vivi dominada por essas impressões e não conseguia dormir. Quanto a Ellen Terry, ela tornou-se, e sempre assim continuou, o ideal da minha vida. Todo aquele que nunca viu Irving jamais poderá compreender a arrebatadora beleza e a grandeza das suas interpretações. É impossível descrever o fascínio da sua força intelectual e dramática. Era um artista de um tal génio que mesmo os seus próprios defeitos se tornavam qualidades merecedoras de admiração. Havia nele, na sua pessoa, na sua presença, qualquer coisa do génio e da majestade de Dante.

Num dia desse verão, Charles Hallé levou-me a visitar Watts, o grande pintor, e no seu jardim dancei para ele. Na sua casa vi o rosto maravilhoso de Ellen Terry repetido diversas vezes nos seus quadros. Passeámos, os dois, no jardim e ele contou-me coisas maravilhosas sobre a sua arte e a sua vida.

Ellen Terry encontrava-se, nesse tempo, na plena maturidade da sua esplendorosa condição de mulher. Já não era a alta e elegante rapariga que cativara a imaginação de Watts, mas tinha os seios opulentos, as ancas volumosas e uma presença majestosa, muito diferente do ideal de hoje! Se o público do tempo actual tivesse visto Ellen Terry no apogeu da sua juventude, não se teria coibido de a assaltar com conselhos sobre a melhor maneira de emagrecer, indicando-lhe regimes, dietas, receitas, etc. Atrevo-me a dizer que a grandiosidade da sua expressão muito teria sofrido se ela passasse o tempo, como aliás é prática corrente das nossas actrizes, a tentar parecer jovem, magra e elegante. Não era uma figura franzina, nem esbelta, mas era, sem dúvida alguma, um exemplar indiscutível da beleza da mulher.

Foi assim que em Londres entrei em contacto com as mais altas personalidades intelectuais e artísticas da época. Como o inverno se arrastava sem chegar ao fim, havia muito menos salões abertos do que em plena temporada e, durante algum tempo, fiz parte da companhia de Benson, mas nunca interpretei outro papel senão o de primeira fada do

Sonho de uma Noite de Verão. Parecia-me que os directores de teatro eram incapazes de compreender a minha arte ou de entender de que modo as minhas ideias poderiam ser benéficas e vantajosas para as suas produções. É uma incompreensão muito estranha e bem exemplificada se atendermos ao número elevado de más imitações das minhas danças que apareceram nos produções de Reinhardt, Gemier e de outros representantes da Guarda Avançada do Teatro.

Um dia, obtive um cartão de apresentação para Lady Tree, ao tempo, Mrs Tree. Subi ao seu camarim durante um ensaio e fui recebida com grande cordialidade. Por sua indicação envergui a minha túnica de dança e ela conduziu-me ao palco para que Beerbohm Tree me visse dançar. Assim aconteceu e eu dancei a *Canção da Primavera*, de Mendelssohn. Mas ele pouca atenção me dava e os seus olhos distraídos não se desviavam das moscas a voar. Anos mais tarde contei-lhe esta história em Moscovo quando, num banquete, bebeu um copo à minha saúde e me brindou como uma das grandes artistas do mundo.

— O quê! — exclamou. — Eu vi-a dançar, vi a sua beleza, a sua juventude e nada apreciei! Que louco que eu fui! E agora, acrescentou, é tarde, tarde de mais.

— Nunca é tarde de mais —, repliquei.

E desse momento em diante, deu-me grandes e inúmeras provas da sua admiração por mim, das quais hei-de falar.

Com efeito, nesse tempo era-me difícil compreender como foi possível que eu tenha suscitado uma vaga de admiração e entusiasmo em homens como Andrew Lang, Watts, Sir Edwin Arnold, Austin Dobson, Charles Hallé e em todos os outros pintores e poetas que encontrara em Londres, enquanto os directores de teatro permaneceram indiferentes, como se a mensagem da minha arte fosse demasiado para a sua grosseira e materialista concepção da arte do Teatro.

Trabalhava o dia inteiro no meu estúdio e, ao anoitecer, vinha o poeta ler-me versos seus, ou aparecia o pintor que me convidava a sair com ele ou desejava ver-me dançar. Arranjavam maneira de nunca se encontrarem e aparecerem juntos, pois haviam criado uma violenta antipatia, um pelo o outro. O poeta dizia não entender como eu conseguia passar tanto tempo na companhia daquele velho homenzinho, e o pintor dizia não perceber que uma rapariga inteligente, fosse ela qual fosse, pudesse ver qualquer coisa de jeito naquele pateta presumido e impertinente. Mas eu sentia-me completamente feliz com as duas amizades e, na verdade, não podia dizer qual delas preferia e me dava maior prazer. Somente os Domingos estavam sempre reservados para Hallé. Almoçávamos no seu estúdio um *foie gras* de Strasburgo acompanhado com vinho de Xerez e café que ele próprio fazia.

Um dia, deu-me permissão para envergar a famosa túnica de Mary Anderson, com a qual posei para ele desenhar muitos e variados esboços.

E assim, o Inverno passou.

CAPÍTULO VIII

As nossas despesas eram sempre superiores às receitas, pelo que nos encontrávamos permanentemente em situação deficitária, o que aliás não nos impedia de viver em período de paz. Contudo, este ambiente pacífico tornou Raymond impaciente. Partiu para Paris e, na Primavera, bombardeou-nos com telegramas a implorar que nos juntássemos a ele. Foi tal a insistência que, a mãe e eu, acabámos por fazer as malas e tomámos o barco para atravessar o canal.

Deixámos os nevoeiros de Londres para, numa manhã de Primavera, chegar a Cherbourg. A França pareceu-nos um verdadeiro jardim e, de Cherbourg até Paris, não abandonámos os lugares, debruçadas da janela de um compartimento de terceira classe. Raymond esperava-nos na estação. Tinha deixado crescer o cabelo, que agora lhe tapava as orelhas, e exibia um colarinho dobrado, não engomado, e uma gravata grande e esvoaçante. Ficámos um tanto espantadas com estas mudanças, mas explicou-nos que era a moda no Quartier Latin, onde vivia. Levou--nos para o seu alojamento e, na escada, cruzámo-nos com uma pequena *midinette* que descia a correr. Regalou-nos com uma garrafa de vinho tinto que, disse-nos, custava trinta cêntimos. Saímos para procurar um estúdio. Raymond sabia duas palavras de francês e deambulámos pelas ruas, repetindo constantemente: *Chercher atelier*. O que, porém, ignorávamos era que *atelier* em França, não significa apenas estúdio, mas também qualquer tipo de oficina. Por fim, ao pôr do sol, encontrámos um estúdio, no fundo de um pátio, pelo extraordinário preço de cinquenta francos mensais, todo mobilado. Ficámos radiantes e pagámos um mês adiantado. Não fazíamos a menor ideia por que era tão barato, mas nessa noite ficámos a saber qual a razão. Assim que nos aprontámos para o descanso nocturno, o estúdio foi abalado por terríveis tremores de terra e tudo, paredes e mobília, parecia saltar pelos ares para de seguida tombar desfeito no chão. Estes abalos repetiam-se sem cessar. Raymond desceu as escadas, para se informar do que se estava a passar e descobriu que o nosso refúgio se situava exactamente por cima de uma *imprimerie* nocturna. Esta a razão do preço barato do estúdio. A constatação arrefeceu um pouco o nosso entusiasmo mas, como cinquenta francos era, para nós e naqueles dias, uma quantia importante, aventei a ideia de que o barulho era semelhante ao das ondas do mar e nos bastava imaginar que nos tínhamos instalado à beira-mar. A porteira fornecia-nos as refeições, vinte e cinco cêntimos pelo almoço e um franco por cabeça, pelo jantar, vinho incluído. Trazia quase sempre uma salada e, com um sorriso simpático, dizia, enquanto a remexia: «*Il faut tourner la salade, Monsieur et Mesdames, il faut tourner la salade*».

Raymond renunciou à sua *midinette* e dedicou-se inteiramente a mim. Levantávamo-nos às cinco horas da manhã, tal era a nossa excitação por nos encontrarmos em Paris. Começávamos o dia a dançar nos jardins do Luxemburgo, depois passeávamos milhas e milhas por toda a cidade e passávamos horas no Louvre. Raymond já tinha um portefólio com desenhos de todos os vasos gregos e passávamos tanto tempo na sala dos vasos gregos, que o guarda começou a suspeitar; quando lhe expliquei por pantomima que eu viera ao museu, unicamente para dançar, decidiu que tinha à sua frente apenas uns lunáticos inofensivos e deixou-nos em paz. Recordo-me de termos passado horas e horas sentados no chão encerado, deslizando para a esquerda e para a direita para melhor ver as prateleiras mais baixas, ou em bicos de pés a dizer: «Olha, este é Dionisius», ou «vem ver aqui, é Medeia a matar os filhos».

Dia após dia, voltávamos ao Louvre e só a muito custo conseguiam pôr-nos na rua à hora do fecho. Não tínhamos dinheiro, não tínhamos amigos em Paris, mas de nada precisávamos. O Louvre era o nosso Paraíso e vim a encontrar gente que nos tinha visto nesses dias — a mim vestida de branco com um chapéu Liberty, e Raymond com o chapéu de abas largas, o colarinho sem goma e a gravata a flutuar — e me disse que éramos duas figuras bizarras tão jovens e completamente absorvidas pelos vasos gregos. À hora do fecho, regressávamos a pé, ao crepúsculo, demorando-nos diante das estátuas do jardim das Tulherias e, depois de um jantar de feijão branco, salada e vinho tinto, sentíamo-nos felizes, quase tanto como alguma vez se pode ser.

Raymond era muito hábil com o lápis. Em poucos meses copiou todos os vasos gregos do Louvre. Existem, porém, certas silhuetas, mais tarde publicadas, que não foram desenhadas a partir dos vasos gregos, mas sim de fotografias minhas a dançar nua, tiradas por Raymond e que foram consideradas de vasos gregos.

Além do Louvre, visitámos o Museu de Cluny, o Museu Carnavalet, Notre-Dame e todos os outros museus de Paris. Fiquei sobretudo fascinada pelo grupo de Carpeaux na fachada da Ópera e pelo Rude no Arco do Triunfo. Não houve um só monumento diante do qual não tivéssemos ficado em adoração, com as nossas jovens almas americanas arrebatadas de emoção pela visão desta cultura que nos havia dado tanto e tão duro trabalho a descobrir.

A Primavera deu lugar ao Verão e a grande Exposição de 1900 abrira, quando, para minha grande alegria, mas desapontamento de Raymond, Charles Hallé apareceu uma manhã, na Rue de la Gaîté. Tinha vindo visitar a Exposição e eu passei a ser a sua companhia de todos os instantes. Digo e repito que não podia ter encontrado guia mais encantador e mais inteligente. Ao longo do dia, deambulávamos pelos monumentos e à noite jantávamos na Torre Eiffel. Era a bondade em pessoa e, assim que eu me fatigava, logo me punha numa cadeira de rodas. Aliás, eu cansava-me com muita frequência, pois a arte na Exposição não me parecia igualar a arte no Louvre, mas sentia-me muito feliz, adorava Paris e adorava Charles Hallé.

Aos domingos, apanhávamos um comboio para o campo, para vaguear pelos jardins de Versailles ou pelo bosque de Saint-Germain. Na floresta, eu dançava para ele, e ele fazia desenhos meus. Assim foi correndo o tempo do Verão. Não foi muito agradável, é evidente, para a minha pobre mãe e para Raymond.

A Exposição de 1900 deixou-me uma impressão profunda, a dança de Sadi Yacca, a grande bailarina trágica do Japão. Noite após noite, Charles Hallé e eu ficávamos fascinados pela prodigiosa arte desta grande artista trágica.

Uma outra impressão, ainda mais profunda e que ao longo da minha vida nunca se desvaneceu, foi a do pavilhão Rodin, onde as obras completas do admirável escultor foram, pela primeira vez, apresentadas ao público. Na minha primeira visita a este pavilhão fiquei extasiada perante a obra do grande mestre. Embora ainda não conhecesse Rodin, sentia que me encontrava num outro mundo e, em cada nova visita, indignava-me ouvir gente vulgar a dizer: «Onde está a cabeça dele?» Ou «Onde está o braço dela?» Por mais de uma vez, me virei para a multidão e a apostrofei repreendendo-a com severidade: «Não estão a ver» gritava bem alto, «que isto não é a própria coisa, mas um símbolo, uma concepção do ideal da vida?»

O Outono aproximava-se e a Exposição chegava aos seus últimos dias. Charles Hallé tinha de regressar a Londres, mas antes de partir apresentou-me o seu sobrinho Charles Noufflard: «Deixo Isadora ao teu cuidado», disse-lhe na hora da partida. Noufflard era um jovem com cerca de vinte e cinco anos de idade, mais ou menos *blasé*, mas que ficou completamente cativado pela ingenuidade desta rapariguinha americana que confiavam aos seus cuidados. Dedicou-se à tarefa de completar a minha educação em matéria de arte francesa, instruindo-me sobre o Gótico e levando-me a apreciar, pela primeira vez, as épocas de Luís XIII, XIV, XV e XVI.

Tínhamos deixado o estúdio da Rue de la Gaîté e, com as sobras das nossas pequenas poupanças, arrendámos um estúdio mais vasto na Avenue de Villiers. Raymond arranjou o estúdio de modo muito original. Agarrou em folhas metálicas muito finas, enrolou-as e colocou-as sobre os bicos de gás, de modo que as chamas, vistas através delas, davam a impressão de serem tochas da Roma antiga. Porém, as contas de gás aumentaram consideravelmente!

Neste novo estúdio, a minha mãe retomou a sua música e, tal como nos dias da nossa infância, durante horas e horas tocava Chopin, Schumann e Beethoven. Não tínhamos quartos de dormir, nem sala de banho no estúdio. Ao longo das paredes, Raymond pintou colunas gregas e dispúnhamos de arcas de madeira esculpidas para arrumar os colchões. À noite, retirávamos os colchões, colocávamo-los em cima das arcas e aí dormíamos. Foi nesta época que Raymond inventou as suas famosas sandálias, pois descobriu que todos os sapatos eram coisas odiosas. Era dotado de grande veia inventiva e passava três quartas partes da noite a trabalhar nas suas invenções e a dar marteladas, enquanto a minha pobre mãe e eu tentávamos dormir em cima das arcas, o melhor que podíamos.

Charles Noufflard era um visitante assíduo e um dia trouxe consigo dois dos seus camaradas, um belo jovem chamado Jacques Beaugnies e um jovem literato, cujo nome era André Beaunier. Charles Noufflard sentia-se muito orgulhoso de mim e deliciava-se a mostrar-me aos amigos como um fenomenal produto americano. Naturalmente, eu dançava para eles. Ao tempo, estudava a música dos Prelúdios, Valsas e Mazurcas de Chopin. A minha mãe tocava extremamente bem, com o toque forte e firme de um homem, com grande sentimento e grande conhecimento e estava sempre pronta a acompanhar-me durante horas. Foi então que Jacques Beaugnies teve a ideia de pedir à sua mãe, Madame de Saint Marceaux, a mulher do escultor, de me convidar uma noite para dançar para os seus amigos.

Madame de Saint Marceaux tinha um dos salões mais artísticos e elegantes de Paris e foi programado um ensaio no estúdio do marido. Ao piano, sentou-se um homem extraordinário com dedos de feiticeiro. Senti-me imediatamente atraída por ele.

«*Quel ravissement!*» exclamou. «*Quel charme! Quelle jolie enfant!*» E, tomando-me nos braços, beijou-me em ambas as faces, à moda francesa. Tratava-se de Messager, o grande compositor.

Chegou a noite do meu *début*. Dancei para um grupo de pessoas tão amáveis e tão entusiásticas que uma grande comoção se apoderou de mim. Mal esperaram pelo final da dança para gritarem bem alto: «*Bravo, bravo, comme elle est exquise! Quelle enfant!*» E no final da primeira dança, um cavalheiro alto, de olhos vivos e penetrantes, levantou-se e beijou-me.

— «*Quel est ton nom, petite fille?*», — perguntou.

— Isadora —, repliquei eu.

— «*Mais ton petit nom?*»

— Quando era menina pequena, chamavam-me Dorita.

— *Oh, Dorita*! — exclamou ele, beijando-me os olhos, as faces, a boca. — «*Tu es adorable.*»

Nesse instante, Madame de Saint Marceaux pegou-me na mão e disse:

— Este é o grande Sardou.

Com efeito, naquele salão achavam-se presentes todos aqueles que contavam alguma coisa na vida parisiense. Quando saí coberta de flores e cumprimentos, os meus três cavaleiros, Noufflard, Jacques Beaugnies, André Beaunier escoltaram-me até casa, radiantes de orgulho e satisfação por o seu pequeno fenómeno ter tido tamanho sucesso.

Destes três jovens, aquele que viria a tornar-se o meu maior amigo não era o alto e simpático Charles Noufflard, nem o bem parecido e belo Jacques Beaugnies, mas sim o pequenino e pálido André Beaunier. Além da palidez do seu rosto redondo, usava óculos, mas que cabeça inteligente! Fui sempre uma *cerebral* e, apesar de correr o risco de não me acreditarem, devo dizer que os casos de amor da minha cabeça, aliás numerosos, foram sempre tão interessantes e importantes para mim como os amores do coração. André, que nesses dias escrevia os seus dois primeiros livros, *Petrarca* e *Simonde*, vinha ver-me todos os dias e foi graças a ele que me familiarizei com o que há de melhor e mais belo na literatura francesa.

Eu já tinha tido tempo para aprender a ler e a falar francês com bastante à vontade e André Beaunier lia-me em voz alta, no nosso estúdio, durante tardes inteiras e serões de longas horas. A sua voz era cadenciada e de uma doçura requintada. Leu-me as obras de Molière, Flaubert, Téophile Gautier, Maupassant e foi o primeiro a ler-me o *Pélleas et Mélisande*, de Maeterlink, bem como todos os mais modernos e recentes livros franceses.

Todas as tardes se ouvia um tímido toque na porta do estúdio. Era André Beaunier, sempre com um livro novo ou uma revista debaixo do braço. A minha mãe não compreendia o meu entusiasmo por este homem que, para ela, não correspondia ao *beau idéal* do amante dedicado, pois, como já disse, ele era gordo, baixinho e de olhos minúsculos. Só quem fosse *cerebral* percebia que aqueles olhos flamejavam de espírito e inteligência. Frequentes vezes, após as suas leituras de duas ou três horas, instalávamo-nos no topo de um ónibus que pela margem do Sena percorria a Île de la Cité para, finalmente, nos deixar admirar Notre-Dame à luz do luar. André reconhecia imediatamente todas as estátuas da fachada, sabia e contava-me a história de cada uma das pedras. Depois regressávamos a casa, andando a pé, e a curtos intervalos eu sentia a tímida pressão dos seus dedos no meu braço. Aos domingos, apanhávamos o comboio para Marly. Num dos livros de Beaunier pode ler-se uma cena que descreve estes passeios pela floresta e conta como eu dançava diante dele, ao logo das áleas, atraindo-o com os meus gestos como uma ninfa ou uma deidade a borbulhar de riso.

Fez-me confidências, revelando todas as suas impressões e ideias e qual o tipo de literatura que gostaria de escrever e que, por certo, nunca estaria incluída nos *best sellers*. Eu creio, porém, que o nome de André Beaunier virá a ser reconhecido e considerado, ao longo dos séculos futuros, como um dos mais requintados do seu tempo. Em duas ocasiões vi

André Beaunier preso de profunda emoção. A primeira foi na ocasião da morte de Oscar Wilde. Veio ver-me, pálido e trémulo, num terrível estado de depressão. Eu tinha ouvido falar vagamente de Oscar Wilde, pelo que estava mal informada a seu respeito. Lera alguns dos seus poemas, que me haviam interessado, e André contou-me coisas da sua história mas, quando lhe perguntei por que razão Oscar Wilde fora metido numa prisão, corou até à raiz dos cabelos e recusou responder. Apertava as minhas mãos nas suas e tremia. Ficou comigo até bastante tarde, repetindo constantemente: «És a minha única confidente». Por fim saiu, deixando-me a estranha impressão de que uma calamidade inexplicável se havia abatido sobre o mundo. Pouco tempo depois voltou a aparecer uma manhã com um rosto pálido e expressão trágica. Não quis revelar-me as razões da sua emoção e permaneceu silencioso, com o rosto rígido e os olhos imóveis fixos em frente. Quando saiu, beijou-me na fronte de um modo tão expressivo que tive a premonição de que ele ia a caminho da morte. Fiquei mergulhada numa dolorosa ansiedade até que, três dias mais tarde, regressou de excelente humor e participou-me que se tinha batido em duelo e ferira o seu adversário. Nunca cheguei a saber qual o motivo deste duelo. De facto, eu nada sabia da sua vida pessoal. Aparecia todas as tardes, normalmente pelas cinco ou seis horas e, consoante o estado do tempo ou a nossa disposição, saíamos para um passeio ou ele ficava a ler-me um ou outro livro. Uma vez, sentámo-nos numa clareira do Bois de Meudon, onde se cruzam quatro caminhos. Ao da direita, deu o nome de Fortuna, ao da esquerda Paz... e ao caminho à nossa frente Imortalidade.

— E este onde estamos sentados, que nome tem? — perguntei eu.

— Amor —, replicou ele em voz baixa.

— Então é aqui que quero ficar —, exclamei deliciada.

Porém, ele limitou-se a dizer:

— Não podemos continuar aqui.

Levantou-se e pôs-se a andar em passo muito rápido, pelo caminho que se abria à nossa frente.

Desiludida e desconcertada, precipitei-me atrás dele, aos gritos:
— Porquê, porquê? Por que me deixas?

Mas ele nem uma só palavra disse durante todo o tempo de regresso a casa e deixou-me abruptamente à porta do meu estúdio.

Esta estranha e apaixonada amizade durava já há mais de um ano quando, na inocência do meu coração, sonhei dar-lhe uma outra expressão. Inventei argumentos para que, uma noite, a mãe e Raymond fossem à Ópera, de modo a que eu ficasse sozinha em casa. Nessa mesma tarde, comprei clandestinamente uma garrafa de champanhe e, à noite, pus uma pequena mesa, arranjada com flores, o champanhe e duas taças. Vesti uma túnica transparente, pus nos cabelos uma grinalda de rosas e esperei por André, sentindo-me precisamente como Thaís. Ele chegou, pareceu muito espantado, terrivelmente embaraçado e mal quis tocar no champanhe. Dancei para ele, que parecia distraído e, por fim, saiu abruptamente, dizendo que nessa noite ainda tinha de escrever muitas coisas. Fiquei só, com as rosas e o champanhe e chorei amargamente.

Se nos lembrarmos que nessa época eu era uma rapariga nova e indiscutivelmente bonita, é difícil encontrar uma explicação para este episódio e, para falar verdade, nunca encontrei nenhuma. Mas, na hora do sucedido, apenas podia pensar, desesperada: «Ele não me ama». Despeitada e com a vaidade ferida, comecei a namoriscar atrevidamente um dos outros do meu trio de admiradores, que era alto, louro, bonito e tão ousado em abraços e beijos como André era tímido. Mas esta experiência também acabou mal. Uma noite, após um belo jantar com champanhe num *cabinet particulier*, levou-me para um quarto de hotel, reservado em nome de Sr. e Sra. X. Todo o meu corpo tremia, mas sentia-me feliz. Finalmente ia saber o que era o amor. Dei por mim nos seus braços, mergulhada num dilúvio de carícias, com o coração a bater, cada um dos nervos inundado de prazer, todo o meu ser a boiar numa alegria extasiada. «Finalmente acordo para a vida», murmurava eu, exultante, quando, de súbito, ele se levantou para logo cair de joelhos ao lado da cama a gritar com uma emoção indescritível. «Oh, por que não me disseste? O crime que eu ia cometer! Não, não. Deves guardar a tua pureza. Veste-te, veste-te já!»

E, surdo aos meus lamentos, pôs-me o casaco nos ombros e arrastou-me para um fiacre. Ao longo de todo o caminho até casa, não cessou de se injuriar em termos tão violentos que eu me sentia verdadeiramente assustada.

Que crime, perguntava a mim própria, esteve ele quase a cometer? Doente, confundida e perturbada, mais uma vez me largaram à porta do meu estúdio, num estado de total abatimento. O meu louro e jovem amigo nunca mais voltou. Pouco tempo depois partiu para as colónias e quando, passados vários anos, tornei a encontrá-lo, perguntou-me: «Sempre conseguiste perdoar-me?» «Perdoar o quê?» perguntei por minha vez.

Foram estas as minhas primeiras aventuras na fronteira do estranho e desconhecido país do Amor, onde estava ansiosa por entrar, desejo que por muitos anos me foi negado por efeito do temor respeitoso, quase religioso, que eu suscitava naqueles que me amavam. Contudo, esta última aventura influiu decisivamente na minha natureza emotiva, que passou a ter todas as suas forças orientadas para a minha Arte. As alegrias, que o Amor me recusou, foram-me oferecidas pela minha Arte.

Passei largos dias e largas noites no estúdio, tentando descobrir uma dança que, por meio da movimentação do corpo, fosse a expressão divina do espírito humano. Durante horas permaneci de pé, imóvel, com as duas mãos cruzadas entre os seios e apoiadas no plexo solar. Era frequente a minha mãe ficar alarmada ao ver-me naquela imobilidade durante longo tempo, como se estivesse hipnotizada. Eu procurava e finalmente descobri a mola central de todos os movimentos, a fornalha da força motriz, a unidade de onde brotam todas as diversidades do movimento, o espelho onde se contempla a visão que suscita a criação da dança. Foi desta descoberta que nasceu a teoria em que fundei a minha escola. A escola oficial de ballet ensinava aos alunos que esta mola se encontrava no centro do dorso, na base da coluna vertebral. É deste eixo, dizem os mestres de ballet, que deve partir a livre movimentação de braços, pernas e tronco, que tem como resultado transmitir a aparência de um boneco articulado. Este método produz um movimento mecânico e artificial, indigno da alma. Eu, pelo contrário, via nesse centro a fonte da expressão espiritual que irradia pelos canais do corpo, entretanto inundado de uma luz vibrante, a força centrífuga que reflecte a visão do espírito. Após muitos meses de esforços, durante os quais aprendi a concentrar toda a minha energia e toda a minha atenção neste único centro, descobri que, quando ouvia música, as radiações e as vibrações da música corriam para esta única fonte de luz dentro de mim, onde se reflectiam em Visão Espiritual. Não era no espelho da inteligência que se reflectiam, mas sim no da alma, e era a partir desta visão que eu conseguia exprimir, na Dança, as radiações e as vibrações musicais. Muitas vezes, tentei explicar a artistas esta primeira e fundamental teoria da minha Arte. No seu livro *A minha Vida na Arte*, Stanislavski cita as minhas palavras.

Tudo isto me parecia muito difícil e complicado de explicar por palavras, mas quando, diante dos meus alunos, mesmo os mais pequenos e mais pobres, eu lhes dizia: «Ouçam a música com a vossa alma e digam-me se, enquanto escutam, não sentem um ser interior a despertar no mais fundo de cada um de vós e não se apercebem de que é pela força desse ser que a vossa cabeça se ergue, os vossos braços se levantam e que lentamente caminhais para a luz?» eles compreendiam. Este despertar é o primeiro passo no mundo da dança, tal como eu a concebo.

Até a criancinha mais nova compreende e, porque compreendeu, o seu caminhar e todos os seus movimentos passaram a dispor de um poder espiritual e de uma graça que não existiam em nenhum dos movimentos nascidos da estrutura física ou criados pelo cérebro. Eis a razão que explica como foi possível que crianças de muito pouca idade da minha escola, que actuaram no Trocadero ou na Metropolitan Opera

House perante vastíssimas audiências, tivessem sido capazes de magnetizar a sala inteira com um fascínio geralmente só ao alcance dos artistas de grande classe. Contudo, à medida que estas crianças vão crescendo, a influência contrária da nossa civilização materialista leva a melhor, aniquila esta força que possuíam e fá-las perder a inspiração.

O peculiar ambiente da minha infância e da minha mocidade desenvolveram em mim este poder até um grau bastante elevado e, em diferentes épocas da minha vida, fui capaz de repelir todas as influências externas e viver animada exclusivamente por esta força. Foi assim que, após patéticos esforços para conquistar o amor terreno, uma súbita reacção fez-me retomar essa força adormecida.

Desde então, sempre que André me vinha ver com um ar tímido e parecendo querer desculpar-se, durante horas descarregava nele os meus discursos sobre a Arte da Dança e sobre uma nova escola de movimentação humana. Devo dizer que nunca ele se mostrou aborrecido ou fatigado, antes ouvindo com infinita paciência e doce simpatia as minhas explicações sobre cada um dos movimentos que descobrira. Sonhava também que tinha de descobrir um movimento inicial donde teria brotado uma série de movimentos, sem intervenção da minha vontade, unicamente como reacção inconsciente ao movimento inicial. Desenvolvi este movimento em diversas variações sobre temas diferentes, tais como o primeiro movimento do Medo, seguido das reacções naturais nascidas da emoção inicial, ou o da Tristeza, donde dimana uma dança de lamentação, ou o movimento do Amor a desabrochar como as pétalas de uma flor e a esvoaçar como um perfume.

Estas danças não eram acompanhadas de música autêntica e sonora, mas pareciam inspiradas pelo ritmo de qualquer música invisível. Com a ajuda destes estudos tentei, em primeiro lugar, exprimir os Prelúdios de Chopin. Ensaiei também a música de Gluck. A minha mãe nunca se cansou de tocar para mim e repetiu constantemente a partitura completa do *Orfeu* até a madrugada se anunciar nas janelas do estúdio.

As janelas eram altas, não tinham cortinas e as vidraças prolongavam-se por todo o tecto, de modo que, quando se levantavam os olhos, víamos o céu, as estrelas, a lua. Por vezes, chovia como cataratas e pingos de água caíam no chão, pois raramente as vidraças do tecto são impermeáveis. Também no Inverno o estúdio era terrivelmente frio e cheio de correntes de ar, enquanto no Verão assávamos com o calor. Como o estúdio tinha só uma sala, nem sempre estávamos à vontade para satisfazer as nossas diferentes ocupações. Mas a juventude não leva o desconforto a sério, e a minha mãe era um anjo de modéstia e abnegação, cujo único desejo era ajudar-me no meu trabalho.

Nessa época, a Condessa de Greffuhl era a rainha da alta sociedade. Recebi um convite para dançar nos seus salões, onde se achava reunida uma multidão de gente elegante, incluindo todas as celebridades da Sociedade Parisiense. A Condessa saudou-me como se eu fosse o renascimento da Arte Grega, mas ela estava sob a influência da *Aphrodite* de Pierre Louys e das suas *Chansons de Bilitis*, enquanto eu tinha o espírito e a expressão de uma coluna dórica e do frontão do Parthénon visto à luz fria do British Museum. A Condessa havia montado no seu salão um pequeno estrado com uma grade de fundo e, em cada espaço mais aberto da grade, mandara colocar uma rosa vermelha. Este fundo de rosas vermelhas não se conciliava com a simplicidade da minha túnica nem com a expressão religiosa da minha dança, porque, embora eu já tivesse lido Pierre Louys e as *Canções de Bilitis*, as *Metamorfoses* de Ovídio e os versos de Sapho, a sensualidade destas obras tinha-me passado completamente ao lado, o que nos vem provar que não há necessidade nem utilidade em censurar a literatura da juventude. Aquilo que nunca se experimentou escrito num livro, também nunca se compreende.

Eu era ainda um produto do puritanismo americano, talvez devido ao sangue do meu avô pioneiro e da minha avó, que atravessaram as Pradarias em 1849 debaixo do toldo do seu carroção, desbravando caminho pelas florestas virgens, pela Montanhas Rochosas e por planícies a arder de sol, evitando cuidadosamente qualquer encontro com hordas de índios hostis ou, se fosse esse o caso, dando-lhes luta. Ou seria antes devido ao sangue escocês da família do meu pai? Fosse como fosse, a terra americana havia-me moldado do mesmo modo que à grande maioria dos seus filhos e feito de mim uma puritana, uma mística, uma lutadora muito mais empenhada em adquirir uma expressão de heroicidade do que de sensualidade. Creio, aliás, que a maior parte dos artistas americanos têm a mesma veia. Walt Whitman, a despeito dos seus escritos terem sido interditos e incluídos no rol da literatura indesejável, a despeito de frequentemente proclamar as alegrias e os prazeres do corpo, no fundo do seu coração é um puritano, tal como acontece com a maioria dos nossos escritores, pintores e escultores.

Será a imensa e rude terra da América, ou a vastidão dos seus espaços abertos e varridos pelo vento, ou a sombra de Abraham Lincoln, que sobre todos se espalha e influencia, que faz a sua arte diferente da arte sensual dos franceses?

Pode dizer-se que a educação americana tende a reduzir a zero a importância dos sentidos. O verdadeiro Americano não é um pesquisador de ouro ou um adorador do dinheiro, como a lenda pretende, mas um idealista e um místico. Não quero com isto dizer que o Americano esteja desprovido dos sentidos. Pelo contrário, o anglo-saxão em geral, ou o Americano com algum sangue celta é, quando chega o instante decisivo, mais impetuoso do que o italiano, mais sensual do que o francês, mais capaz de excessos desesperados do que os russos. Mas os hábitos implantados pela educação recebida enclausuraram o seu temperamento num muro de aço gelado e a excitação só aparece quando um incidente extraordinário surge na sua vida, destruindo a sua reserva. Então pode dizer-se que o anglo-saxão ou o celta é, de todos os povos, o amante mais ardoroso. Conheci alguns que iam para a cama com dois pijamas, um de seda macia contra a pele e outro de lã para lhe dar calor. Levavam a *Times* e a *Lancet*, mais um cachimbo de urze para passar o tempo mas, num instante, transformavam-

-se em sátiros tão esbeltos e formosos que faziam esquecer os da Grécia antiga e explodiam numa paixão que fazia lembrar um vulcão capaz de deixar um italiano a tremer de medo durante uma semana!

Compreende-se, portanto, que nessa noite em casa da Condessa Greffuhl, num salão atulhado de gente, com inúmeras mulheres maravilhosamente vestidas e exibindo jóias de estarrecer, sufocada pelo perfume de milhares de rosas vermelhas e fixada pelos olhares de uma *jeunesse dorée* que ocupava todos os lugares da primeira fila, cujos narizes assomavam pela beira do palco e eram quase acariciados pelos meus pés de bailarina, eu me sentisse extremamente infeliz e receasse que a minha actuação se saldasse num fracasso completo. Mas, na manhã seguinte, recebi da Condessa um simpático cartão em que me agradecia e me dizia para passar pelo gabinete da porteira e aí receber o meu *cachet*. Não me apeteceu ir bater à porta do gabinete, pois eu era muito susceptível em matérias de dinheiro mas, de facto, a quantia pagava o aluguer do estúdio.

Muito mais agradável foi um serão no estúdio da famosa Madame Madeleine Le Marre, onde dancei a música do *Orfeu* e, entre os espectadores, vi pela primeira vez o inspirado rosto da Sapho de França, a Condessa de Noailles. Também estava presente Jean Lorrain que no *Journal* relatou as suas impressões.

Para acrescentar às duas maiores fontes da nossa alegria e contentamento, o Louvre e a National Library, descobri uma terceira, a encantadora biblioteca da Ópera. O bibliotecário interessou-se muito afectuosamente pelas minhas pesquisas e colocou à minha disposição todas as obras relacionadas com a dança, bem como os livros sobre a música grega e a arte do teatro grego. Dediquei-me à tarefa de ler tudo o que se escreveu a propósito da Arte da Dança, desde os mais antigos tempos do Egipto Antigo até aos dias de hoje e num caderno tomei notas de todas as minhas leituras. Quando terminei este trabalho colossal, percebi que os únicos mestres da dança que poderia considerar eram Jean-Jacques Rousseau, no *Emílio*, Walt Whitmann e Nietzsche.

Numa tarde sem sol, ouviu-se alguém a bater à porta do estúdio. Uma mulher apresentou-se. Era de uma estatura imponente e de uma personalidade tão forte, que a sua entrada parecia ter sido anunciada por um desses trechos de música wagneriana, profundos e potentes, que trazem consigo prenúncios de mau agoiro. De facto, aquilo que me foi anunciado, não mais deixou de ressoar aos meus ouvidos, desde então trazendo nas suas vibrações, tempestuosos acontecimentos trágicos da minha vida.

— Eu sou a Princesa de Polignac, disse ela, uma amiga da Condessa Greffuhl. Quando vos vi dançar, a vossa arte interessou-me, e em particular a meu marido, que é compositor.

Possuía um rosto agradável, embora um tanto desfavorecido por um maxilar inferior demasiado pronunciado que lhe dava um queixo autoritário. Poderia ter sido o rosto de um imperador romano, mas a uma expressão de fria altivez contrapunham-se promessas voluptuosas dos seus olhos e dos seus traços. Quando falava, a voz soava um tanto fanhosa, dura e metálica, o que fazia suspeitar não ser a sua que, pelo contrário, deveria soar em tonalidades mais ricas e profundas. Acabei por descobrir que a frieza daquela expressão e a tonalidade daquela voz eram, afinal, uma máscara que lhe escondia, apesar da condição de princesa, uma extrema e dolorosa timidez. Falei-lhe da minha arte e das minhas esperanças e logo de imediato a Princesa se ofereceu para organizar um concerto no seu estúdio. Dedicava-se à pintura e era também uma excelente música, tocando piano e órgão. Apercebeu-se da pobreza do nosso estúdio enregelado e despido e da nossa penúria. Ao retirar-se abruptamente, com um gesto tímido colocou em cima da mesa um envelope, onde encontrámos dois mil francos.

Creio que actos como este eram habituais em Madame de Polignac, apesar da sua reputação de mulher fria e antipática.

Na tarde do dia seguinte dirigi-me a sua casa, onde encontrei o Príncipe de Polignac, músico de imenso talento, cavalheiro de grande e elegante requinte, sempre com uma pequena boina de veludo preto a emoldurar-lhe o rosto bonito e delicado. Enverguei a minha túnica e, no seu salão de música, dancei para ele. Ficou maravilhado. Proclamou que eu era a visão e o sonho que de há muito tempo esperava. A minha teoria sobre a relação entre os movimentos e os sons interessou-o profundamente, tal como as minhas ideias e esperanças de que a dança viesse a renascer como Arte. Tocou deliciosamente para mim num belo cravo antigo, que ele adorava e acariciava com os finos dedos. Saboreei imediatamente todo o seu encanto e quando, por fim, exclamou: «Que adorável menina! Isadora, como és adorável!» repliquei com timidez: «Também eu vos adoro. Muito gostaria de estar sempre a dançar para o senhor e criar danças religiosas inspiradas pela vossa bela música!»

Começámos então a planear uma colaboração. Oh, que tremendos desperdícios acontecem nesta terra. A esperança de uma colaboração, que para mim teria sido preciosa, foi, pouco tempo depois, cortada cerce pela sua morte.

O concerto no estúdio da Princesa revestiu-se de grande sucesso e, como ela teve a feliz e generosa ideia de abrir as portas ao público, não limitando a audiência aos amigos pessoais, seguiu-se um interesse mais generalizado pelo meu trabalho. Em consequência, organizámos uma série de concertos por inscrição, no nosso estúdio, onde havia espaço para receber vinte ou trinta pessoas. O Príncipe e a Princesa de Polignac vieram assistir a todos estes concertos e recordo-me de uma vez em que o Príncipe, no auge da sua admiração, tirou da cabeça a boina de veludo e agitou-a no ar aos gritos de «Viva Isadora!»

Eugène Carrière e a família vieram assistir aos concertos e uma vez Carrière deu-me a grande honra de pronunciar um curto discurso em que, entre outras coisas, disse o seguinte:

«Isadora, no seu intento de exprimir os sentimentos humanos, encontrou na arte grega os mais esplendorosos modelos. Cheia de admiração pelas belas figuras dos baixos-relevos, nelas se inspirou. Todavia, dotada por um instinto de descoberta, regressou à Natureza, de onde procedem todos estes gestos e, acreditando na sua capacidade para imitar e reviver a dança grega, descobriu e criou a sua própria dança. Ela pensa nos Gregos mas só obedece a si própria. É somente a sua alegria, somente a sua tristeza que nos oferece. O esquecimento do momento que passa e a busca da felicidade são os seus próprios desejos. Mas ao exprimi-los e narrá-los de uma tão bela e perfeita forma, desperta também os nossos desejos. Perante as obras gregas que, por um instante, para nós tomaram vida, de novo ficámos jovens como ela e, com ela, uma renovada esperança em nós triunfa. E quando exprime a sua submissão ao inevitável, também com ela, nos resignamos.

«A dança de Isadora Duncan deixa de ser um *divertissement*, é uma manifestação pessoal, talvez uma obra de arte viva, que nos fecunda e incita a realizar as obras que a cada um de nós estão destinadas».

CAPÍTULO IX

Embora a minha dança fosse conhecida e apreciada por muita gente da boa sociedade, a nossa situação financeira continuava precária e com frequência nos víamos obrigados a enfrentar uma tremenda e horrível dificuldade para pagar a renda do estúdio. Era também frequente não dispormos de carvão para o fogão do aquecimento, o que nos obrigava a passar frio. Recordo-me todavia que, no meio desta pobreza e desta privação, conseguia permanecer de pé durante horas, sozinha no meio do estúdio gelado, aguardando o momento da inspiração que me permitia exprimir-me pelos movimentos. Por fim, sentia um sopro a elevar o meu espírito e, ao segui-lo, seguia também a expressão da minha alma.

Um dia em que eu estava assim de pé e à espera, bateu à porta um senhor com uma rica gola de peles no casaco e um diamante no anel do dedo. Disse:

— Venho de Berlim. Ouvi dizer que a vossa dança é de pés descalços. (É fácil imaginar que esta descrição da minha Arte me tenha chocado terrivelmente). Foi o maior e mais importante teatro de music-hall que me enviou, para vos contratar imediatamente.

Esfregava as mãos e sorria alegremente, como se fosse o portador de uma novidade de maravilha, mas eu fechei-me na minha concha, como um caracol ameaçado, e repliquei-lhe com altivez:

— Oh, muito vos agradeço, mas nunca aceitarei apresentar a minha arte num palco de music-hall.

— Não estais a entender —, exclamou. — Os mais afamados artistas exibem-se no nosso palco e ganham grandes somas de dinheiro. Ofereço-vos já quinhentos marcos por noite e, com o tempo, haverá grandes aumentos. Sereis magnificamente apresentada como «A Primeira Bailarina Descalça do Mundo» *(Die erste Barfuss Tänzerin. Kolossal, kolossal. Das will so eine Erfolge)* Naturalmente, ides aceitar?

— De certeza que não. De certeza que não —, repeti já encolerizada. — De modo nenhum.

— Isso é impossível. (*Unmöglich, unmöglich.*) Não posso aceitar uma recusa vossa. Tenho o contrato aqui no meu bolso.

— Não! — disse eu —, a minha Arte não é para um music-hall. Um dia irei a Berlim, onde espero dançar acompanhada pela vossa Orquestra Filarmónica, mas num Templo de Música, não num music-hall com acrobatas e animais espertos e bem treinados. Oh, que horror! *Mon Dieu!* Não, de maneira nenhuma, não! Desejo-vos um bom dia, e *adieu.*

A olhar para a precariedade do nosso mobiliário e para as nossas roupas coçadas, o empresário alemão não queria acreditar nos seus ouvidos. Voltou a aparecer no dia seguinte e no outro e acabou por me oferecer mil marcos por noite, durante um mês. A oferta foi em vão, ficou tremendamente irritado e chamou-me *Dummes Mädel* (Rapariga estúpida), até que, finalmente, eu lhe disse aos gritos que tinha vindo para a Europa com o objectivo de promover o renascimento da religião por meio da Dança e revelar a Beleza e a Santidade do corpo humano pela expressão dos movimentos e não para dançar com o intuito de divertir, depois de jantar, uma burguesia de barriga cheia.

— Por favor, vá-se embora! *Allez-vous-en!*

— Recusa mil marcos por noite? —, perguntou a ofegar.

— Com certeza —, repliquei com aspereza. — E recuso também dez mil e mesmo cem mil. Ando à procura de qualquer coisa que não sois capaz de compreender. E, como ele se preparava para sair, acrescentei:

— O dia virá em que hei-de chegar a Berlim e hei-de dançar para os compatriotas de Goethe e de Wagner, mas num teatro digno deles, e provavelmente por mais de um milhar de marcos.

A minha profecia veio a realizar-se e este mesmo empresário teve a gentileza, três anos mais tarde, de levar um ramo de flores ao meu camarim do Teatro de Ópera Krol, onde a Orquestra Filarmónica de Berlim tocava para mim e onde a receita obtida com lotação esgotada, ultrapassou vinte e cinco mil marcos. Reconheceu o seu erro com um amigável *Sie hatten Recht, Gnädiges Fräulein. Küss die Hand*[1].

Contudo, nesse tempo, estávamos muito necessitados de fundos. Nem a estima e a admiração dos Príncipes, nem a minha fama crescente nos proporcionava o suficiente para nos alimentar. Recebíamos com frequência no estúdio a visita de uma dama minúscula, que nos fazia lembrar uma princesa egípcia, embora viesse de qualquer lugar do Oeste das Montanhas Rochosas e tivesse usado, ao longo de uma grande e famosa carreira, o nome do Estado onde nascera. Cantava com uma voz de feiticeira. Reparei que uns pequenos bilhetes com perfume de violeta eram muitas vezes metidos por baixo da porta, de manhã muito cedo, a que se seguia o desaparecimento sub-reptício de Raymond. Como não era seu hábito passear-se antes do pequeno-almoço, reflecti no caso, fiz as minhas contas e tirei as minhas conclusões. E aconteceu que um dia Raymond nos anunciou que havia celebrado um contrato para uma digressão de concertos na América.

Assim, ficámos sós em Paris, a minha mãe e eu. Como a mãe se sentia adoentada, mudámo-nos para um pequeno hotel na Rue Marguerite, onde finalmente pude dormir numa cama sem recear, como acontecia no estúdio, as correntes de ar por baixo da porta e onde podia, com toda a regularidade, contar com refeições completas, dado que o nosso regime era *en pension*.

Entre os pensionistas, reparei num casal que, em qualquer situação, teria sempre atraído a atenção. Ela, uma mulher de muito boa aparência com cerca de trinta anos, olhos grandes — os mais estranhos que alguma vez vi — doces, profundos, sedutores, magnéticos, repletos de ardorosa

---

[1] Tínheis razão, simpática menina. Beijo-vos a mão.

paixão e, ao mesmo tempo, com alguma coisa de submissa humildade como um grande cão terra-nova. O cabelo era de um castanho-aloirado, enquadrando-lhe o rosto numa moldura de fogo e cada um dos seus gestos vibrava num apelo de amor. Lembro-me de ter imaginado que ao fixar os seus olhos, nos assaltava a impressão de estarmos a penetrar na cratera de um vulcão.

Ele era esguio e delgado, com uma bela fronte e o rosto já um tanto cansado para um homem tão novo. Estavam, geralmente, acompanhados por uma terceira pessoa e sempre absorvidos numa conversa tão animada que sugeria o trio não gozar, de vez em quando, de um minuto de descanso ou de aborrecimento, como acontece com gente vulgar. Pelo contrário, estavam a ser continuamente devorados por chamas interiores, ele pela chama intelectual da beleza pura, ela pela chama apaixonada da mulher pronta a entregar-se e abandonar-se ao fogo. Só a terceira personagem tinha qualquer coisa de mais langoroso, mais condizente com o contínuo e sensual prazer da vida.

Uma manhã, aquela jovem mulher aproximou-se da minha mesa e disse:

— Este é *mon ami* Henry Bataille. Este é Jean Lorrain, que já escreveu sobre a vossa Arte, e eu sou Berthe Bady. Gostaríamos muito de ir um dia ao vosso estúdio, se estiverdes disposta a dançar para nós.

Naturalmente, estremeci de contentamento. Nunca tinha ouvido, e não voltei a ouvir, uma voz com tanto calor magnético, vibrante de vida e amor, como a voz de Berthe Bady. Como admirei a sua beleza! Nesses dias em que as modas femininas eram tão inestéticas, ela aparecia sempre trajada com um maravilhoso vestido, muito bem ajustado ao corpo, de cores cintilantes ou adornado com lantejoulas douradas. Vi-a uma vez assim vestida, com a cabeça coroada de flores de cor púrpura. Dirigia-se para uma reunião onde devia ler poemas de Bataille. Pensei, desde logo, que certamente nunca houve poeta que pudesse contar com musa de tanta beleza.

No seguimento deste primeiro contacto com ela, passaram a visitar-nos frequentemente no estúdio e, uma vez, Bataille leu-nos versos seus. Foi assim que eu, rapariguinha americana sem educação, encontrei de maneira misteriosa a chama que me abriu os corações e os espíritos da elite intelectual e artística de Paris; Paris que, no nosso mundo e para o nosso tempo, é o que era Atenas na época gloriosa da Grécia Antiga.

Raymond e eu estávamos habituados a dar grandes passeios por Paris. Nestas deambulações descobrimos, muitas vezes, sítios de muito interesse. Por exemplo, um dia deparámos, no bairro do Parc Monceau, com um Museu Chinês, criado por um francês milionário e excêntrico. Um outro dia, foi o Museu Guimet com todos os seus tesouros orientais. Seguiram-se o Museu Carnavalet, onde a máscara de Napoleão nos arrepiou e o Museu Cluny onde Raymond passou horas diante dos pratos persas e onde ficou louco de amor pela «Dama e o Unicórnio» de uma tapeçaria do século XV.

Nos nossos passeios, chegámos um dia ao Trocadero. Os nossos olhos foram atraídos por um cartaz em que se anunciava a estreia, nessa mesma tarde, de Mounet-Sully no *Édipo Rei* de Sófocles. Nesse tempo, o nome de Mounet-Sully ainda era desconhecido para nós, mas ficámos a suspirar por ver a peça. Verificámos os preços no fundo do cartaz e consultámos os nossos bolsos. Dispúnhamos exactamente de três francos e o preço mais baixo, nos balcões mais altos, era de setenta e cinco cêntimos. Queria isto dizer que não podíamos jantar mas, mesmo assim, adquirimos bilhetes de pé para a última fila do balcão.

No palco do Trocadero não existia cortina. O cenário era uma pobre imitação do que alguma gente do teatro moderno considera ser a Arte Grega. O Coro entrou mal vestido e de acordo com o que algumas publicações sobre figurinos descrevem como trajos gregos. Uma música medíocre, uma melodia adocicada e insípida subia da orquestra até aos nossos lugares. Raymond e eu trocámos olhares. Estávamos a concordar que a perda do jantar tinha sido um sacrifício inútil, quando pelo pórtico da esquerda, que representava um palácio, entrou no palco a figura de um homem. Por cima daquele coro de ópera de terceira classe e naquele cenário de Comédie Française de segunda classe, ergueu e estendeu o braço: *Enfants, du vieux Cadmus jeune postérité, / Pourquoi vers ce palais vos cris ont ils monté? / Et pourquoi ces rameaux suppliants, ces guirlandes?*[1]

Ah, como poderei descrever a emoção causada pelos primeiros acentos daquela voz? Duvido que em todos os famosos dias da Antiguidade, da grandeza que foi a Grécia, do Teatro de Dionisius, em todos os grandes dias de Sófocles, tanto em Roma como em qualquer outro país, em qualquer tempo, se tenha ouvido uma voz como aquela. E a partir desse instante, a figura de Mounet-Sully e a voz de Mounet-Sully, uma e outra cada vez mais grandiosas, acolhendo todas as palavras, todas as artes atingiram tal dimensão e tal volume que todo o Trocadero, apesar da sua altura e da sua largura, era demasiado pequeno para acolher este gigante da Arte. Raymond e eu, nos nossos lugares no alto do balcão, sustivemos a respiração, empalidecíamos, desfalecíamos! As lágrimas corriam-nos dos olhos e quando terminou o primeiro acto, apenas pudemos abraçar-nos num delírio de alegria. Seguiu-se um intervalo, no decurso do qual, ambos decidimos que tínhamos atingido a apoteose da nossa peregrinação e descoberto o motivo que nos obrigara a vir tão longe.

Começou o segundo acto e a grande tragédia desenrolou-se na nossa frente. A confiança do jovem rei triunfante deu lugar às primeiras dúvidas e às primeiras inquietações. Veio o desejo de a todo o custo conhecer a verdade e chegou o momento supremo. Mounet-Sully dançou. Ah, via finalmente aquilo com que sempre tinha sonhado, a grande e heróica figura da dança.

Outro intervalo. Olhei para Raymond. Estava pálido, com os olhos em fogo. Ambos vacilávamos. Terceiro acto. Não há quem o possa des-

---

[1] Meninos, do velho Cadmo jovem posteridade, / Por que até este palácio subiram os vossos gritos? / E porquê estes ramos suplicantes, estas grinaldas?

crever. Só aqueles que assistiram e viram o grande Mounet-Sully podem compreender o que sentimos. Quando no momento final da soberba angústia, no seu delírio, no seu paroxismo de horror, o horror do pecado e do orgulho ferido, pois fora ele a fonte do mal que todo o mundo perseguia, quando, depois de ter arrancado os olhos das órbitas, quando, nesse mesmo momento, percebe que para sempre perdeu a vista, chama os filhos para junto de si e sai de cena pela última vez, a vasta assistência do Trocadero, seis mil espectadores, foi acometida de soluços.

Raymond e eu descemos a escada interminável com tanta lentidão e com tal relutância, que os guardas viram-se obrigados a pôr-nos na rua. Foi então que me apercebi de que acabara de receber a grande revelação da arte. Doravante, conhecia o meu caminho. Fomos a pé para casa, embriagados de inspiração, e durante semanas vivemos obcecados pelo que víramos e ouvíramos. Estava longe de pensar que um dia haveria de pisar aquele mesmo palco, ao lado de Mounet-Sully.

Depois de ter visto os seus trabalhos na Exposição, o génio de Rodin não deixou de me assombrar. Um dia encontrei o caminho certo pata o seu estúdio na Rue de l'Université. A minha perseguição a Rodin parecia a de Psiché em busca do deus Pan na sua gruta, com a diferença de que eu não procurava o caminho para Eros, mas sim para Apolo.

Rodin era pequeno e forte, com o cabelo curto e a barba farta. Mostrava-nos as suas obras com a simplicidade dos muito grandes. Por vezes, mencionava os nomes das suas estátuas, mas percebia-se que os nomes pouco significavam para ele. Passava as mãos pelas esculturas e acariciava-as. Lembro-me que, com a carícia das suas mãos, o mármore parecia derreter e espalhar-se como chumbo fundido. Por fim, agarrou numa pequena quantidade de argila e apertou-a entre as mãos. Respirava com força enquanto assim procedia. O calor libertava-se do seu corpo como de uma forja a arder. Não foi preciso muito tempo para ter moldado um seio de mulher que palpitava entre os seus dedos.

Agarrou a minha mão, chamou um fiacre e fomos para o meu estúdio. Logo que chegámos, rapidamente vesti a minha túnica e dancei para ele um idílio de Teócrito que André Beaunier traduzira em minha intenção.

Pan aimait la nymphe Echo,
Echo aimait Satyr, etc.

Detive-me para lhe explicar as minhas teorias sobre uma dança nova, mas rapidamente percebi que ele não me ouvia. Fitava-me com os olhos a brilhar entre as pálpebras semi-cerradas, com a mesma expressão com que olhava as suas obras, e aproximou-se de mim. Passou as mãos pelo meu pescoço, pelo meu colo, pelo meu peito, acariciou-me os braços e passou as mãos pelas minhas ancas, pelas minhas pernas nuas e pelos meus pés. Começou a aperfeiçoar todo o meu corpo como se fosse de argila, enquanto do seu se exalava um calor que me abrasava e elanguescia. O meu único desejo era entregar-lhe o meu ser, inteiramente, e não duvido que assim teria feito se porventura não tivesse recebido uma educação absurda que, assustada, me fez recuar, envergar o meu vestido por cima da túnica e expulsá-lo cheio de espanto. Como lamento! Quantas vezes recordo essa incompreensão infantil que me fez recuar e perder a divina alegria de oferecer a minha virgindade ao Grande Deus Pan, a ele mesmo, o Poderoso Rodin. Certamente a Arte e a minha Vida teriam ficado enriquecidas!

Só dois anos mais tarde tornei a encontrar Rodin, quando regressei a Paris, vinda de Berlim. Após esse encontro, ele foi, durante anos, meu amigo e meu mestre.

De maneira muito diferente, mas não menos agradável e inesquecível, travei conhecimento com outro grande artista, Eugène Carrière. Quem me levou ao seu estúdio foi a mulher de Keyzer, o escritor, que frequentemente se apiedava da nossa solidão e nos convidava para nos sentarmos à sua mesa, onde a filha pequena, estudante de violino, e o filho Louis, rapaz cheio de talento e hoje jovem compositor bem conhecido, formavam um dueto que, ao serão e à luz do candeeiro, tocavam em perfeita harmonia. Eu já tinha reparado num estranho e fascinante quadro, pendurado numa parede. Madame Keyzer disse-me: «É um retrato meu pintado por Carrière».

Um dia, levou-me a casa dele, na Rue Hégésippe Moreau. Trepámos até ao último andar, onde Carrière tinha o estúdio e vivia no meio de livros, da família e dos amigos. Era dotado da mais forte e impressionante presença de espírito que alguma vez conheci. Luz e Sabedoria. Dele emanava uma imensa ternura por tudo e por todos. Toda a beleza, a força, o milagre dos seus quadros não eram mais do que a simples e directa expressão da sua alma sublime. Quando cheguei à sua presença, senti a mesma emoção que teria sentido, assim imagino, se porventura me tivesse encontrado com Cristo. Um temor e um respeito sagrados apoderaram-se de mim. Queria cair de joelhos e assim teria acontecido se a minha timidez e a minha natural reserva não me tivessem agarrado e impedido.

Madame Yorska, relatando este encontro, anos mais tarde, escreve:

«Lembro-me muito bem, melhor do que qualquer outro acontecimento da minha juventude, exceptuando talvez a primeira vez que vi Eugène Carrière, em cujo estúdio a encontrei. O seu rosto e o seu nome apoderaram-se do meu ser e da minha alma. Batera à porta de Carrière com o coração aos saltos como habitualmente. Nunca conseguia aproximar-me daquele Santuário da Pobreza sem um esforço desesperado para abafar a emoção. Naquela pequena casa de Montmartre, o magnífico artista trabalhava mergulhado num silêncio feliz, no meio daqueles seres adoráveis que eram os seus — a mulher e a mãe vestidas de lã preta, filhos e filhas sem brinquedos, mas todos eles com o rosto radiante a exibir a afeição que sentiam pelo grande homem da família. Ah! Santas criaturas!

«Isadora estava de pé entre o humilde Mestre e o amigo, o sereno Metchnikoff do Instituto Pasteur. Estava ainda mais calma do que qualquer destes dois homens. Exceptuando Lillian Gish, eu nunca tinha visto uma rapariga americana tão tímida como ela nesse dia. Tomando-me pela mão, tal como se faz a uma criança a quem se quer mostrar qualquer coisa que possa admirar, Eugène Carrière disse, enquanto eu a fitava: "É Isadora Duncan" Seguiu-se um silêncio, a enquadrar este nome.

«Subitamente, Carrière, que falava sempre em voz muito baixa, proclamou em voz forte e profunda: "Esta jovem americana vai revolucionar o mundo".»

Sempre que, no Luxemburgo, passo diante do quadro em que Carrière pintou a sua família, as lágrimas correm-me pelas faces, pois revejo o estúdio de que fui uma frequentadora assídua. Uma das mais doces recordações da minha juventude é, ainda hoje, ter sido imediatamente acolhida pelos seus corações e admitida no seu meio como uma amiga. Desde então, muitas vezes aconteceu que, ao duvidar de mim própria, recordava aquele bom acolhimento e logo recobrava a confiança.

Com efeito, ao longo de toda a minha vida, o génio de Carrière em mim se espalhou e actuou como uma bênção, incitando-me a permanecer fiel ao meu mais alto ideal, convidando-me continuamente a que a minha sagrada visão da Arte fosse cada vez mais pura. E, por estranho que possa parecer, quando a dor e o sofrimento quase me depuseram à porta de um asilo de alienados, foi uma obra de Carrière, que se encontrava perto, que me restituiu a fé indispensável para continuar a viver.

Jamais houve arte alguma que mostrasse tanta força como a sua; nunca a vida de qualquer artista espelhou tanta divina compaixão e tanto amor pelos seres humanos. Os seus quadros não deviam estar expostos num museu, mas sim num templo erguido à Força Espiritual, onde toda a Humanidade pudesse comungar com aquela grande alma e assim ser purificada e abençoada.

CAPÍTULO X

O Rouxinol do Ocidente disse-me um dia: «Sarah Bernhardt é uma grande artista! Que pena, minha querida que não seja também uma boa mulher! Agora temos aí Loie Fuller. Não é somente uma grande artista, mas também uma mulher imensamente pura. Nunca o seu nome esteve ligado a um escândalo.»

Uma noite, ela trouxe Loie Fuller ao meu estúdio. Naturalmente dancei para ela e expliquei-lhe todas as minhas teorias, como sempre faço para qualquer pessoa e certamente faria também para o canalizador se porventura fosse ele a entrar-me em casa. Loie Fuller declarou-se entusiasmada, disse que no dia seguinte estava de partida para Berlim e desafiou-me a juntar-me a ela. Não era apenas uma grande artista, foi também a empresária de Sada Yacco, cuja arte eu muito apreciava. Aceitei, deliciada. E assim, ficou decidido que eu me reuniria a Loie Fuller em Berlim.

No dia da partida, André Beaunier veio dizer-me adeus. Fizemos uma última peregrinação a Notre-Dame e, em seguida, acompanhou-me à estação do caminho-de-ferro. Deu-me um beijo de despedida, de modo muito reservado como aliás era seu costume. No entanto, por detrás das lentes dos seus óculos, pareceu-me ver uma discreta cintilação de angústia e tristeza.

Cheguei a Berlim onde, num magnífico apartamento do Hotel Bristol, encontrei Loie Fuller no meio do seu grupo habitual. Rodeavam-na uma dúzia, talvez um pouco mais, de belas raparigas que lhe acariciavam as mãos para, logo de seguida, a beijarem. Na rigorosa e austera educação que eu e os meus irmãos, crianças ingénuas, recebemos da nossa mãe, e embora ela a todos amasse, raramente aconteceu algum de nós ser acariciado. Não é, portanto, de admirar que eu tenha ficado completamente estupefacta com esta evidente atitude de extrema afeição, que foi para mim uma grande novidade. Respirava-se uma atmosfera calorosa e amiga. Nunca antes me tinha sentido em tal ambiente.

A generosidade de Loie Fuller não tinha limites. Tocou a campainha e encomendou um jantar tão lauto que não consegui imaginar a extravagância do preço que iria pagar. Nessa mesma noite ela devia dançar no Jardim de Inverno, mas eu perguntava a mim própria como seria possível ela cumprir o compromisso, pois parecia atormentada por terríveis dores da coluna vertebral. De vez em quando, as suas amigas queridas traziam-lhe sacos de gelo que colocavam entre as suas costas e o espaldar da cadeira. «Só mais um saco de gelo, minha querida», dizia ela. «Parece-me que o gelo está a acabar com a dor.»

Nessa mesma noite, todas nós nos instalámos num camarote para ver Loie Fuller dançar. Como era possível, a esplendorosa figura, que víamos à nossa frente, ter qualquer relação com a dolorida doente que, havia escassos momentos deixáramos para trás? Diante dos meus olhos, ela transmudava-se em luminosas orquídeas de variadas cores, numa flor marinha a flutuar e ondular e, finalmente, numa flor-de-lis a erguer-se numa espiral. Era toda a magia de Merlim, o feiticeiro da luz, da cor, da fluidez da forma. Que génio tão extraordinário! Jamais uma imitadora de Loie Fuller foi capaz de nos recordar o seu génio! Eu sentia-me em êxtase, mas compreendia que estava a assistir a uma súbita manifestação da natureza que nunca poderia ser repetida. Transformava-se, diante dos olhos do público num milhar de imagens coloridas. Inacreditável! Impossível de repetir ou descrever. Loie Fuller personificava todos os matizes de todas as cores e todas as ondulações dos lenços que saúdam a Liberdade. Era uma das primeiras inspirações originais da luz e da cor. Regressei ao hotel deslumbrada e arrebatada por esta maravilhosa artista.

Na manhã do dia seguinte, saí para visitar Berlim pela primeira vez. Eu, que já sonhara com a Grécia e com a Arte Grega, comecei por ficar momentaneamente impressionada com a arquitectura de Berlim.

«Isto é a Grécia!» exclamei.

Mas após ter olhado e examinado de mais perto e mais atentamente, percebi que Berlim não se parecia com a Grécia. Era uma transcrição nórdica da Grécia. As colunas não eram as colunas dóricas a elevarem-se para céus de um azul olímpico. São a concepção germânica e pedante que uns professores de arqueologia tiveram da Grécia. E quando vi a Guarda Real do Kaiser sair a passo de ganso de entre as colunas dóricas da Potsdamer Platz, regressei ao Bristol e disse: *Geben Sie mir ein Glas Bier. Ich bin müde.* (Dêem-me, um copo de cerveja. Estou cansada.)

Ficámos alguns dias em Berlim e depois deixámos o Hotel Bristol para apanhar a trupe de Loie Fuller na sua deslocação a Leipzig. Partimos sem bagagem e até a modesta mala que trouxera de Paris abandonei. Não consegui entender como tal coisa pôde acontecer com uma artista de sucesso. Após uma vida luxuosa de jantares regados com champanhe e de suites principescas em hotéis palacianos, não encontrava explicação por que razão nos víamos obrigados a partir sem as nossas malas. Descobri, mais tarde, que tudo se devia a Sada Yacco, cuja empresária era Loie Fuller. Yacco tinha sofrido uma série de desaires financeiros e as receitas de Loie Fuller foram aplicadas no pagamento das dívidas.

No meio das aparições iridescentes de ninfas e nereides, distinguia-se uma estranha figura vestida com um fato preto talhado por um alfaiate. Era uma mulher tímida e reservada, com um rosto de traços finos mas todavia enérgicos, cabelos negros puxados para trás e olhos inteligentes. Mantinha as mãos invariavelmente metidas nos bolsos do casaco. Interessava-se pela arte e, particularmente, comentava com eloquência a arte de Loie Fuller. Cirandava em torno do brilhante bando daquelas borboletas coloridas como se fosse um escaravelho do antigo Egipto. Senti-me imediatamente atraída por aquela personagem, mas percebi que o seu entusiasmo por Loie Fuller mobilizava toda a sua força emocional e nada sobejava para mim.

Também em Leipzig assisti, todas as noites, às danças de Loie Fuller, instalada num camarote do teatro, e o meu entusiasmo pela sua arte maravilhosa e efémera não cessava de crescer. Oh, que maravilha de criatura! Era um fluido a ondular, depois uma luz e uma cor, e outra, e mais outra, todas as cores, uma chama e, finalmente, tornava-se numa milagrosa espiral de fogo a elevar-se suavemente para o Infinito.

Lembro-me de que, uma vez, em Leipzig fui despertada, às duas horas da madrugada pelo ruído de vozes. Eram vozes confusas, mas imediatamente reconheci a de uma rapariga ruiva a quem chamavam Nursey, porque estava sempre pronta a cuidar e amparar qualquer um de nós que se queixasse de uma dor de cabeça. Os seus constantes e excitados sussurros deram-me a entender que Nursey estava disposta a deslocar-se a Berlim para se aconselhar com uma certa pessoa sobre a melhor forma de nos arranjar dinheiro para uma viagem a Munique. E, a meio da noite, a rapariga de cabelos ruivos aproximou-se de mim, beijou-me apaixonadamente e disse, com uma voz escaldante: «Vou-me embora para Berlim». A viagem era curta, não demorava mais do que duas ou três horas e eu não imaginava por que razão ela se achava tão excitada e perturbada com a ideia de nos deixar. Demorou muito pouco tempo a regressar com o dinheiro necessário para a viagem a Munique.

De Munique, quisemos ir para Viena. Mais uma vez nos encontrámos sem os fundos suficientes e como desta vez pareceu praticamente impossível arranjá-los, decidi dirigir-me ao Consulado Americano e solicitar alguma ajuda. Disse ao Cônsul que era absolutamente indispensável irmos a Viena e que ele tinha forçosamente de nos conseguir os bilhetes para a viagem. Fui tão persuasiva que acabámos por chegar a Viena. No Hotel Bristol, alojaram-nos no apartamento mais luxuoso, embora tivéssemos aparecido praticamente sem bagagem. Desta vez, a despeito da minha admiração pela arte de Loie Fuller, comecei a perguntar a mim própria o que me levara a deixar a minha mãe sozinha em Paris e que fazia eu no meio daquele bando de jovens senhoras, todas elas bonitas, sem dúvida, mas um tanto desequilibradas. Não tive outro remédio senão assistir como espectadora simpática mas inútil a todos os acontecimentos dramáticos que ocorreram *en route*.

No Hotel Bristol, em Viena, tive como companheira de quarto a rapariga da cabeleira ruiva, chamada Nursey. Uma manhã, cerca das quatro horas, Nursey levantou-se da cama, acendeu uma vela, avançou para o meu leito e proclamou: «Deus deu-me ordem para vos sufocar!»

Eu já ouvira dizer que é conveniente nunca contrariar uma pessoa que tenha sido subitamente atacada de loucura. Apesar de todo o meu terror, consegui controlar-me suficientemente para lhe responder: «Muito bem, mas deixa-me, primeiro, rezar uma oração».

»Está bem», consentiu ela e colocou a vela em cima de uma mesinha perto da minha cama.

Deslizei para fora da cama, como se tivesse visto o Diabo, abri violentamente a porta, corri ao longo dos corredores, precipitei-me pelas escadas abaixo, entrei no escritório da recepção do Hotel apenas vestida com a camisa de noite e com os anéis do cabelo a esvoaçarem pelas minhas costas e gritei: «A senhora enlouqueceu!»

Nursey perseguia-me. Seis empregados do Hotel saltaram-lhe em cima e mantiveram-na bem segura até à chegada dos médicos. O resultado dos seus exames causou-me uma perturbação tão grande que telegrafei à minha mãe e pedi-lhe que partisse de Paris e viesse até Viena, ao que ela logo acedeu. Quando lhe contei o sucedido e a intranquilidade em que vivia no meio das minhas actuais companheiras, decidimos deixar Viena.

Durante a minha estada em Viena com Loie Fuller, tive oportunidade de, uma noite, dançar na Kunstler Haus para os artistas. Todos os homens presentes tinham um ramo de rosas vermelhas e, quando terminei a dança da Bacanal, fiquei completamente coberta de rosas vermelhas. Nessa noite, encontrava-se entre a assistência, um empresário húngaro, Alexander Gross. Veio ter comigo e disse-me «Quando quiser assegurar um bom futuro, procure-me em Budapeste».

Não me esqueci do convite e, quando me senti mortalmente assustada pelo bando das minhas companheiras, pensámos naturalmente na oferta do Sr. Gross e rumámos para Budapeste, na esperança de aí se anunciar um futuro mais brilhante. Acenou-me com um contrato de trinta noites no Teatro Urânia, onde deveria dançar sozinha.

Foi esta a primeira vez que tive um contrato para dançar num teatro, perante um público não profissional. Hesitei e disse: «A minha dança é para a elite, para os artistas, escultores, pintores, músicos, mas não para a generalidade do público». Alexander Gross protestou, argumentando que os artistas constituíam a mais crítica e exigente de todas as assistências e, se tinham gostado da minha dança, o público comum gostaria cem vezes mais.

Convenceu-me a assinar o contrato e a profecia de Alexander Gross cumpriu-se. A primeira noite no Teatro Urânia foi um sucesso inenarrável. Dancei trinta noites em Budapeste para uma sala de lotação esgotada.

Ah, Budapeste! Foi no mês de Abril, na Primavera do ano! Uma noite, pouco depois da estreia, fomos convidadas por Alexander Gross para cear num restaurante onde se tocava música cigana. Ah, a música dos ciganos! Foi este o despertar dos meus jovens sentidos. Não é de espantar que, com esta música, as minhas emoções, ainda em botão, começassem a desabrochar. Haverá alguma outra música como esta, a música cigana que jorra do solo da Hungria? Lembro-me de uma conversa que, anos mais tarde, tive com John Wanamaker. Encontrávamo-nos no seu armazém, junto às estantes dos gramofones, e ele chamou a minha atenção para a maravilha da música emitida por aquelas máquinas. Eu disse-lhe: «Nenhuma destas máquinas tão cuidadosamente fabricadas por inventores muito hábeis, poderá alguma vez tomar o lugar da música cigana tocada por um só camponês húngaro nas estradas poeirentas da Hungria. Um músico cigano e húngaro vale mais do que todos os gramofones do mundo!»

CAPÍTULO XI

A bela cidade de Budapeste começava a vestir-se com as cores esplendorosas das flores a desabrochar. Nas colinas do outro lado do rio os lilases floresciam nos jardins. Todas as noites, o exuberante público húngaro aplaudia-me com frenesim, os homens arremessavam os chapéus para o palco e gritavam: «*Eljen!*» (Bravo!)

Uma noite, vendo na minha imaginação o rio a correr e a ondular à luz do sol radioso, tal como de manhã me tinha fascinado, fiz um sinal ao maestro da orquestra no final da minha actuação e improvisei *O Danúbio Azul*, de Strauss. O efeito foi o de uma descarga eléctrica. A sala inteira pôs-se de pé num tal delírio de entusiasmo que me vi obrigada a repetir a valsa por diversas vezes, até que o público deixou de se comportar como gente enlouquecida.

Nessa noite, encontrava-se na assistência a gritar bem alto, como em todas as outras, um jovem húngaro, cuja figura e cujo rosto eram dignos de um deus, que estava destinado a transformar a casta ninfa, que eu era, numa bacante desenfreada e dissoluta. Tudo conspirava para esta mudança, a Primavera, a doçura das noites de luar e, quando saímos do teatro, o perfume do ar carregado com o aroma dos lilases. O descontrolado entusiasmo do público e as minhas primeiras ceias na companhia de gente absolutamente descuidada e sensual, a música dos ciganos, o gulache dos húngaros temperado com paprika e os fortes vinhos da Hungria — foram estas, sem dúvida, as primeiras refeições da minha vida em que fiquei alimentada, super-alimentada e saciada com abundância de comida — tudo contribuiu para, pela primeira vez, olhar o meu corpo como qualquer coisa mais do que um instrumento destinado a exprimir a sagrada harmonia da música. Os meus seios, que até então eram dificilmente perceptíveis, começaram a inchar pouco a pouco e o espanto que me causaram encantava-me e, ao mesmo tempo, embaraçava-me. As minhas ancas, que sempre tinham sido semelhantes às de um rapaz, arredondaram-se e todo o meu ser começou a ser percorrido por um imenso impulso, uma ansiedade ondulante, de tal modo nítida e clara que à noite, enquanto dormia, revolvia-me e agitava-me febrilmente numa dolorosa inquietação.

Uma tarde, numa reunião de amigos, depois de um copo de vinho Tokay dourado, deparei com dois grandes olhos negros a iluminarem os meus com um brilho carregado de adoração ardente e de húngara paixão com tal intensidade que nele estava todo o sentido da Primavera de Budapeste. Era um homem alto, com uma figura magnífica, a cabeça coberta por uma cabeleira de anéis luxuriantes, pretos e com cintilações de púrpura. Sem dúvida poderia ter sido ele o modelo que pousou para o David de Miguel Ângelo. Quando sorria, entre os lábios vermelhos e sensuais brilhavam dentes sólidos e brancos. Desde o primeiro olhar que ambos trocámos, todo o poder de atracção que cada um de nós possuía, escapou-se e estreitámo-nos num abraço louco. Desde esse primeiro olhar ficámos, eu e ele, nos braços um do outro e não houve poder terrestre que o pudesse evitar.

— O teu rosto é como uma flor. Tu és a minha flor — disse ele.

E, sem se cansar, repetia constantemente «A minha flor... a minha flor», usando um termo húngaro que tem também o significado de anjo.

Deu-me um pequeno quadrado de papel onde se achava escrito «Koniglisch Nationales Theater». Nessa noite, a minha mãe e eu fomos vê-lo interpretar o papel de Romeu. Era um actor excelente e tornou-se o melhor de toda a Hungria. Com a interpretação da chama juvenil de Romeu consumou-se a sua conquista. Terminado o espectáculo, fui vê-lo ao camarim. Toda a companhia me olhava com sorrisos de curiosidade. Parecia que todos eram conhecedores do sucedido e que tinham ficado muito satisfeitos. Só uma das actrizes parecia desagradada. Depois, ele acompanhou-nos, a minha mãe e a mim, até ao Hotel, onde nos serviram uma ligeira ceia, pois os actores nunca comem antes do espectáculo em que participam.

Um pouco mais tarde, já a minha mãe me julgava adormecida, fui encontrar-me com Romeu na sala do nosso apartamento, que um corredor comprido separava do quarto de dormir. Aí, ele disse-me que nessa noite tinha introduzido uma alteração no seu papel de Romeu.

— Até hoje —, disse ele —, eu costumava saltar por cima do muro e começar logo a declamar numa voz bastante vulgar:

«Faz troça das cicatrizes aquele que nunca foi ferido,
Mas que suave luz ilumina aquela janela?
É o Oriente, é Julieta, é o Sol.»

Mas esta noite, lembras-te, murmurei estas palavras como se elas me sufocassem porque, desde que te encontrei, fiquei a saber como o amor deve moldar a voz de Romeu. Só hoje sei como é, porque, Isadora, tu fizeste-me perceber o que era o amor de Romeu. Agora passo a interpretar o papel de modo totalmente diferente.

Levantou-se e repetiu para mim o papel completo, cena por cena, interrompendo-o de vez em quando, para dizer:

— Sim, agora vejo que, se realmente Romeu amava, ele devia falar como hoje fiz, de modo muito diferente do que eu imaginava quando pela primeira vez o representei. Agora, *eu sei*. Ah!... minha adorada, minha menina com rosto de flor, tu inspiraste-me. O teu amor vai fazer de mim um grande artista, assim te prometo!

E, declamou o papel de Romeu até que a aurora assomou à janela.

Eu olhava e ouvia extasiada. Uma vez por outra, até me atrevi a dar-lhe a réplica ou a sugerir-lhe um gesto e, na cena do Frade, ajoelhámo-nos os dois e um ao outro jurámos fidelidade até à morte. Ah, juventude e primavera, e Budapeste e Romeu! Quando me lembro de vós, tudo isso não me parece tão longe, parece-me que aconteceu ontem.

Uma noite, após o seu teatro e o meu, fomos os dois para o salão, às escondidas da minha mãe, que me julgava recolhida a dormir. De início, Romeu estava feliz, radiante por me recitar os seus papéis, ou por me falar da sua Arte e do Teatro e eu sentia-me feliz por escutá-lo. Mas, pouco a pouco, fui reparando que ele parecia perturbado, por vezes completamente transtornado e sem fala. Cerrava os punhos, parecia atacado de uma doença súbita e, quando isto acontecia, não pude deixar de ver que o seu belo rosto se congestionava, os olhos inflamavam-se, os lábios inchavam e ele mordia-os até os fazer sangrar.

Eu própria me sentia incomodada, com a cabeça a rodopiar. Assaltou-me um desejo irresistível de o estreitar contra o meu peito, até que, perdendo todo o controle e tomado de furor, ele arrastou-me para o quarto. Receosa mas estática, tudo se consumou como deve ser. Confesso que as minhas primeiras impressões foram de um horrível pavor, mas a grande piedade que me inspirava o sofrimento que parecia atormentá-lo impediu-me de fugir daquilo que começou por ser uma tortura sem nome.

Nessa manhã, ao raiar da aurora, deixámos juntos o Hotel, tomámos uma carruagem puxada por dois cavalos que, por acaso, nos esperava na rua, partimos para o campo e andámos milhas e milhas. Detivemo-nos, por fim, na cabana de um camponês, cuja mulher nos deu um quarto com uma cama de quatro colunas, à moda antiga. Durante esse dia, não saímos do campo e muitas foram as vezes em que Romeu procurava abafar os meus gritos e secar as minhas lágrimas.

Quer parecer-me, e lamento, que nessa noite tenha brindado o público com uma péssima actuação, pois sentia-me absolutamente miserável. Todavia, quando, depois do teatro, me encontrei com Romeu no nosso salão, era tão evidente o júbilo e a sua alegria, que me senti imediatamente recompensada pelo meu sofrimento e não tive outro desejo senão recomeçar, sobretudo porque ele me disse com imensa ternura que finalmente eu iria saber o que era o Céu na terra. Foi esta uma profecia que muito cedo se realizou.

Romeu tinha uma voz esplêndida e cantava-me todas as canções da sua terra e as canções dos ciganos, ensinando-me as palavras e esclarecendo-me sobre os seus significados. Uma vez aconteceu ter Alexander Gross organizado para mim uma noite de gala no Teatro da Ópera de Budapeste com um programa de música de Gluck. Eu tive a brilhante ideia de, após a minha actuação, fazer subir ao palco uma vulgar orquestra de ciganos húngaros e dançar as suas canções, particularmente uma canção de amor. Eis a letra:

> *Csak egy kis lány*
> *van a világon*
> *Az is az éi draga*
> *galabom*
> *A jó Isten de nagyon*
> *zerethet*
> *Hogy én nékem adott tégedet*

A tradução é a seguinte:

> Existe no mundo uma menina
> Ela é a minha pombinha querida
> O bom Deus e Senhor por certo me ama
> Porque a mim ele te ofereceu.

Oh, a doce melodia, repleta de paixão, de ansiedade e esperança, lágrimas e adoração. Dancei com tal emoção que toda a vasta assistência se desfez em lágrimas e eu terminei com a Marcha de Rakowsky[1] que,

---

[1] *Marcha de Rakowsky* — Marcha popular húngara composta em 1809 que celebra Racowsky, herói húngaro do século XVIII. Foi usada na resistência contra as tropas de Napoleão. (*N. do T.*)

envolta na minha túnica vermelha, dancei como um Hino Revolucionário aos Heróis da Hungria.

Com esta Gala, concluía-se a temporada de Budapeste e, no dia seguinte, Romeu e eu corremos a passar alguns dias no campo, na nossa choupana de camponeses. Pela primeira vez conhecemos a alegria de dormir a noite inteira nos braços um do outro e saboreei o prazer indizível de acordar ao romper da aurora e ver os meus cabelos enleados nos seus caracóis negros e perfumados e sentir os seus braços a envolverem-me. Regressámos a Budapeste e a primeira nuvem neste céu de felicidade foi a angústia da minha mãe e a chegada de Elizabeth, vinda de Nova Iorque, que parecia convencida de que eu tinha cometido um crime. A ansiedade de ambas era tão insuportável que acabei por persuadi-las a fazerem uma curta viagem ao Tirol.

O meu temperamento, já nesses dias, se comportava como nunca deixou de se comportar e, por experiência própria, sabia que por maior que fosse a violência da sensação ou da paixão, o meu cérebro continuava a trabalhar com a celeridade e a luz próprias de um clarão. Por isso posso dizer, tal como se diz em linguagem coloquial, que nunca perdi a cabeça; pelo contrário, quanto mais agudo é o prazer dos sentidos, mais vivo é o pensamento. Quando o pensamento chega ao ponto de criticar directamente os sentidos, censurando e insultando até o prazer reclamado pela vontade de viver, o conflito torna-se insuportável e assalta-me o desejo de tomar qualquer calmante para refrear os incessantes e importunos comentários da inteligência. Como eu invejo aquelas naturezas que conseguem entregar-se por completo à volúpia do instante, sem temer nem recear o crítico sentado a seu lado e que, com indiferença, pretende impor aos sentidos, amontoados a seus pés, uma opinião que estes rejeitam! Contudo, chega sempre o momento em que o cérebro capitula e grita: «Sim, admito que tudo na vida, incluindo a tua Arte, é indiferente e nada conta para a glória deste momento e, por este momento e pela sua glória, de boa vontade abdico intervir e aceito a dissolução, a destruição e a morte.» Mas a derrota da inteligência é a convulsão final, o naufrágio e a redução a nada, que tantas vezes conduzem aos mais graves desastres, tanto a inteligência, como o espírito.

Foi assim que tendo feito a experiência do desejo, tendo-me progressivamente aproximado da loucura final vivida nestas horas, que me levaram ao crucial e furioso abandono do último momento, não mais me preocupei com a possível ruína da minha Arte, com o desespero da minha mãe, com a destruição e a perda do mundo.

Que eu seja julgada por aqueles que o puderem fazer… mas comecem por censurar a Natureza ou Deus, por terem feito deste momento único, o mais esplendoroso e o mais desejável que em todo o Universo se pode viver e saborear. Todavia, é bem sabido que quanto mais alto e mais arrebatadamente se voa, mais terrível e estrondosa é a queda do despertar!

Alexander Gross organizou para mim uma digressão através da Hungria. Actuei em diversas cidades, incluindo Sieben Kirchen, onde vivamente me impressionou a história do enforcamento dos sete generais revolucionários. Num vasto espaço aberto fora da cidade, compus uma marcha em honra destes generais, sobre música heróica e melancólica de Liszt.

Do princípio ao fim desta digressão, fui sempre agraciada com maravilhosas ovações da assistência em todas as pequenas cidades da Hungria. Em todas elas, Alexander Gross tinha à minha espera uma carruagem puxada por cavalos brancos e cheia de flores brancas. Eu, toda vestida de branco, no meio de gritos e aclamações era conduzida por toda a cidade como uma jovem deusa acabada de chegar de um outro mundo. Mas, a despeito do triunfo que a minha Arte me proporcionava e da adulação do público, sofria uma incessante e intolerável saudade do meu Romeu, especialmente à noite, logo que ficava só. Teria dado todo este sucesso e até a minha Arte, em troca de um momento nos seus braços e ansiava pelo dia do regresso a Budapeste.

Tal como eu contava, Romeu esperava-me na estação, radiante de alegria, mas eu percebi que qualquer coisa de estranho se passava com ele. Disse-me então que andava a ensaiar o papel de Marco António, que seria estreado a curto prazo. Dar-se-ia o caso de o seu intenso temperamento artístico estar a sofrer a influência desta mudança de papel a interpretar? Não sei dizer, mas soube que o amor e a paixão ingénua do meu Romeu tinham mudado. Falou-me do nosso casamento como se fosse assunto arrumado e definitivamente decidido. Levou-me mesmo a visitar alguns apartamentos para escolhermos aquele em que gostaríamos de viver. Inspeccionámos andares sem quarto de banho nem cozinha, alcandorados no alto de escadas sem fim e eu senti-me arrepiada por um mal-estar.

— Que vamos nós fazer aqui em Budapeste? — inquiri eu.

— Por que perguntas? — Replicou ele. — Vais ter um camarote para todas as noites me veres representar. Vais aprender a dar-me todas as réplicas e assim ajudares-me nos meus estudos e preparações.

Declamou-me o papel de Marco António, mas agora parecia concentrar toda a atenção na populaça de Roma e já não em mim, a sua Julieta.

Um dia, durante um longo passeio pelo campo, sentado ao lado de um fardo de feno, perguntou-me finalmente se não seria melhor eu prosseguir a minha carreira e deixá-lo entregue à sua. Não foram estas as suas palavras exactas mas o significado era este e não outro. Ainda me lembro do fardo de feno, dos campos à nossa frente e do arrepio de frio que me gelou o peito. Na tarde desse mesmo dia assinei um contrato com Alexander Gross para actuar em Viena, em Berlim e em muitas cidades da Alemanha.

Assisti à estreia de Romeu no papel de Marco António. A última visão que guardei dele foi diante de uma sala a delirar de entusiasmo, enquanto eu, instalada numa frisa, engolia as lágrimas e sentia-me como se estivesse a comer toneladas de vidro partido. No dia seguinte parti para Viena. Romeu havia desaparecido. Disse adeus a Marco António, que parecia inflexível, mas preocupado com a ideia de a minha viagem de Budapeste para Viena ser uma das mais tristes e amargas da minha vida. Toda a alegria do Universo parecia ter-se subitamente desvanecido. Em Viena fiquei doente e Alexander Gross internou-me numa clínica.

Passei várias semanas em extrema prostração e num sofrimento horrível. Romeu veio de Budapeste. Não teve dúvidas em armar um leito no meu quarto. Foi terno e mostrou-se atencioso, mas uma manhã em que acordei bem cedo, vi o rosto da enfermeira, uma freira católica de touca preta, que me impedia de ver o vulto de Romeu deitado na outra ponta do quarto. Pareceu-me ouvir um som a tocar as badaladas do funeral do Amor.

A minha convalescença prolongou-se por largo tempo e Alexander Gross levou-me para Franzensbad, na presunção de me restabelecer mais rapidamente. Sentia-me triste e débil, recusando interessar-me tanto pela beleza da paisagem como pela doçura e pela bondade dos amigos que me rodeavam. A mulher de Gross juntou-se a nós e velava-me amorosamente durante as longas noites sem sono. Creio que foi, para mim, uma sorte o facto de as elevadas despesas com médicos e enfermeiras terem esgotado a minha conta bancária, situação que levou Gross a organizar actuações minhas em Franzensbad, Marienbad e Carlsbad. Assim aconteceu que um dia reabri o baú, de onde retirei as minhas túnicas de dança. Lembro-me de me desfazer em lágrimas, a beijar o pequeno vestido vermelho com que dançara todas as minhas danças revolucionárias e jurando nunca mais abandonar a Arte e trocá-la pelo amor. Por esse tempo, o meu nome já tinha, por aquelas terras, qualquer coisa de mágico e recordo-me de uma noite em que jantava com o meu empresário e a mulher. A multidão junto à janela do restaurante tornou-se tão densa que acabou por estilhaçar a enorme vidraça, para desespero do gerente do local.

A tristeza, as dores e as desilusões do Amor, tudo isso eu transpus para a minha Arte. Compus a história de Ifigénia, o seu adeus à Vida no Altar da Morte. Por fim, Alexander Gross conseguiu organizar uma representação em Munique, onde encontrei a minha mãe e Elizabeth que ficaram deliciadas por me verem de novo só, embora me achassem entristecida e mudada.

Antes da minha actuação em Munique, Elizabeth e eu ainda fomos a Abbazia, onde andámos rua acima, rua abaixo, à procura de um hotel, mas em todo o lado a lotação estava esgotada. Nestas andanças, tínhamos atraído considerável atenção da pequena e sossegada cidade e, ao cruzarmo-nos com o Grão-Duque Ferdinand, este cumprimentou-nos com cortesia, mostrou-se interessado e acabou por nos convidar para a sua vivenda no jardim do Hotel Stephanie. O episódio foi de total e absoluta inocência mas causou escândalo nos círculos da Corte. As grandes damas que não tardaram a visitar-nos, não o fizeram por estarem interessadas na minha arte, como ingenuamente de início imaginei, mas sim por quererem descobrir qual o estatuto de que realmente gozávamos na vivenda do Duque. Estas mesmas senhoras faziam, todas as noites, na sala de jantar do Hotel, profundas reverências diante da mesa do Grão-duque. Segui-lhes o exemplo, com reverências muito mais profundas e que elas não eram capazes de fazer nem imitar. Foi aí que eu estreei um trajo de banho, que depois se tornou muito popular — uma túnica azul clara, de fino crepe da China, com um decote muito pronunciado, alças pequenas nos ombros, a saia a descer até aos joelhos, as pernas e os pés nus. Como nesse tempo era costume as senhoras entrarem na água severamente trajadas de preto, com a saia a cair entre os joelhos e os tornozelos, de meias pretas e sapatilhas pretas, pode facilmente imaginar-se a sensação que eu causei. O Grão-Duque gostava de passear pela passadeira dos banhistas, com um binóculo de teatro assestado em mim, murmurando em tom perfeitamente audível: *Ach, wie schön ist diese Duncan. Ach; wunder schön! Diese Frühlingzeit ist nicht so schön wie sie»*[1].

Alguns dias depois, quando dancei em Viena, no Karls Theater, o Grão-Duque e o seu séquito de simpáticos e jovens *aides-de-camps* vi-

---

[1] Ah, que bonita é esta Duncan! Ah, este tempo de primavera não é tão belo como ela!

nham todas as noites ao meu camarim e, como é natural, as línguas começaram a tagarelar. Porém, o interesse do Duque na minha pessoa era pura e exclusivamente estético e artístico. É certo que ele parecia evitar a sociedade do belo sexo e contentar-se com a sua comitiva de jovens oficiais. Eu sentia grande simpatia por Sua Alteza Real o Grão-Duque Ferdinand, quando soube alguns anos mais tarde que, por decreto da Corte Austríaca, ele tinha sido encarcerado num triste castelo em Salzburgo. Talvez ele fosse um pouco diferente do comum das pessoas, mas onde está aquele que é realmente simpático e não tem também um grão de loucura?

Na vivenda de Abbazia havia uma palmeira em frente das nossas janelas. Foi a primeira vez que vi uma palmeira a crescer num clima temperado. Gostava de ver as suas folhas a tremer com a brisa da manhã e foi esse tremor que me inspirou a criar na minha dança a leve tremura dos braços, das mãos e dos dedos que as minhas imitadoras tanto deformaram. Esqueceram-se de ir à fonte original contemplar os movimentos da palmeira para os acolher no seu íntimo antes de os projectar para o exterior. Muitas foram as vezes em que, perdida na contemplação daquela palmeira, o pensamento artístico me abandonava e só os versos comoventes de Heine me acudiam à memória:

Uma palmeira solitária no sul…

De Abbazia, Elizabeth e eu seguimos finalmente para Munique. Nesse tempo toda a vida de Munique gravitava em torno da Künstler Haus, onde o grupo dos mestres — Karlbach, Lembach, Stuck, etc. — se reunia todas as noites para beber a excelente cerveja de Munique e discorrer sobre filosofia e arte. Gross pretendia que a minha estreia tivesse lugar na Künstler Haus. Lembach e Karlbach estavam de acordo; somente Stuck sustentava que a dança não era apropriada para um Templo da Arte como a Künstler Haus de Munique. Uma manhã desloquei-me a sua casa, decidida a convencê-lo do valor da minha Arte. No seu estúdio despi o meu vestido, troquei-o pela túnica e dancei para ele, seguindo-se quatro horas durante as quais não cessei de lhe falar sobre o carácter sagrado da minha missão e da realidade da dança como Arte. Desse dia em diante, muitas foram as vezes em que contou aos amigos que nunca na vida havia ficado tão surpreendido. Dizia que tudo se passara como se uma Dríade do Olimpo lhe tivesse subitamente aparecido, vinda de um outro mundo. Como facilmente se compreende, deu também o seu acordo, e a minha estreia na Künstler Haus de Munique foi o maior e mais sensacional acontecimento artístico ocorrido na cidade desde há vários anos.

Dancei depois na Kaim Saal. O entusiasmo dos estudantes raiava a loucura. Noite após noite, desatrelavam os cavalos da minha carruagem e eram eles mesmos quem os puxava pelas ruas da cidade, entoando canções estudantis e aos saltos dos dois lados da minha vitória, acenando com as tochas a arder que seguravam. Sucedeu com frequência agruparem-se debaixo da minha janela do hotel e aí permanecerem a cantar até que eu lhes atirasse as minhas flores e os meus lenços, que eles depois rasgavam para que cada um pudesse pôr um farrapo na sua boina.

Uma noite levaram-me ao seu café de estudantes, onde me fizeram dançar em cima das mesas, pulando de uma para a outra. Cantaram a noite inteira sempre com o mesmo refrão: *Isadora, Isadora, ach, wie schon das Leben ist*[1]. Este acontecimento teve eco no *Simplissimus*[2] e escandalizou algumas pessoas moderadas da cidade mas, a falar verdade, não foi mais do que uma inocente brincadeira, tendo em conta o facto de haverem esfarrapado o meu vestido e o meu xaile, cujos trapos enfeitavam as suas boinas, quando de madrugada, me conduziram a casa.

Munique era, nesse tempo, um autêntico arraial de actividades artísticas e intelectuais. As ruas estavam pejadas de estudantes. Todos os

---

[1] Isadora, Isadora, ah, como a *vida* é bela!
[2] Revista semanal satírica alemã, cuja publicação decorreu de 1896 até 1967. (*N. do T.*)

jovens usavam, debaixo do braço, uma pasta com folhas de papel de desenho ou um rolo de pautas de música. As montras das lojas eram verdadeiros tesouros de livros raros, gravuras antigas, novas e fascinantes edições; tudo isto associado às maravilhosas colecções dos museus, ao ar puro e fresco do Outono a soprar das montanhas banhadas de sol, às visitas ao estúdio de Lembach, o Mestre dos cabelos de prata, à convivência com mestres de filosofia, Carvelhorn e outros, tudo isto me inspirou a retomar a minha esquecida concepção intelectual e espiritual da vida. Comecei a estudar alemão com a intenção de ler Schopenhauer e Kant no original e não foi preciso muito tempo para poder acompanhar com intenso prazer as longas discussões de artistas, filósofos e músicos que todas as noites se reuniam na Künstler Haus. Aprendi também a beber a bela cerveja de Munique e o recente e devorador frenesim dos meus sentidos foi-se acalmando.

Uma noite, numa especial gala artística na Künstler Haus, reparei na silhueta de um homem a aplaudir a representação na primeira fila da plateia. Esta silhueta lembrava-me exactamente a do grande mestre, cujas obras me estavam a ser reveladas pela primeira vez. Era a mesma fronte e o mesmo sobrolho, o mesmo nariz proeminente. Somente a boca era mais doce, sugerindo menos força e convicção. Após o espectáculo, soube que se tratava de Siegfried Wagner, o filho de Richard Wagner. Juntou-se ao nosso grupo e, pela primeira vez, tive o prazer de me encontrar e admirar aquele que, de aí em diante, passaria a ser um dos meus amigos mais queridos. A sua conversação era brilhante, recheada de frequentes alusões ao seu ilustre pai, cuja imagem parecia acompanhá-lo permanentemente como uma auréola sagrada.

Nesses dias, eu estava a ler Schopenhauer, pela primeira vez, e encantaram-me as suas revelações filosóficas sobre a relação existente entre a música e a vontade.

O extraordinário estado de espírito, ou *Geist*, como dizem os alemães, que nos permite sentir o Sagrado, *der Heiligthum des Gedankens* (a santidade do pensamento), transmitiu-me, de facto e muitas vezes, a sensação de que tinha sido introduzida num mundo de excelentes e quase divinos pensadores, cuja inteligência era mais vasta e mais santa do que a de todos aqueles que encontrei nas minhas viagens. Parecia-me que o pensamento filosófico era, sem dúvida, encarado como o mais alto nível da satisfação humana, só igualável pelo ainda mais sagrado mundo da música. Nos museus de Munique, as admiráveis obras italianas foram também uma revelação para nós e, percebendo que estávamos muito próximas da fronteira, Elizabeth, minha mãe e eu cedemos a um impulso irresistível e apanhámos um comboio para Florença.

CAPÍTULO XII

Jamais poderei esquecer a maravilhosa aventura que foi a travessia do Tirol e, pelas encostas de montanhas banhadas de sol, a descida para a planície da Úmbria!

Em Florença, apeámo-nos do comboio e passámos largas semanas a vaguear extasiadas, por galerias, jardins e olivais. Nesse tempo era Botticelli quem mais cativava a minha jovem imaginação. Passei dias inteiros sentada diante da *Primavera*, o famoso quadro de Botticelli. Inspirada por esta pintura, criei uma dança em que me esforçava por acompanhar os suaves e maravilhosos movimentos que dela se desprendiam; a suave ondulação da terra coberta de flores, o círculo de ninfas e o voo de zéfiros, tudo em torno da figura central, metade Afrodite, metade Madona, a indicar a procriação da Primavera com um gesto cheio de significado.

Passei horas e horas sentada diante desta pintura. Fiquei enamorada. Um velho e simpático guarda trouxe-me um banco e observava a minha adoração com um comovido interesse. Ali continuei, até que, efectivamente, vi as flores a desabrochar, os pés nus a dançar, os corpos a balouçar, até que o mensageiro da alegria me apareceu e eu pensei: «Vou dançar a imagem desta pintura e transmitir a outros esta mensagem de amor, de primavera e de procriação de vida que recebi com tanta emoção. Através da minha dança, vou oferecer-lhes o meu êxtase.»

Chegou a hora do encerramento e ainda me encontrava diante do quadro. Queria que o mistério deste momento incomparável me revelasse o sentido e o significado da Primavera. Tinha a impressão de que até agora a vida havia sido uma confusão, uma procura cega. Pensei que, se pudesse descobrir o segredo desta pintura, poderia mostrar ao mundo o caminho que conduz ao esplendor da vida e ao desfraldar da alegria. Lembrei-me das minhas meditações sobre a vida e de que esta poderia ser a história de um homem que partiu para a guerra cheio de boas intenções. Ficou horrorosamente ferido e, reflectindo no que lhe sucedera, disse: «Porque não hei-de eu pregar um evangelho que poupe aos outros tanta dor e mutilação?»

Foi esta a minha meditação em Florença diante da *Primavera* de Botticelli que mais tarde tentei interpretar numa dança. Oh, doce vida pagã, apenas entrevista, onde Afrodite cintilava através da graciosa e mais terna imagem da Mãe de Cristo, onde Apolo estendia o braço para a ramaria, escondido na semelhança de São Sebastião! Sentia esta emoção crescer no meu peito num fluxo de paz e alegria e ardia num intenso desejo de tudo mudar na minha dança, a que dei o nome de Dança do Futuro.

Nos salões de um palácio antigo dancei para a sociedade artística de Florença música de Monteverdi e algumas melodias de mestres mais antigos e anónimos. Dancei também uma delicada melodia de amor para viola, e dancei-a como um anjo a dedilhar um violino imaginário.

Com o nosso habitual desleixo e desprezo pelas coisas práticas, uma vez mais se esgotaram as nossas economias e vimo-nos obrigadas a telegrafar a Alexander Gross, solicitando-lhe que nos enviasse a quantia necessária para regressarmos a Berlim, onde ele preparava a minha estreia.

Logo que chegámos a Berlim, fiquei estupefacta, ao atravessar a cidade, porque por todo o lado, deparei com cartazes flamejantes onde se lia o meu nome e o anúncio da minha estreia no Teatro da Ópera Kroll, com a Orquestra Filarmónica. Alexander Gross guiou-nos até ao Hotel Bristol, na Avenida Unter den Linden, onde nos reservara uma suite esplêndida e onde toda a imprensa alemã me aguardava para uma primeira entrevista. Os meus estudos em Munique e o que vira e aprendera em Florença tinham-me posto num estado de espírito tão pensativo e tão espiritual, que deixei todos aqueles senhores da Imprensa perfeitamente assombrados quando lhes dei a ouvir, em mau alemão, a minha ingénua e grandiosa concepção da Arte da Dança, como a *grösste ernste Kunst* (maior e mais séria Arte) e como aquela que iria trazer um novo renascimento a todas as outras artes.

Como estes jornalistas alemães me ouviram de modo tão diferente daqueles a quem, na América, expliquei mais tarde as minhas teorias! Os Alemães escutaram-me com reverente respeito e grande interesse e, no dia seguinte, saíram nos jornais da Alemanha longos artigos de extraordinário teor intelectual, filosófico e artístico.

Alexander Gross foi um pioneiro corajoso. Arriscou todo o seu capital no lançamento das minhas actuações em Berlim. Não se poupou a nenhuma despesa publicitária e celebrou contratos com o primeiro dos Teatros de Ópera e com o melhor dos maestros de orquestra. Se, quando o pano se ergueu revelando um cenário reduzido ao meu simples e habitual pano de fundo azul e mostrando apenas uma pequena e franzina figura no vasto espaço do palco, se eu não tivesse conseguido suscitar, desde o primeiro instante, o aplauso do perplexo público de Berlim, esse fracasso teria tido, como consequência, a sua ruína total. Todavia, ele era um bom profeta. A minha actuação desencadeou o efeito que ele previra. Conquistei Berlim num assalto estrondoso. Após ter dançado durante mais de duas horas, o público recusou-se a abandonar o teatro, não se cansando de reclamar novas danças, até que, finalmente, num delírio de entusiasmo, se precipitou para a ribalta do palco. Centenas de jovens estudantes chegaram mesmo a trepar para o palco e eu corri o perigo de tanta adoração me esmagar e causar a morte. Nas noites seguintes, que foram muitas, prestaram-me repetidamente a encantadora cerimónia de homenagem, habitual na Alemanha, de desatrelar os cavalos da minha carruagem e substituí-los para me passearem em triunfo pelas ruas da cidade e pela Unter den Linden abaixo até ao hotel.

Dessa primeira noite em diante, o público alemão passou a conhecer-me pelos nomes de *die göttliche, heilige Isadora*[1]. Uma tarde, Raymond apareceu-nos subitamente, regressado da América. Estava cada vez mais saudoso e disse-nos que não suportava continuar separado de nós. Retomámos então um projecto que por longo tempo havíamos acariciado —

---

[1] A divina, Santa Isidora.

uma peregrinação ao mais sagrado santuário da arte, uma visita à nossa bem-amada cidade de Atenas. Eu sentia que me achava ainda no limiar da minha Arte e, após uma curta estada em Berlim, insisti em deixar a Alemanha, apesar das súplicas e lamentações de Alexander Gross. Tornámos a apanhar o comboio para Itália, com os olhos a brilhar e o coração a bater, para darmos início à nossa longa viagem, tantas vezes adiada, para Atenas com passagem por Veneza.

Demorámo-nos em Veneza várias semanas, que aproveitámos para visitar respeitosamente igrejas e museus mas, como era de esperar, Veneza não teve nesses dias grande significado para nós. A imensa beleza intelectual e espiritual de Florença impressionara-nos cem vezes mais. Só anos mais tarde, Veneza me revelou os seus segredos e o seu encanto, quando de novo ali estive na companhia de um amante esbelto, de olhos negros e pele morena. Só então, senti o fascínio dos encantos de Veneza mas, durante a primeira visita, apenas a impaciência tomou conta de mim e só queria meter-me num barco e vogar para mais altas esferas.

Raymond decidiu que a nossa viagem à Grécia devia ser tão primitiva quanto possível e, por isso, pusemos de parte grandes e confortáveis paquetes de passageiros e embarcámos num vapor de mercadorias, um pequeno navio que fazia serviço entre Brindisi e Santa Maura. Em Santa Maura desembarcámos para visitar o local da antiga Ítaca e o rochedo onde a desesperada Safo se arremessou ao mar. Ainda hoje quando revejo na minha memória esta viagem, lembro os versos de Byron que então soaram aos meus ouvidos:

>   «As ilhas da Grécia,
>   As ilhas da Grécia, as ilhas da Grécia,
>   Onde a ardente Safo amou e cantou,
>   Onde cresceram as artes da guerra e da paz,
>   Onde Delos se ergueu e de onde Febo brotou!
>   Um verão eterno ainda vos tinge de ouro,
>   Mas, à parte o vosso sol, tudo hoje está morto.

Em Santa Maura metemo-nos num pequeno barco à vela, com uma reduzida equipagem de dois homens e, na madrugada de um belo dia de Julho, navegámos nas águas azuis do Mar Jónio. Entrámos pelo Golfo Ambraciano e fomos aportar à pequena cidade de Karvasaras.

Quando alugámos a barcaça, Raymond explicou, com gestos e pantomimas e algumas palavras de grego antigo, que pretendíamos que a nossa viagem seguisse, tão fielmente quanto possível, a mesma rota da viagem de Ulisses. Não nos pareceu que o pescador percebesse bem quem era Ulisses, mas a vista de um bom punhado de dracmas encorajou-o a desfraldar a vela, embora se mostrasse relutante em aceitar uma viagem tão longa. Por diversas vezes, apontou para o céu, dizendo: «Bum! Bum!» e, com os braços a gesticular, esforçava-se por imitar uma tempestade no mar. Em suma, queria dar-nos a entender que o mar estava perigoso e traiçoeiro. E nós pensámos nos versos da *Odisseia* que descrevem aquele mar:

«Assim dizendo, reuniu as nuvens; e segurando na mão
O tridente, encrespou o mar. Incitou de todos os lados
Toda a espécie de ventos e escondeu com nuvens
Tanto a terra como o mar. A noite caiu a pique do céu.
Colidiram o Euro e o Noto e o Zéfiro guinchante
E o Bóreas nascido no céu, que fazia rolar uma onda gigante.
Então se enfraqueceram os joelhos e o coração de Ulisses;
E desesperado assim disse ao seu magnânimo coração»

Odisseia, V[1]

Na verdade não existe mar tão imprevisível. As nossas preciosas vidas foram expostas a grande risco no decurso desta viagem, que teria podido ser muito semelhante à de Ulisses:

---

[1] Tradução de Frederico Lourenço. (*N. do T.*)

«Enquanto assim falava, uma onda altíssima
Avançou impetuosa, fez girar a jangada
E, arrancando-lhe das mãos o leme, precipita-o
Para longe, no mar. Súbitas rajadas de vento
Quebram o mastro, rasgam a vela e as vergas
Que, destroçadas, fazem voar para longe e cair na água.
Por longo tempo se debatem no mar, a custo suportando
A violência das ondas por cima da cabeça.
E sem poder erguer-se de novo, tão pesados e opressivos
Estavam os seus trajos ensopados em água.
Por fim ergueu-se, cuspindo dos lábios a água salgada
Que ao mesmo tempo gotejava copiosamente do sobrolho.»

Odisseia, V[1]

E, mais adiante, quando Ulisses após ter naufragado se encontra com Nausicaa:

«Assim me espanto e admiro perante ti; mas receio
Tocar-te os joelhos, pois é penoso o mal que me sobreveio.
Ontem, no vigésimo dia, consegui fugir ao mar cor de vinho.
Durante esse tempo as ondas e rajadas de vento me levaram
Da ilha de Ogígia. Agora uma divindade me traz a esta costa,
Porventura para que novo mal eu padeça; pois não penso
Que cesse ainda. Antes disso cumprirão os deuses muitas coisas
Mas tu, ó soberana, compadece-te: é a ti em primeiro lugar
Que me dirijo após tantos sofrimentos. Não conheço ninguém
Dos outros homens que esta cidade e esta terra detêm.»

Odisseia, VI[1]

---

[1] Tradução de Frederico Lourenço. (*N. do T.*)

Detivemo-nos na pequena cidade turca de Prevesa, na costa do Epiro, onde comprámos provisões, um enorme queijo de cabra e grandes quantidades de azeitonas pretas e peixe seco. Como não existia uma despensa no barco, até ao dia da minha morte não vou esquecer o cheiro do queijo e do peixe expostos o dia inteiro a um sol escaldante, tanto mais porque o nosso pequeno veleiro tinha um modo muito particular, suave mas bem marcado, de se balouçar. Era frequente a brisa esmorecer e nós víamo-nos obrigados a usar os remos. Por fim, ao cair da noite, aportámos a Karvasaras.

Todos os habitantes da terra vieram receber-nos e cumprimentar à praia e quer parecer-me que, na primeira vez que Cristóvão Colombo chegou a terras da América, não terá causado maior espanto aos nativos. A estupefacção dos nativos foi de tal ordem que perderam a fala quando Raymond e eu nos ajoelhámos e beijámos o solo, e ouviram Raymond declamar:

«Gelado é o coração, oh, Grécia linda! daquele que ao olhar-te
Não se sente como o amante à beira da tumba da sua amada.
Cegos são os olhos daquele que não chora quando vê
As tuas muralhas em ruínas, os teus santuários desfeitos em pó.»

Estávamos loucos de alegria. Apetecia-nos beijar os habitantes da aldeia e gritar: «Finalmente chegámos, após muitas aventuras, à Terra Sagrada da Hélade! Salvé, oh Zeus Olímpico! E tu, Apolo! E tu, Afrodite! Preparai-vos, oh Musas, para de novo dançarem! O nosso cantar vai despertar Dionisius e as suas Bacantes adormecidas!»

«De pé oh Bacantes, mulheres e donzelas,
Vinde, Bacantes, vinde,
Trazei o Senhor da Alegria,
Semente divina do Deus Semeador,
Trazei Brómio, em todo o seu poder,

Da cúpula dos montes da Frígia.
Oh! Trazei Brómio de volta para casa!

E revesti de ouro a vossa pele, ornada com a candura
De longos velos brancos, como a nossa.

E eu lhe juro que o meu cabelo será branco de neve,
Que vou usar o Tirso do novo Deus, e vestir
A sua pele de ouro, e de marfim coroar a fronte.»

Em Karvasaras não havia hotel nem caminho-de-ferro. Nessa noite dormimos no mesmo quarto, o único que a estalagem nos pôde arranjar. Para falar verdade, não dormimos muito, desde logo porque Raymond discorreu toda a noite sobre a Sabedoria de Sócrates e sobre a Celestial Compensação do Amor Platónico. Além disso, as camas eram umas simples tábuas, muito rijas e incómodas. Acresce ainda que na Hélade havia milhares de pequenos habitantes que, nas camas, só queriam regalar-se connosco.

De madrugada partimos da aldeia, a minha mãe instalada numa carruagem puxada por dois cavalos, onde seguiam também as nossas quatro malas, enquanto nós lhe servíamos de escolta, segurando nas mãos ramos de loureiro acabados de cortar. Toda a aldeia nos acompanhou uma boa parte do caminho. Tomámos a estrada antiga que Filipe da Macedónia percorrera com o seu exército, há mais de 2000 anos.

A estrada de Karvasaras para Agrinion subia às voltas por montanhas selvagens e escarpadas. Estava uma bela manhã, com o ar límpido como cristal. Quase voávamos, com a ajuda das asas ligeiras dos nossos jovens pés, acompanhando a marcha com gritos e cantares de alegria. Quando cruzámos o rio Aspropótamo (o antigo Aqueloo), Raymond e eu, apesar das súplicas e lágrimas de Elizabeth, quisemos dar um mergulho, ou receber o baptismo, nas suas águas límpidas. Não nos tínhamos apercebido da força da corrente, e estivemos quase a ser arrebatados.

A dado momento da jornada, dois cães pastores selvagens de uma quinta distante atravessaram o vale a correr e precipitaram-se para nos atacar, com a ferocidade de verdadeiros lobos. Assim teria acontecido não fosse o nosso valente cocheiro os ter enxotado com o seu comprido chicote.

Almoçámos numa pequena estalagem à beira do caminho onde, pela primeira vez, provámos o vinho conservado em resina nos tradicionais odres de pele de porco. Tinha um sabor a verniz de mobílias de madeira mas, fazendo algumas caretas simpáticas, assegurámos que era delicioso.

Por fim, chegámos à antiga cidade de Stratos, construída sobre três colinas. Foi a nossa primeira incursão pelas ruínas da Grécia antiga. Ao depararmos com as colunas dóricas, caímos em êxtase. Seguimos Raymond que nos guiou até ao local do Teatro e do Templo de Zeus, na colina do Oeste. Na nossa viva imaginação, ao pôr do sol surgiu uma miragem: serena e bela, a cidade cobria as três colinas.

Era já noite quando chegámos a Agrinion, completamente exaustos, mas ébrios de uma felicidade raramente conhecida pelo comum dos mortais. Na manhã seguinte, tomámos a diligência para Missolonghi, onde rendemos tributo ao ardente coração de Byron, guardado como uma relíquia nos restos desta cidade heróica. Não é estranho o facto de ter sido Byron quem arrancou o coração de Shelley às rubras brasas da pira funerária? O coração de Shelley está hoje guardado no seu relicário em Roma e pode ser que os corações dos dois poetas estejam ainda em mística comunhão, um com o outro, «da glória que foi a Grécia à grandeza que foi Roma».

Todas estas memórias amorteciam e ensombravam a nossa efervescente alegria pagã. A cidade ainda conserva toda a trágica atmosfera do célebre quadro de Delacroix, *La Sortie de Missolonghi*, quando quase todos os seus habitantes, homens, mulheres e crianças, foram massacrados enquanto faziam esforços desesperados para transpor as linhas turcas.

Byron morreu em Missolonghi, no mês de Abril de 1824. Dois anos mais tarde, também em Abril, quase no aniversário da morte de Byron, estes mártires a ele se juntaram no país das sombras, ele que de boa vontade tudo teria dado para lhes garantir a libertação. Haverá alguma coisa mais comovente do que a morte de Byron naquela honrada cidade de Missolonghi? Ali repousa, designadamente o seu coração entre os mártires que morreram para que o mundo continuasse a conhecer a imortal beleza da Hélade. Na verdade, todo o martírio dá os seus frutos. Com o coração apertado e os olhos inundados de lágrimas, deixámos Missolonghi à luz do fim do dia e, da ponte do pequeno vapor que rumava para Patras, contemplámos a cidade a desvanecer-se no horizonte.

Em Patras travámos um árduo combate para decidir se tomaríamos o caminho de Olímpia ou o de Atenas, mas acabou por prevalecer a grande e ardorosa impaciência que sentíamos pelo Parténon, e apanhámos o comboio para Atenas. Atravessámos uma Hélade esplendorosa. A dado momento, descortinámos o cume do Olimpo, coberto de neve. Logo nos vimos rodeados de ninfas e hamadríadas[1] dos olivais a dançar e a contorcer-se. A nossa alegria e o nosso deleite não conheciam limites. Muitas vezes aconteceu ser a nossa emoção tão violenta que, para a exprimirmos, apenas nos abraçávamos, deixando correr as lágrimas. Nas modestas estações de caminho-de-ferro os camponeses impassíveis miravam-nos espantados. Provavelmente pensavam que estávamos bêbados ou loucos mas, de facto, encontrávamo-nos apenas exaltados pela busca da mais alta e mais brilhante de todas as sabedorias, ansiando pelo encontro com os olhos azuis de Atena.

No fim dessa mesma tarde, chegámos a Atenas coroada de violeta e o romper da aurora encontrou-nos a subir a escadaria do seu Templo, em passos trémulos e com o coração a desfalecer de adoração. À medida que subíamos, parecia-me que toda a vida que até então vivera, eu a despia como se fosse uma roupagem vã e despropositada; parecia-me que nunca antes vivera; que nascia agora e pela primeira vez, neste longo sopro de pura beleza, nesta contemplação da mesma beleza! O sol levan-

---

[1] Ninfas das árvores que nascem e morrem com elas. (*N. do T.*)

tava-se por detrás do Monte Pentélico, revelando-nos a maravilhosa claridade do monte e do esplendor dos seus flancos de mármore a cintilarem aos primeiros alvores da madrugada. Passámos o último degrau do Propileu e olhámos extasiados para o Templo a brilhar à luz da manhã. Por acordo tácito, ficámos em silêncio, ligeiramente afastados uns dos outros, cada um contemplando, só consigo mesmo e sem palavras, a Beleza sagrada da hora e do local. Um estranho terror invadiu-nos o coração e não houve gritos de alegria, nem beijos, nem abraços. Cada um de nós descobria o melhor sítio para permanecer em adoração e o êxtase e a meditação prolongaram-se por horas que nos deixaram frágeis e abalados.

Estávamos agora, todos juntos, a minha mãe e os seus quatro filhos. Decidimos que o Clã Duncan se bastava a si próprio e que toda a outra gente apenas nos tinha arredado dos nossos ideais. Também nos pareceu que, após termos contemplado o Parténon, havíamos atingido o pináculo da perfeição. Perguntámo-nos qual a razão para abandonarmos a Grécia, uma vez que tínhamos encontrado em Atenas tudo o que satisfazia a nossa sensibilidade estética. Pode causar espanto o facto de, nesses dias, após os meus sucessos públicos e após o meu interlúdio em Budapeste, não ter sentido o mais pequeno desejo de voltar atrás. A verdade é que, quando parti para esta peregrinação, não ia em busca da fama ou da fortuna. Foi puramente uma peregrinação espiritual e queria parecer-me que o espírito que eu demandava era a invisível Deusa Atena que ainda habitava as ruínas do Parténon. Decidimos, portanto, que o Clã Duncan deveria permanecer eternamente em Atenas e aí construir um templo que exibisse a nossa marca característica.

Depois das minhas representações em Berlim, passámos a dispor no banco de uma quantia que me parecia inesgotável e assim, pusemo-nos à procura de um local apropriado para o nosso Templo. O único de nós que não estava inteiramente feliz, era Augustin. Ruminou a sua tristeza durante longos dias e acabou finalmente por confessar que se sentia muito só, que a mulher e a filha lhe faziam muita falta. Considerámos isto uma grande fraqueza da sua parte, mas entendemos, dado que ele era casado e tinha uma filha, que não havia outra coisa a fazer senão mandá-las buscar.

A mulher e a menina chegaram. Ela estava elegantemente vestida e usava sapatos com saltos à Luís XV. Olhámos de soslaio para os tacões, pois já tínhamos passado a usar sandálias para não profanar o pavimento de mármore branco do Parténon. Porém, ela recusou-se acintosamente a usar sandálias. Por nossa parte, havíamos decidido que os vestidos de estilo Directoire, que era meu costume usar, e as calças à golfe de Raymond, os seus colarinhos abertos e gravatas a esvoaçar, com o nó desfeito, eram trajos degenerados e devíamos regressar às túnicas dos Gregos Antigos, o que de facto fizemos, para grande espanto dos próprios Gregos Modernos.

Depois de termos vestido túnicas, clâmides e peplos[1], de enfeitar os cabelos com laços e fitas, partimos em busca de um local apropriado para o nosso Templo. Explorámos Colono, Falero e todos os vales da Ática, mas não encontrámos nada que fosse digno do nosso Templo. Por fim, num dia em que o passeio tomou a direcção do Monte Himeto, onde se achavam as colmeias produtoras do célebre mel, trepámos até ao alto de uma elevação e Raymond pousou subitamente o seu bordão no terreno, gritando: «Vejam, estamos ao mesmo nível da Acrópole!» De facto, ao olharmos para Oeste, vimos o Templo de Atena numa surpreendente proximidade, embora na realidade nos encontrássemos a quatro quilómetros de distância.

Contudo, havia dificuldades com este lugar. Primeiro, ninguém sabia a quem o terreno pertencia. Situava-se bastante longe de Atenas e era unicamente frequentado por pastores, que ali pastoreavam os seus rebanhos de ovelhas e de cabras. Levámos muito tempo a descobrir que aquela terra pertencia, há mais de cem anos, a cinco famílias de camponeses. Haviam-na dividido, tal como se divide um empadão, desenhando cinco talhões a partir do centro para a orla exterior. Após uma

---

[1] *Clâmide*: manto usado na Grécia antiga, inicialmente pelos soldados; *peplo*: manto comprido usado pelas matronas romanas, bordado a ouro e ornamentado por figuras de deuses e heróis. (*N. do T.*)

aturada busca, conseguimos encontrar os chefes das cinco famílias e perguntámos-lhes se estavam dispostos a vender. Os camponeses ficaram tremendamente espantados, pois nunca ninguém, até então, tinha mostrado qualquer interesse por aquela terra. Situava-se longe de Atenas, o solo era rochoso, apenas produzia cardos. Além disso, não havia água na vizinhança. Nunca ninguém atribuíra o mais pequeno valor àquela terra. Porém, depois de saberem que nós estávamos desejosos de a adquirir, os camponeses proprietários reuniram-se e decidiram que a terra não tinha preço. Pediram-nos um dinheiro absolutamente desproporcionado. No entanto, o Clã Duncan estava determinado a comprar e decidimos negociar com os camponeses do seguinte modo: Convidámos as cinco famílias para um banquete onde foi servido cordeiro assado no espeto e vários acepipes muito tentadores. Servimos também muitas rodadas de *raki*, o conhaque tradicional da região. Durante o festim, com a ajuda de um modesto advogado de Atenas, propusemos um contrato de compra e venda, no qual os camponeses, que não sabiam escrever, apuseram o seu selo. Apesar de termos ajustado e pago uma quantia avultada, considerámos que o banquete se revestira de grande sucesso. O árido outeiro, situado ao mesmo nível da Acrópole e conhecido desde os tempos antigos, pelo nome de Kopanos, pertencia agora ao Clã Duncan.

O passo seguinte consistia em arranjar papel e instrumentos de arquitectura para traçar o projecto de uma casa. Raymond descobriu o modelo exacto, perfeitamente ajustável ao nosso desejo, no projecto e na planta do Palácio de Agamémnon. Desenhou-o com a ajuda de arquitectos e ele mesmo contratou os operários e carroceiros. A única pedra que nos pareceu digna para o nosso Templo foi a do Monte Pentélico, cujas encostas reluzentes forneceram a pedra em que foram talhadas as nobres colunas do Parténon. Todavia, ficámos pouco satisfeitos com a pedra avermelhada que se encontra no sopé da montanha; foi o que se arranjou e, dia a dia, podia ver-se a longa procissão de carroças, carregadas dessas pedras avermelhadas, a serpentear pelo tortuoso caminho do

Pentélico até Kopanos. Cada descarga de pedra avermelhada no terreno aumentava o nosso contentamento.

Chegou, finalmente, o dia em que a pedra angular do nosso Templo iria ser colocada. Quisemos que este grande acontecimento fosse devidamente celebrado com uma cerimónia solene. Deus sabe que nenhum de nós era dotado de qualquer espírito de devoção religiosa, emancipados que estávamos pelas nossas ideias e pelo respeito que sentíamos pelo avanço da ciência e pelo livre-pensamento. Julgámos, porém, que seria mais belo e mais apropriado depor a pedra angular à boa maneira grega, com uma cerimónia presidida e conduzida por um sacerdote grego. Para participar nessa cerimónia, convidámos todos os camponeses da vizinhança, milhas e milhas em redor.

O velho sacerdote chegou, vestido de preto, com um chapéu preto na cabeça e um véu preto a esvoaçar, pendurado nas abas largas. Pediu-nos um galo preto para oferecer em sacrifício, de acordo com o ritual perpetuado pelos padres bizantinos desde o tempo do Templo de Apolo. Não foi sem alguma dificuldade que conseguimos encontrar um galo preto, que apresentámos ao padre, juntamente com um cutelo sacrificial. Entretanto, chegavam bandos de camponeses, vindos de todos os cantos da região. Além destes, apareceram também algumas pessoas da sociedade elegante de Atenas. Ao pôr do sol, uma grande multidão estava reunida no outeiro de Kopanos.

Com impressionante solenidade, o velho sacerdote deu início à cerimónia. Pediu-nos que lhe indicássemos a linha exacta das fundações da casa. Satisfizemos o pedido, dançando no contorno de um quadrado que Raymond tinha traçado no solo. Quando o sol, grande, vermelho e redondo começava a desaparecer no horizonte, o padre encontrou a pedra angular, cortou a garganta do galo preto e o sangue rubro derramou-se sobre a primeira pedra da casa. Com o cutelo numa das mãos e a ave degolada na outra, por três vezes percorreu solenemente a linha quadrada das fundações. Seguiram-se as orações e as evocações.

Abençoou todas as pedras da casa e, depois de nos ter perguntado os nomes, pronunciou uma oração em que muitas vezes o ouvimos dizer: *Isadora Duncan* (a minha mãe), *Augustin, Raymond, Elizabeth e Menina Isadora* (eu própria). Sempre que pronunciava o nosso nome Duncan, fazia-o como se a sua escrita fosse Thuncan, *Th* em vez de *D*.

Repetidamente nos exortou a viver piedosamente e em paz nesta casa. Rezou para que os nossos descendentes pudessem igualmente viver piedosamente e em paz nesta mesma casa. Quando concluiu as orações, chegaram os músicos com os instrumentos tradicionais da região. Abriram-se grandes barris de vinho e de *raki*. Uma fogueira crepitante foi ateada no outeiro e, na companhia dos nossos vizinhos camponeses, passámos a noite inteira a dançar, a beber e a divertirmo-nos.

Decidimos ficar para sempre a viver na Grécia. Não apenas isso mas, lembrando-nos do que diz Hamlet, fizemos votos para que não houvesse mais casamentos na família. «Deixai que os casados continuem casados, etc.»

Aceitámos a mulher de Augustin com uma falta de entusiasmo mal dissimulada. Mas, no que directamente nos dizia respeito, ajustámos um plano, que num caderno passámos a escrito e onde se definiam os mandamentos e as regras de vida a adoptar exclusivamente pelo Clã Duncan por todo o tempo que vivesse em Kopanos. O plano era mais ou menos o mesmo de Platão, exposto na sua *República*. Nele nos devíamos levantar da cama ao nascer do sol, para o saudar com cânticos e danças de júbilo e alegria. Em seguida, refrescávamo-nos com uma taça de leite de cabra. As manhãs eram consagradas a ensinar os habitantes a dançar e a cantar. O objectivo era convencê-los a venerar os deuses da Grécia Antiga e a abandonar os seus terríveis hábitos modernos. Em seguida, após um frugal almoço de verduras, pois havíamos decidido renunciar a tudo o que fosse carne e optar por uma alimentação vegetariana, passávamos a tarde entregues à meditação e dedicávamos os serões às cerimónias pagãs acompanhadas por música apropriada.

Começou então a construção de Kopanos. Dado que as paredes do palácio de Agamémnon tinham cerca de dois pés de espessura, as paredes de Kopanos deviam ter igualmente dois pés de espessura. Foi preciso esperar que estas paredes estivessem quase erguidas, para eu me aperceber da quantidade de pedra mármore do Pentélico que seria necessária para a sua conclusão, e também do preço de cada carregamento. Alguns dias depois, decidimos acampar e passar a noite ao relento, do lado de fora das paredes. E, de repente, constatámos que, por milhas em redor, não corria uma gota de água! Levantámos os olhos para as alturas do Himeto, o monte das abelhas e do mel, e à nossa frente só vimos fontes e regatos a correr. Virámos os olhos para o Pentélico, de cujas neves eternas jorravam cascatas de água a correr pela montanha abaixo. Ah! Só então percebemos que Kopanos era sítio de absoluta secura e aridez. A fonte mais próxima situava-se a quatro quilómetros de distância! Mas Raymond, nada perturbado, contratou mais alguns trabalhadores e pô-los a escavar um poço artesiano. No decurso da escavação, descobriram-se diversas relíquias que permitiram a Raymond concluir que naqueles sítios, outrora, tinha existido uma aldeia. Tenho, porém as minhas razões para crer que se tratava apenas de um cemitério, pois quanto mais profunda era a escavação do poço artesiano, mais seco o solo se achava. Por fim, após várias semanas de infrutíferas pesquisas de água em Kopanos, regressámos a Atenas para solicitar conselho aos espíritos proféticos que estávamos certos de ainda habitarem a Acrópole. Graças a uma autorização especial que obtivemos da cidade, podíamos deslocar-nos até a Acrópole nas noites de luar. Adquirimos rapidamente o hábito de nos sentar no anfiteatro de Dionisius, onde Augustin nos declamava trechos das tragédias gregas e onde dançávamos.

O nosso Clã era completamente auto-suficiente. Não nos misturávamos com os habitantes de Atenas. Mesmo no dia em que os camponeses nos participaram que o Rei da Grécia tinha ido, a cavalo, visitar o nosso templo, continuámos impassíveis. Vivíamos submetidos ao reinado de outros reis, Agamémnon, Menelau e Príamo.

CAPÍTULO XIII

Numa noite de luar estávamos sentados no Teatro de Dionisius, ouvimos a voz estridente de um rapaz a elevar-se na noite, com aquela patética e sobrenatural sonoridade que só as vozes dos rapazes novos possuem. De repente juntou-se-lhe outra voz e ainda outra. Entoavam antigas canções gregas tradicionais da região. Continuámos sentados, mas arrebatados. Raymond disse: «Deve ser este o tom das vozes dos rapazes dos antigos coros gregos».

Na noite seguinte, repetiu-se o concerto. Como distribuímos um bom punhado de dracmas, na terceira noite o coro estava mais concorrido e, gradualmente, toda a rapaziada de Atenas marcou encontro no Teatro Dionisius para cantar para nós nas noites de luar.

Nesses dias, estávamos muito interessados na música bizantina da Igreja Grega. Visitámos a Igreja Grega e ouvimos o maravilhoso cântico plangente do mestre do coro. Visitámos o seminário de jovens padres gregos, localizado à saída das portas de Atenas, onde nos mostraram a biblioteca de manuscritos antigos datados dos inícios da Idade Média. Em nossa opinião, que aliás é também a opinião de um bom número de distintos helenistas, os hinos de Apolo, de Afrodite e de todos os deuses pagãos sofreram sucessivas transformações ao longo dos tempos, transformações que constituíram o caminho que os levou até à Igreja Grega.

Veio-nos então à ideia de, uma vez mais, fazer renascer, com estes rapazes gregos, o primitivo coro grego. Organizámos concursos no Teatro Dionisius e premiámos aqueles que nos deram a ouvir as canções gregas mais antigas. Recorremos também aos serviços de um professor de música bizantina. E assim se formou um coro com os dez rapazes detentores das mais belas vozes de toda a cidade de Atenas. Um jovem seminarista, que era também estudante de Grego Antigo, auxiliou-nos a ensaiar este coro na interpretação das *Suplicantes*, de Ésquilo. Os coros das *Suplicantes* são provavelmente os mais belos que alguma vez se escreveram. Recordo-me particularmente de um, que descreve o terror das virgens reunidas em torno do altar de Zeus, suplicando a sua protecção contra os seus primos incestuosos, prestes a chegar do outro lado do mar.

Assim, com os nossos estudos sobre a Acrópole, a construção de Kopanos e a dança dos coros de Ésquilo, estávamos completamente absorvidos pelo trabalho. Com excepção das excursões ocasionais pelas aldeias dos arredores, nada mais desejávamos.

Ficámos profundamente impressionados com a leitura dos Mistérios de Elêusis.

«Esses mistérios de que nenhuma língua pode falar. Bem-aventurado aquele que com os seus olhos os contemplaram; o seu quinhão após a morte não é igual ao quinhão dos outros homens.»

Preparámo-nos para visitar Elêusis, situado a treze milhas e meia de distância de Atenas. De pernas nuas e pés nus metidos em sandálias, começámos a dançar pela estrada branca e poeirenta que vai bordejando os velhos e pequenos bosques de Platão, ao longo do mar. Pretendíamos conquistar as boas graças e, com esse propósito, substituímos a caminhada pela dança. Atravessámos uma pequena aldeia de Dafnis e passámos pela Capela de Hagia Tríade[1]. Por entre as colinas avistámos, à distância, o mar e a ilha de Salamina. Detivemo-nos uns momentos, a reconstituir a famosa batalha de Salamina em que os Gregos enfrentaram e aniquilaram as hostes persas comandadas por Xerxes.

Diz-se que Xerxes assistiu à batalha, recostado no seu trono com pés de prata, do alto de uma colina fronteira ao Monte Aegaleus. Foi no ano 480 a. C. que os Gregos com uma frota de trezentas embarcações, destruí-

---

[1] *Capela de Hagia Tríade*: Capela da Santíssima Trindade. (*N. do T.*)

ram a armada persa e conquistaram a sua independência. Cerca de seiscentos guerreiros persas armados de lanças ocuparam uma ilhota para degolarem os gregos que, dos navios naufragados, se lançassem ao mar e dessem à costa. Mas Aristides, regressado do exílio, teve conhecimento das manobras de Xerxes para destruir a frota grega e desfez os planos dos persas.

          Uma nave grega conduziu o ataque
E da proa de um navio fenício foi arrancada
A figura de proa da armada persa; e de cada nave
Voou a fateixa que prendeu o desesperado adversário.
Os navios persas de início aguentaram o choque
Mas eram multidão e isso causou a sua ruína
No estreito braço de mar não puderam usar a força
E, apertados uns contra os outros, os navios,
Com esporões de bronze uns aos outros se mordiam
E quebravam os seus próprios remos. Entretanto os gregos
Não cessavam de desferir golpe após golpe, sempre certeiros
Até que, por fim, os navios persas mostraram as quilhas
E não mais se viu o mar azul, que ficou coberto
De destroços de navios e de cadáveres em multidão.

Foi portanto a dançar que demos cada passo do nosso caminho. Parámos somente uma vez, numa pequena Igreja Cristã, onde o padre grego, que com espanto crescente nos tinha visto pela estrada acima, insistiu para que visitássemos a Igreja e provássemos o seu vinho. Demorámo-nos dois dias em Elêusis, a visitar os seus mistérios. No terceiro dia, regressámos a Atenas, mas não sozinhos. Fomos sempre acompanhados pelas sombras de um grupo de iniciados esclarecidos, Ésquilo, Eurípedes, Sófocles e Aristófanes.

Não sentíamos qualquer desejo de ir mais além, no nosso passeio. Tínhamos atingido a nossa Meca, o esplendor da perfeição — a Hélade.

Entretanto o tempo passou e eu tenho vindo a desligar-me da primeira e pura adoração de Atena e da sua sabedoria. Confesso que, na última vez que visitei Atenas, já não foi o culto de Atena que me atraiu, mas sim o rosto de um Cristo sofredor que vira na pequena Capela de Dafnis. Mas, nesse tempo, na manhã da minha vida, a Acrópole foi para nós a única fonte de júbilo e de inspiração. Sentíamo-nos cheios de força, olhávamos o mundo com desafio e orgulho e era-nos impossível compreender a piedade.

Cada madrugada encontrava-nos a subir o Propileu. Acabámos por conhecer a história da colina sagrada, traçada ao longo de todos os seus períodos. Levávamos os nossos livros, onde seguíamos a história de cada pedra. Estudámos todas as teorias arqueológicas distintas sobre a origem e significado de certos sinais e presságios.

Raymond chegou mesmo a fazer algumas descobertas originais. Passou algum tempo na Acrópole com Elizabeth, tentando detectar sinais antigos das pegadas das cabras que trepavam pelas pedras para irem pastar no topo da colina, em tempos anteriores à construção do templo. Conseguiram, na verdade, descobrir alguns desses sinais, pois a Acrópole começou por ser, efectivamente, frequentada por simples pastores de cabras que procuravam abrigo e protecção para os rebanhos durante a noite. Conseguiram traçar os enredados percursos seguidos pelas cabras nesses tempos de outrora, pelo menos um milhar de anos antes do início da construção da Acrópole.

Entre duas ou três centenas de garotos esfarrapados de Atenas, e com a ajuda do jovem seminarista, escolhemos uma dezena de vozes verdadeiramente celestiais e, sempre com a ajuda do seminarista, começámos a ensaiá-los na interpretação dos coros. Ocultas no ritual da Igreja Grega encontrámos estrofes e contra-estrofes com uma harmonia tão apropriada que comprovava a nossa conclusão de termos descoberto os autênticos hinos a Zeus, o Pai Protector do mundo e Senhor do Trovão, retomados pelos primeiros cristãos e transformados em hinos a Jeová. Na biblioteca de Atenas encontrámos, em diversos livros sobre a antiga música grega, exactamente as mesmas escalas e as mesmas pausas. Estes achados fizeram-nos viver num estado de fervorosa exaltação. Enfim, após dois mil anos, soubemos devolver ao mundo estes tesouros perdidos.

O Hotel d'Angleterre, onde nos instaláramos, pôs generosamente à minha disposição um vasto salão onde podia trabalhar todos os dias. Passava horas a adaptar ao coro das *Suplicantes* os movimentos e os gestos inspirados pelo ritmo da música da Igreja Grega. Estávamos tão determinados nos nossos propósitos e tão convencidos da certeza das nossas teorias, que nunca nos ocorreu que a introdução e a mistura de expressões religiosas tinha qualquer coisa de cómico.

Nesses dias, Atenas estava, como sucede habitualmente, em estado de revolução. Dessa vez, a causa era a diferença de opinião entre a Casa Real e os estudantes sobre a versão da língua grega que deveria ser utilizada nos palcos de teatro, se o grego antigo ou o moderno. Multidões de estudantes desfilavam pelas ruas, agitando bandeiras e cartazes favoráveis à antiga língua grega. No dia do nosso regresso de Kopanos, rodearam-nos a carruagem, aclamando as nossas túnicas gregas, e solicitaram que nos juntássemos ao seu cortejo, pedido a que acedemos de boa vontade, em honra da Hélade Antiga. Desta colaboração resultou que, ainda nesse dia, os estudantes organizaram uma representação nossa no Teatro Municipal. Os dez rapazes gregos e o seminarista bizantino, todos bem vestidos com túnicas multicoloridas e esvoaçantes, entoaram os coros de Ésquilo em grego antigo e eu dancei. Foi estrondoso o delírio de contentamento e alegria que se apossou dos estudantes.

O Rei Jorge, ao ouvir falar desta manifestação, exprimiu o desejo de que o espectáculo fosse repetido no Teatro Real. Mas a actuação perante a Família Real e todos os Embaixadores acreditados em Atenas não teve o fulgor nem o entusiasmo da que fora dada para os estudantes no teatro popular. Os aplausos de mãos envolvidas em luvas de pelica branca não foram convincentes. Quando o Rei Jorge veio ao meu camarim, nos bastidores, pedir-me para cumprimentar a Rainha no camarote real, embora parecessem bastante satisfeitos, percebi que nenhum dos dois sentia pela minha arte uma autêntica atracção espiritual, nem sequer a compreendiam. O *ballet* será sempre a dança *par excelence* das pessoas da realeza.

Enquanto estes acontecimentos iam tendo lugar, descobri que, ao mesmo tempo, a minha conta bancária se esgotava. Lembro-me de que na noite que se seguiu ao espectáculo real, não consegui dormir. Já de madrugada, levantei-me e fui sozinha até à Acrópole. Entrei no teatro de Dionisius e dancei. Senti que seria a última vez. Subi o Propileu e, de pé, contemplei o Parténon. De súbito, pareceu-me que todos os nossos sonhos estoiravam como gloriosas bolas de sabão e que não éramos nem jamais poderíamos ser outra coisa senão gente moderna. Não podíamos sentir como os Gregos antigos. Este Templo de Atena, diante do qual me encontrava, em outros tempos tinha estado revestido de outras cores. Afinal eu era apenas uma americana metade escocesa e metade irlandesa, talvez mais próxima, por qualquer obscura afinidade, dos Peles Vermelhas do que dos Gregos. A esplêndida ilusão daquele ano passado nas terras de Hélade parecia desmoronar-se de repente. As melodias da música bizantina desvaneciam-se, apagavam-se, e perto dos meus ouvidos flutuavam os grandes acordes da Morte de Isolda.

Três dias mais tarde, no meio de uma multidão de entusiastas e dos pais dos dez rapazes gregos, tomámos o comboio para Viena. Na estação, envolvi-me no azul e branco da bandeira grega e os dez rapazes gregos, acompanhados pela multidão, entoaram o belo hino grego:

Op ta kokala vgalméni
Ton Elinon to yera
Chéré o chéré Elefteria
Ké san prota andriomeni
Chéré o chéré Elefteria.

Quando olho para o passado, para este ano vivido na Grécia, penso que foi realmente um ano maravilhoso. Foi igualmente maravilhoso o esforço desenvolvido para conviver, saltando por cima de dois mil anos, com uma beleza que talvez não possamos compreender, uma beleza que mereceu a Renan estas linhas:

«Oh nobreza! Oh beleza simples e verdadeira! Deusa cujo culto significa razão e sabedoria, tu cujo templo é uma lição eterna de consciência e de sinceridade, chego tarde ao limiar dos teus mistérios, trago ao teu altar remorsos imensos. Para te encontrar, precisei de buscas infinitas. A iniciação que, por um sorriso, conferiste ao Ateniense que está a nascer, eu a conquistei por meio de reflexões, pelo preço de longos esforços».

E assim deixámos a Hélade e pela manhã chegámos a Viena com o nosso coro de rapazes gregos, o seu padre e professor bizantino.

CAPÍTULO XIV

O nosso desejo de fazer reviver os coros gregos e a dança trágica de outrora foi certamente um esforço de grande nobreza e total inviabilidade. Mas, após os sucessos financeiros de Budapeste e Berlim, deixei de sentir qualquer desejo de andar pelo mundo a dançar, e apenas pensava em utilizar o dinheiro que ganhara na edificação de um Templo Grego e no renascimento do Coro Grego. Ao olhar agora para o passado, vejo as nossas aspirações juvenis como um fenómeno verdadeiramente estranho e curioso.

E assim chegámos a Viena numa manhã. Apresentámos a um surpreendido público austríaco os coros de *As Suplicantes*, de Ésquilo, entoadas no palco pelos nossos rapazes gregos, enquanto eu ao mesmo tempo dançava. Como no coro se insinua a presença de cinquenta «filhas de Danaus» foi muito difícil transmitir por meio da minha figura leve e delicada as emoções de cinquenta donzelas, mas fiz o meu melhor e tive a sensação de que me multiplicava.

De Viena a Budapeste são quatro horas de caminho, mas o ano que passámos diante do Parténon cavou um tal fosso entre mim e Budapeste, que talvez nada haja de estranho no facto de eu ter achado muito natural que Romeu não tenha viajado aquelas quatro horas para me ver. Nem sequer pensei que o deveria ter feito. Eu estava tão interessada no coro grego, que a minha devoção absorvia toda a minha energia e todas as minhas emoções. Para falar a verdade, nunca pensei no meu velho amor. Pelo contrário, nesse tempo a minha vida e o meu ser estavam dominados por questões intelectuais e admiravelmente concentrada na amizade de um homem que era, sobretudo, um homem de grande inteligência. Herman Bahr era o seu nome.

Anos antes, Herman Bahr vira-me dançar em Viena, na Kunster Haus, numa sessão dedicada aos artistas. Quando regressei a Viena com o coro dos rapazes gregos, mostrou-se vivamente interessado e escreveu críticas maravilhosas na revista vienense *Neue Presse*.

Herman Bahr era, nessa época, um homem com cerca de trinta anos de idade, uma cabeça magnífica coberta por farta cabeleira castanha e de barba castanha. Embora viesse frequentemente ao Bristol após o espectáculo e ficasse a conversar comigo pela noite fora até de madrugada, embora muitas vezes me levantasse do meu lugar e dançasse para ele estrofe após estrofe do coro grego para ilustrar o que lhe dizia, apesar de tudo isto nunca nenhum de nós deu o mais pequeno sinal de ordem sentimental ou emocional. Talvez seja difícil aos cépticos acreditarem no que vou dizer, mas a verdade verdadeira é que, depois da experiência de Budapeste e durante os anos seguintes, todas as minhas reacções emocionais sofreram tão grandes mudanças que fui levada a crer que terminara o período das perturbações amorosas e que, de futuro, haveria de me entregar totalmente à minha Arte. Agora, tendo em atenção que fora mais ou menos criada segundo o modelo da Vénus de Milo, esta intenção, esta esperança, tinha qualquer coisa de espantoso; é pelo menos o que hoje penso. Por estranho que possa parecer, após o seu brutal despertar, os meus sentidos haviam adormecido. Apenas queria que me deixassem em paz, porque toda a minha vida estava centrada na Arte.

O meu sucesso em Viena, no Karl Theatre, repetiu-se. O público que começara por receber o coro das *Suplicantes*, com os dez rapazes gregos, de modo bastante frio, estourou de entusiasmo quando dancei o *Danúbio Azul*, no final da representação. No fim do espectáculo, fiz um pequeno discurso, dizendo que aquilo não era o que eu *pretendia*; o que eu queria era reviver e transmitir o espírito da Tragédia Grega. «Temos de ressuscitar a beleza do coro», disse eu. Mas o público continuou a gritar: *Nein. Macht nicht. Tanze. Tanze die Schöne Blaue Donau. Tanze noch einmal!*[1] E aplaudiram uma e duas vezes mais.

---

[1] Não. Isso não. Dança. Dança o bonito Danúbio Azul. Dança mais uma vez!

Assim, com os bolsos novamente carregados de ouro, deixámos Viena e uma vez mais chegámos a Munique. A estreia do meu coro grego em Munique causou grande sensação nos círculos de professores e de intelectuais. O conceituado Professor Furtwangler proferiu uma conferência e discorreu sobre os hinos gregos agora postos em música pelo professor bizantino da Igreja Grega.

Os estudantes da Universidade ficaram muito *aufgeregt* (excitados). Com efeito, os nossos belos rapazes gregos causaram grande sensação. Somente eu, que devia dançar pelas cinquenta Danaídes, não me sentia à altura do meu papel e muitas vezes aconteceu, no final do espectáculo, ter usado da palavra para explicar que, na verdade, eu não era eu, mas cinquenta virgens; para mim era *furchtbahr traurig* (terrivelmente aflitivo) ser só uma, mas — *Geduld!* (Paciência!) — em breve havia de fundar uma escola e transformar-me-ia em cinquenta *kleine Mädchen* (rapariguinhas).

Berlim foi menos entusiástica para o nosso coro grego e, apesar de um distinto professor de Munique, o Professor Cornelius, o ter vindo anunciar, Berlim, à semelhança de Viena, gritou: «Oh, dançai o *Schöne Blau Donau* e não vos preocupeis com a reconstituição desses coros gregos».

Entretanto, os meninos gregos começaram a sentir os efeitos da mudança de ambiente. Recebi várias queixas do digno gerente do nosso hotel sobre as suas maneiras indelicadas e a violência dos comportamentos. Dizia que os rapazes reclamavam continuamente pão escuro, azeitonas pretas e cebola crua e quando estes acepipes não constavam da ementa do dia, enraiveciam-se com os criados de mesa, indo ao ponto extremo de lhes arremessarem os bifes à cabeça e de os ameaçar com as facas. Foram expulsos de vários hotéis de primeira classe e eu vi-me obrigada a instalar, nas saletas do nosso apartamento em Berlim, dez pequenas camas para os poder acolher.

Como os considerávamos ainda crianças, tínhamos o costume de todas as manhãs os levar solenemente a dar um passeio pelo *Tiergarten* (Jardim Zoológico), de sandálias nos pés e vestidos à moda dos gregos da Antiguidade. Uma manhã em que Elizabeth e eu marchávamos à cabeça desta estranha procissão, encontrámos a Kaiserin a cavalo. Ficou tão impressionada e tão surpreendida que, logo na primeira curva, deu uma queda, pois o belo cavalo prussiano nunca havia visto nada de semelhante, espantou-se e começou a pular de medo.

Estas encantadoras criancinhas gregas só ficaram connosco durante seis meses. Não pudemos deixar de reconhecer que as suas vozes celestiais começaram a desafinar e que os reverentes espectadores berlinenses começaram a trocar olhares de consternação. Continuei corajosamente a tentar personificar cinquenta Danaídes em atitudes suplicantes diante do altar de Zeus, mas era uma tarefa árdua, sobretudo depois de os rapazes gregos terem começado a cantar com vozes em tons de falsete e de o seu professor bizantino se mostrar cada vez mais distraído.

O desinteresse do seminarista pela música bizantina aumentava de dia para dia. Parecia ter-se esquecido de todo o seu entusiasmo em Atenas. Também as suas ausências se iam tornando mais frequentes e mais prolongadas. O ponto alto desta história aconteceu no dia em que a polícia nos informou que, à noite, os nossos rapazes gregos se escapavam sub-repticiamente pelas janelas. Pensávamos que dormiam em paz e sossego, mas não era assim; frequentavam cafés baratos e relacionavam-se com os seus mais reles compatriotas encurralados na cidade.

Tinham também, desde a chegada a Berlim, perdido por completo a expressão ingénua e divinamente infantil que exibiam nas noites do Teatro de Dionisius e, além disso, todos eles haviam crescido, pelo menos, meio pé de altura. Cada noite, no teatro, o coro das *Suplicantes* desafinava um pouco mais. Não nos podíamos desculpar, dizendo que era música bizantina. Era simples e unicamente um barulho horrível e assustador. Assim, um dia, após aflitivas discussões e hesitações, chegámos à conclusão de que o melhor a fazer seria levar todo o nosso coro grego aos grandes armazéns Wertheimer, onde comprámos bonitas calças à golfe para os rapazes mais baixos e calças compridas para os mais altos. Feitas as compras, fomos todos de táxi para a estação de caminho-de-ferro e aí os metemos em carruagens de segunda classe, cada um com um bilhete para Atenas, e dissemos-lhes um adeus efusivo. Depois da sua partida, remetemos o renascimento da música grega para uma data posterior e regressámos ao estudo de Christopher Gluck, com *Ifigénia* e com *Orfeu*.

Desde o início, eu tinha concebido a dança como um coro ou como a expressão de sentimentos comuns a muitos seres humanos e, tal como tinha tentado transmitir ao público as tristezas das filhas de Danaos, do mesmo modo interpretei, na *Ifigénia*, as virgens de Cálcis a brincarem com as suas bolas de ouro na areia suave e, depois, as tristes exiladas de Táurida a dançarem com horror os sangrentos sacrifícios dos compatriotas helénicos. Queria e esperava criar uma trupe de bailarinas e era tão ardente o meu desejo que, na minha imaginação, elas já existiam, eu já as via. À luz dourada do palco, via as formas brancas e maleáveis das minhas companheiras e os seus braços ondulantes, as suas cabeças agitadas, os corpos vibrantes, os membros ágeis envolviam-me. No final de *Ifigénia,* as virgens de Táurida dançam com uma alegria báquica, para celebrarem a libertação de Orestes. Se eu dançava estes delirantes rondós, sentia as suas mãos enleadas nas minhas, sentia a força e o impulso dos seus corpos frágeis a cresceram à medida que os rondós se tornavam mais rápidos e mais loucos. Quando, finalmente, tombei num paroxismo de abandono feliz, eu vi-as:

Ébrias de vinho, ao som das flautas a suspirar,
Perseguindo o seu desejo por entre as sombras das árvores.

As recepções que dávamos na nossa casa da Victoria Strasse tornaram-se o centro do entusiasmo artístico e literário da cidade. Ali tiveram lugar muitas e variadas discussões eruditas a propósito da dança como uma das belas artes, pois os alemães dão uma desmedida importância a toda e qualquer controvérsia artística. A minha dança tornou-se o tema de debates violentos, por vezes inflamados. Nas colunas de todos os jornais, apareciam constantemente longos artigos que ora me saudavam como o génio iniciador de uma nova Arte, ora me denunciavam como destruidora da verdadeira dança clássica, isto é, do Ballet. No regresso de actuações em que o público manifestara um delirante contentamento, eu tinha o hábito de manter-me acordada durante longas horas da noite, vestida com a minha túnica branca. Sentada numa cadeira, com um copo de leite muito branco ao lado, lia atentamente páginas da *Crítica da Razão Pura*, de Kant, de onde acreditava, só Deus sabe como, receber inspiração para aqueles movimentos de pura beleza que procurava.

Entre os artistas que frequentavam a nossa casa, achava-se um jovem com uma grande fronte, olhos muito vivos escondidos atrás de um par de óculos, que se convencera de ter por missão revelar-me o génio de Nietzsche. Somente por intermédio de Nietzsche, dizia ele, poderás alcançar a total revelação da expressão pela dança, de que andas à procura. Aparecia todas as tardes e lia-me o *Zaratustra* em alemão, explicando-me todos os vocábulos e frases que eu não conseguia compreender. A sedução da filosofia de Nietzsche encantou todo o meu ser e aquelas horas que Karl Federn, dia a dia, me dedicava, revestiram-se de um fascínio tão intenso que o meu empresário deparou com grande dificuldade para me persuadir a aceitar curtas digressões a Hamburgo, Hanover, Leipzig, etc., cidades onde um público excitado e curioso, além de milhares de marcos, me aguardava. Eu não tinha a menor vontade de andar a fazer digressões triunfais à volta do mundo, assunto de que ele me estava sempre a falar. Eu queria estudar, continuar as minhas pesquisas, criar uma dança, gestos e movimentos, que até então não existiam, e o sonho da minha escola, que havia sido a obsessão da minha infância, tornava-se cada vez mais imperioso. O desejo de não desertar do meu estúdio e continuar a trabalhar conduziu o meu empresário a um absoluto desespero. Bombardeava-me permanentemente com novas propostas, com súplicas para viajar, e eu via-o chegar, a gemer de angústia, para me mostrar jornais onde se dizia que em Londres e em outras cidades se faziam cópias das cortinas dos meus espectáculos, dos meus trajos e das minhas danças, e como estas imitações passavam por originais e obtinham sucesso. Porém, esta argumentação não causava qualquer efeito, não alterava os meus propósitos. O seu desespero atingiu o auge quando, à aproximação do Verão, anunciei a minha intenção de passar toda a temporada em Bayreuth para finalmente me regalar, na sua verdadeira fonte, com a música de Richard Wagner. Esta decisão tornou-se inabalável quando, um dia, recebi a visita de alguém que era, nada mais nem menos do que a viúva de Richard Wagner em pessoa.

Nunca encontrei mulher que tanto me tivesse impressionado, por quem tivesse sentido tão alto fervor intelectual, como Cosima Wagner, com o seu porte majestoso, os seus belos olhos, um nariz talvez demasiado proeminente para mulher e uma fronte luminosa a radiar inteligência. Era versada na mais profunda filosofia e sabia de cor cada frase e cada nota da música do Mestre. Falou-me da minha Arte em termos encorajadores e admiráveis e falou-me do desprezo de Richard Wagner pela escola de dança chamada ballet e pelo seu vestuário. Falou-me do sonho do Mestre pela Bacanal e pelas Donzelas Flores, e da impossibilidade de ajustar o sonho de Wagner aos hábitos e concepções do ballet de Berlim, já contratado para actuar em Bayreuth naquela mesma temporada. Perguntou-me depois se eu estava interessada em dançar nas representações de *Tannhäuser*, mas aí surgiu uma dificuldade. Por respeito aos meus ideais, era impossível, para mim, estabelecer qualquer relacionamento com o ballet, cujos gestos e movimentos chocavam o meu conceito de beleza e cujo modo de se exprimir me parecia mecânico e vulgar.

— Oh, por que não é minha a escola com que sonho!? — exclamei eu, em resposta à pergunta.

— Se assim fosse — continuei, — poderia trazer-vos a Bayreuth o grupo de ninfas, faunos, sátiros e graças que era o sonho de Wagner. Mas eu, sozinha, que posso fazer? No entanto, hei-de ir e tentarei dar-vos, pelo menos, uma indicação dos movimentos graciosos, leves e voluptuosos que já antevejo para as Três Graças.

CAPÍTULO XV

Cheguei a Bayreuth num belo dia de Maio e aluguei quartos no Hotel *Schvarz Adler* (Águia Negra). Um dos quartos era suficientemente grande para trabalhar e nele instalei um piano. Não houve dia em que não recebesse uma palavrinha de Frau Cosima, convidando-me para almoçar ou jantar, ou para passar o serão na Villa Wahnfried, onde se dispensava uma hospitalidade que era um autêntico regalo. Todos os dias havia, pelo menos, quinze pessoas para almoçar. Frau Wagner, à cabeceira da mesa, presidia com uma dignidade e um tacto perfeitos, porque do número dos convidados fazia sempre parte algumas das grandes cabeças da Alemanha, artistas, músicos e, por vezes, Grão-Duques, Grã--Duquesas e mesmo Altezas Reais de todos os países.

O túmulo de Richard Wagner encontra-se no jardim da Villa Wahnfried e avista-se das janelas da biblioteca. Depois do almoço, Frau Wagner deu-me o braço e levou-me a passear no jardim, em torno do túmulo. Durante essas voltas, Frau Cosima falou com uma voz docemente melancólica e carregada de mística esperança.

À noite, ouviam-se frequentemente diversos quartetos em que cada instrumento era tocado por um virtuoso afamado. A grande figura de Hans Richter, a esbelta silhueta de Karl Muck, o encantador Mottl, Humperdinck e Heinrich Thode, todos os artistas da época eram recebidos na Villa Wahnfried com idêntica cortesia.

Fiquei muito orgulhosa por ser admitida com a minha pequena túnica branca no meio de uma constelação de tão distintas e brilhantes personagens. Comecei a estudar a música de *Tannhäuser,* essa música que exprime todo o delírio dos voluptuosos anseios de um *cerebral,* e digo cerebral porque a Bacanal desenrola-se sempre dentro da cabeça de Tannhäuser. A estreita gruta dos sátiros, das ninfas e de Vénus era a estreita gruta do cérebro e do espírito de Wagner, exasperado pela espera contínua de uma satisfação sensual que apenas conseguia encontrar na sua própria imaginação.

Sobre esta Bacanal, escrevi o seguinte:

«Somente sou capaz de vos dar uma vaga indicação, um esboço impreciso daquilo que as bailarinas, na sua maioria, virão a ser mais tarde. Farão parte de uma massa a precipitar-se como um furacão, ao ritmo louco das ondas desta música repleta de uma sensualidade e de um êxtase fantásticos. Se, apenas com a ajuda da minha força, eu tiver a coragem de me atrever a aceitar semelhante tarefa será devido ao facto de tudo pertencer ao domínio da pura imaginação. Tudo se reduz a visões de Tannhäuser adormecido nos braços de Vénus.

«Para realizar estes sonhos, um simples gesto de apelo será capaz de evocar mil braços estendidos, uma só cabeça bruscamente atirada para trás representará o tumulto báquico que é a expressão da paixão a arder nas veias de Tannhäuser.

«Parece-me que nesta música estão concentrados a insatisfação dos sentidos, a espera desesperada, o langor apaixonado; numa palavra, o imenso grito de desejo no mundo.

«Poderá exprimir-se tudo isto? Não existirão estas visões somente na imaginação inflamada do compositor, e poderão estas visões revestir-se de uma forma concreta e visível?

«Por que razão tentar este esforço impossível? Repito, não sou eu quem ousará fazê-lo, estou apenas a indicá-lo.

«E quando estes desejos terríveis atingirem o paroxismo, quando tocarem no ponto em que, derrubando todas as barreiras, começam a correr como uma corrente irresistível, cobrirei toda a cena de nevoeiro, para que cada um, à sua maneira e sem nada ver, possa construir na sua imaginação um desenlace que ignora toda e qualquer visão concreta.

«Depois desta explosão e desta destruição, depois desta conclusão, a um só tempo destruidora e criadora, é então que surge a paz.

«São as Três Graças que personificam a calma, o langor da sensualidade amorosa satisfeita. No sonho de Tannhäuser estão entrelaçadas e separadas, juntam-se e afastam-se alternadamente. Cantam os amores de Zeus.

«Falam das suas aventuras, contam como Europa foi levada sobre as ondas do mar. As suas cabeças inclinam-se de amor. Estão inundadas, afogadas no desejo de Leda enamorada pelo cisne branco. Dão ordem a Tannhäuser para repousar na brancura dos braços de Vénus.

«Será necessário colocar diante dos vossos olhos a representação grosseira destas visões? Não será preferível ver, através da bruma, Europa, com o fino braço em volta do pescoço de um touro enorme, a estreitar o deus contra o seio e a acenar às companheiras, que da margem a chamam, num gesto final de despedida?

«Não será preferível ver Leda nas sombras, meio resguardada pelas asas do cisne, toda trémula pelo anúncio do beijo?

«Talvez a vossa resposta seja esta: "Sim, mas por que estais aí?" E eu direi simplesmente: "é uma indicação que vos dou".»

De manhã até à noite, no templo de tijolo vermelho no alto da colina, assisti a todos os ensaios, aguardando a estreia. Foram ensaios de *Tannhäuser, O Anel, Parsifal* que me remeteram para um estado perpétuo de embriaguez musical. Para melhor os compreender, decorei todos os textos das Óperas, até que a minha cabeça ficou saturada com estas lendas e o meu ser vibrava com as ondulações da melodia de Wagner. Atingi aquele estado de espírito em que todo o mundo exterior nos parece frio, longínquo e irreal, e a única realidade para mim era a do teatro. Um dia era a loira Segelinde, deitada nos braços do seu irmão Sigmund, enquanto se eleva a palpitar o canto da primavera gloriosa: *Frühling Zeit, Liebe Tanze… / Tanze Liebe*[1].

---

[1] Tempo de Primavera, Amada dança… / Amada dança.

No dia seguinte, eu era Brünnhilde a chorar a sua Divindade perdida, e depois Kundry a proferir imprecações selvagens, respondendo ao apelo de Klingsor. Mas o momento supremo surgiu quando a minha alma trémula se elevou com o cálice do Graal, iluminado de sangue. Que encantamento! Ah, como estava longe, como eu esquecera a Sábia Atena dos olhos azuis e o seu Templo da Perfeita Beleza na colina de Atenas. Aquele outro Templo, na colina de Bayreuth, com as suas ondulações e reverberações de magia, tinha completamente eclipsado o templo de Atenas.

O Hotel da Águia Negra estava atulhado de gente e desconfortável. Um dia em que me passeava pelos jardins do Hermitage construído pelo louco Luís da Baviera, descobri uma velha casa de pedra, de arquitectura requintada. Era o antigo pavilhão de caça do Margrave. Dispunha de uma grande sala de dimensões muito bem proporcionadas e majestosas e de uma escadaria de mármore antigo que dava para um jardim romântico. Achava-se num estado de ruína assustador, habitado por uma numerosa família de camponeses que ali vivia há cerca de vinte anos. Ofereci-lhes uma quantia fabulosa para que me cedessem o lugar, pelo menos durante o verão. Contratei pintores e carpinteiros e mandei rebocar de estuque as paredes interiores, que foram, em seguida, pintadas de uma cor verde clara muito suave. Corri depois para Berlim, onde encomendei sofás, almofadas, confortáveis cadeirões de verga e livros. Por fim, tomei posse de Phillips Ruhe, tal como chamavam ao pavilhão de caça, ou seja, o Repouso de Filipe. Para mim viria a tornar se Heinrich's Himmel. (O Céu de Henrique)

Em Bayreuth, estava só. A minha mãe e Elizabeth tinham ido passar o Verão à Suíça. Raymond regressara à sua querida Atenas, para prosseguir a edificação de Kopanos. Estava sempre a mandar-me telegramas onde se lia «O poço artesiano progride. Envia-me dinheiro». Os telegramas continuaram, até que as despesas acumuladas em Kopanos atingiram tais proporções que fiquei desorientada e quase tonta.

Ao longo dos dois anos que tinham decorrido desde Budapeste, eu vivera em castidade, recaindo de modo muito curioso no estado da minha passada virgindade. Todos os átomos do meu ser, do meu cérebro e do meu corpo haviam sido absorvidos com o entusiasmo pela Grécia e, agora, por Richard Wagner. Dormia um sono curto e leve, e acordava a cantar os temas que estudara na véspera à noite. Mas o amor estava prestes a despertar de novo dentro de mim, embora numa forma muito diferente. Ou seria o mesmo Eros com uma máscara diferente?

A minha amiga Mary e eu estávamos sós em Philip's Ruhe. Como não havia quartos para criados, o nosso serviçal e a cozinheira tinham-se alojado numa pequena estalagem da vizinhança. Uma noite, Mary chamou-me:

— Isadora, não quero assustar-te, mas chega aqui à janela. Mesmo em frente, debaixo de uma árvore, logo que bate a meia-noite, aquele homem ali se põe sem despregar os olhos da tua janela. Receio que seja um malfeitor com más intenções.

De facto, um homem pequeno e franzino ali se achava de pé, a olhar para a minha janela. Estremeci com apreensão mas, de repente, a lua saiu das nuvens e iluminou-lhe a cara. Mary agarrou-me o braço. Acabáramos ambas de reconhecer o rosto erguido e extasiado de Heinrich Thode. Recuámos e confesso que um ataque de riso, umas risadinhas próprias de meninas de escola, tomaram conta de nós; talvez seja esta a reacção característica do primeiro susto que se apanha.

— Desde há uma semana que todas as noites ele ali aparece no mesmo sítio —, murmurou Mary.

Disse a Mary para esperar. Pus o meu casaco por cima da camisa de noite e, a saltitar, saí de casa em direcção a Heinrich Thode.

— *Lieber, treuer Freund* —, disse-lhe, — *Liebst du mich so?*

— *Ja, Ja* —, gaguejou ele. — *Du bist meine. Du meine Santa Clara*[1].

Eu ainda não sabia mas, mais tarde, ele disse-me que estava a escrever a sua segunda obra de vulto, sobre a vida de São Francisco. A pri-

---

[1] — Querido, fiel amigo. Amas-me assim tanto?
— Sim, sim. Tu és minha. Tu, minha Santa Clara.

meira tinha sido uma *Vida de Miguel Ângelo*. Thode, como todos os grandes artistas, vivia imaginando que cada momento que passava estava narrado na sua obra. Naquele preciso momento ele era São Francisco e imaginava-me como Santa Clara.

Tomei-lhe a mão e com muita doçura fi-lo subir os degraus da escadaria e entrar na Villa. Estava como um homem a caminhar num sonho e fitava-me com olhos repletos de preces e de luz. Devolvi-lhe o mesmo olhar de contemplação e, num súbito instante, senti-me arrebatada e, com ele, atravessei esferas celestes e percorri veredas de luz resplandecente. Um tão sublime êxtase de amor, nunca tinha sentido. Transformou o meu ser, que se tornou inteiramente luminoso. Os nossos olhares confundidos um no outro duraram um instante, não sei dizer ao certo quanto tempo real. O instante passou e eu senti-me fraca e aturdida de vertigens. Todos os meus sentidos desfaleciam e, com uma sensação de felicidade perfeita, desmaiei nos seus braços. Quando acordei, aqueles olhos maravilhosos ainda contemplavam os meus e docemente a voz recitou: *Im Gluth mich Liebe senkte, / Im Gluth mich Liebe senkte!*[1]

Uma vez mais reencontrei a etérea e transcendental sensação de voar para os céus. Thode inclinou-se e beijou-me os olhos e a fronte, mas não eram beijos de uma vulgar paixão terrena. Por mais difícil que seja a certos cépticos acreditarem, a verdade nua e crua é que nessa noite, até nos separarmos ao raiar da aurora, nem tampouco em nenhuma das noites seguintes após a sua chegada à Villa, Thode fez um só gesto de violência carnal. Sempre aquele mesmo olhar enfeitiçado, até que, ao fitar os seus olhos, tudo se desvanecia em redor e a minha alma ganhava asas para o acompanhar no seu voo para as estrelas. Não desejava que ele me desse um concreto sinal de amor. Os meus sentidos, adormecidos durante dois anos, estavam agora completamente transformados num êxtase etéreo.

---

[1] Em felicidade, mergulha o meu amor / Em felicidade, mergulha o meu amor!

Os ensaios em Bayreuth começaram. Sentada ao lado de Thode no teatro escurecido, ouvi as primeiras notas do Prelúdio de *Parsifal*. A sensação de deleite que percorria os meus nervos tornou-se tão aguda que o mais leve e discreto toque do seu braço provocava-me calafrios de êxtase. Sentia-me mal, desfalecia atormentada por um prazer doce e doloroso a girar na minha cabeça com um turbilhão de miríades de luz a latejar no peito e a abafar-me a garganta com tal alegria que só me apetecia gritar bem alto. Por vezes sentia a sua mão suave a pressionar levemente os meus lábios, para silenciar os suspiros e os gemidos que não conseguia controlar. Tudo se ia passando como se cada nervo do meu corpo atingisse o clímax do amor que geralmente se limita à duração de um só instante, como se cada nervo murmurasse e vibrasse com tal insistência que eu mal conseguia saber se era uma alegria esplendorosa ou um sofrimento aterrador. Na realidade, era uma e outra coisa e sentia uma imensa vontade de gritar com Amfortas e de bramar com Kundry.

Todas as noites Thode aparecia em Phillip's Ruhe. Nunca me deu carícias de amante, nem se atreveu a tentar desfazer os laços da minha túnica ou a tocar os meus seios ou qualquer outra parte do meu corpo, embora soubesse que todas as pulsações lhe pertenciam, somente a ele. Emoções cuja existência eu ignorava que transpareciam no seu olhar contemplativo, sensações tão langorosas e tão terríveis que tinha a impressão que o prazer me matava, e desfalecia, para de novo despertar à luz daqueles olhos maravilhosos. Ele era tão completamente dono e senhor da minha alma que, ao contemplar os seus olhos, me parecia ser só possível suspirar pela morte. Não havia, como acontece no amor terreno, a satisfação e o repouso, mas sempre e só esta sede delirante de uma impossível morte.

Perdi completamente o apetite por qualquer alimento e até o sono. Somente a música de *Parsifal* me transportava ao ponto de me desfazer em lágrimas, o que parecia dar-me algum alívio do agudo e terrível estado de amor em que me envolvera.

A força de espírito de Heinrich Thode era tão poderosa que, no meio destes indomáveis arrebatamentos de êxtase e de desfalecida felicidade, podia, quando quisesse ou lhe agradasse, despertar em mim a exclusiva atenção da pura inteligência; e quando, no decurso destas horas deslumbrantes, discorria sobre a Arte, somente o podia comparar a outro homem deste mundo, e esse era Gabriele D'Annunzio.

De certo modo, Thode parecia-se com D'Annunzio. Era de baixa estatura, com uma boca grande e estranhos olhos verdes.

Todos os dias me trazia umas tantas páginas do seu manuscrito sobre São Francisco. Lia-me cada capítulo tal como o tinha acabado de escrever. Leu-me também a *Divina Comédia*, de Dante, do princípio até ao fim. Estas leituras prolongavam-se por longas horas da noite até de madrugada. Foram muitas as vezes em que saiu de Phillip's Ruhe ao nascer do sol. Cambaleava como bêbado, embora não tivesse molhado os lábios em nada mais do que água pura, durante a leitura. Estava simplesmente intoxicado pela essência divina da sua suprema inteligência. Numa dessas manhãs, no momento em que saía de Phillip's Ruhe, agarrou-me o braço, aterrorizado:

— Ali vem Frau Cosima, pela estrada acima!

Efectivamente, ali mesmo, à primeira luz da manhã Frau Cosima apareceu. Vinha pálida e quis-me parecer que encolerizada. Porém, não era esse o caso. Na véspera, tínhamos discutido o propósito da interpretação que, na minha dança, eu tinha dado às Três Graças da Bacanal de *Tannhäuser*. Nessa mesma noite, não conseguindo adormecer, Frau Cosima entreteve-se a remexer nas suas relíquias e nos seus papéis e encontrou, entre os escritos de Richard Wagner, um pequeno caderno, onde se podia ler uma descrição, mais precisa de tudo o que fora publicado sobre o sentido desta Dança da Bacanal.

A querida senhora não fora capaz de esperar e, logo ao romper do dia, meteu-se a caminho para reconhecer que eu tinha razão. Muito abalada e agitada, disse-me:

— Minha querida menina, foste certamente inspirada pelo próprio Mestre. Vê o que ele escreveu. Coincide exactamente com a tua intuição. De hoje em diante, não voltarei a interferir e dou-te total liberdade para dirigir a dança em Bayreuth.

Suponho ter sido neste momento que na cabeça de Frau Cosima nasceu a ideia de que talvez eu pudesse casar com Siegfried e, com ele, assegurar a continuidade da tradição do Mestre. Mas Siegfried, embora me olhasse com fraternal afeição e sempre tivesse sido meu amigo, nunca mostrou uma sombra de qualquer coisa que sugerisse desejo amoroso por mim. Pela minha parte, todo o meu ser continuava absorvido pela sobrenatural paixão por Heinrich Thode, e não entendia que a combinação com Siegfried pudesse revestir-se de qualquer interesse para mim.

A minha alma assemelhava-se a um campo de batalha onde Apolo, Dionisius, Cristo, Nietzsche e Richard Wagner disputassem o terreno. Em Bayreuth, estava acorrentada entre Venusberg e o Graal. Era arrebatada, varrida, levada para longe pelas ondas da música de Wagner e todavia veio um dia em que, durante o almoço na Villa Wahnfried, calmamente anunciei:

— *Der Meister hat einen Fehler gemacht, eben so grosse wie seine Genie*[1].

Frau Cosima fitou-me com olhos de espanto. Fez-se um silêncio de gelo e eu continuei com extraordinária segurança que só a extrema juventude possui:

— *Sim, der Grosse Meister hat einen grossen Fehler gemacht. Die Musik-Drama, das ist doch ein Unsinn*[2].

O silêncio tornou-se cada vez mais inquietante, e eu expliquei que o drama é a palavra falada. A palavra falada nasceu do cérebro do homem. A música é o êxtase lírico. É impensável esperar uma união entre os dois.

Acabara de pronunciar uma tal blasfémia, que nada mais era possível dizer. Olhei ingenuamente em meu redor e só deparei com expressões de absoluta consternação. Eu tinha afirmado o insustentável. Continuei:

---

[1] O Mestre cometeu um erro, ainda que tão grande como o seu génio.
[2] Sim, o grande mestre cometeu um erro. A Música-Drama é sem sentido.

— Sim, o homem deve falar, depois cantar e depois dançar. A palavra é o cérebro, é o homem a pensar. O canto é a emoção. A dança é o êxtase dionisíaco que tudo arrebata. É impossível misturar as três coisas. *Musik-Drama kann nie sein*[1].

Creio que foi uma sorte eu ser uma rapariga nova nos dias em que as pessoas não estavam tão conscientes de si próprias como estão hoje, nos dias em que tinham menos ódio pela Vida e pelo Prazer. No intervalo do *Parsifal*, os espectadores bebiam cerveja tranquilamente e isso não perturbava a sua vida intelectual e espiritual. Vi, muitas vezes, o grande Hans Richter a beber calmamente cerveja e a comer salsichas, o que não o impedia de, minutos mais tarde, conduzir a orquestra como um semi-deus, nem impedia as pessoas que o rodeavam de manter uma conversa de teor altamente intelectual e espiritual.

Também nesses dias, a magreza excessiva não era o equivalente de espiritualidade. As pessoas compreendiam que o espírito humano é qualquer coisa que tende a elevar-se e só se manifesta graças a uma tremenda energia e a uma impressionante vitalidade. O cérebro, afinal, é apenas a energia supérflua do corpo. O corpo, tal como um polvo, absorve tudo o que encontra e só dá ao cérebro o que considera desnecessário para si.

A maior parte dos cantores de Bayreuth eram de estatura enorme mas, quando abriam a boca, as suas vozes penetravam no mundo de espiritualidade e de beleza onde vivem os deuses eternos. Esta é a razão que me leva a concluir que esta gente, estes cantores, não tinham consciência dos seus corpos que, para eles, provavelmente não eram mais do que as máscaras da imensa energia e da força extraordinárias de que necessitavam para dar expressão à sua música divina.

---

[1] A música-drama não pode existir.

CAPÍTULO XVI

Durante os dias que tinha passado em Londres, tive tempo para ler, no British Museum, a tradução inglesa das obras de Ernst Haeckel. Fiquei fortemente impressionada pela maneira lúcida e clara com que explicava os diversos fenómenos do Universo. Escrevi-lhe uma carta a manifestar--lhe a minha gratidão pelos bons momentos que o seu livro me havia proporcionado. Houve qualquer coisa na minha carta que prendeu a sua atenção, porque mais tarde, quando dancei em Berlim, respondeu-me.

Nessa época, Ernst Haeckel estava banido pelo Kaiser e a sua liberdade de linguagem interditava-o de entrar em Berlim. Mas a nossa correspondência prosseguiu e, de Bayreuth, escrevi-lhe e pedi-lhe que me viesse ver e assistisse ao Festspiel.

Numa manhã de chuva, tomei uma carruagem sem capota puxada por dois cavalos, porque naquele tempo ainda não havia automóveis, e fui esperar Ernst Haeckel à estação de caminho-de-ferro. O grande homem desceu do comboio. Embora tivesse mais de sessenta anos, era senhor de uma magnífica e atlética figura com barba e cabelo brancos. Vestia um trajo estranho, muito largo e solto, e trazia na mão uma mala de lona. Nunca nos tínhamos encontrado anteriormente, mas logo imediatamente nos reconhecemos. Num repente, vi-me envolvida pelos seus grandes braços, com a cara afundada na sua barba. Todo o seu ser exalava um delicado perfume de saúde, de força, de inteligência, se porventura se pode falar de perfume da inteligência.

Veio comigo para Philip's Ruhe, onde tínhamos decorado o seu quarto com flores. Corremos, em seguida, até à Villa Wahnfried para dar as boas notícias a Frau Cosima, para lhe dizer que o grande Ernst

Haeckel havia chegado, era meu hóspede e vinha ouvir o *Parsifal*. Para minha surpresa, estas novidades foram recebidas de modo muito frio. Eu ainda não tinha percebido que o crucifixo por cima da cama de Frau Cosima e o rosário na mesa-de-cabeceira não eram simples ornamentos. Ela era realmente crente e católica praticante. O homem que escrevera *Os Enigmas do Universo* e que era o maior iconoclasta do mundo, desde Charles Darwin, cujas teorias defendia, não podia contar com uma recepção calorosa na Villa Wahnfried. De modo ingénuo e directo, alonguei-me a falar do génio de Haeckel e da minha admiração por ele. Com relutância, Frau Cosima deu-me o lugar que eu pretendia para Haeckel no camarote de Wagner, pois eu era uma das suas amigas mais chegadas, de quem muito gostava e a quem nada podia recusar.

Nessa tarde, perante um público surpreendido, passeei, durante o intervalo, vestida com a minha túnica grega, de pernas nuas e pés descalços, de mão dada com Ernst Haeckel, cuja cabeça branca dominava a multidão.

Haeckel permaneceu sempre muito calmo enquanto a história de Parsifal se desenrolava. Só no terceiro intervalo percebi que toda aquela paixão mística o deixava indiferente. A sua inteligência era pura e demasiado científica para admitir o fascínio de uma lenda.

Como não recebi qualquer convite para jantar ou para me fazerem uma festa na Villa Wahnfried, tive a ideia de organizar um Festival Ernst Haeckel, naturalmente em sua honra. Convidei gente extraordinária, desde o Rei Ferdinand da Bulgária, que estava de visita a Bayreuth, a Princesa de Saxe-Meiningen, irmã do Kaiser, que era uma mulher de espírito assombrosamente aberto, até à Princesa Henri da Prússia, Humperdinck, Heinrich Thode, etc.

Fiz um discurso a elogiar a grandeza de Haeckel e logo depois dancei em sua honra. Haeckel comentou a minha dança, comparando-a a todas as verdades universais da natureza, e disse que era uma expressão do monismo, dado que provinha de uma fonte única e evoluía numa única direcção. Von Barry, o famoso tenor, cantou. A ceia foi servida. Haeckel comportou-se com uma alegria quase infantil. Divertimo-nos, comemos, bebemos e cantámos até de madrugada.

No entanto, no dia seguinte, como aliás em todas as manhãs da sua estada em Philip's Ruhe, Haeckel levantou-se com o sol. Acostumou-se a entrar no meu quarto e a desafiar-me a acompanhá-lo num passeio até ao alto da montanha, proeza que, confesso, não me entusiasmava tanto como a ele. Porém, estes passeios revestiam-se de um encanto inesquecível, porque cada pedra do caminho, cada árvore e cada estrato geológico suscitavam-lhe comentários maravilhosos.

Por fim, ao atingirmos o cume da montanha, ele permanecia de pé, como um semi-deus, a observar os trabalhos da natureza com um olhar de total aprovação.

Transportava às costas o seu cavalete e a caixa das pinturas, fazia muitos esboços das árvores da floresta e das formações rochosas das colinas. Embora pintasse muito bem, as suas obras ressentiam-se, naturalmente, da falta de imaginação artística. Em contrapartida, retratava a arguta observação do homem de ciência. Não quero dizer que Ernst Haeckel não soubesse apreciar a arte mas, para ele, a arte era simplesmente uma manifestação da evolução natural. Quando lhe descrevia o nosso entusiasmo pelo Parténon, o que mais lhe interessava era saber qual a qualidade do mármore, qual o estrato geológico e qual a encosta do Monte Pentélico de onde fora extraído. Era isso que lhe interessava, não o escutar os meus louvores à obra-prima de Fídias.

Uma noite, na Villa Wahnfried, foi anunciada a chegada do rei Ferdinand da Bulgária. Todos os presentes se levantaram e alguém sussurrou aos meus ouvidos que devia levantar-me também. Todavia, eu era furiosamente democrática e, em vez disso, permaneci graciosamente reclinada num sofá tipo Madame Récamier. Ferdinand não perdeu tempo, perguntou quem eu era, avançou em minha direcção, para grande escândalo de toda a outra *hoheit* (nobreza) presente. Com simplicidade, sentou-se a meu lado no sofá e começou a falar-me de modo muito interessante sobre a sua paixão pelas antiguidades gregas. Contei-lhe o meu sonho de criar uma escola com a finalidade de promover o renascimento do mundo antigo e ele disse, num tom de voz que qualquer um podia ouvir:

— É uma ideia encantadora. Não hesiteis, vinde instalar a vossa escola no meu Palácio do Mar Negro.

A conversa atingiu o auge, quando ao jantar lhe pedi para ir cear comigo em Philip's Ruhe, numa das próximas noites após o espectáculo. Seria uma oportunidade excelente para lhe expor todos os detalhes dos meus ideais. Graciosamente, aceitou o meu convite. Cumpriu a sua palavra, passou um delicioso serão connosco em Philip's Ruhe e eu aprendi a apreciar esse homem notável, poeta, artista, sonhador e dotado de uma inteligência verdadeiramente real.

Eu tinha um mordomo com bigodes semelhantes aos do Kaiser. Ficou muito impressionado com a visita de Ferdinand. Quando nos trouxe um tabuleiro com champanhe e sanduíches, Ferdinand disse:

— Não, eu nunca toco em champanhe.

Mas quando viu o rótulo da garrafa: Oh! Moet et Chandon! Isso sim! Champanhe francês, com prazer. A verdade é que já fui aqui envenenado com champanhe alemão.

As visitas de Ferdinand a Philip's Ruhe, apesar de nos sentarmos inocentemente a falar de arte, provocaram grande falatório em Bayreuth, porque tinham sempre lugar à meia-noite. Aliás, eu nada podia fazer que aos olhos do mundo não parecesse extravagante e, por isso mesmo, chocante.

Philip's Ruhe dispunha de muitos sofás e almofadas e de grande quantidade de candeeiros cor-de-rosa, mas não se via uma só cadeira. Havia gente que lhe dava o nome de Templo da Iniquidade. Sobretudo a partir do momento em que o grande tenor Von Barry adquiriu o hábito de frequentemente cantar toda a noite enquanto eu dançava, a gente da aldeia passou a considerar o pavilhão como um verdadeiro antro de feiticeiras e descrevia as nossas inocentes festas como «orgias horrorosas».

Em Bayreuth existia um cabaret de artistas chamado A Coruja e aquela mesma gente ali costumava cantar e beber durante a noite inteira. Porém, ninguém tinha nada a censurar, porque todos os gestos de cada um dos presentes eram compreensíveis e todos se vestiam da mesma e vulgar maneira.

Na Villa Wahnfried travei conhecimento com alguns jovens oficiais que me convidaram para, de manhã, passear a cavalo com eles. Montei vestida com a minha túnica grega, sandálias nos pés, a cabeça nua e os anéis do cabelo ao vento. Parecia-me com Brunhilde. Como Philip's Ruhe se situava a uma certa distância da Festspiel Haus, comprei um dos cavalos e assistia a todos os ensaios vestida de Brunhilde. Como era um cavalo de um oficial de cavalaria, o animal estava habituado às botas e às esporas do cavaleiro e era muito difícil montá-lo e fazê-lo obedecer. Quando se achava sozinho comigo, entregava-se a toda a sorte de caprichos. Por exemplo, parava sempre à porta de qualquer taberna ou estalagem situada à beira da estrada, onde os oficiais gostavam de entrar para beber um copo e, com as quatro patas solidamente plantadas no chão, recusava mexer-se até aparecer um sorridente camarada do seu antigo dono que logo se oferecia para me escoltar pela estrada fora. Pode imaginar-se a sensação causada pela minha aparição, quando finalmente chegava diante do auditório que enchia a Festspiel Haus.

Na primeira representação do *Tannhäuser*, a minha túnica transparente, que deixava ver todas as partes do meu corpo de bailarina, provocou um certo assombro no meio das pernas cor-de-rosa do corpo de ballet e, no último minuto, até a pobre Frau Cosima perdeu a coragem. Mandou ao meu camarim uma das suas filhas, trazer-me uma camisa branca e comprida e suplicar-me que a vestisse debaixo do véu diáfano que me servia de vestido. Eu fui inflexível. Vestia-me e dançava exactamente como queria e entendia, ou então nada feito.

«Haveis de ver que não serão precisos muitos anos para que todas as vossas Bacantes e todas as vossas donzelas flores se vistam como eu.» Esta minha profecia realizou-se.

Nesses dias, houve muita discórdia e acesas discussões sobre as minhas pernas tão belas. Seria a exibição da minha pele de cetim, um atentado à moral? Se assim fosse, deveria cobri-las com umas horrorosas meias altas de seda cor de salmão? Muitas foram as vezes em que dei por mim a discorrer, até ficar rouca, sobre a vulgaridade e a indecência destas meias cor de salmão e sobre a beleza e a inocência do corpo nu quando inspirado por belos e bons pensamentos.

Ali me achava eu, uma perfeita e autêntica mulher pagã, a combater os filisteus. Todavia, esta mulher pagã ia ser vencida pelo êxtase de um amor nascido do culto de São Francisco e, seguindo os ritos da trombeta de prata, iria proclamar a ascensão do Graal.

Neste estranho mundo de lendas, o Verão desvanecia-se. Os últimos dias chegavam. Thode partiu para uma digressão de conferências. Também eu organizei uma digressão pela Alemanha. Deixei Bayreuth, mas levava no sangue um veneno violento. Ouvira o chamamento das sereias. A ansiedade da dor, a obsessão do remorso, a tristeza do sacrifício, o tema do Amor chamando a Morte, tudo isso deveria, daí em diante, apagar para sempre a clara visão das colunas dóricas e a arguta sabedoria de Sócrates.

A primeira paragem da minha viagem foi em Heidelberg. Aí assisti à conferência que Heinrich deu para os estudantes. Com voz, ora suave, ora vibrante, discorreu sobre a Arte. Subitamente, no meio da palestra, pronunciou o meu nome e começou a falar-lhes de uma estética trazida para a Europa por uma americana. Os seus elogios fizeram-me estremecer de contentamento e orgulho. Nessa noite, dancei para os estudantes e eles fizeram um longo cortejo pelas ruas da cidade. Quando tudo acabou, encontrei-me nos degraus da entrada do hotel, ao lado de Thode, a partilhar com ele o seu triunfo. Toda a juventude de Heidelberg o adorava, tal como eu. Em todas as montras via-se o seu retrato e todas as lojas estavam cheias de exemplares do meu pequeno livro *Der Tanz der Zukunft* (A Dança do Futuro). Os nossos nomes estavam continuamente associados.

Frau Thode recebeu-me. Era uma mulher amável e simpática, mas pareceu-me bastante incapaz de compreender e acompanhar a alta exaltação em que Heinrich vivia. Tinha um sentido prático demasiado acentuado para ser a sua alma irmã. Aliás, já para o fim da sua vida, ele deixou-a para se juntar a uma senhora violinista com quem viveu numa pequena vivenda nas margens do Lago de Garda. Frau Thode tinha um olho castanho e o outro cinzento, o que lhe dava uma expressão de constante inquietação. No decurso de um famoso processo jurídico, que teve lugar uns anos mais tarde, ocorreu uma discussão familiar para se saber se ela era filha de Richard Wagner ou de Von Bülow. Em qualquer dos casos, foi sempre muito amável comigo e, se porventura sentiu ciúmes, uma ponta sequer, não os deixou transparecer.

Qualquer mulher que se deixasse assaltar por ciúmes provocados por Thode, estaria sempre condenada a uma vida de suplícios, pois não havia ninguém que não o adorasse, tanto mulheres, como rapazes novos. Era o centro magnético de todas as reuniões. Seria muito interessante saber-se exactamente o que é o ciúme e quais as suas implicações!

Embora eu tenha passado muitas noites na companhia de Heinrich, nunca houve entre nós quaisquer relações sexuais. No entanto, o modo como me tratava sensibilizava de tal forma todo o meu ser, que bastava um leve toque, por vezes um olhar, para me transmitir o mais vivo prazer e toda a intensidade do amor. Era, de facto, uma sensação tão próxima do prazer como a que experimentamos num sonho. Creio que este estado de coisas que me aconteciam era demasiado anormal para poder durar, porque acabei por nada poder comer e fui atacada por uma estranha fraqueza, que deu à minha dança uma qualidade imensamente vaporosa.

Não tinha ninguém a acompanhar-me nesta viagem, senão uma criada para se ocupar das minhas roupas e sentia-me tão só que, por fim, acabei por ouvir continuamente, à noite, a voz de Heinrich a chamar-me, o que me dava a certeza de no dia seguinte receber carta sua. Toda a gente começou a preocupar-se com a minha magreza e a procurar explicações para a cor emaciada do meu rosto. Já não conseguia comer nem dormir e era frequente ficar acordada a noite inteira. As minhas mãos, leves e febris, percorriam o meu corpo, que parecia possuído por mil demónios, e em vão tentavam aplacar este sofrimento. Via, permanentemente, os olhos de Heinrich e ouvia a sua voz. Nessas noites de agonia, muitas vezes aconteceu levantar-me desesperada e, às duas horas da manhã, desejar apanhar um comboio que me fizesse atravessar metade da Alemanha, para estar a seu lado durante uma hora e regressar só e abandonada, reencontrando a angústia e tormentos ainda maiores. O êxtase espiritual que em Bayreuth me inspirara, gradualmente dava lugar a um desesperado estado de desejo incontrolável.

O meu empresário pôs fim a esta perigosa situação em que me encontrava, negociando um contrato para a Rússia. São Petersburgo localizava-se a não mais de dois dias de Berlim mas, a partir da travessia da fronteira, tudo se passou como se tivéssemos entrado num mundo totalmente diferente. A terra parecia perdida em vastíssimas planícies de neve e em florestas intermináveis. Essa neve, tão fria e a cintilar até se perder de vista, pareceu acalmar a minha febre.

Heinrich! Heinrich! Estava de volta a Heidelberg, onde falava a belos adolescentes da *Noite* de Miguel Ângelo e da sua maravilhosa *Pietá*. E eu aqui estava, cada vez mais longe dele, numa vastidão sem fim, de fria brancura, interrompida apenas por pobres aldeias, a que davam o nome de *isbas*, cujas janelas cobertas de geada luziam tenuemente. Ainda podia ouvir a sua voz, mas mais velada, mais longínqua. Por fim, os desesperados tumultos de Venusberg, as lamentações de Kundry e o grito de angústia de Amfortas ficaram como pedras num globo de gelo transparente.

Nessa noite, no meu beliche do comboio sonhei que, toda nua, tinha saltado da janela para a neve, onde os seus braços de gelo me envolveram, me apertaram e me gelaram. Que teria dito o Dr. Freud deste meu sonho?

CAPÍTULO XVII

É impossível, sabe-se bem que assim é, acreditar numa Providência ou num Destino Marcado quando se lê no jornal da manhã que vinte pessoas morreram num acidente de caminho-de-ferro, pessoas que, na véspera, não tinham pensado na morte; ou quando uma cidade inteira foi devastada por uma inundação ou por uma onda gigante. Então, por que razão se pode ser tão absurdamente egoísta, que se chega ao ponto de imaginar uma Providência que guia e conduz os nossos seres insignificantes? Todavia, há coisas na minha vida que por vezes me fazem acreditar na predestinação. Por exemplo, aquele comboio para São Petersburgo, em vez de chegar às quatro horas da tarde, como estabelecido, foi detido pela acumulação de neve na linha e chegou na manhã seguinte, com doze horas de atraso. Não estava ninguém na estação à minha espera. Quando desci do comboio, a temperatura era de dez graus abaixo de zero. Nunca tinha sentido tanto frio. Os cocheiros russos, embrulhados em casacões almofadados, batiam nos braços com as mãos enluvadas para fazerem circular o sangue pelas veias.

Deixei a minha criada de guarda à bagagem, tomei uma carruagem puxada por um só cavalo e dei ordem ao cocheiro para me conduzir ao Hotel Europa. Ali estava eu, sozinha na madrugada cinzenta da Rússia, a caminho do hotel. De súbito, avistei um espectáculo de horror igual ao que a imaginação de Edgar Poe poderia conceber.

Era uma longa procissão que via ao longe. Todos de preto, vestidos de luto. Homens curvados sob o peso dos seus fardos, carregavam caixões em fila indiana. O cocheiro meteu o cavalo a passo, inclinou-se e fez o sinal da cruz. Horrorizada, olhei para a aurora indistinta. Perguntei-lhe o que era aquilo. Eu não falava russo, mas ele esforçou-se e conseguiu dar-me a entender que eram os operários fuzilados na véspera, no dia fatal de 5 de Janeiro de 1905, em frente do Palácio de Inverno, porque, desarmados, tinham ido pedir ao Kzar que os ajudasse a aliviar a sua miséria; tinham ido pedir pão para as mulheres e filhos. Disse ao cocheiro para parar a carruagem. As lágrimas correram-me pela cara abaixo e gelavam nas minhas faces enquanto aquela triste e interminável procissão desfilava à minha frente. Mas qual a razão para fazerem o enterro àquela hora da madrugada? Porque, mais tarde, já dia claro, poderia causar tumultos revolucionários. Não era espectáculo a que a cidade pudesse assistir à luz do dia. As lágrimas abafaram-me a garganta. Com uma indignação sem limites, observava aqueles pobres operários cheios de dor e desgosto, a transportar os seus mortos martirizados. Se o comboio não tivesse chegado com doze horas de atraso, eu nunca teria visto tal coisa.

Oh noite sombria e lúgubre sem um sinal de alvorada,
Oh triste procissão de pobre gente a vacilar,
Alucinados, de olhos chorosos e mãos endurecidas pelo trabalho,
Abafando com os seus miseráveis xailes negros
Os soluços e os gemidos que soltam junto dos seus mortos,
Enquanto guardas impassíveis marcham a seu lado com passo firme.

Se eu nunca tivesse visto aquele cortejo, toda a minha vida teria sido diferente. Mas ali onde me encontrava, a ver passar a procissão que parecia não ter fim, a ver passar aquela tragédia, fiz o voto de me consagrar, a mim própria e todas as minhas forças, ao serviço do povo e dos oprimidos. Ah, como me pareceram insignificantes e fúteis todos os meus desejos e sofrimentos de amor! Mesmo a minha Arte, como me pareceu fútil e sem sentido, a não ser que fosse de qualquer utilidade para se opor a estes acontecimentos. Finalmente, o triste cortejo passou por nós e desapareceu. O cocheiro virou-se para mim e, admirado, olhou para as minhas lágrimas. De novo se benzeu, com um suspiro resignado. Chicoteou o cavalo e seguiu em frente para o hotel.

Subi para os meus quartos principescos, deslizei para dentro da minha cama confortável e adormeci a chorar. Porém, a piedade e a fúria desesperada que essa madrugada em mim despertara, viriam mais tarde a produzir os seus frutos na minha vida.

O quarto do Hotel Europa era vastíssimo e de paredes com grande altura. As janelas estavam seladas e não se podiam abrir. O ar entrava no quarto por meio de ventiladores instalados no alto das paredes. Acordei tarde. O meu empresário bateu à porta; trazia-me flores. Não tardou muito tempo para que o quarto ficasse cheio de flores.

Duas noites depois, apareci pela primeira vez diante da elite da sociedade de São Petersburgo, na Sala dos Nobres. Como os diletantes amadores dos ballets sumptuosos, decorados com ricos e caros cenários, devem ter achado estranho ver uma jovem rapariga vestida com uma túnica que mais parecia uma teia de aranha, aparecer e dançar música de Chopin, tendo como pano de fundo uma simples cortina azul! Vê-la a dançar a sua própria alma e compreendendo a alma de Chopin! Contudo, logo a primeira dança desencadeou um estrondoso aplauso. A minha alma, que havia sofrido de ansiedade com as trágicas notas dos Prelúdios; a minha alma, que se elevava e revoltava com o troar das Polonaises; a minha alma, que chorava de justa cólera ao pensar nos mártires da funérea procissão da madrugada; essa alma suscitava naquela audiência de gente rica, corrompida de mimos, aristocrática, uma resposta de caloroso aplauso. Como era curioso!

No dia seguinte recebi a visita de uma senhora jovem e encantadora, envolta em zibelinas, com diamantes a balouçarem dependurados das orelhas e pérolas em torno do pescoço. Para meu espanto, anunciou-se como sendo a famosa bailarina Kschinsky. Vinha saudar-me em nome do Ballet Russo e convidar-me para um espectáculo de gala na Ópera, nessa mesma noite. Eu estava habituada a receber apenas manifestações de frieza e hostilidade da parte do Ballet de Bayreuth. Foram mesmo ao ponto de espalharem pregos miúdos na minha carpete com o intuito de me dilacerarem os pés. Esta recepção tão diferente era, ao mesmo tempo, reconfortante e surpreendente.

Nessa noite, uma carruagem magnífica, aquecida e almofadada com peles caras, conduziu-me à Ópera, onde me acomodaram num camarote de primeira classe, cheio de flores e bombons e onde se encontravam também três belos exemplares da *jeunesse dorée* de São Petersburgo. Eu ainda vestia a minha pequena túnica branca e calçava as minhas sandálias e devo ter parecido muito estranha e excêntrica no meio daquela multidão de riqueza e aristocracia de São Petersburgo.

Sou uma inimiga do ballet, que considera um género falso e absurdo, completamente fora do domínio da arte, mas era impossível não aplaudir a feérica figura de Kschinsky a esvoaçar pelo palco, mais semelhante a uma encantadora avezinha ou borboleta do que a um ser humano.

No intervalo olhei à minha volta e vi as mais belas mulheres do mundo, com maravilhosos decotes nos vestidos, cobertas de jóias, escoltadas por homens distintos e elegantemente fardados. Todo este aparato de luxo e riqueza era difícil de compreender e admitir, pelo contraste que fazia com a funérea procissão da madrugada anterior. Toda aquela gente sorridente e afortunada, que parentesco tinha com os outros?

Após o espectáculo, fui convidada para cear no solar de Kschinsky, onde encontrei o Grão-Duque Miguel que, com certo assombro me ouviu discorrer sobre o meu plano de fundar uma escola de dança vocacionada para as crianças do povo. Devo ter-lhes parecido bastante incompreensível, mas todos me receberam com a mais amável cordialidade e a mais generosa hospitalidade.

Alguns dias depois, recebi a visita da encantadora Pavlowa e uma vez mais fui presenteada com um camarote para a ver dançar no deslumbrante ballet de *Gisèle*. Embora os movimentos dos bailarinos sejam contrários a todo o sentimento artístico e humano, não pude deixar de aplaudir calorosamente a requintada aparição de Pavlowa a flutuar pelo palco nessa noite.

À ceia, em casa de Pavlowa, que era mais modesta do que o solar de Kschinsky, mas igualmente bonita, fiquei sentada entre os pintores Bakst e Benois e, pela primeira vez, encontrei Sergei Diaghilev, com quem travei acesa discussão sobre a arte da dança tal como eu a concebia, contrária à escola de Ballet.

Durante a ceia, o pintor Bakst fez um pequeno esboço da minha pessoa, que agora aparece incluído no seu livro, onde me mostra com a mais séria das expressões e com os anéis do cabelo a penderam sentimentalmente de um dos lados do rosto. Nessa noite, Bakst, que era dotado de alguns poderes de clarividência, leu-me a sina nas mãos. Descobriu duas cruzes e disse-me:

— Haveis de gozar de grande glória, mas haveis também de perder as duas criaturas que na terra mais amais.

Nessa época esta profecia foi, para mim, um enigma.

Após a ceia, a infatigável Pavlowa dançou de novo, para grande deleite dos seus amigos. Apesar de serem já cinco horas da manhã quando saímos, ela desafiou-me a regressar pelas oito e meia da mesma manhã, se porventura eu estivesse interessada em vê-la trabalhar. Cheguei três horas mais tarde — confesso que estava verdadeiramente fatigada — para a encontrar, vestida com uma saia de tule, a praticar de pé junto à barra, os mais rigorosos exercícios de ginástica, enquanto um velho senhor, com um violino, marcava o compasso e a exortava a esforços ainda mais violentos. Era o famoso mestre Petipas.

Durante três horas, permaneci sentada, imobilizada de espanto, a seguir as assombrosas proezas de Pavlowa. Parecia feita de aço e de elástico. O seu belo rosto tinha os traços severos de uma mártir. Nunca se deteve por um só instante que fosse. O único objectivo daquele intenso treino parecia ser a total separação entre os movimentos ginásticos do corpo e a alma. Mas, pelo contrário, a alma só pode sofrer se for posta de parte desta rigorosa disciplina muscular. É justamente o oposto de todas as teorias sobre as quais eu havia fundado a minha escola, uma escola em que o corpo se torna transparente e é o intérprete da alma e do espírito.

Aproximava-se o meio-dia e começaram a preparar o almoço. À mesa, Pavlowa sentou-se branca e pálida, e mal tocou na comida e no vinho. Pelo contrário, eu estava esfomeada e comi várias costeletas *podjarsky* (grelhadas). Pavlowa levou-me de volta ao hotel e seguiu para um desses intermináveis ensaios no Teatro Real. Eu, muito cansada, atirei-me para cima da cama e dormi profundamente, agradecendo ao céu e às estrelas que um destino cruel não me tivesse votado a uma carreira de bailarina de ballet!

No dia seguinte, mais uma vez me levantei à hora impensável das oito horas da manhã para visitar a Escola Imperial de Ballet, onde vi todas as alunas a executar, de pé e bem alinhadas, os seus exercícios torturantes. Mantinham-se em bicos de pés durante horas, como se fossem outras tantas vítimas de uma cruel e inútil Inquisição. As grandes e nuas salas de dança, despidas de qualquer beleza e inspiração, tendo nas paredes, como único ornamento, um enorme retrato do Czar, faziam lembrar uma câmara de tortura. Fiquei convencida, mais do que nunca, de que a escola Imperial de Ballet era inimiga da Natureza e da Arte.

Ao fim de uma semana em São Petersburgo, dirigi-me para Moscovo. No início, o público não foi tão entusiástico como em São Petersburgo, mas quero citar o que disse o grande Stanislavsky:

«Aí por 1908 ou 1909, não me recordo ao certo da data exacta, conheci dois grandes génios do tempo que me causaram uma impressão muito forte e profunda. Foram eles Isadora Duncan e Gordon Craig. Assisti, por acaso a um espectáculo de Isadora Duncan, sem nunca ter ouvido falar dela e sem ter lido nenhuma das notícias que anunciavam a sua vinda a Moscovo. Fiquei, portanto, muito surpreendido por reconhecer na restrita assistência que a tinha vindo ver, artistas e escultores com Mamontov à cabeça, inúmeros artistas do ballet e numerosos frequentadores das estreias e curiosos de novidades teatrais. A primeira aparição de Duncan no palco não me causou grande impressão. Não estando habituado a ver em palco um corpo quase nu, mal pude acompanhar e compreender a arte da bailarina. O primeiro número do programa foi recebido com aplausos mornos e tímidas tentativas de assobios. Mas após alguns dos números seguintes, um dos quais foi particularmente convincente, não pude manter-me indiferente aos protestos da generalidade do público e comecei a aplaudir ostensivamente.

«Quando veio o intervalo, eu, discípulo recém-baptizado da grande artista, corri até à rampa do palco para aplaudir. Para minha grande satisfação, encontrei-me lado a lado com Mamontov, que fazia exactamente o mesmo que eu e, perto de Mamontov, estava um artista famoso, escultor e escritor. Quando a massa do público viu que entre os que aplaudiam se distinguiam artistas e actores bem conhecidos em Moscovo, gerou-se grande confusão. Os assobios pararam e, logo que o público percebeu que devia aplaudir, o aplauso foi geral. A cortina foi fechada e aberta várias vezes e por fim ouviu-se uma ovação.

«Dessa noite em diante, nunca perdi um só dos concertos de Duncan. Sentia necessidade de vê-la assiduamente e era uma ordem ditada do meu íntimo por um sentimento artístico profundamente relacionado com a sua arte. Mais tarde, depois de me ter familiarizado com os seus métodos e também com as ideias do seu grande amigo Craig, vim a saber que em diferentes cantos do mundo, devido a condições para nós desconhecidas, várias pessoas de diversas esferas e meios procuravam na arte os mesmos princípios criativos de onde naturalmente deviam brotar. Depois de se encontrarem umas com as outras, essas pessoas admiravam-se por descobrirem que as suas ideias tinham características comuns. Foi exactamente o que aconteceu no encontro que estou a descrever. Compreendemo-nos um ao outro quase antes de termos trocado uma simples palavra. Não tive a sorte de me relacionar com Duncan na sua primeira visita a Moscovo mas, na segunda visita, ela veio ao nosso Teatro e eu recebi-a como uma convidada de honra. A recepção foi geral, pois a Companhia inteira juntou-se a mim e parecia que todos queriam conhecê-la e admirá-la como artista.

«Duncan não sabe falar da sua arte de uma maneira lógica e sistemática. As ideias ocorrem-lhe por acaso, como resultado dos acontecimentos inesperados do dia-a-dia. Por exemplo, quando lhe perguntaram quem a ensinara a dançar, respondeu: "Terpsicore. Dancei desde o momento em que aprendi a pôr-me de pé. Dancei ao longo de toda a minha vida. O homem, toda a humanidade, o mundo inteiro, devem dançar. Foi assim e sempre assim será. É em vão que haja gente a interferir e que não queira entender que uma necessidade natural nos foi dada pela natureza. *Et voila tout*," concluiu no seu inimitável dialecto franco-americano.

«Uma outra vez, falando de um espectáculo que terminara momentos antes e da visita que um grupo de espectadores fizera ao seu camarim antes de o pano subir, perturbando os seus preparativos, ela explicou:

«"Eu não posso dançar desse modo. Antes de entrar no palco, devo instalar um motor na minha alma. Logo que começa a trabalhar, as minhas pernas, os meus braços e todo o meu corpo passam a movimentar-se de modo independente da minha vontade. Se não tiver tempo para instalar esse motor na minha alma, não poderei dançar."

«Por esses tempos, andava eu à procura do autêntico motor criativo que o actor deve aprender a instalar na alma antes de entrar no palco. É evidente que devo ter incomodado Duncan com as minhas perguntas. Observei-a durante as suas actuações e os seus ensaios; quando a emoção se acendia começava por lhe alterar a expressão do rosto, com os olhos a brilhar, começava a exibir tudo o que lhe ia e nascia na alma. Ao recordar todas as nossas ocasionais discussões sobre a Arte e ao comparar o que ela fizera com o que eu fazia, tornou-se claro que ambos procurávamos uma só e a mesma coisa em diferentes ramos da arte. Ao longo das nossas conversas sobre Arte, Duncan mencionava constantemente o nome de Gordon Craig, que considerava um génio e um dos grandes nomes do teatro contemporâneo.

«"Pertence não apenas ao seu país, mas ao mundo inteiro" disse ela, "e deve viver onde o seu génio tiver melhores hipóteses de se revelar e mostrar, onde as condições de trabalho e o meio ambiente forem os mais convenientes para as suas exigências e necessidades. O lugar dele é no vosso Teatro de Arte."

«Eu sei que ela lhe escreveu muitas cartas em que falava de mim e do nosso teatro, com o intuito de o convencer a vir para a Rússia. Quanto a mim, comecei por persuadir a Direcção do Teatro a convidar o grande director de palco para vir dar à nossa arte um novo impacto e deitar mais fermento na massa, na hora em que nos parecia que o nosso teatro tinha finalmente derrubado a muralha cega que lhe barrava o caminho. Devo fazer justiça a todos os meus camaradas. Discutiram o assunto como verdadeiros artistas que eram, e decidiram dispender uma boa soma de dinheiro com o objectivo de fazer avançar a nossa arte.»

Tanto quanto o ballet me enchia de horror, o Teatro de Stanislavsky me fazia vibrar de entusiasmo. Todas as noites em que não tinha de dançar, para lá me dirigia e era recebida com grande afeição pela Companhia inteira. Stanislavsky vinha visitar-me com grande frequência e pensava que, conversando comigo, pondo questões e perguntas, eu seria capaz de transformar as minhas danças numa nova escola coreográfica para o seu teatro. Porém, eu sempre lhe disse que isso só seria possível começando com crianças. A este propósito, na visita seguinte que fiz a Moscovo, tive oportunidade de ver algumas jovens e belas raparigas da sua Companhia a tentarem dançar, porém o resultado era deplorável.

Como Stanislavsky se encontrava sempre extremamente ocupado durante o dia com os ensaios do seu teatro, adquiriu o hábito de me visitar frequentemente à noite, uma vez terminado o espectáculo. No seu livro, lê-se o seguinte, a propósito das nossas conversas: «Creio que devo ter cansado Duncan com as minhas questões e perguntas.» Não, ele não me cansou. Eu estoirava de entusiasmo, a expor as minhas ideias.

De facto, o ar vivo deste tempo de neve, a comida russa, em especial o caviar, tinham sarado completamente a desgastante doença causada pelo amor espiritual de Thode. Agora, todo o meu ser ansiava pela intimidade com um homem forte. Tinha Stanislavsky à minha frente e nele só via esse homem.

Uma noite olhei para ele, para a sua figura elegante e simpática, de ombros largos, o cabelo preto já acinzentado nas fontes, e dentro de mim qualquer coisa se revoltou contra a ideia de estar sempre a representar este papel de Egéria. Como ele se preparava para partir, pousei as mãos nos seus ombros, enlacei-as em torno do seu pescoço robusto e, em seguida, baixei a sua cabeça sobre a minha e beijei-o na boca. Devolveu-me o beijo com ternura, mas assumiu uma expressão de extremo espanto, como se fosse esta a última coisa que esperava. Quando me esforcei para o estreitar ainda mais, endireitou-se e, fitando-me com um olhar de consternação, exclamou:

— Mas que faremos com o menino?

— Qual menino? —, perguntei eu.

— Que pergunta! O nosso menino, naturalmente. Que iremos fazer com ele? Estás a ver — continuou com ar grave e solene — eu nunca concordei que um filho meu fosse criado sem a minha direcção e criá-lo na minha actual família vai ser difícil.

O meu sentido de humor não pôde resistir à extraordinária seriedade destas palavras a propósito dessa criança, e rebentei de riso. Ele fitou-me angustiado, deixou-me e, a correr, fugiu ao longo do corredor do hotel. Todavia, a despeito do meu riso, eu estava exasperada e irritada. Compreendi perfeitamente por que pode acontecer que homens verdadeiramente refinados agarrem, furiosos, nos seus chapéus, após certos encontros com a alta intelectualidade, sobretudo feminina, e se metam a caminho de lugares de reputação duvidosa. Pois bem! Sendo eu mulher, não podia dispor deste recurso; limitei-me a revolver-me e agitar-me durante o resto da noite. Pela manhã, reconfortei-me com um banho russo, onde a alternância entre o vapor escaldante e a água fria recompuseram o meu sistema nervoso.

Porém, estranha contradição, os jovens que encontrara no camarim de Kschinsky e que dariam tudo, fosse o que fosse, para obterem os meus favores amorosos, aborreciam-me tanto logo que abriam a boca para dizer as primeiras palavras, que gelavam os meus sentidos até ao recanto onde se esconde o desejo. Creio que é a isto que se chama uma *cerebral*. Depois de me ter deliciado com a companhia culta e inspiradora de Charles Hallé e Heinrich Thode, não podia suportar a companhia da *jeunesse dorée!*

Muitos anos depois, contei esta história de Stanislavsky à sua mulher, que ficou esfuziante de alegria e exclamou:

— Oh, mas isso é exactamente ele. Leva a vida tão a sério!

Usei todas as tácticas que pude e conhecia. Recebi alguns beijos doces, mas não mais do que isso. Quanto ao resto, deparei sempre com uma resistência sólida e obstinada que não consentia qualquer disputa. Stanislavsky não voltou a correr o risco de entrar no meu quarto depois do teatro, mas um dia deu-me uma grande alegria.

Num trenó descoberto levou-me a um restaurante situado no campo, onde almoçámos num gabinete privado. Bebemos vodka e champanhe; falámos de Arte e fiquei finalmente convencida de que seria preciso recorrer a Circe, a ela própria, para demolir a fortaleza da virtude de Stanislavsky.

Muitas vezes ouvi falar dos perigos terríveis a que se expõem as raparigas novas quando enveredam pela vida teatral. Porém, como os meus leitores podem concluir da minha carreira, comigo sucedeu exactamente o contrário. Eu, realmente sofri devido ao excessivo respeito e admiração, e até receio, que suscitava nos meus admiradores.

Numa curta visita que fiz a Kiev, após a estada em Moscovo, grupos de estudantes aglomeraram-se na praça fronteira ao Teatro e recusaram deixar-me passar se não lhes prometesse dar um recital a que pudessem assistir, pois o preço dos meus espectáculos era demasiado elevado para as suas posses. Quando saí do Teatro ainda eles ali se encontravam, manifestando o seu ressentimento contra o empresário. Pus-me em pé no trenó, tomei a palavra e disse-lhes que me sentiria muito feliz e orgulhosa se a minha arte pudesse inspirar a juventude intelectual da Rússia, pois não há outro lugar no mundo onde os estudantes se preocupem e interessem tanto pela arte e pelos ideais como na Rússia.

Esta primeira visita à Rússia foi abreviada por compromissos anteriores que, de novo, me chamaram a Berlim. Antes de partir, assinei um contrato para regressar na Primavera. Apesar da rapidez da minha visita, deixei uma impressão considerável. Houve muitas querelas a favor e contra os meus ideais e até foi travado um duelo entre um *balletónomo* fanático e um entusiasta da Duncan. Foi neste tempo que o ballet russo começou a apoderar-se de Chopin e de Schumann e a usar figurinos gregos. Houve mesmo bailarinas que chegaram a pôr de parte os sapatos e as meias.

CAPÍTULO XVIII

Regressei a Berlim determinada a fundar a escola com que há tanto tempo sonhava, a não mais protelar o início dos trabalhos. Revelei estes planos à minha mãe e à minha irmã Elizabeth que ficaram igualmente entusiasmadas. Começámos imediatamente à procura de uma casa para a futura escola, com o mesmo empenho característico de tudo o que fazíamos. Em menos de uma semana, encontrámos uma vivenda, na Trauden Strasse, em Grünewald, que os pedreiros e os restantes trabalhadores haviam acabado de construir e comprámo-la.

Comportámo-nos exactamente como os heróis dos contos de fadas, de Grimm. Fomos depois aos Armazéns Wertheimer, onde encomendámos quarenta camas pequenas, cada uma delas guarnecida de cortinas de musselina branca, que fitas azuis ajudavam a fechar e abrir. Decidimos fazer da nossa vivenda, um verdadeiro paraíso para crianças. No salão central, colocámos uma reprodução da figura heróica da Amazona, com o dobro das dimensões do original; na sala de dança, que era muito grande, o baixo-relevo de Luca Della Robia e os meninos a dançar de Donatello. No dormitório, os meninos de colo sobre fundo azul e branco e a *Madona e o Menino*, também sobre azul e branco, no meio de uma grinalda de frutos, tudo obra de Luca Della Robia.

Coloquei estas diversas e diferentes representações da infância por todas as divisões da escola, baixos-relevos e esculturas de criancinhas a dançar e também livros e pinturas, porque mostravam as formas da criança tal como foram sonhadas por pintores e escultores de todas as idades da História. Coloquei também pinturas de crianças a dançar tal como se vêem nos vasos gregos ou como as delicadas e minúsculas figuras de Tanagra e da

Beócia[1], ou ainda os meninos a dançar de Donatello, que é uma radiosa melodia infantil, e outro grupo da autoria de Gainsborough.

Todas estas imagens possuem um certo ar de fraternidade que emana da graça ingénua das suas formas e dos seus movimentos, como se as crianças de todas as idades da História se encontrassem e dessem as mãos através dos séculos. As meninas da minha escola, meninas de carne e osso, a movimentarem-se e a dançarem no meio destas formas, iriam certamente assemelhar-se a elas, reflectindo inconscientemente nos seus movimentos e nas suas faces a mesma alegria e a mesma graça infantis. Seria o primeiro passo a caminho da desejada beleza, o primeiro passo em direcção da nova arte da dança.

Coloquei também na minha escola imagens de raparigas a dançar, a correr e a saltar, imagens das raparigas de Esparta que nos ginásios eram treinadas com duros exercícios para poderem vir a ser as mães de guerreiros heróicos, das raparigas que, a correr com pés leves e velozes, ganhavam prémios anuais, das raparigas de mãos dadas a dançarem nas festas das Panateneias[2]. Eram graciosas imagens de terracota, as destas raparigas de túnicas e véus a flutuarem. Significavam o ideal futuro a alcançar. As alunas da minha escola, aprendendo a sentir um íntimo amor por estas formas, dia-a-dia haviam de mais se assemelhar a elas e haviam de ficar mais embebidas no segredo da sua harmonia, pois acreditava sincera e entusiasticamente que a beleza só pode ser alcançada se, em primeiro lugar, for despertado o seu desejo.

Para atingir a harmonia que eu pretendia, as alunas deviam também praticar, no seu dia-a-dia, certos exercícios especialmente seleccionados, concebidos de modo a corresponderem às suas mais íntimas aspirações, para que assim os pudessem executar com grande empenho e bom humor. Cada exercício devia ser, não só um meio para atingir determinado

---

[1] As figuras de Tanagra são pequenas figuras de terracota, reproduzindo mulheres jovens, crianças e divindades, esculpidas antes do século IV a. C. em Tanagra, cidade grega da região da Beócia. (*N. do T.*)

[2] Festas realizadas na Grécia Antiga em homenagem da deusa Atena (*N. do T.*)

fim, mas um fim em si mesmo, que consistia em fazer de cada dia de vida uma obra bem acabada e gratificante.

A ginástica deve ser a base de toda a educação física. É indispensável inundar o corpo de luz e de ar, é essencial dirigir a sua progressão de maneira metódica. Há que mobilizar todas as forças vitais do corpo e aplicá-las no seu completo desenvolvimento. É este o dever do professor de ginástica. A seguir vem a dança. No corpo, harmoniosamente desenvolvido e levado ao seu mais alto grau de energia, penetra o espírito da dança. Para o ginasta, o movimento e a cultura do corpo constituem um fim em si mesmo, mas para a dançarina são apenas os meios. O corpo tem então de ser esquecido. Fica reduzido a um instrumento harmónico e bem apropriado, e os movimentos não exprimem, como acontece na ginástica, apenas movimentos de um corpo e nada mais. Na dança, é através do corpo que esses mesmos movimentos exprimem todos os pensamentos e todos os sentimentos da alma.

A essência destes exercícios diários é fazer do corpo, a cada passo do seu desenvolvimento, um instrumento tão perfeito quanto possível, um instrumento capaz de exprimir a harmonia que, evoluindo e mudando, está pronta para se dimanar pelo ser que a aguarda e quer receber.

Os exercícios começam por uma simples ginástica preparatória dos músculos, de modo a torná-los mais maleáveis e mais fortes. Uma vez terminados estes exercícios ginásticos, vêm os primeiros passos de dança, cujo objectivo é ensinar a andar ou a marchar de maneira simples e cadenciada, avançando lentamente mas sempre a um ritmo certo e bem marcado para, em seguida, andar ou marchar com mais vivacidade, em ritmos mais complexos e finalmente começar a correr, aumentando progressivamente a celeridade, passando depois a saltos de modo firme e bem marcado, em momentos definidos pelo ritmo seguido. Com tais exercícios, qualquer aluna aprende e fica a conhecer as notas da escala dos sons e as minhas alunas aprendiam também as escalas do movimento. Estas notas servem, em consequência, como agentes transmissores das mais variadas e subtis harmonias. Todavia, estes exercícios constituem apenas uma parte dos seus estudos. As crianças estavam sempre vestidas com tecidos leves, soltos e graciosos, tanto nos seus jogos e brincadeiras nos recreios, como nos passeios pelos bosques. Corriam e pulavam com toda a naturalidade e em completa liberdade até que, por fim, aprendiam a exprimir-se pelos movimentos com a mesma facilidade com que outros se exprimem pela palavra, quer falada, quer cantada.

Os seus estudos e interesses pessoais não deviam limitar-se a essas formas de expressão das artes; deviam, sobretudo, incidir na natureza. A movimentação das nuvens com o vento, as árvores a balouçar, o voo das aves, as folhas a rodopiar, tudo isso tinha para elas um significado muito especial. Tinham de aprender a observar a particular qualidade de cada movimento; tinham de sentir na alma um apelo secreto, irreconhecível pelos outros, para se iniciarem nos segredos da Natureza, porque todas as partes do seu corpo leve, treinado como estava, devia e saberia responder à melodia da Natureza e com ela cantar a uma só voz.

Para obter inscrições de alunas, anunciámos nos principais jornais que a Escola Isadora Duncan tinha aberto e admitia meninas particularmente dotadas para, de acordo com a vocação da escola, as tornar discípulas da arte que Isadora Duncan tencionava e esperava transmitir a milhares de crianças filhas do povo. É certo que a brusca abertura, sem tudo estar devida e convenientemente preparado e sem a organização e o capital necessários, era o empreendimento mais temerário que se pode imaginar. O meu empresário quase enlouqueceu. Dedicava-se permanentemente a planear digressões minhas pelo mundo fora, enquanto eu não cessava de lhe explicar que estava muito mais interessada em passar um ano na Grécia, o que ele dizia ser uma perda de tempo. Clamava também que eu não me limitava a perder tempo, mas iria, além disso, travar a minha carreira para me aventurar na adopção e instrução de crianças que ele considerava absolutamente inúteis.

Porém, eu estava agindo tal como ao longo da vida sempre agira, ou seja, impulsivamente, sem o menor sentido prático e de modo inoportuno.

De Kopanos, Raymond enviava-nos notícias cada vez mais alarmantes. As despesas com o poço não paravam de aumentar. A cada dia que passava, diminuía a possibilidade de encontrar água. As despesas com o Palácio de Agamémnon atingiram proporções tão aterradoras que me vi obrigada a desistir do empreendimento. Kopanos tornou-se desde então numa bela ruína no alto da colina, usada como fortaleza de todas as facções revolucionárias da Grécia. Ainda hoje se ergue no mesmo local, talvez como uma esperança para o futuro.

Decidi consagrar os meus recursos à fundação de uma escola destinada à juventude do mundo, e o país escolhido foi a Alemanha porque, nesse tempo, a considerava o centro da filosofia e da cultura.

Grupos de crianças responderam ao anúncio. Recordo-me de um dia em que regressava de uma matiné, deparei com a rua atulhada pelas concorrentes e seus pais. O cocheiro alemão virou-se para mim e disse:

— *Eine verrückte Dame die wohnt dort, die eine Ankundigung in die Zeitung gestellt hat dass sie Kinder sehr gern haben willt*[1].

A *verrückte Dame* era eu. Ainda hoje não sei dizer exactamente como escolhemos as crianças. Eu estava tão ansiosa de encher a Villa Grünewald e arranjar ocupantes para as quarenta camas, que não tive qualquer cuidado na selecção das crianças. Um sorriso doce ou uns olhos bonitos eram suficientes para as admitir e não me preocupava em avaliar se tinham ou não vocação e capacidades para serem futuras bailarinas.

E assim aconteceu que um dia, em Hamburgo, um homem de chapéu alto e sobrecasaca entrou no salão do meu hotel, com uma trouxa embrulhada num xaile nos braços. Pousou a trouxa em cima da mesa e eu abri-a para deparar com dois olhos grandes e atentos a fitarem os meus. Era uma criança com cerca de quatro anos, a criança mais sossegada que alguma vez encontrei na vida. Não soltou um grito nem disse uma palavra. O cavalheiro da sobrecasaca parecia muito apressado. Perguntou-me se eu não queria tomar conta da criança e mostrava-se impaciente por uma res-

---

[1] Uma senhora malvada que ali vive, pôs um anúncio no jornal a dizer que gostaria muito de receber crianças.

posta rápida. Olhando para o seu rosto, ao lado do rosto infantil, reparei na nítida semelhança entre os dois, o que me levou a pensar que talvez aí estivesse a explicação para a sua pressa e o desejo de permanecer incógnito. Com a minha habitual imprevidência, consenti em ficar com a criança à minha guarda e cuidado, e ele desapareceu. Nunca mais o voltei a ver.

Foi uma maneira muito misteriosa de pôr uma criança nas minhas mãos, como se tratasse de uma boneca. No comboio de Hamburgo para Berlim, descobri que a menina estava cheia de febre. Estava atacada por uma grave amigdalite e, em Grünewald, durante três semanas tivemos de a defender e lutar contra a morte, com a ajuda de duas enfermeiras e do admirável médico que era o Dr. Hoffa, cirurgião afamado e muito entusiasmado com a ideia da minha escola, tão entusiasmado que nunca solicitou nenhum pagamento pelos seus serviços.

Muitas foram as vezes em que o Dr. Hoffa me disse:

— Isto não é uma escola. É um hospital. Todas estas crianças sofrem de um mal hereditário e, mais tarde ou mais cedo, hão-de saber que serão necessários grandes cuidados para as manter vivas. Vai ser muito mais fácil ensiná-las a dançar.

O Dr. Hoffa era um dos grandes benfeitores da humanidade, um celebrado cirurgião que cobrava honorários fabulosos pelos seus serviços para depois aplicar toda a fortuna acumulada num hospital para crianças pobres, que ele geria e ele próprio financiava, à saída das portas de Berlim. Desde o início da minha escola, foi ele, por sua iniciativa, o nosso médico e o nosso cirurgião em todos os casos e situações relacionados com a saúde das crianças ou com a higiene da escola. Na verdade, sem a sua ajuda infatigável, nunca teria conseguido levar as minhas meninas ao maravilhoso estado de boa saúde e de boa harmonia que mais tarde vieram a atingir e gozar. Era um homem alto, robusto e muito bem parecido, de faces rosadas e senhor de um sorriso amigável, que todas as crianças adoravam, tanto como eu própria.

A selecção das crianças, a organização da escola, o início das aulas e a rotina de cada dia ocupavam o nosso tempo por inteiro. Apesar de o empresário me avisar que, em Londres e em outros lugares, havia gente a fazer fortuna copiando as minhas danças, nada me fazia mexer para fora de Berlim. Regularmente, dia a dia, das cinco até às sete horas ensinava as minhas meninas a dançar.

As meninas faziam progressos fenomenais e creio que a sua boa saúde era devida à muito saudável dieta vegetariana aconselhada pelo Dr. Hoffa. Em seu entender, é necessário que, pelo menos as crianças em desenvolvimento, sigam um regime alimentar à base de vegetais frescos e muita fruta, mas sem carne.

Nessa época, a minha popularidade em Berlim era quase inacreditável. Chamavam-me a *göttliche* (divina) Isadora. Até corria o boato de que bastava levar as pessoas doentes ao meu Teatro, para estas recobrarem a saúde. E de facto, em cada matiné podia assistir-se ao estranho espectáculo de ver chegar gente doente transportada em liteiras. Eu nunca me vesti de outra maneira que não fosse a minha pequena túnica branca, com os pés sem meias calçados em sandálias. O meu público assistia aos espectáculos com um absoluto êxtase religioso.

Uma noite, ao regressar de uma actuação, os estudantes desatrelaram os cavalos da minha carruagem e foram eles a puxá-la ao longo da famosa Sieges Allee. A meio da Allee começaram os brados, dizendo que queriam ouvir um discurso meu. Pus-me em pé, na carruagem — nesse tempo ainda não havia automóveis — e dirigi estas palavras aos estudantes:

«Não existe arte maior do que a arte da escultura. Mas por que será que todos vós, amantes da arte, permitem este horrível ultraje no meio da vossa cidade? Olhem para estas estátuas! Sois estudantes, mas se forem realmente estudantes de arte, tendes de esta noite agarrar em pedras, apedrejá-las e demoli-las! Arte? Estas estátuas, arte? Não! São as visões do Kaiser.»

Os estudantes foram da minha opinião e soltaram brados de aprovação. Não fora a polícia ter aparecido rapidamente, o meu desejo seria cumprido e destruídas aquelas horríveis estátuas da cidade de Berlim.

CAPÍTULO XIX

Uma noite, em 1905, dançava eu em Berlim. Por norma, nunca dava atenção ao público enquanto dançava. Este sempre me deu a sensação de ser um grande deus representativo da Humanidade, mas nessa noite reparei num espectador sentado na primeira fila da plateia. Não estou a dizer que o tivesse olhado, que o tivesse visto, que tivesse querido saber quem era, mas certo é que fiquei fisicamente consciente da sua presença. Findo o espectáculo, entrou no meu camarim um ser extremamente belo, mas muito zangado.

— Sois maravilhosa! — exclamou. — Sois um prodígio! Mas porque roubastes as minhas ideias? Onde haveis arranjado o meu cenário?

— De que estais a falar? O cenário é meu, são as minhas cortinas azuis. Fui eu que as inventei quando ainda só tinha cinco anos e, desde aí, sempre dancei diante delas.

— Não! São os meus *décors* e as minhas ideias! Mas sois o ser que eu sonhei para eles. Sois a realização cheia de vida de todos os meus sonhos.

— Mas quem sois vós?

Então saíram da sua boca estas palavras de maravilha:

— Sou o filho de Ellen Terry.

Ellen Terry, o meu mais perfeito ideal de mulher! Ellen Terry…!

— Vinde então jantar connosco, em nossa casa —, disse a minha inocente mãe. — Já que estais tão interessado na arte de Isadora, o melhor que tendes a fazer é vir jantar connosco.

E Craig veio jantar a nossa casa.

Encontrava-se num estado de extrema agitação. Queria expor todas as ideias sobre a sua arte, as suas ambições…

E eu estava muito interessada.

Mas, um por um, a minha mãe e todos os presentes começaram a dormitar e, um por um, saíram e encaminharam-se para a cama, dando todos a sua desculpa. Ficámos sós. Craig continuou a falar sobre a arte do teatro, sublinhando com gestos as suas afirmações.

Subitamente, no meio da conversa, disse:

— Mas, que estais vós a fazer aqui? Vós, a grande artista, a viver no meio desta família? É absurdo! Eu sou o único que vos viu, sou aquele que vos inventou. Pertenceis ao meu teatro, às minhas encenações!

Craig era alto e esbelto, com um rosto que lembrava a sua encantadora mãe, mas de traços ainda mais delicados. A despeito da sua estatura havia em si qualquer coisa de feminino, sobretudo na boca de lábios finos e sensíveis. Os caracóis dourados dos retratos da sua infância — os retratos de um menino de cabelos dourados, filho de Ellen Terry e tão conhecido da gente de Londres — eram agora mais castanhos. Os olhos, muito míopes, cintilavam com um brilho metálico atrás das lentes dos óculos. Transmitia-nos uma impressão de delicadeza, de uma fragilidade quase feminina. Somente as mãos, com as cabeças dos dedos de uma evidente grossura e os polegares quase quadrados e simiescos, sugeriam força. Dizia, a rir, que tinha polegares de assassino: «Bons para estrangular, minha querida!»

Hipnotizada, deixei-o colocar um manto por cima da minha pequena túnica branca. Tomou-me a mão e a correr descemos a escada e saímos para a rua. Chamou um táxi e disse ao condutor, no seu melhor alemão:

— *Meine Frau und mich, wir wollen nach Potsdam gehen*[1].

Vários táxis recusaram aceitar-nos, mas por fim encontrámos um que nos levou a Potsdam, onde chegámos de madrugada. Parámos num pequeno hotel que estava a abrir as portas e bebemos um café. Em seguida, como o sol já subia pelo céu, já ia alto, partimos de regresso a Berlim.

Eram cerca de nove horas, quando chegámos e a pergunta que fazíamos era esta: «Que vamos agora fazer?» Não podíamos voltar a casa da minha mãe e por isso resolvemos visitar uma amiga chamada Elsie de

---

[1] A minha mulher e eu queremos ir para Potsdam.

Brugaire. Elsie de Brugaire era natural da Boémia. Recebeu-nos com calorosa simpatia e serviu-nos um pequeno-almoço de ovos mexidos e café. Cedeu-me o seu quarto, onde logo adormeci e só acordei ao cair da noite.

Craig levou-me depois para o seu estúdio, no alto de um prédio enorme, em Berlim. O estúdio tinha soalho preto e encerado, juncado de pétalas de rosa artificiais.

Ali estava ele de pé à minha frente no esplendor da sua juventude, da sua beleza, do seu génio. Senti uma súbita chama de amor a acender-se dentro de mim e atirei-me para os seus braços com todo o ardor magnético de um temperamento adormecido durante dois anos, desejoso de viver um despertar. Encontrei outro temperamento, meu par e meu igual, digno do meu ardor. Nele encontrei a carne da minha carne, o sangue do meu sangue. «Ah, tu és a minha irmã», exclamou ele por mais de uma vez. E senti no nosso amor uma sombra de incesto criminoso.

Não sei como as outras mulheres se recordam dos seus amantes. Imagino que o mais certo e provável é lembrarem-se da cabeça, das espáduas, das mãos, etc., e em seguida dos seus trajos. Porém, eu sempre o vejo, tal como o vi nessa primeira noite no estúdio, quando o seu corpo branco, flexível e luminoso emergiu da crisálida das suas vestes e diante dos meus olhos deslumbrados brilhou em todo o seu esplendor.

Assim devia ser Endimião quando os olhos reluzentes de Diana pela primeira vez se aperceberam da sua figura alta, esbelta e branca; assim deviam ser Hiacinto, Narciso e o bravo e corajoso Perseu. Lembrava mais um anjo de Blake do que um jovem mortal. Ainda os meus olhos não estavam bem enfeitiçados pela sua beleza e já me arremessava para ele e o enlaçava, vencida. Como duas chamas que se confundem, ardíamos os dois no mesmo fogo. Encontrava finalmente o meu companheiro, o meu amor, o meu outro eu… porque não éramos dois, mas um só, aquele de quem Platão fala na *Fedra*, as duas metades da mesma alma.

O que acontecia não era um jovem a fazer amor com uma rapariga. Era o encontro entre duas almas gémeas. A leve cobertura de carne estava tão transmudada pelo êxtase, que a paixão terrena se tornou um celestial abraço de duas chamas ardentes e puras. Existem alegrias tão completas, tão perfeitas, que melhor seria não lhes sobreviver. Ah, por que razão, nessa noite não encontrou a minha alma em chamas uma porta por onde sair e, tal como o anjo de Blake, voar através das nuvens desta nossa terra para uma outra esfera?

O seu amor era jovem, cheio de frescura e de vigor, sem o nervosismo nem as maneiras de um voluptuoso. Ele preferia pôr fim aos actos de amor antes de se achar saciado e aplicar a impetuosa energia da juventude à magia da sua Arte.

No seu estúdio não havia sofá nem poltrona e também não havia nada para comer ao jantar. Nessa noite dormimos no chão. Ele não tinha uma só moeda no bolso e eu não me atrevi a ir a casa em busca de dinheiro. Dormi no estúdio durante duas semanas. Quando queríamos jantar, ele encomendava-o. Não pagava, a encomenda era fiada. Eu escondia-me na varanda até a comida chegar e, logo que ficávamos sós, partilhava-a com ele.

Entretanto, a minha pobre mãe deslocou-se a todas as esquadras de polícia e a todas as embaixadas, para apresentar queixa contra um vil sedutor que tinha fugido com a sua filha. Por sua vez, o meu empresário ficou louco de ansiedade com o meu súbito desaparecimento. Viu-se obrigado a cancelar diversos espectáculos, quase todos com lotação esgotada, e ninguém sabia o que tinha acontecido. No entanto, foi prudentemente publicada nos jornais uma curta notícia onde se dizia que Miss Isadora Duncan sofria de uma amigdalite grave.

Ao fim de duas semanas, regressámos a casa da minha mãe. Para dizer a verdade, devo dizer que, apesar da minha louca paixão, sentia-me um tanto cansada de dormir no chão duro como uma pedra e sem nada para comer senão o que ele conseguia arranjar por intermédio do vendedor de *delikatessen* (petiscos), ou em pequenas refeições tomadas em casuais surtidas nocturnas.

Quando a minha mãe viu Gordon Craig, gritou:

— Vil sedutor, desaparece desta casa!

Estava furiosamente ciumenta.

Gordon Craig é um dos mais extraordinários génios da nossa época, uma criatura como Shelley, feita de fogo e de luz. Foi o inspirador de todo o teatro moderno. É certo que nunca tomou parte na vida prática do palco, mas manteve-se sempre a seu lado, a sonhar. Os seus sonhos inspiraram tudo o que de belo existe no teatro moderno dos dias de hoje. Sem ele, nunca teríamos tido Reinhardt, Jacques Copeau, Stanislavsky. Sem ele, ainda hoje estaríamos nos velhos cenários realistas, com as folhas das árvores a tremerem uma a uma e todas as portas das casas a abrirem-se e a fecharem-se.

Craig era um companheiro brilhante. Foi uma das poucas pessoas, entre todas as que encontrei, que se mantinha num estado de exaltação, de manhã até à noite. Desde o instante em que tomava a primeira chávena de café, a sua imaginação pegava fogo e faiscava. Um simples passeio na sua companhia, pelas ruas fora, era como um passeio em Tebas do Egipto Antigo, ao lado de um digno Sumo-Sacerdote.

Não sei se devido à sua grande miopia, ou talvez não, detinha-se bruscamente, tirava do bolso um lápis e um bloco de papel e, olhando para um desses horrorosos exemplares da moderna arquitectura alemã, um desses imóveis de habitação da *neuer Kunst praktisch*, (nova Arte prática), explicava a beleza daquilo que víamos. Começava então a desenhar um apressado esboço do edifício que, uma vez concluído, nos sugeria o templo egípcio de Dendera.

Uma árvore, uma ave ou uma criança que encontrasse pelo caminho era o suficiente para lhe despertar a curiosidade e entusiasmá-lo. Na sua companhia nunca se passava um instante de aborrecimento. Estava sempre a gozar momentos da mais intensa alegria ou, pelo contrário, possuído por aquela inquietação que nos invade quando o céu azul subitamente perde a cor e se torna negro e ameaçador. Se assim acontecia, sentíamos o alento a esmorecer lentamente, tudo nos faltava e apenas sobejava a negrura da angústia.

Infelizmente, à medida que o tempo passava, estas crises de humor negro e sombrio iam-se tornando cada vez mais frequentes. Porquê? Pois bem, principalmente porque sempre que ele exclamava «O meu trabalho. O meu trabalho!» como aliás era habitual, eu replicava com doçura: «Oh, sim, o teu trabalho. Que maravilha, tu és um génio mas, bem sabes, também existe a minha escola.» O seu punho batia furiosamente na mesa, dizendo: «Sim, mas o meu trabalho?» Eu respondia: «Certo, certo, é muito importante. O teu trabalho é a consolidação, mas o que vem antes de tudo é a vida, porque é da alma que tudo irradia. Em primeiro lugar está a minha escola, o radioso ser humano a evoluir na beleza perfeita. Depois vem a tua obra, o cenário perfeito para este ser.»

Estas discussões terminavam quase sempre em silêncios pesados e aterradores. Então, alarmada, despertava a mulher que em mim vivia: «Oh, querido, ofendi-te?» E ele: «Ofendido? Eu? Oh, não! Todas as mulheres são um aborrecimento danado e tu és outro aborrecimento danado, a intrometer-se no meu trabalho. O meu trabalho! O meu trabalho!»

Então saía a bater com a porta. Bastava o ruído da porta para me fazer compreender a dimensão da terrível catástrofe. Ficava a aguardar o seu regresso e, se isso não acontecia, passava a noite atormentada, a desfazer-me em lágrimas. Era assim a nossa tragédia. Estas cenas constantemente repetidas acabaram por me despedaçar a vida e torná-la quase insuportável.

Fui marcada pelo destino para ser o grande amor deste homem de génio e, para obedecer ao destino, tentei conciliar a continuidade da minha carreira com o seu amor. Combinação impossível! Após as primeiras e poucas semanas de um amor louco e apaixonado em que não saímos dos braços um do outro, começou a mais feroz e encarniçada batalha alguma vez travada, a batalha entre o génio de Gordon Craig e a inspiração da minha Arte. Dizia ele:

— Por que não acabas com isso? Por que razão queres ir para o palco a abanar com os braços? Por que não ficas em casa a afiar os meus lápis?

Todavia, Gordon Craig apreciava a minha Arte como jamais alguém a apreciou. Mas o seu *amour propre*, os seus ciúmes de artista, não lhe permitiam admitir que uma mulher pudesse realmente ser uma artista de talento.

A minha irmã Elizabeth havia instituído para a nossa escola de Grünewald um comité composto pelas mais proeminentes e aristocráticas mulheres de Berlim. Quando estas tiveram conhecimento do que se passava com Craig, enviaram-me uma carta extensa, redigida em solenes termos de repreensão, em que diziam que elas, membros da mais distinta burguesia, não podiam continuar a patrocinar uma escola cuja directora tinha sobre a moral ideias tão livres como as minhas.

Frau Mendelssohn, mulher do grande banqueiro, foi designada por aquelas damas para me entregar a carta.

Quando entrou, com aquele tremendo pergaminho nas mãos, com um ar um tanto incomodado, olhou para mim e de repente, já com as lágrimas a correr, atirou a carta para o chão, tomou-me nos braços e gritou:

— Não julgueis que eu tenha assinado esta carta miserável. Quanto às outras senhoras, não há nada a fazer. Já não querem patrocinar a escola. Só confiam na vossa irmã Elizabeth.

Ora, Elizabeth tinha também as suas ideias e os seus amores, mas não os tornava públicos. Fiquei a saber que o credo moral destas damas se resumia a isto: «Faz o que te apetecer. Tudo está bem desde que não digas nada a ninguém!» Fiquei de tal modo indignada com tais mulheres, que aluguei a Phillarmonic Saal, onde dei uma conferência sobre a dança como arte de libertação, que concluí com uma revindicação do direito de amar e de ter filhos à sua vontade, direito que cabe à mulher e de que não deve abdicar.

Naturalmente, responder-me-ão: «Mas o que se faz com as crianças?» Em resposta posso fornecer uma longa lista com nomes de gente proeminente e bem conhecida, nascida para o matrimónio. Isso não os impediu de ganhar fama e fortuna. Esqueçamos agora esta argumentação e perguntemo-nos como pode uma mulher celebrar um contrato de casamento com um homem que ela julga suficientemente vil e mesquinho para, em caso de querela, se recusar a participar nos encargos com os próprios filhos e a sua educação? Se ela pensa ser este o comportamento do homem, qual a razão para celebrar o casamento? Em meu entender, a sinceridade e a boa fé recíproca são os primeiros princípios do amor. Em todo o caso, eu, mulher que ganha a sua vida e que está pronta a sacrificar a sua força e a saúde e a arriscar a vida para ter um filho, recuso-me a esses sacrifícios se, em qualquer ocasião, o homem se atrever a invocar a lei, reclamar a criança, dizer que só a ele pertence, tomá-la à sua conta e só consentir que eu a veja três vezes por ano!

Sei do caso de um americano muito espirituoso, a quem a amante disse uma vez, «O que vai o nosso menino pensar de nós, se não nos casarmos?»

O americano replicou, «Se o teu e meu filho for assim tão tonto, não temos de nos preocupar com aquilo que possa pensar de nós.»

Qualquer mulher inteligente que lê o contrato de casamento, aceita todas as cláusulas e mesmo assim persiste em se casar, é merecedora de todas as eventuais consequências do seu gesto.

A minha conferência provocou um escândalo considerável. Metade da assistência concordou comigo, enquanto a outra metade assobiava e arremessava para o palco tudo o que lhe vinha à mão. Por fim, a metade discordante abandonou a sala e eu fiquei só com os restantes. Travou-se um debate muito interessante sobre os direitos e as obrigações das mulheres, com afirmações e conclusões muito mais avançadas do que os princípios defendidos pelos movimentos feministas do tempo.

Eu continuei a viver no apartamento da Victoria Strasse, enquanto Elizabeth foi viver para a escola. A minha mãe oscilava entre os dois locais. Ela, que nos dias das nossas privações e das nossas catástrofes, suportara todas as provações com extraordinária coragem, começou a achar a vida demasiado monótona, talvez em virtude do seu temperamento irlandês, que não lhe permitia acomodar-se à prosperidade com a mesma facilidade com que o fazia à adversidade. A sua boa disposição passou a ser muito variável e, de facto, ocorriam frequentes situações em que nada a satisfazia. Pela primeira vez, desde o início da nossa viagem por terras estrangeiras, começou a sentir saudades da América e dizia que lá tudo era muito melhor, a comida e mais isto e mais aquilo.

Quando, na ideia de lhe sermos agradáveis, a levávamos ao melhor restaurante de Berlim, perguntávamos-lhe, «Mãe, que quer comer hoje?»

A resposta era sempre a mesma, «Dêem-me camarões.»

Se não era tempo de camarões, expandia-se em impropérios contra uma terra miserável onde não existiam camarões e recusava-se a comer qualquer outra coisa. Se acontecia haver camarões, igualmente se queixava, dizendo que em São Francisco os camarões eram muito melhores.

Penso que o azedume de que agora dava mostras era, provavelmente, devido à sua habitual e virtuosa boa disposição para se ocupar dos filhos, a quem devotara tantos e tantos anos da vida. Mas, agora nós tínhamos encontrado nas nossas vidas interesses de tal modo absorventes, que nos obrigavam a permanecer permanentemente afastadas dela. A mãe percebeu que, efectivamente, tinha perdido connosco os melhores anos da sua vida, percebeu que não a tínhamos deixado gozar a vida. Penso aliás, que o mesmo acontece com muitas outras mães, particularmente na América. Estas alterações e incertezas dos seus humores acentuavam-se cada vez mais e não se cansava de manifestar o desejo de regressar à terra natal, o que veio de facto a acontecer, pouco tempo depois.

Eu pensava sempre na Villa de Grünewald, com as suas quarenta caminhas. O destino é um fenómeno inexplicável, pois tivesse eu encontrado Craig alguns meses mais cedo, não teria existido nem villa, nem escola. Nele eu achei uma satisfação tão completa que não teria sentido a necessidade de fundar uma escola. Mas agora, este sonho da minha infância começara a tomar forma, tornara-se numa *idée fixe*.

Pouco tempo mais tarde descobri, e não podia haver a mais pequena dúvida, que estava grávida. Sonhara que Ellen Terry me aparecera envolta num vestido cintilante, como o que usara em *Imogénia*, de mão dada com uma criancinha loura, uma menina pequena, perfeita e exactamente parecida com ela. A sua voz maravilhosa chamava-me: «Isadora, meu amor. Amor... Amor!»

Nesse preciso momento soube o que vinha ao meu encontro do fundo das sombras do Nada, e vinha ainda antes de Nascer. Era uma menina loura que me vinha trazer alegria e tristeza. Alegria e Tristeza! Nascimento e Morte! Ritmo da Dança da Vida!

A mensagem divina ressoava a cantar por todo o meu ser. Eu continuava a dançar para o público, a ensinar na minha escola, a amar o meu Endimião.

O meu pobre Craig continuava inquieto, impaciente, infeliz, a roer as unhas até ao sabugo, exclamando frequentemente: «O meu trabalho! O meu trabalho! O meu trabalho!»

A Natureza selvagem está sempre a interferir com a Arte, mas sentia-me reconfortada por um sonho encantador: ter sonhado com Ellen. E esse sonho repetiu-se duas vezes mais.

A Primavera chegou. Eu tinha um contrato para a Dinamarca, Suécia e Alemanha. Em Copenhaga, o que mais me surpreendeu foi o ar extraordinariamente feliz e inteligente das raparigas novas a andarem sozinhas e livres pelas ruas, como os rapazes, com as boinas de estudante colocadas no cabelo encaracolado e preto. Fiquei verdadeiramente espantada. Nunca tinha visto raparigas tão bonitas. Explicaram-me que este país, a Dinamarca, fora o primeiro país a conceder direito de voto às mulheres.

Tive de aceitar esta digressão para poder enfrentar as excessivas despesas da escola. Vi-me obrigada a recorrer aos meus fundos pessoais e fiquei despojada de dinheiro.

Em Estocolmo, dancei para um público entusiasta e, após o espectáculo, as jovens alunas da escola de ginástica escoltaram-me até ao hotel, aos saltos e em corridas galopantes ao lado da minha carruagem, para exprimirem a grande satisfação que tinham tido em me verem. Visitei o seu instituto de ginástica, mas esta visita não me converteu. É minha convicção que a ginástica sueca está exclusivamente orientada para um corpo estático e imóvel, sem ter em conta o corpo humano, que é um corpo vivo e em movimento. Além disso, considera os músculos como um fim em si mesmo, em vez de meramente os reconhecer como uma estrutura mecânica, uma fonte inesgotável de vida e crescimento. A ginástica sueca é um falso sistema de cultura física, porque despreza a imaginação e faz do corpo um simples objecto e não aquilo que é, uma fornalha de energia vital, de energia cinética.

Visitei as escolas e, o melhor que pude, expliquei aos alunos o que acabei de dizer. Contudo, tal como esperava, não compreenderam grande coisa.

Enquanto estive em Estocolmo, enviei um convite a Strindberg, por quem tinha imensa admiração, para me ver dançar. Respondeu que nunca saía de casa e que odiava os seres humanos. Ofereci-lhe um lugar no palco do teatro, mas mesmo assim não apareceu.

Após uma temporada de grande sucesso em Estocolmo, regressámos por mar à Alemanha. A bordo, fiquei doente, muito doente, e percebi que o melhor a fazer seria desistir de digressões artísticas, pelo menos durante um certo tempo. Por outro lado, ansiava por permanecer só, a coberto do olhar das multidões.

No mês de Junho, depois de uma curta visita à minha escola, senti um imenso desejo de ver o mar. Parti para Haia, logo de seguida, e desta cidade para uma pequena aldeia chamada Nordwyck, na costa do Mar do Norte. Aluguei uma pequena vivenda muito branca, que tinha o nome de Villa Maria.

Era tão inexperiente e tão inocente, que pensava que dar à luz um bebé era um processo simples e perfeitamente natural. Assim, fui viver para esta villa, situada a cem milhas da cidade mais próxima, e entrei em contacto com um médico da aldeia. Na minha ignorância, fiquei muito descansada por ter perto este médico de aldeia que, imagino, apenas tinha assistido a mulheres do campo.

Nordwyck distava da aldeia mais próxima, Kadwyck, cerca de três quilómetros. Por ali vivi numa completa solidão. Todos os dias, ia a pé de Nordwyck até Kadwyck e a pé regressava. Sempre sentira uma vontade ansiosa de ver o mar, de estar junto do mar, tal como estava agora, somente eu, na pequena villa de Nordwyck, isolada entre dunas de areia que se espraiavam por milhas e milhas de cada lado da adorável aldeia. Vivi na Villa Maria durante os meses de Junho, Julho e Agosto.

Entretanto, mantive uma activa correspondência com a minha irmã Elizabeth que, na minha ausência, assegurava a direcção da escola de Grünewald. Durante o mês de Julho, redigi no meu diário os preceitos a adoptar para o ensino da dança na escola e preparei uma série de quinhentos exercícios destinados a treinar as alunas em todos os movimentos, dos mais simples aos mais complexos, constituindo um acabado compêndio da arte da dança.

A minha sobrinha Temple, menina que estava a ser educada na escola de Grünewald, veio passar três semanas comigo. Gostava de dançar pela beira-mar.

Craig andava nervoso. Ia e vinha sem descanso, mas eu deixei de estar só. A menina impunha a sua presença constante de modo cada vez mais afirmativo. Estava muito perturbada ao ver o meu belo corpo de mármore a distender-se, a quebrar-se, a deformar-se. Por experiência soube que uma misteriosa e inquietante vingança da natureza reside no facto de, quanto mais afinados estão os nossos nervos e mais sensível o cérebro, maior é o sofrimento que nos é imposto e maior é a nossa capacidade para o suportar. Noites sem sono, horas dolorosas, mas também de alegria. De uma alegria sem medida e sem limites quando, todos os dias, caminhava pelas areias que se estendem de Nordwyck a Kadwyck, com as grandes ondas do mar a rolar ao longe e, do outro lado, as dunas a ondularem ao longo da praia deserta. Nessa costa, o vento sopra quase sem parar, por vezes um suave zéfiro refrescante, de outras vezes uma brisa forte e agreste que me obrigava a lutar. Ocasionalmente estoirava uma terrível tempestade e a Villa Maria toda a noite era sacudida como um navio no mar.

Comecei a aborrecer-me e mesmo a recear a companhia de qualquer ser humano. As pessoas dizem tantas e tão grandes banalidades. Como é pouco apreciado e respeitado o estado de santidade da mulher grávida, da futura mãe. Vi, uma vez, uma mulher na rua, que levava um menino no seio. As pessoas passavam por ela e olhavam-na com indiferença e sem qualquer consideração. Sorriam ironicamente umas para as outras como se aquela mulher, carregada com o peso de uma vida nova, fosse uma ridicularia ou um excelente motivo para brincadeiras.

Fechei as minhas portas a todos os visitantes, excepto a um fiel amigo que vinha da cidade de Haia, montado numa bicicleta, trazer-me livros e revistas, e distrair-me com conversas sobre as mais recentes manifestações de arte, música e literatura. Nesse tempo, estava casado com uma grande poetisa, de quem falava com muita ternura e grande admiração. Era um homem metódico. Vinha em dias previamente fixados, nada o parava e nem sequer o mau tempo e as tempestades serviam de pretexto para alterar os seus compromissos.

Para além das suas visitas, a maior parte do tempo estava só com o mar, as dunas e a criancinha, que já parecia tomada de grande e vigorosa impaciência para vir ao mundo.

Quando passeava junto ao mar sentia por vezes um excesso de força e coragem e pensava que esta criaturinha seria minha, minha e de mais ninguém. Mas havia dias em que o céu estava cinzento e as ondas do gélido Mar do Norte encapeladas, dias em que me sentia tomada de súbito abatimento e me assaltava a impressão de ser um pobre animal apanhado numa armadilha traiçoeira. Lutava então contra um esmagador desejo de fugir. Fugir para onde? Talvez para o fundo das ondas negras e lúgubres. Lutava contra estas acometidas da tristeza, lutava com valentia, não me arrependia e levava a melhor, sem que nunca ninguém suspeitasse do que eu sentia. Porém, a tristeza espreitava-me nos momentos mais imprevisíveis e era difícil evitar os seus assaltos. Queria também parecer-me que a maior parte das pessoas se afastava de mim. A minha mãe procurava dar-me a ideia de se encontrar a milhares de milhas de distância. Craig andava sempre por longe, o que eu achava muito estranho, e sempre embebido na sua arte, enquanto eu pensava cada vez menos na minha, unicamente absorvida na temível e monstruosa tarefa que me caíra em cima. Mistério enlouquecedor de alegria e dor!

Como eram longas as horas intermináveis e torturantes! Os dias, as semanas e os meses, como passavam tão lentamente! Com alternâncias de esperança e desespero, muitas vezes me recordei da peregrinação que foi a minha infância e a minha juventude, das vagabundagens por terras longínquas, das descobertas que fiz na Arte, e tudo me surgia como um prólogo antigo, perdido na bruma do tempo, que me guiara até aqui… os momentos de espera pelo menino que vai nascer. Uma maravilha que está ao alcance de qualquer mulher do campo! Era este o ponto culminante de todas as minhas ambições. Mas qual a explicação para a minha querida mãe não estar comigo? Simplesmente porque, em obediência a um preconceito absurdo, não me perdoava eu não ser uma mulher casada. Mas ela fora casada, tinha achado o casamento uma coisa impossível e divorciara-se do marido. Por que razão queria ela que eu caísse na armadilha que tantas e tão cruéis feridas lhe causara? Eu opunha-me ao casamento com todas as forças e toda a inteligência do meu ser. Acreditava, e ainda hoje acredito, que o casamento é uma instituição absurda e escravizante que inevitavelmente conduz, particularmente os artistas, a vulgares e insensatos processos de divórcio julgados em tribunal. Se alguém duvida daquilo que digo, sugiro que faça a conta dos artistas divorciados e dos escândalos propalados pela imprensa americana, no decurso dos últimos dez anos. Todavia, o estimado público gosta dos artistas e não pode viver sem eles, suponho eu.

Em Agosto, uma enfermeira veio viver para minha casa, uma mulher que, com o tempo, se tornou na minha amiga muito querida, Marie Kist. Nunca conheci ninguém com tanta paciência, tanta doçura e bondade. Foi para mim um grande conforto. Confesso que nesses dias comecei a ser assaltada por toda a espécie de medos e receios. Em vão repetia para comigo que todas as mulheres têm filhos. A minha avó teve oito, a minha mãe, quatro. Reconhecia que era esse o curso natural da vida e... e no entanto eu tinha medo. Medo de quê? Não era da morte de certeza, nem sequer da dor e do sofrimento — era um medo sem nome, de qualquer coisa desconhecida.

Agosto chegou ao fim. Veio o mês de Setembro. O meu fardo tornou-se muito pesado. A Villa Maria estava alcandorada no alto das dunas. Para lá chegarmos, tínhamos de trepar por uma escada de quase cem degraus. Pensava com frequência na minha dança e por vezes, assaltava-me um intenso desgosto pela minha Arte. Mas sentia três enérgicos pontapés e um pequeno volume às voltas dentro de mim. Sorria então e pensava, e perguntava se afinal a Arte não será apenas uma pálida imagem da Alegria e do Milagre da Vida!

O meu esplêndido corpo ia-se tornando cada vez mais bojudo, ante os meus olhos espantados. Os meus seios, pequenos e rijos, avolumavam-se, amoleciam e descaíam. Os meus pés ágeis e rápidos tornavam-se lentos, os tornozelos inchavam, as ancas doíam-me. Onde estavam agora as minhas graciosas formas juvenis de náiade? Onde estava a minha ambição? E a minha fama? Muitas foram as vezes em que, a despeito de mim própria, me senti miserável e vencida. Este jogo com o gigante chamado Vida era uma luta desigual. Mas logo pensava na criancinha que ia nascer, e toda a minha tristeza, todos estes pensamentos dolorosos se desvaneciam.

Só e sem ajuda, como eram cruéis as horas de espera durante a noite. Deitada para o lado esquerdo, o coração asfixiava. Virada para a direita, não sentia conforto nem alívio. Por fim, deitava-me de costas, mas continuava a ser vítima da energia da menina a debater-se e tentava, com as mãos pressionando o ventre inchado, transmitir-lhe uma mensagem de serenidade. Horas cruéis de dorida espera durante a noite... Foram sem conta as noites assim passadas. Como é alto o preço que pagamos pela glória de sermos mães!

Um dia, tive uma surpresa infinitamente agradável. Uma amiga muito querida que conhecera em Paris, cujo nome era Kathleen, veio de França e disse-me ser sua intenção alojar-se em minha casa. Era uma mulher cheia de vida, de saúde e de coragem e havia nela qualquer coisa de magnético. Mais tarde, veio a casar com o Capitão Scott, explorador famoso.

Numa tarde em que estávamos todas sentadas a tomar chá, ouvi um ruído surdo no meio das costas, que me pareceu uma martelada, logo seguido de uma dor horrível, como se alguém tivesse enfiado uma verruma na minha coluna, tentando esburacá-la. A tortura começou nesse momento, a tortura de uma vítima desgraçada entregue nas mãos de qualquer carrasco impiedoso e cheio de força. Assim me parecia o que estava acontecendo. Ainda não me tinha recomposto de um destes assaltos e logo outro se anunciava. As coisas que se contam da Inquisição espanhola! Não há mulher que tenha dado à luz uma criança, que a possa recear. Comparado com o sofrimento da mulher, o que a Inquisição inflige não é mais do que uma brincadeira. Cruel e inflexível, sem piedade e sem uma só trégua, este terrível e invisível pequeno génio mantinha-me nas suas garras e, em espasmos contínuos, rasgava-me os ossos e os nervos. Dizem que tais sofrimentos depressa se esquecem. Tudo o que tenho a responder é que me bastava fechar os olhos para voltar a ouvir os meus gritos e os meus gemidos, como se sempre ali estivessem, embora não me pertencessem.

É uma barbaridade inaudita, uma barbaridade selvagem, obrigar as mulheres a suportar tão monstruosas torturas. Devia haver remédios para tal coisa. Devia tentar-se dar-lhe fim. É perfeita e simplesmente absurdo que, com o avanço da ciência moderna, o parto sem dor não seja *uma prática corrente*. É tão imperdoável como seria igualmente imperdoável que os médicos procedessem a operações ao apêndice sem recorrerem à anestesia! Será que, na generalidade, as mulheres são realmente dotadas de uma paciência ridícula e medonha, ou de uma tão reduzida inteligência, que lhes permite aceitar, por um momento que seja, o ultrajante massacre delas próprias?

Durante dois dias e duas noites, este indizível horror continuou e, na manhã do terceiro dia, o médico imbecil apareceu, retirou da maleta um par de ferros compridos e, sem qualquer anestésico, levou a cabo a sua carnificina. Imagino que, talvez com a excepção de ser pregada numa linha de caminho-de-ferro antes da passagem do comboio, nada se pode comparar ao que eu sofri. Não me venham falar de movimentos feministas ou de movimentos sufragistas, enquanto as mulheres não puserem fim a esta agonia completamente inútil e exigirem que o parto, tal como qualquer operação cirúrgica, seja efectuado sem dor e de modo suportável.

Qual a superstição insensata que se opõe a esta medida? Terá sido uma desatenção indolente e criminosa? É evidente que qualquer um pode responder que nem todas sofrem com a mesma intensidade; talvez assim seja com as índias de pele vermelha ou as africanas pretas mas, quanto mais civilizada for a mulher, mais horrorosa e mais inútil é a sua dor. Em atenção e por amor da mulher civilizada, é indispensável encontrar um remédio civilizado para este horror.

Pois bem, eu não morri. Não, não morri, nem tampouco morre a desgraçada vítima retirada a tempo e horas da roda da tortura. Poderão então dizer que fui bem recompensada no preciso instante em que vi o bebé. Sim, é certo que senti uma alegria imensa, uma alegria total, mas no entanto ainda hoje estremeço de indignação quando penso no que fui obrigada a suportar, aquilo que sofrem e aguentam tantas mulheres vítimas por causa do inacreditável egoísmo e cegueira dos homens de ciência que permitem tais atrocidades e que bem poderiam remediar.

Ah, mas o bebé! O bebé era uma maravilha de espantar! Belo como um Cupido, de olhos azuis e cabelos castanhos e compridos que, mais tarde, caíram e deram lugar a lindos caracóis loiros. E, milagre dos milagres, a sua boca procurava os meus seios, mordia-os com gengivas sem dentes e sugava e engolia o meu leite. Qual a mãe que foi capaz de contar aquilo que sentiu quando a boca do bebé mordeu os seus mamilos e o leite brotou do peito? Aquela cruel boca mordedora, semelhante à boca de um amante, dono de outra boca que nos lembra a do bebé.

Oh, mulheres, de que vos serve serem advogadas, pintoras ou escultoras, quando existe este milagre? Agora conhecia este amor tremendo e poderoso, que vai muito além do amor por um homem. Encontrava-me deitada e estendida, a sangrar, dilacerada e sem forças, enquanto aquele pequenino ser sugava e gemia. Vida, vida, vida! Dêem-me vida! Oh, onde estava a minha Arte? A minha Arte e todas as outras Artes? Que me importava a minha Arte? Sentia-me um Deus, superior a todos os artistas.

Nas primeiras semanas ficava horas e horas deitada ao comprido com o bebé nos braços, a vê-lo dormir. Por vezes, acontecia surpreender um dos seus olhares e tinha a impressão de estar à beira da Vida, diante do seu mistério, talvez muito perto do conhecimento da Vida. Aquela alma, envolvida no corpo acabado de criar, respondia ao meu olhar com olhos que pareciam velhos — os olhos da Eternidade — que fitavam os meus com amor. Talvez o amor fosse a resposta para tudo. Quais as palavras que podem descrever esta alegria? Quem se pode admirar que eu, uma escritora, não saiba achar as palavras certas!

Regressámos a Grünewald com o bebé e a minha querida amiga Marie Kist. Todas as crianças da escola ficaram encantadas por verem o bebé e eu disse a Elizabeth:

— Aqui tens a tua aluna mais nova.

Todas me perguntavam:

— Como se chama ela?

Craig lembrou-se de um nome admirável irlandês, Deirdre. Deirdre, a mais bem-amada da Irlanda. Não hesitámos e chamámos-lhe Deirdre[1].

Aos poucos, fui recobrando as forças e aconteceu que muitas vezes dei por mim de pé, diante da admirável Amazona, a nossa estátua votiva, fitando com olhos simpáticos e compreensivos aquela que, tal como eu, nunca mais se achou em condições de travar as suas batalhas com a mesma glória do passado.

---

[1] *Deirdre*: heroína trágica da mitologia céltica irlandesa, cujo significado em gaélico é «dor, sofrimento». (*N. do T.*)

CAPÍTULO XX

Juliette Mendelssohn, que vivia numa vila palaciana com um rico banqueiro, seu marido, era a nossa vizinha mais próxima. Dedicou à minha escola um interesse muito vivo, a despeito das suas frívolas amigas burguesas. Um dia, convidou-nos a todos para dançar perante o meu ídolo adorado, Eleonora Duse.

Apresentei Gordon Craig à Duse, que ficou desde logo muito encantada e muito interessada nas suas ideias sobre teatro. Reencontrámo-nos diversas vezes, sempre com grande e mútuo entusiasmo, e convidou-nos a ir a Florença com o intuito de Craig aí organizar um espectáculo. Ficou decidido que Craig seria o encenador de *Rosmersholm,* de Ibsen, com Eleonora Duse a interpretar a protagonista. O comboio de luxo levou-nos todos a Florença — Eleonora Duse, Craig, Marie Kist, o bebé e eu.

Durante a viagem amamentei o bebé, mas o meu leite estava um tanto fraco, pelo que tive de recorrer a um complemento alimentar de um líquido previamente preparado e engarrafado. Porém, sentia-me extremamente feliz. Tinha proporcionado o encontro dos dois seres humanos que neste mundo eu mais adorava. Craig ia realizar a sua obra; a Duse ia dispor de um enquadramento cénico digno do seu génio.

Em Florença, alojámo-nos num pequeno hotel, próximo do Grand Hotel, onde a Duse se instalou na *suite* real.

As primeiras discussões não tardaram e eu servi de intérprete entre Craig, que não falava nem francês nem italiano, e a Duse, que não sabia uma só palavra de inglês. O meu lugar situava-se entre estes dois grandes génios que, logo desde o início e por mais estranho que possa parecer, se mostraram em oposição, um com o outro. Eu apenas desejava que ambos se sentissem felizes e procurava satisfazer e agradar a um e outro. Alguma coisa consegui, mas tive de recorrer a muitos disfarces e omissões. Espero que algumas das mentiras, que no meu papel de intérprete me vi obrigada a dizer, possam ser perdoadas porque foram proferidas em prol de uma santa causa. Eu queria que esta grande produção subisse à cena e isso nunca teria acontecido se eu tivesse realmente traduzido para Eleonora Duse tudo o que Craig lhe dissera e, do mesmo modo, se eu tivesse transmitido a Craig as ordens da Duse exactamente como ela as exprimira.

Na primeira cena de *Rosmersholm*, creio que Ibsen descreve a sala comum como «confortavelmente mobilada em estilo antigo», mas Craig preferiu ver no salão o interior de um grandioso templo egípcio com o tecto incomensurável quase a chegar ao céu e as paredes a esbaterem-se na distância. Somente, ao contrário do templo egípcio, no fundo da sala abria-se uma enorme janela quadrada. Na descrição de Ibsen, a janela dá para uma alameda de árvores velhas que conduz a um pátio. Craig, porém, vira na janela uma abertura com dimensões de dez por doze metros. Dava para uma paisagem flamejante de vermelhos, de amarelos e verdes, que fazia lembrar um cenário marroquino, mas nunca o pátio de uma antiga mansão senhorial.

Eleonora olhou para aquilo tudo e disse, desconcertada:

— Só vejo uma janela pequena. Era bem melhor que fosse uma grande.

A estas palavras, Craig vociferou em inglês:

— Diz-lhe que não vou tolerar nenhuma mulher danada a meter-se no meu trabalho!

A discreta tradução que fiz para Eleonora foi assim:

— Ele diz que tem grande admiração pelas tuas opiniões e que tudo fará para te agradar.

Em seguida, virei-me para Craig e traduzi as objecções da Duse, também com muita diplomacia:

— Eleonora Duse diz que, como és um grande génio, não fará qualquer sugestão sobre a tua cenografia e que a aceita tal como está.

Por vezes, estas conversas prolongavam-se por tempo indefinido e frequentemente aconteceu soar a hora de alimentar o bebé. Todavia, eu estava sempre pronta para desempenhar o importante papel de intérprete pacificadora. Sofria agonias sem nome sempre que passava o momento certo para oferecer o meu peito ao bebé e não o tinha feito porque ficava a explicar aos dois artistas aquilo que *não* tinham dito um ao outro! Era uma tarefa desgastante. A minha saúde ressentia-se. Estas conversas ou discussões fizeram da minha convalescença uma provação muito dolorosa. Mas, tendo em atenção o grande acontecimento artístico que estava para se realizar, a produção de *Rosmersholm*, na qual Craig era o encenador e o criador dos cenários em que Eleonora Duse iria actuar, entendi que nenhum sacrifício da minha parte seria excessivo.

Craig decidiu então enclausurar-se no teatro, onde deu início, com dúzias de volumosos baldes de tinta e um pincel enorme, à pintura e à decoração do cenário, ele só e mais ninguém. Esta decisão fundamentou-se no facto de não ter encontrado operários italianos capazes de compreender exactamente o que ele pretendia. Também não encontrou a tela apropriada e conveniente, pelo que se viu obrigado a arranjar umas serapilheiras que naturalmente teriam de ser cosidas. Durante dias, um grupo de velhas italianas esteve permanentemente sentado no palco a costurar os bocados da serapilheira. Entretanto uns jovens pintores, também italianos, andavam de um lado para o outro dos estrados e andaimes, tentando executar as ordens de Craig, enquanto este, com a comprida cabeleira completamente desgrenhada, os insultava aos berros, mergulhava os pincéis dos italianos nos baldes da tinta e colocava as escadas em posições perigosas. E assim passava o dia inteiro e quase toda a noite. Não saía do teatro, nem sequer para comer. Se não fosse eu a levar-lhe um farnel à hora do almoço, não teria tido nada para comer.

Uma ordem ele deu: «Quero a Duse fora do teatro. Não a deixem entrar. Se ela aqui entrar, eu meto-me no comboio e vou-me embora.»

A Duse, porém, ardia no desejo de ver como as coisas iam andando e eu tinha por obrigação mantê-la afastada do teatro, mas sem a ofender. Para o efeito, levava-a a dar longos passeios pelos jardins, onde o encanto das estátuas e das flores lhe acalmava os nervos.

Jamais poderei esquecer a esplendorosa figura da Duse a passear por aqueles jardins. Não era uma mulher deste mundo, antes parecia uma imagem divina de Dante ou de Petrarca que no globo terrestre pousou por qualquer infeliz acaso. O povo abria-lhe caminho e fitava-nos com olhos respeitadores mas também curiosos. A Duse não gostava que o povo a olhasse dessa maneira. Metia-se pelas áleas secundárias e pelos pequenos atalhos para evitar ser vista pelos olhos populares. Também não sentia, ao invés de mim, o mais ténue amor pela pobre humanidade. Considerava a maior parte da pobre gente como uma *canaille* e era assim que sempre se referia a eles.

Isto devia-se sobretudo à sua natureza ultra-sensível, e a nada mais. Imaginava que era criticada pelas pessoas simples. Quando entrava em contacto directo e pessoal com o povo, ninguém conseguia ser mais simpático e bondoso do que ela.

Sempre me hei-de lembrar dos passeios por aqueles jardins e me lembrarei dos grandes álamos e da magnífica cabeça de Eleonora Duse, porque, logo que nos encontrávamos sós, ela tirava o chapéu e deixava o cabelo preto, já um pouco acinzentado, a ondular ao sabor da brisa. A sua fronte maravilhosamente inteligente e os seus olhos maravilhosos… jamais os poderei esquecer. Eram olhos tristes, mas quando o entusiasmo lhe incendiava as faces, nunca eu vira mais beatífica expressão de alegria no rosto de um ser humano nem em nenhuma obra de arte!

Os *décors* para *Rosmersholm* iam progredindo. Sempre que me deslocava ao teatro para levar a Craig o almoço ou o jantar, encontrava-o num estado que oscilava entre a ira e a alegria frenética. Em dados momentos, acreditava que o seu trabalho iria ser a mais bela visão artística alguma vez exposta aos olhos do mundo. Porém, no momento seguinte chorava e lamentava-se por nada encontrar nesta terra, nem tintas nem bons trabalhadores. Via-se forçado a tudo fazer, só e sem ajuda.

Aproximava-se o dia e a hora em que Eleonora deveria ver o cenário concluído. Até então, eu tinha tido o cuidado de a manter afastada, recorrendo a todos os pretextos e manobras que fui capaz de inventar. Quando chegou o dia, fui buscá-la à hora previamente marcada e levei--a ao teatro. Encontrava-se num estado de intensa excitação nervosa que a qualquer momento poderia eclodir, era esse o meu receio, numa fúria desabrida, tal como acontece num dia de violenta tempestade. Encontrámo-nos no salão do hotel. Estava envolvida num enorme casacão de peles, castanho, com um chapéu também de peles e de cor igualmente acastanhada, que fazia lembrar o de um cossaco russo. O chapéu estava enterrado na cabeça até aos olhos. Não era de admirar, pois a Duse, apesar de uma ou outra vez na sua vida ter frequentado, por conselho de simpáticas amigas, alguns grandes costureiros, nunca soube usar um vestido da última moda e apresentar-se como uma mulher chique. O vestido estava sempre subido de um lado e descaído do outro. O chapéu sempre torto e mal posto. Fosse qual fosse o preço da sua toilette, nunca deu a ideia de a saber vestir e usar, limitando-se a pô-la de qualquer maneira em cima de si, seguramente por não lhe dar grande importância.

Durante o trajecto para o teatro, eu estava tão enervada que mal podia falar. Mais uma vez, usando de grande diplomacia, evitei que ela se precipitasse pela porta dos artistas. Eu tinha manobrado para que a porta principal do teatro nos fosse aberta e conduzi-a para uma frisa. Tivemos um longo tempo de espera, que foi para mim um suplício inacreditável, pois ela não se cansava de repetir:

— A minha janela é exactamente aquilo que vejo? Onde está o cenário?

Eu apertava-lhe a mão com firmeza e ternura, afagando-a, dando--lhe palmadinhas e dizendo-lhe:

— Espera um instante… já vais ver. Tem paciência.

Mas tremia de medo, a pensar na pequena janela, que agora tinha adquirido dimensões gigantescas e inacreditáveis.

De vez em quando, ouvia-se a voz de Craig, ora tentando falar italiano, ora a gritar:

— Diabo! Diabo! Por que não pões isso aqui? Por que não fazes o que te digo?

E de novo o silêncio caía.

Finalmente, após uma espera que nos pareceu durar horas e, quando senti que o crescente furor de Eleonora estava prestes a eclodir, a cortina do palco começou a levantar-se lentamente.

Oh, como poderei descrever aquilo que surgiu diante dos nossos olhos deslumbrados, diante dos nossos olhos maravilhados? Poderei falar de um templo egípcio? Nunca um templo egípcio se revestiu de tamanha beleza. Nem mesmo uma catedral gótica, ou um palácio ateniense. Nunca tivera à minha frente uma visão de tal encanto. Através de vastos espaços azuis, de harmonias celestiais, de linhas ascendentes, de massas colossais, a nossa alma era impelida para a luz daquela grande janela, para lá da qual se anunciava, não uma pequena alameda, mas a infinidade do universo. Dentro destes espaços azuis, encontrava-se todo o pensamento, toda a meditação, toda a tristeza terrena da humanidade. Para lá da janela, o que havia era todo o êxtase, toda a alegria, o milagre da sua imaginação. Seria esta a sala de Rosmersholm? Não sei o que Ibsen teria pensado. Provavelmente teria ficado como nós… sem fala… arrebatado.

A mão de Eleonora agarrou firmemente a minha. Senti os seus braços a envolverem-me. Apertou-me num forte abraço. Vi as lágrimas a correrem-lhe pelas faces, mais belas do que nunca. Ali ficámos sentadas sem tempo, nos braços uma da outra, em silêncio. Para Eleonora, era um silêncio de admiração e emoção pela arte; para mim, o silêncio era de grande alívio por ela ter finalmente encontrado satisfação e os meus pressentimentos não se terem concretizado. E assim permanecemos. Depois agarrou a minha mão, arrastou-me para fora da frisa e, a passos muito largos e rápidos, conduziu-me pelo corredor escuro até ao palco. Aí, de pé, com aquela voz que era só dela e de mais ninguém, clamou:

— Gordon Craig! Estamos aqui! Vem cá!

Craig apareceu, saindo dos bastidores laterais, com um ar de rapazinho tímido. A Duse apertou-o nos braços e dos seus lábios irrompeu uma torrente de palavras de adulação, todas proferidas em italiano e com tal veemência que eu não fui capaz de as acompanhar e traduzir para Craig. Fluíam dos seus lábios tal como a água corre de uma fonte.

Craig não chorou de emoção, como nós havíamos chorado, mas por muito tempo permaneceu em silêncio, o que da sua parte era sinal de grande comoção.

A Duse chamou então toda a companhia que, em sossego e com indiferença, tinha estado à espera por trás do pano de fundo do palco. Fez-lhes um discurso apaixonado, mais ou menos assim:

— Por um acaso do destino, encontrei este grande génio, Gordon Craig. Agora é meu desejo e intenção consagrar o resto da minha carreira, *sempre, sempre*[1] a anunciar ao mundo a sua obra admirável.

O discurso prosseguiu com renovada eloquência, relatando toda a tendência do teatro actual, da decoração, dos cenários modernos e, bem assim, a moderna concepção da vida e da vocação de um actor.

Enquanto falou manteve sempre a mão de Craig presa na sua. Virava-se constantemente para ele, falou do seu génio e da ressurreição do teatro e não se cansava de repetir:

— Somente Gordon Craig nos pode libertar, a nós, pobres actores, desta monstruosidade, desta arca de ossos que é o teatro de hoje!

Imagine-se a minha alegria ao ouvir tais palavras. Ao tempo eu era uma jovem inexperiente. Estava convencida... vejam bem... que em momentos de grande entusiasmo as pessoas pensavam realmente naquilo que diziam e queriam dizer isso mesmo. Via Eleonora Duse a colocar o seu espantoso génio ao serviço da grande Arte de Craig. Via o futuro como um triunfo inacreditável de Craig, como o esplendor da

---

[1] *Sempre, sempre*: vocábulos italianos de significado e ortografia idênticos em português. (*N. do T.*)

Arte do teatro. Não estava a contar, ai de mim, com a fragilidade do entusiasmo humano, particularmente com o entusiasmo da mulher. Eleonora era apenas uma mulher, apesar de todo o seu génio, como mais tarde se veio a provar.

Na primeira noite de *Rosmersholm*, um público imenso encheu o teatro de Florença. Quando o pano subiu, ouviu-se um sobressalto de admiração. Não podia ter acontecido outra coisa. Essa sessão de *Rosmersholm*, só essa, ainda hoje é lembrada em Florença pelos conhecedores de Arte.

A Duse, com o seu maravilhoso instinto, havia envergado um vestido branco com mangas compridas e amplas que lhe caíam ao longo do corpo. Quando entrou no palco parecia-se mais uma Sibila délfica do que uma Rebecca West. Com o seu génio infalível sabia adaptar-se às grandes linhas do cenário e aos feixes de luz que a envolviam. Modificava todos os gestos e movimentos. Evoluía no palco como uma profetiza a anunciar boas novas.

Mas quando os outros actores entravam em cena — por exemplo Rosmer, que andava de mãos nos bolsos — pareciam os maquinistas do palco que se tinham enganado na porta. Causavam uma impressão verdadeiramente penosa. Somente o homem que interpretava o papel de Brendel soube integrar-se perfeitamente no maravilhoso ambiente cénico quando declamou:

«Quando a nuvem de sonhos dourados desceu sobre mim e me envolveu, quando na minha mente brotaram pensamentos novos, vivificantes e esplendorosos, quando senti o sopro das suas asas a bater e com elas voei para longe, foi então que os mudei em poesia, em visões, em imagens».

Quando o espectáculo terminou, saímos inflamados de beleza e entusiasmo. Craig exultava de alegria. Via o futuro que o esperava como uma série de grandes obras consagradas a Eleonora Duse, de quem agora falava com vivos e ardorosos elogios, só comparáveis à sua indignação anterior. Pobre fragilidade humana! Foi esta a única noite em que o génio da Duse se exibiu numa montagem cénica de Craig. Ela tinha de cumprir um programa com repertório bem definido. Em cada noite representava-se uma peça diferente.

Logo que toda esta excitação se acalmou, desloquei-me ao banco e fui informada de que a minha conta já não tinha dinheiro disponível. O nascimento do bebé, as necessidades da Escola de Grünewald, a nossa viagem a Florença, tudo isto contribuíra para esgotar as minhas reservas financeiras. Era absolutamente indispensável descobrir qualquer maneira de reabilitar os meus cofres e aconteceu que recebi um convite muito oportuno de um empresário de São Petersburgo, perguntando se eu estava disponível para dançar novamente e propondo-me um contrato para uma digressão pela Rússia.

Decidi, portanto, partir de Florença. Deixei o bebé aos cuidados de Marie Kist, entreguei Craig ao cuidado de Eleonora e tomei o comboio expresso para São Petersburgo, com escala pela Suíça e Berlim. Imagine-se a tristeza com que fiz esta viagem. Foi a primeira vez que me separei do meu bebé e devo dizer que a separação de Craig e da Duse foi também muito penosa. Além disso, a minha saúde achava-se em condições muito precárias e, como o bebé ainda não estava completamente desmamado, foi necessário extrair-me o leite do peito por meio de um pequeno dispositivo mecânico. Foi uma provação horrível que me fez chorar copiosamente.

O comboio corria a grande velocidade, sempre em direcção ao Norte, até que finalmente cheguei às planícies, já minhas conhecidas, de neve e de florestas, que agora me pareciam mais desoladas que nunca. Tinha dedicado toda a minha atenção ao trabalho da Duse e de Craig, sem tempo nem oportunidade para pensar e reflectir sobre a minha arte, de modo que não estava minimamente preparada para enfrentar uma digressão artística. Todavia, o simpático público russo recebeu-me com o seu habitual entusiasmo e não deu nenhuma importância a quaisquer deslizes que eventualmente tenham ocorrido na minha actuação. Contudo lembro-me de muitas vezes, enquanto dançava, o leite ter brotado dos meus peitos e escorrido pela túnica, causando-me fortes embaraços. Como é difícil, a uma mulher, prosseguir uma carreira profissional!

Não guardo muitas recordações desta digressão pela Rússia. Escuso de dizer que o coração me puxava para Florença, com toda a sua fibra, toda a sua força. Por isso, abreviei a digressão tanto quanto me foi possível e aceitei outro contrato, este para uma digressão pela Holanda, por locais um pouco mais próximos da minha escola e daqueles por quem sentia uma imensa saudade.

Na noite da minha estreia em Amsterdão, tive uma doença estranha. Julgo que tinha alguma coisa a ver com o leite, pois deram-lhe o nome de febre do leite. Logo que o pano desceu, no final do espectáculo, caí redonda no palco e tiveram de me transportar para o hotel. Durante dias e semanas, permaneci deitada na cama de um quarto escurecido, embrulhada em sacos de gelo. Deram-lhe o nome de nevrite, doença para a qual ainda não apareceu médico que lhe desse remédio. Durante várias semanas, nada pude comer e a minha alimentação reduzia-se a um pouco de leite misturado com ópio. Os delírios sucediam-se e, por fim, mergulhava num sono inconsciente e pesado.

Craig não correu, voou de Florença e foi a dedicação em pessoa. Ao longo de três ou quatro semanas, esteve sempre a meu lado e foi de uma ajuda preciosa para o meu tratamento. Porém, veio um dia em que recebeu um telegrama de Eleonora: «Estou a representar *Rosmersholm* em Nice. O cenário é insatisfatório. Vem *depressa!*»

Eu já me encontrava em convalescença pelo que ele partiu de imediato. Porém, logo que li o telegrama, tive um terrível pressentimento do que poderia acontecer àqueles dois, longe de mim. Não contavam com a minha companhia para lhes servir de intérprete e para aplanar as suas discordâncias.

Uma bela manhã, Craig irrompeu pelo antigo Casino de Nice, que estava medonho, e apercebeu-se de que, sem conhecimento de Eleonora, haviam cortado em dois o seu cenário. É evidente que ao ver a sua obra de arte, a sua obra-prima, o seu menino querido, que em Florença tanto trabalho lhe tinha dado para o trazer ao mundo, quando os seus olhos viram esta sua criação assim amputada, assim despedaçada, Craig ficou possesso de uma dessas terríveis raivas que por vezes o assaltavam. Mas o pior de tudo, foi ter virado o seu furor contra Eleonora que se encontrava no meio do palco. Com imensa agressividade, disse-lhe:

— Que fizeste tu? Arruinaste o meu trabalho. Destruíste a minha arte! Tu, de quem eu tanto esperava!

E assim continuou, implacável, até que Eleonora, certamente não habituada a que lhe falassem desta maneira, ficou igualmente furiosa. Mais tarde, Eleonora contou-me o sucedido:

— Nunca tinha visto um homem como aquele. Nunca ninguém me falara naquele tom. Do alto da sua torre de carne e ossos, com mais de seis pés de altura, com os braços cruzados numa atitude de furor britânico, disse-me coisas medonhas. Nunca fora tratada assim. Naturalmente não o pude suportar. Apontei para a porta e disse-lhe: «Rua, nunca mais te quero ver!»

Foi este o fim da intenção de consagrar a sua carreira ao génio de Gordon Craig.

Cheguei a Nice tão fraca, que tiveram de me retirar do comboio. Era a primeira noite de Carnaval e, no caminho para o hotel, a minha carruagem aberta foi assaltada por um bando de *pierrots*, todos bem mascarados, cujas caretas e trejeitos me fizeram pensar que antes da chegada da morte derradeira, se assiste a uma Dança Macabra. Num hotel próximo do meu, Eleonora Duse continuava doente. Enviou-me diversas mensagens carregadas de ternura. Aconselhou-me também o seu médico, Emil Bosson, que não só me tratou com grande afecto, como, a partir desses dias, se tornou um dos mais queridos amigos da minha vida. A minha convalescença foi demorada e vi-me enredada numa teia de dores.

A minha mãe veio juntar-se a mim, tal como a minha leal amiga Marie Kist, com o bebé. O bebé estava forte e saudável e, dia a dia, ficava cada vez mais bonito. Mudámo-nos para Mont Boron, de onde se via o mar de um dos lados e, do outro, o cume da montanha onde Zaratustra meditou, na companhia da serpente e da águia. No nosso terraço solarengo pouco a pouco regressei à vida. Porém, era uma vida mais difícil, carregada de dificuldades financeiras mais pesadas do que nunca. Para lhes fazer face, tive de retomar, tão brevemente quanto me foi possível, a digressão pela Holanda, embora me sentisse ainda muito fraca e muito abatida.

Eu adorava Craig, amava-o com todo o imenso ardor da minha alma de artista, mas sabia que a nossa separação era inevitável. Tinha, no entanto, atingido um estado de frenesim delirante que não me consentia viver com ele e tampouco me consentia viver sem ele. Viver com ele era renunciar à minha arte, à minha personalidade, talvez mais do que isso, à minha vida, à minha razão. Viver sem ele era permanecer num contínuo estado de depressão, torturada pelo ciúme que agora me parecia… ai de mim… plenamente justificado. Visões de Craig, e de toda a sua beleza, reclinado nos braços de outras mulheres atormentavam-me toda a noite e não conseguia dormir. Visões de Craig, a explicar a sua arte a mulheres que o fitavam com olhos extasiados de adoração, visões de Craig louco de prazer com outras mulheres que ele olhava e a quem sorria com o seu sorriso feiticeiro… o sorriso de Ellen Terry. Via--o a acariciar estas mulheres e a dizer: «Esta mulher agrada-me. Feitas as contas, com Isadora é impossível, acabou».

Tudo isto me conduzia, alternadamente, a paroxismos de fúria e desespero. Não conseguia trabalhar, não conseguia dançar. Não estava preocupada em saber se o público gostava ou não gostava do que eu fazia.

Concluí que este estado de coisas devia chegar ao fim. Ou a Arte de Craig ou a minha… e eu sabia que desistir da minha Arte era impossível. Se assim acontecesse, eu iria desfalecer ou morreria de desgosto. Era forçoso encontrar remédio e veio-me à ideia a sabedoria dos homeopatas. E, como tudo aquilo que verdadeiramente desejamos, acaba por acontecer, o remédio apareceu. Uma tarde, entrou-me em casa. Era um homem de boa figura, elegante, jovem, louro, bem vestido. Disse-me:

— Os meus amigos tratam-me por Pim.

Respondi:

— Pim, que nome encantador! Sois um artista?

Como se eu o tivesse acusado de um crime, exclamou:

— Oh, não!

— Então, o que me trazeis? Uma grande ideia?

— Oh, minha querida, não. Eu não tenho ideias, nenhuma ideia.

— Mas, ao menos, sabeis o que quereis da vida?

— Não, não sei.

— Então, o que fazeis?

— Nada.

— Alguma coisa tendes de fazer.

Após um instante de reflexão, retorquiu:

— Bem. Tenho uma linda colecção de caixas de rapé do século dezoito.

Tinha encontrado o meu remédio. Eu assinara um contrato para uma digressão pela Rússia, uma longa e árdua viagem, não só pela Rússia do Norte, mas também pela Rússia do Sul e pelo Cáucaso, e tinha medo de grandes viagens sem companhia.

— Quereis vir comigo até à Rússia, Pim?

Rapidamente, replicou:

— Oh, como eu adoraria, mas... há a minha mãe. Posso convencê--la a deixar-me partir, mas há ainda mais alguém — e Pim corou — alguém que muito me ama, e que talvez não esteja na disposição de dar o seu consentimento.

— Podemos partir clandestinamente.

E assim combinámos que, terminada a minha última actuação em Amsterdão, um automóvel nos esperaria à porta de saída dos artistas, para nos levar pelo campo fora. Tínhamos acertado com a minha criada de quarto que esta tomaria o expresso, carregada com as nossas bagagens que devíamos recuperar na estação seguinte a Amsterdão.

A noite estava fria e enevoada, os campos cobertos com um nevoeiro espesso. O motorista não queria acelerar, porque a estrada seguia ao longo de um canal. Receoso e avançando com prudência, advertiu-nos:

— É muito perigoso.

Contudo, este perigo não era nada, ao lado do perigo de sermos seguidos. Subitamente, Pim olhou para trás e exclamou:

— Meu Deus, ela persegue-nos!

Não precisei de explicações. Pim disse:

— Ela deve ter uma pistola.

Não esperei um momento para dizer ao condutor:

— *Schnell, schneller!*[1]

Mas ele limitou-se a apontar para um brilho luminoso no nevoeiro, o brilho das águas do canal. Era uma aventura muito romântica, mas o motorista acabou por despistar os perseguidores. Chegámos à estação do comboio e entrámos num hotel.

Eram duas horas da madrugada. O porteiro nocturno, um velho, apontou a luz da sua lanterna para os nossos olhos e dissemos ambos, ao mesmo tempo:

— *Ein Zimmer*[2].

— *Ein Zimmer? Nein, nein. Sind sie verheirathet?*[3]

Replicámos:

— *Já, já*[4].

Ele grunhiu:

— *Oh, nein, nein. Sie sind nicht verheirathet. Ich weiss. Sie sehen aus viel zu glücklich*[5].

E, a despeito dos nossos protestos, instalou-nos em quartos separados, nos dois extremos de um comprido corredor, e entregou-se ao ma-

---

[1] Depressa, mais depressa.
[2] Um quarto.
[3] Um quarto? Não, não. São casados?
[4] Sim, sim.
[5] Oh, não, não. Não são casados. Eu sei. Parecem excessivamente alegres.

licioso deleite de permanecer o resto da noite sentado a meio do corredor com a lanterna nos joelhos. Todas as vezes que Pim ou eu pusemos a cabeça de fora, apontou-nos com a lanterna e dizia:

— *Nein, nein; nicht verheirathet. Nicht möglich. Nein, nein*[1].

Pela manhã, um tanto fatigados com este jogo de escondidas, tomámos o rápido para Petersburgo e devo dizer que nunca tinha feito viagem tão divertida.

À chegada a Petersburgo, fiquei perplexa ao ver o bagageiro retirar do comboio dezoito baús, todos marcados com as iniciais de Pim. Perguntei sufocada:

— Mas o que é isto?

Pim respondeu:

— É só a minha bagagem. Neste aqui estão os meus laços e as minhas gravatas; nestes dois, a minha roupa branca; estes têm os meus fatos completos e aqueles as minhas botas e sapatos. Mas este é especial, pois contém uns complementos: coletes de peles, muito convenientes para uma terra como a Rússia.

No Hotel de l'Europe havia uma grande escadaria interior. Pim divertiu-se a descê-la de hora a hora, num passo rápido e elegante. De cada vez que a descia, vinha vestido com um fato completo de cor diferente e gravata a condizer. O espanto e a admiração dos mirones eram totais. É certo que se vestia sempre com muita elegância e, na verdade, era ele o árbitro da moda na cidade de Haia. O grande pintor holandês Van Veley pintara nesse tempo o seu retrato sobre um fundo de tulipas... tulipas de ouro, tulipas púrpura, tulipas cor-de-rosa... e posso afirmar que toda a figura de Pim tinha a frescura e o encanto das tulipas na primavera. Os cabelos de ouro eram um campo de tulipas douradas; os lábios eram duas tulipas cor-de-rosa e, quando ele me beijava, eu sentia-me a flutuar sobre um campo de tulipas na primavera da Holanda.

---

[1] Não, não; não são casados. Não é possível. Não, não.

Pim era belo e gentil, louro e de olhos azuis, sem complexos intelectuais. O seu amor recordava-me as palavras de Oscar Wilde: «Mais vale o prazer de um instante do que a tristeza para toda a vida.» Pim dava-me o prazer que dura um instante. Até então, o amor trouxera-me o Romance, o Ideal, o Sofrimento. Pim trouxe-me o amor... apenas e só o amor, simples, puro e delicioso... e precisamente na hora em que me era mais necessário, porque sem os seus bons cuidados, eu poderia ter mergulhado numa neurastenia sem esperança. A presença de Pim deu-me uma nova vida, renovou-me a vontade de viver. Foi talvez esta a primeira vez em que saboreei o gosto da alegria de ser jovem, de ser uma jovem simples e frívola. Ele ria a propósito de tudo e de nada, saltava e dançava. Esqueci as minhas penas e tristezas, vivi o instante que passa, despreocupada e feliz. Em consequência, as minhas actuações começaram a borbulhar de renovada vitalidade, de uma nova alegria. Nesses dias, compus o *Moment Musical*. Foi tão grande o seu sucesso na Rússia, que me vi obrigada a cinco ou seis repetições em cada noite. O *Moment Musical* era a dança de Pim... era o «prazer do instante.»

CAPÍTULO XXI

Se eu tivesse entendido a dança apenas como um solo, o meu caminho teria sido muito simples de percorrer. Famosa, como já era, pretendida em todos os países, bastar-me-ia prosseguir uma carreira triunfal. Mas... ai de mim... estava fixada na ideia de uma escola, de um vasto conjunto a dançar a *Nona Sinfonia* de Beethoven. À noite mal fechava os olhos, via de imediato as suas figuras a dançar na minha cabeça, todas vestidas a preceito, chamando-me e pedindo-me que as trouxesse à vida. «Aqui estamos! Tu és a única que nos pode tocar com o dom da vida!»

Via-me igual a Prometeu e sonhava que a um apelo meu haviam de brotar da Terra e descer dos Céus as juvenis figuras que saberiam dançar como o mundo jamais vira. Ah, sonho orgulhoso e sedutor que conduziste a minha vida de catástrofe em catástrofe! Por que me amarras e não me largas? Por que me levas, tal como a luz de Tântalo, apenas para as trevas e para o desespero? Mas não! Ela estremece ainda, essa luz na escuridão, e um dia há-de guiar-me à Visão Gloriosa, finalmente realizada. Pequena luz vacilante, a brilhar diante dos meus passos hesitantes, eu ainda creio em ti, ainda te sigo... para que me leves ao encontro das criaturas sobre-humanas que, na Harmonia do Amor hão-de dançar a Grande Visão da Beleza que o mundo aguarda.

Com estes sonhos regressei a Grünewald para instruir a minha pequena turma de alunas, alunas que entretanto já tinham começado a aprender a dançar. E, faziam-no com tanta graça e beleza que se fortaleceu a minha fé na suprema perfeição de um grupo de dançarinas, um conjunto de dançarinas que seria para os olhos o mesmo que as grandes sinfonias são para os ouvidos.

Ora comparando-as aos amores que se vêem nos frisos da arquitectura de Pompeia, ora às jovens Graças de Donatello, ou ainda às graciosas e intocáveis companheiras de Titânia, ensinei-as a tocarem-se e entrelaçarem-se, a unirem-se e afastarem-se, a formarem rodas e cortejos sem fim.

Cada dia que passava iam adquirindo mais energia e segurança, mais agilidade e leveza, e a luz da inspiração e da música divinas brilhavam na mocidade dos seus corpos, das suas formas, das suas faces. A visão destas meninas a dançar era tão bela e magnífica que despertaria a atenção de todos os artistas e poetas.

No entanto, tornava-se cada vez mais difícil fazer face às despesas da escola. Se houvesse um governo, um só seria suficiente, que reconhecesse a beleza desta educação e me desse a oportunidade de experimentar o meu projecto numa escola muito mais alargada, seria um alívio para as minhas necessidades.

No final de cada actuação, fiz um apelo ao público, solicitando ajuda para conseguir encontrar a maneira de partilhar com outros a descoberta que eu e a minha vida tínhamos feito e que podia libertar e iluminar a vida de milhares de existências.

Tornou-se cada vez mais claro que não encontraria na Alemanha o indispensável apoio para a minha escola. A maneira de ver e de pensar da Imperatriz eram tão puritanas que, quando visitava o estúdio de um escultor enviava antecipadamente o mordomo para cobrir com lençóis a nudez das estátuas. O rigoroso regime prussiano pôs fim ao meu sonho de fazer da Alemanha o país de eleição para o meu trabalho. Pensei então na Rússia, pois aí tinha deparado com um entusiasmo tão expressivo que me permitiu arrecadar uma fortuna. Levando na cabeça a ideia de uma possível escola em São Petersburgo, em Janeiro de 1907 meti-me ao caminho, acompanhada por Elizabeth e por um grupo de vinte das minhas pequenas alunas. Esta tentativa também não teve êxito. Embora o público tivesse recebido entusiasticamente os meus discursos em favor do renascimento da verdadeira dança, o Ballet Imperial estava tão fortemente enraizado na Rússia que foi impossível promover qualquer alteração.

Levei as minhas pequenas alunas a assistir a um ensaio das meninas da Escola de Ballet. Estas últimas olharam para elas da mesma maneira que um canário metido numa gaiola olha certamente para as andorinhas a voarem nos ares. Não tinha ainda chegado à Rússia o grande dia de uma escola de movimentos livres. O Ballet, que era a autêntica expressão da etiqueta czarista, ainda hoje existe, vejam bem! A única esperança para a fundação da minha escola na Rússia, uma escola de expressão mais alargada, mais livremente humana, poderia residir nos esforços de Stanislavsky. Mas, apesar de ele ter feito tudo o que estava ao seu alcance para me ajudar, não dispunha dos meios necessários para nos receber e instalar no seu Teatro de Arte, que era o meu desejo e o que mais me agradava.

Assim, não tendo encontrado apoio nem na Alemanha, nem na Rússia, decidi experimentar a Inglaterra. No verão de 1908 levei o meu bando para Londres. Sob a direcção dos famosos empresários Joseph Schumann e Charles Frohman, dançámos várias semanas no Teatro do Duque de York. O público de Londres considerou-nos, a mim e à minha escola, um divertimento simpático e agradável, mas não encontrei qualquer ajuda concreta para a fundação da futura escola.

Haviam passado sete anos desde que, pela primeira vez, dançara na New Gallery. Tive a alegria de renovar a antiga amizade com Charles Hallé e Ainslie, o poeta. A grande e bela Ellen Terry foi muitas vezes ao Teatro. Adorava as minhas meninas. Levou-as, uma vez, ao Jardim Zoológico, o que muito as deliciou. A graciosa Rainha Alexandra honrou os nossos espectáculos com duas presenças num camarote e muitas damas da nobreza inglesa, entre as quais a famosa Lady Grey, que mais tarde veio a chamar-se Lady Ripon, foram cumprimentar-me aos bastidores, muito despretensiosamente e com muito calor.

A Duquesa de Manchester sugeriu que a minha ideia poderia ganhar raízes em Londres e que seria possível arranjar apoio financeiro para a criação da minha escola. Com essa finalidade, convidou-nos, a todas, para a sua casa de campo nas margens do Tamisa, onde dançámos novamente para a Rainha Alexandra e para o Rei Eduardo. Por um curto tempo fui acalentada pela esperança de uma escola em Inglaterra, mas por fim... mais uma desilusão! Onde estavam o edifício, o local, o terreno, os fundos financeiros, tudo o que seria necessário para realizar os meus sonhos em toda a sua amplitude?

Como sempre, as despesas do meu pequeno bando eram enormes. Uma vez mais, a minha conta bancária estava a zero e, assim sendo, a escola estava condenada a regressar a Grünewald e aguardar os efeitos de um contrato que assinara com Charles Frohman, para uma digressão pela América.

Causou-me imenso sofrimento separar-me da minha escola, da Elizabeth e de Craig, mas o pior de tudo foi rasgar o estreito laço que me ligava ao meu bebé, Deirdre, que entretanto já tinha quase um ano de idade e era uma menina pequenina, loura, rosada e de olhos azuis.

E assim aconteceu que num dia de Julho, achei-me, triste e só, num grande navio com rumo a Nova Iorque... exactamente oito anos depois de ter partido dessa cidade a bordo de um cargueiro de gado. Agora, já era célebre na Europa. Tinha dado vida a uma Arte, a uma Escola, a um bebé. Não era mau de todo mas, no que respeitava a finanças, não era agora muito mais rica do que nesse tempo.

Charles Frohman era um grande administrador, mas não compreendia que a minha arte não era uma vulgar aventura teatral. Só podia interessar um público restrito e exigente. Apresentou-me em Agosto, o mês do calor, como uma atracção da Broadway, com uma orquestra insuficiente que fez o que pôde para tocar a *Ifigénia* de Gluck e a *Sétima Sinfonia* de Beethoven. O resultado foi, como aliás era de esperar, um fracasso total. As poucas pessoas que se atreviam a deambular pelos teatros nessas noites tórridas em que a temperatura subia a noventa graus Fahrenheit[1], e até mais, ficavam desconcertadas e a maioria desagradada

---

[1] Equivalente a 32° C. (*N. do T.*)

com o que via. As críticas foram poucas e más. Percebi que o regresso ao meu país natal havia sido um grande erro.

Uma noite, estava sentada no meu camarim, particularmente desencorajada, ouvi uma linda voz a saudar-me muito calorosamente. Olhei e vi, de pé à entrada da porta, um homem muito alto de bela figura, com uma grande madeixa de cabelos castanhos e ondulados a sorrir-me carinhosamente. Num gesto de afeição espontânea, estendeu-me a mão e disse-me tantas e tão bonitas coisas a propósito do efeito nele causado pela minha arte, que me senti recompensada por tudo o que sofrera desde a minha chegada a Nova Iorque. Este homem era George Grey Barnard, o grande escultor americano. A partir dessa noite, veio todas as noites assistir ao meu espectáculo e quase sempre trazia consigo artistas, poetas outros amigos seus, entre os quais, David Belasco, o genial encenador de teatro, os pintores Robert Henri e George Bellows, Percy MacKaye, Max Eastman, ou seja todos os jovens revolucionários de Greenwich Village. Lembro-me ainda dos três inseparáveis poetas que viviam juntos numa torre por baixo de Washington Square: E.A. Robinson, Ridgeley Torrence e William Vaughn Moody.

Este amistoso acolhimento e este entusiasmo dos poetas e dos artistas devolveram-me o ânimo e compensaram-me da escassez e da frieza do público de Nova Iorque.

Por esses dias, George Grey Barnard concebeu a ideia de fazer uma estátua a que daria o nome de «A América a Dançar» e cujo modelo seria eu. Aliás, já Walt Whitman dissera, em anos passados: «Eu ouço a América a cantar». Ora aconteceu que num belo dia de Outubro, um dia em que o tempo se apresentava com o esplendor que Nova Iorque só conhece no Outono, nos encontrávamos fora do seu estúdio de Washington Heights, lado a lado, de pé numa colina e contemplávamos a imensidão da paisagem, eu ergui os braços e exclamei:

— Vejo a América a dançar!

Foi nesse instante que Barnard concebeu a estátua.

Era meu costume ir todas as manhãs ao seu estúdio, levando sempre um cesto com o almoço. Passávamos horas deliciosas a conversar e a delinear projectos para a renovação da Arte na América.

Recordo-me que no seu estúdio se via o busto de uma rapariga nova, uma escultura encantadora, para a qual, segundo ele me disse, tinha posado Evelyn Nesbit antes de ter encontrado Harry K. Thaw. Era apenas uma simples rapariga, mas a sua beleza enfeitiçava todos os artistas.

Naturalmente, estas conversas no estúdio, estes êxtases comuns perante a beleza não deixaram de produzir efeito. No que me diz respeito, devo dizer que estava desejosa de me entregar de corpo e alma à tarefa de inspirar a grande estátua «A América a Dançar», mas George Grey Barnard era um daqueles homens que levam a virtude até ao exagero do fanatismo. Nem uma só das minhas jovens e ternas fantasias conseguiu abalar a sua religiosa fidelidade. O mármore das suas esculturas não era mais frio nem mais severo do que ele. Eu era o efémero, ele era o eterno. Se assim é, que há de estranho no imenso desejo que senti em ser moldada e imortalizada pelo seu génio? Com todos os átomos do meu ser, aspirava por ser a argila tenra nas suas mãos de escultor.

Ah, George Grey Barnard, nós vamos envelhecendo, havemos de morrer, mas esses momentos mágicos não envelhecem nem vão perecer, esses momentos que passámos juntos, eu a Bailarina e tu o Mágico que poderias ter agarrado esta dança pela sua chama fluida e efémera e enviar o brilho esplendoroso do instante passageiro até aos confins da Eternidade... Ah! Onde está a minha obra-prima, *mon chef d'oeuvre*, «A América a Dançar»? Levanto os olhos e deparo com o olhar da Piedade Humana nessa estátua colossal de Abraham Lincoln que ele dedicou à América... a vasta fronte, as faces rasgadas, rasgadas pela torrente de lágrimas vertidas pela Piedade Humana perante o Grande Martírio. E eu, uma frágil e fútil figura, danço perante este ideal de fé e de virtudes sobre-humanas. Porém, eu não era como Salomé. Não queria a cabeça de ninguém. Nunca fui um Vampiro, fui sempre uma Inspiradora. Se me recusaste «os teus lábios, João», e o teu amor, tive a graça e o espírito, próprios da «Jovem América» ao desejar-te Felicidades na tua viagem de virtude. Felicidades, mas não Adeus, porque a tua amizade foi uma das mais belas e mais sagradas coisas da minha vida. Também creio que a mulher do Ocidente tem talvez mais sabedoria do que a sua irmã do Oriente. «Eu não quero a tua boca, João, a tua boca». Não quero a tua cabeça numa salva de prata. Quem assim procede é o Vampiro, não a Inspiradora. «Leva-me!»... «Ah, não queres? Então, *au revoir*, e pensa em mim. Se pensares em mim, talvez venhas a fazer grandes coisas no futuro.»

A estátua «A América a Dançar» teve um começo maravilhoso mas, ai de mim! sem seguimento. Pouco tempo depois, por causa de uma súbita doença que acometeu a sua mulher, as sessões de escultura em que eu posava tiveram de ser postas de parte. Eu tinha esperado ser a sua obra-prima, mas não fui eu que inspirei a Barnard a sua obra mais relevante relacionada com a América. Foi Abraham Lincoln, cuja estátua hoje se ergue no sombrio jardim fronteiro a Westminster Abbey.

Charles Frohman, apercebendo-se que a estada na Broadway era desastrosa, experimentou uma digressão por cidades de menos importância, mas esta digressão foi tão mal organizada que redundou num fracasso ainda maior do que os espectáculos de Nova Iorque. Por fim, acabei por perder a paciência e decidi encontrar-me com Charles Frohman. Achei-o num estado de grande desorientação, muito abatido e a remoer todo o dinheiro que havia perdido. Disse-me:

— A América não compreende a tua Arte. Não está ao alcance dos Americanos, está muito acima das suas cabeças, jamais a poderão compreender. O melhor que tens a fazer é regressar à Europa.

Eu tinha um contrato com Frohman para uma digressão de seis meses com uma garantia bem determinada, qualquer que fosse o sucesso ou o insucesso. Contudo, isso não impediu que, sentindo-me ferida no meu orgulho e cheia de desprezo pela sua falta de coragem e determinação, tivesse agarrado no papel do contrato e o rasgasse diante dos seus olhos, dizendo:

— Aconteça o que acontecer, deixo-te livre de toda e qualquer responsabilidade.

De acordo com os conselhos de George Barnard, que não se cansava de afirmar e reafirmar o seu orgulho de ver em mim um fruto do solo americano e que teria imenso desgosto se a América não viesse a apreciar a minha Arte, decidi permanecer em Nova Iorque. Aluguei um estúdio no Beaux Arts Building, decorei-o com os meus cortinados azuis e o meu tapete e dediquei-me a criar novas danças que, todos os serões, executava para poetas e artistas.

Transcrevo, a seguir, um relato de um desses serões, publicado no *Sunday Sun* de 13 de Novembro de 1908:

«Ela (Isadora Duncan) está envolvida da cintura aos pés num maravilhoso bordado chinês. O cabelo, curto e escurecido, enrolado numa espécie de trança, cai-lhe da nuca para cada um dos lados do pescoço, correndo ao longo das faces, como uma cabeleira de Madona... Tem o nariz arrebitado e os olhos de um cinzento-azulado. Em muitas notícias da Imprensa lê-se que ela é uma mulher imponente com a majestade de uma estátua, mas é tão-só um triunfo da arte porque, na realidade, não tem mais de cinco pés e seis polegadas de altura e pesa cento e vinte cinco libras.

«Acendem-se uns florões de luzes com reflexos de âmbar e um disco amarelo no centro do tecto difunde uma suave claridade que completa o efeito harmonioso das cores. Miss Duncan pede desculpa por a música se limitar a um piano. Logo de seguida diz:

«— "Não devia existir música para uma dança como esta, excepto a música que Pan deve ter feito soar num junco colhido na margem do rio, talvez uma flauta, ou a gaita de beiços de um pastor e é tudo. As outras artes, a pintura, a escultura, a música, a poesia, esqueceram-se da dança, deixando-a muito atrás, muito ao longe. É praticamente uma das artes perdidas e tentar harmonizá-la com uma arte tão distante, tão aperfeiçoada como a música, é tarefa difícil e inconsistente, se não impossível. É ao renascimento desta arte perdida, a arte da dança, que eu devotei a minha vida."

«Ela estava de pé, junto à sua plateia de poetas, quando começou a falar. No fim, já se encontrava no outro extremo da sala. Não se sabe como chegou até ali, mas o facto faz-nos pensar na sua amiga Ellen Terry e na sua maneira descuidada de ignorar e percorrer o espaço.

«Já não é uma afadigada dona de casa, de cara tristonha, mas sim um espírito pagão que com toda a naturalidade surge da brecha de uma pedra de mármore partida, como se fosse a coisa mais simples do mundo. Uma Galateia, talvez, pois parece certo que Galateia dançou, nos primeiros momentos da sua libertação. É a Dafne de cabelos soltos, a fugir dos braços e das carícias de Apolo nos bosques de Delfos. Os seus cabelos soltam-se e caem, a comparação impõe-se.

«Não é de espantar que se tenha cansado de se exibir como um mármore de Elgin, durante tantos anos, para deleite dos binóculos britânicos e semi-indignação dos seus olhos escondidos atrás. Uma grande colecção de estatuetas de Tanagra, as procissões dos frisos do Parténon, as grinaldas lamentosas das placas comemorativas, o libertino abandono das Bacantes, passam-nos diante dos olhos que julgávamos estarem a observá-la mas que, na realidade, assistiam ao desfile de todos os traços da natureza humana, no tempo em que os artifícios e os fingimentos ainda não existiam.

«Miss Duncan admite que toda a sua vida foi um esforço para regressar muito atrás e descobrir a simplicidade que se perdeu no dédalo das gerações. E diz-nos:

«— "Nesses dias longínquos, que nos apraz denominar Pagãos, a cada emoção correspondia um dado e único movimento. A alma, o corpo e a mente trabalhavam juntos em perfeita harmonia. Vejam-se esses homens helénicos e essas donzelas agarradas e aprisionadas pela magia e pelo fascínio da escultura, indiferentes a terem sido talhados e cinzelados no mármore rijo e resistente. Quase se pode adivinhar o que nos irão dizer quando abrirem a boca e, se não a abrirem… que importa? Sabemos muito bem o que têm para nos dizer."

«Cala-se, de repente, para de novo se transformar num espírito a dançar, como uma estatueta de âmbar a oferecer-nos o vinho de uma taça erguida ao alto, a atirar rosas ao altar de Atena, a nadar na crista das ondas de púrpura do Mar Egeu, enquanto os poetas a seguem com os olhos e o Profeta afaga hieraticamente a barba, e uma voz doce recita versos da *Ode a uma Urna Grega*, de John Keats:

Quem são estes que vêm para o sacrifício?
..
A beleza é a verdade, a verdade é a beleza... é tudo
O que sabes na terra, e é tudo o que precisas saber.

«O editor de uma revista de arte, Mary Fanton Roberts, refere entusiasticamente o texto que Miss Duncan considera ser o resumo que mais lhe agradou de todos os que leu sobre o seu trabalho:

«"O nosso espírito recua até ao passado, mergulha pelos séculos sem fim quando Isadora Duncan dança, recua até à primeira manhã do mundo, quando a grandeza da alma encontrava a livre expressão na beleza do corpo, quando o ritmo do movimento correspondia ao ritmo do som, quando a cadência do corpo humano era uma, e só uma, com o vento e o mar, quando o gesto do braço de uma mulher era a pétala de uma rosa a desabrochar e a pressão do seu pé na relva verde era a carícia de uma folha de árvore a cair na terra. Quando todo o fervor da religião, do amor, do patriotismo, do sacrifício ou da paixão se exprimiam ao ritmo dos sons da cítara, da harpa ou do adufe; quando os homens e as mulheres, num êxtase religioso, dançavam diante da pedra dos seus lares e diante dos seus deuses, ou na floresta, ou à beira do mar, porque dentro deles morava a alegria da vida; quando isto acontecia, acontecia também que todos os fortes, os grandes, os bons impulsos do espírito se transmitiam ao corpo em perfeita harmonia com o ritmo do Universo."»

George Grey Barnard aconselhou-me a permanecer na América. Escutei-o atentamente e surgiu uma ocasião que me deixou muito satisfeita por assim ter procedido. Com efeito, um dia entrou no meu estúdio um homem que viria a ter uma acção decisiva no despertar do povo americano para a minha arte. O seu nome era Walter Damrosch. Tinha-me visto dançar uma interpretação da *Sétima Sinfonia* de Beethoven, no Criterion Theatre, com uma orquestra pequena e medíocre. Ficou a imaginar o efeito que esta dança teria, se fosse acompanhada pela magnífica orquestra que ele próprio magistralmente conduzia.

Os estudos de composição orquestral que eu fizera em criança devem ter-se refugiado no meu subconsciente. Sempre que me deito em sossego e fecho os olhos, consigo ouvir a orquestra inteira, tão claramente como se estivesse a tocar à minha frente; em cada instrumento vejo uma figura, que me parece um deus especial, a tocá-lo com gestos e movimentos extremamente expressivos. Esta orquestra de sombras dançou sempre na minha visão interior.

Damrosch propôs-me uma série de representações a ter lugar, durante o mês de Dezembro, na Metroplitan Opera House. Com imensa alegria aceitei a proposta.

O resultado foi tal e qual como ele havia previsto. Charles Frohman, que tinha enviado alguém a reservar um camarote para a sessão da estreia, ficou espantado ao ter conhecimento de que não sobejava um lugar vago no Teatro. Este caso demonstra que, por mais admirável que seja o artista, se este não puder contar com a organização conveniente, todos os seus esforços, mesmo em prol da maior das artes, podem estar condenados ao fracasso. Foi o caso com Eleonora Duse, na sua prmeira digressão pela América. Devido a uma organização e uma direcção defeituosas, actuou sempre em salas quase vazias e ficou com a convicção de que a América jamais a apreciaria. Todavia, quando regressou em 1924 foi recebida e aclamada, de Nova Iorque a São Francisco, com continuadas ovações, simplesmente porque, dessa vez, Morris Gest teve a inteligência de compreender a sua arte.

Senti grande orgulho em viajar com uma orquestra de oitenta músicos conduzida pelo grande Walter Damrosch. A digressão revestiu-se de um sucesso muito particular devido ao apreço e boa vontade que todos os membros da orquestra mostraram, quer pelo seu maestro e director, quer por mim própria. Também é certo que eu sentia tal simpatia por Walter Damrosch que, quando me achava a dançar em pleno palco, me parecia estar ligada por todos os nervos do meu corpo, tanto à orquestra como ao seu grande director.

Como poderei descrever a alegria de dançar com esta orquestra? Ele ali está, diante de mim! Walter Damrosch ergue a batuta. Os meus olhos não o largam e, logo ao primeiro gesto, eis que dentro de mim surgem os acordes sinfónicos de todos os instrumentos combinados em um só. O potente fluido percorre-me o corpo e eu sou o mágico que condensa numa expressão unificada a alegria de Brunhilde despertada por Siegfried, ou a alma de Isolda procurando na Morte o seu triunfo. Copiosos, amplos e enfunados como velas ao vento, os movimentos da minha dança transportam-me para diante, para diante e para cima, e sinto a presença de uma vigorosa força dentro de mim que escuta a música e que alastra por todo o meu corpo em busca de um caminho, de uma saída para a música que ouve. Por vezes esta força torna-se furiosa, devasta-me, perturba-me até ao ponto do meu coração quase explodir de paixão... e eu penso que por certo chegaram os meus últimos momentos nesta terra. Outras vezes, a mesma força aguarda, inquieta e insubmissa, e subitamente sinto uma tal angústia que ergo os braços para os Céus, a implorar a ajuda a um lugar de onde ela não vem. Com frequência, disse para mim própria que era um erro tremendo chamarem-me «bailarina». Eu sou o pólo magnético que concentra e transmite a expressão emocional da orquestra. Da minha alma brotam raios de fogo que me ligam e unem à orquestra vibrante e tremente.

Havia um flautista que tocava tão divinamente o solo das Almas Felizes, no *Orfeu*, que não era raro eu dar por mim a chorar no palco, imobilizada pelas lágrimas que me corriam pelas faces, extasiada a ouvir a flauta e os violinos e toda a orquestra, cujo cântico se elevava pelo ar, inspirado pela maravilhosa direcção do seu maestro.

Luís da Baviera tinha o hábito de sentar-se sozinho a ouvir a orquestra de Bayreuth mas, se porventura me tivesse visto dançar ao som desta outra orquestra, teria conhecido uma alegria e um deleite ainda maiores.

Travou-se uma relação de grande simpatia e compreensão entre mim e Damrosch e, a cada um dos seus gestos, sentia imediatamente a vibração correspondente. À medida que ele aumentava a força do crescendo da música, a vida subia no meu ser e transbordava em gestos. A cada frase musical traduzida num movimento musical, o meu ser, todo o meu ser, vibrava em harmonia com o seu.

Por vezes, quando do alto do palco, olhava para baixo e via a ampla fronte de Damrosch debruçada sobre a partitura, tinha a impressão de que a minha dança se assemelhava realmente ao nascimento de Atena a sair, bem armada, da cabeça de Zeus.

Esta digressão pela América foi provavelmente o tempo mais feliz da minha vida. No entanto, o que aliás é natural, as saudades do lar atormentavam-me e, quando dançava a *Sétima Sinfonia*, via em meu redor o grupo das minhas alunas já com idade e figura de a poderem interpretar comigo. Não posso dizer que isso me desse uma alegria completa, mas dava-me, isso sim, a esperança de uma alegria futura e maior. Talvez não haja na vida uma alegria completa, mas apenas esperança. A última nota do canto de amor de Isolda parece uma alegria completa, mas anuncia a Morte.

Em Washington fui recebida por uma verdadeira tempestade. Alguns ministros das igrejas haviam protestado em termos muito violentos contra a minha dança.

Inesperadamente e para espanto de todo o mundo, quem havia de aparecer na frisa do palco, numa matiné? O próprio Presidente Roosevelt[1].

---

[1] Theodore Roosevelt. (*N. do T.*)

Parecia apreciar o espectáculo com imenso agrado e foi sempre o primeiro a aplaudir todos os números do programa. Mais tarde escreveu a um amigo:

«Qual o mal que esses pastores vêem nas danças de Isadora? A mim, parece-me tão inocente como uma criança a dançar no jardim, à luz do sol da manhã e a colher as lindas flores da sua fantasia».

Estas palavras de Roosevelt foram citadas nos jornais, desconcertaram os pregadores e muito contribuíram para o meu sucesso. De facto, esta digressão foi das mais felizes e, a cada dia que passava, o êxito tornava-se mais retumbante. Ninguém poderia desejar um chefe de orquestra e um companheiro mais encantador do que Walter Damrosch que, além disso, tinha o temperamento de um verdadeiro e grande artista. Nos momentos de descanso sabia muito bem apreciar um bom jantar e sentava-se ao piano a tocar durante horas, sem nunca dar mostras de fadiga, sempre genial, bem disposto e encantador.

Quando regressámos a Nova Iorque, tive a satisfação de ser informada pelo meu banco que na minha conta havia sido depositada uma quantia avultada. Se todas as fibras do meu coração não estivessem sempre a vibrar de desejo de ver o meu bebé e reencontrar a minha escola, nunca teria deixado a América. Porém, numa manhã, despedi-me, no cais, de um pequeno grupo de amigos — Mary e Billy Roberts, os meus poetas, os meus artistas — e regressei à Europa.

CAPÍTULO XXII

Elizabeth veio esperar-me a Paris com vinte alunas da escola e com o meu bebé. Imagine-se a minha alegria! Havia já seis meses que eu não via nem tocava no bebé. Quando a minha menina me viu, fitou-me de um modo muito engraçado e começou a chorar. Naturalmente, comecei também a chorar... era tão estranho, tão doce, tê-la de novo nos braços. E aquela outra menina — a minha escola! Todas tinham crescido imenso, estavam altíssimas. A reunião foi magnífica; dançámos e cantámos, todas nós, durante a tarde inteira.

O grande artista Lugné-Poe encarregou-se dos meus espectáculos em Paris. Foi ele o responsável pela apresentação de Eleonora Duse em Paris, bem como as de Susane Després e Ibsen. Entendeu que a minha dança precisava de uma certa encenação e, em meu nome, alugou o Teatro da Gaité Lyrique e contratou a orquestra Colonne, dirigida pelo próprio Colonne. O resultado foi termos tomado Paris de assalto. Poetas como Henri Lavedan, Pierre Mille e Henri Régnier publicaram artigos entusiásticos a meu respeito.

Paris sorria-me.

Em todos os espectáculos que dei, o teatro estava repleto de gente. A elite do mundo artístico e intelectual enchia-o até às bordas. Fiquei com a impressão de que o meu sonho estava prestes a realizar-se, e que estaria ao meu alcance a fundação da escola que tanto desejava.

Tinha arrendado dois apartamentos no número 5 da Rue Danton. Fui habitar o primeiro andar e no segundo instalei todas as alunas da escola e as suas preceptoras.

Um dia, exactamente antes de uma das matinés, apanhei um susto horrível. De repente e sem nada que o fizesse prever, o meu bebé começou a tossir e a sufocar. Pensei que poderia ser o garrotilho, que tanto medo mete. Apanhei um táxi e voei palas ruas de Paris à procura de um médico. Descobri finalmente um pediatra famoso que, todo solícito, me acompanhou e rapidamente me sossegou, dizendo que nada de grave se tratava, apenas uma constipação.

Cheguei à matiné com meia hora de atraso. Colonne e a sua orquestra haviam entretido o público com música.

Dancei toda a tarde, a tremer de medo. Adorava a minha menina e sentia que, se acontecesse alguma desgraça, eu não poderia sobreviver.

Como é forte, egoísta, feroz e dominador o amor de mãe! Não creio que seja coisa admirável. Seria infinitamente mais admirável poder e saber amar todas as crianças do mundo.

Deirdre já corria por todo o lado e já dançava. Era particularmente bonita e encantadora, uma perfeita e verdadeira miniatura de Ellen Terry. Eu pensava muito em Ellen e admirava-a muito, por isso achava que as duas eram iguais. Quando a humanidade progredir, todas as mães hão-de estar isoladas, antes do nascimento dos filhos, num certo local bem protegido, rodeadas de estátuas, pinturas e música.

O grande acontecimento da temporada foi o baile Brisson, para o qual foram convidadas todas as luminárias artísticas e literárias de Paris. Cada convidado devia apresentar-se vestido de um modo alusivo ao título de uma obra célebre. Eu escolhi a Bacante de Eurípides e, como bacante, encontrei-me com Mounet-Sully envolvido numa túnica grega, uma possível personificação do próprio Dionisius. Dancei com ele toda a noite ou, pelo menos, dancei ao pé dele, pois o grande Mounet desdenhava os modernos passos de dança. Correram boatos de que a nossa conduta tinha sido extremamente escandalosa. Mas, na verdade, foi bastante inocente e eu proporcionei a este grande artista algumas horas de saudável divertimento, que aliás ele bem merecia. Nunca entendi como foi possível, nessa noite, ter causado tamanho choque em Paris, com a minha inocência americana!

As recentes descobertas na área da telepatia provaram que os eflúvios mentais, para atingirem o seu destino, passam através de certos meios que lhes são favoráveis, por vezes sem que o agente emissor tenha consciência dessa emissão.

Eu tinha chegado a um ponto em que o colapso se tornara inevitável. Era-me impossível enfrentar as despesas crescentes da escola. Não dispunha dos recursos financeiros necessários. Com o dinheiro que amealhara, adoptei quarenta crianças que mantive ao meu cuidado e eduquei, vinte delas na Alemanha e as outras vinte em Paris. Além destas, dava ainda ajuda a várias outras pessoas. Um dia, rindo com grande humor, disse à minha irmã Elizabeth:

— Isto não pode continuar! A minha conta bancária está esgotada. Se não quisermos que a escola feche, temos de encontrar um milionário!

Uma vez formulado, este desejo passou a ser uma obsessão.

— Tenho de encontrar um milionário!

Repetia este voto cem vezes por dia, primeiro em ar de brincadeira mas, por fim, seguindo convictamente o sistema Coué[1].

Uma manhã, após uma actuação particularmente brilhante no Teatro da Gaité Lyrique, estava eu sentada no camarim, em frente do espelho. Lembro-me que tinha o cabelo cheio de papelotes e resguardado numa touca de renda; era já o penteado para a representação da tarde. A criada de quarto entrou, com um cartão de visita na mão, no qual li um nome bem conhecido. De repente, ouvi cantar dentro da minha cabeça: «Aqui está o meu milionário!»

— Deixa-o entrar!

Entrou, alto e louro, de cabelo ondulado e barba frisada. O meu primeiro pensamento foi: Lohengrin. *Wer will mein Ritter sein?* (Quem

---

[1] Método de tratamento por auto-sugestão, inventado pelo psicoterapeuta francês Émile Coué, 1857-1927. (*N. do T.*)

quer ser o meu cavaleiro?) Falava com uma voz de encantar, mas pareceu-me tímido. «Parece um menino grande disfarçado com uma barba», pensei eu. E ele disse-me:

— Não me conheceis, mas já muitas vezes aplaudi a vossa arte maravilhosa.

Uma estranha impressão apoderou-se então de mim. Já tinha encontrado este homem. Onde? Como num sonho, lembrei-me do funeral do Príncipe de Polignac. Eu, uma rapariga nova a chorar amargamente, nada habituada a funerais franceses. Tornei a ver a longa fila de familiares e amigos alinhados numa das naves laterais da igreja. Alguém me empurrou para a frente. «Há que apertar a mão!» ouvi sussurrar a meu lado. E eu, profundamente comovida, sentindo um verdadeiro desgosto pelo desaparecimento do meu amigo querido, avancei e, uma a uma, estendi a mão a todas as pessoas da família. Lembrei-me subitamente de ter fitado os olhos de uma dessas pessoas. Era o homem alto, agora à minha frente.

Tínhamo-nos encontrado pela primeira vez numa igreja, diante de um caixão. Não foi um presságio de felicidade, nem pensar! No entanto, naquele preciso instante, adivinhei que havia encontrado o meu milionário, aquele que os eflúvios da minha mente procuravam e que, acontecesse o que acontecesse, era *Kismet*[1].

— Tenho imensa admiração pela vossa arte, pela vossa coragem em prosseguir com o ideal da vossa escola. Estou aqui para vos ajudar. Que posso fazer? Será que, por exemplo, vos agrada ir com todas as vossas meninas bailarinas para uma pequena villa na Riviera, à beira-mar, e aí criar novas danças? Não tendes de vos preocupar com despesas. Fica tudo a meu cargo e responsabilidade. Sois autora de uma grande obra e deveis estar cansada. É tempo de repousar; contai comigo!

Uma semana mais tarde, toda a minha pequena trupe, acomodada numa carruagem de primeira classe, corria para o mar e para o sol. Lohen-

---

[1] Nome que os Turcos dão ao destino, fatalidade. (*N. do T.*)

grin veio esperar-nos à estação. Estava radioso, todo vestido de branco. Levou-nos para uma villa encantadora, fronteira ao mar, de cujos terraços nos apontou o seu iate de velas brancas. Disse-nos:

— Chama-se *Lady Alicia*. Mas talvez agora lhe mudemos o nome para Iris.

As meninas dançaram debaixo das laranjeiras, nas suas leves túnicas azuis, com as mãos cheias de flores e de fruta. Lohengrin deu grande atenção às meninas, tratando-as com muito carinho e sempre preocupado com o conforto e o bem-estar de todas elas. A sua dedicação pelas meninas reforçou a sinceridade da gratidão que lhe devia e sentia, e que pelo contacto diário com a sua bondade e encanto, rapidamente se transformou num sentimento mais forte e mais profundo. Contudo, por esses dias eu simplesmente o olhava como o meu cavaleiro, digno de ser venerado à distância, de um modo quase espiritual.

As meninas e eu instalámo-nos numa villa em Beaulieu, mas Lohengrin preferiu um hotel elegante em Nice. Uma vez por outra, convidava-me para jantar. Eu aceitava o convite e recordo-me que ia sempre vestida muito simplesmente, com a minha túnica grega. Lembro-me também que ficava sempre muito embaraçada por deparar com uma mulher vestida muito a preceito, com trajos de cores maravilhosas. Percebi desde logo que era uma inimiga. Fiquei muito apreensiva e os meus receios vieram a justificar-se com o tempo.

Uma noite de carnaval, Lohengrin, com a sua generosidade habitual, convidou um grupo de amigos para um baile no Casino. A todos forneceu trajos de Pierrot, em cetim Liberty. Foi a primeira vez que me disfarcei de Pierrot e foi também a primeira vez em que participei num baile de máscaras público. Foi uma festa espampanante. Para mim, só foi ensombrada por uma nuvem negra: a dama dos diamantes, igualmente mascarada de Pierrot, também participava do baile. Sempre que a olhava, sentia-me martirizada, mas lembro-me que, a dado momento, dancei com ela freneticamente... pois o amor não deixa de ser semelhante ao ódio. E teríamos continuado a dançar se um dos mordomos não tivesse aparecido, tocado nos nossos ombros e comunicado que era proibido duas senhoras dançarem uma com a outra.

No meio de toda esta loucura, fui de repente prevenida de que me chamavam ao telefone. Atendi e, da villa em Beaulieu, alguém me disse que Erica, a mais novinha das alunas da escola, tinha subitamente sido atacada de garrotilho, que a situação era grave e talvez estivesse às portas da morte. Corri do aparelho para a mesa da ceia, onde Lohengrin entretinha os convidados. Pedi-lhe para vir depressa ao telefone. «Temos de chamar um médico». E foi aí, ao lado da mesa do telefone, acometidos pela mesma angústia provocada pela mesma menina pequena tão querida para mim e para ele, que a nossa resistência se esboroou e os nossos lábios se encontraram pela primeira vez. Porém, não perdemos um segundo. O automóvel de Lohengrin estava à porta. Tal como estávamos vestidos, dois Pierrots, partimos, fomos buscar um médico e a toda a velocidade seguimos para Beaulieu. A pequenina Erica sufocava, o rosto quase preto. O médico fez o seu trabalho. Dois Pierrots a tremer de susto... esperámos pelo diagnóstico ao lado da cama. Duas horas mais tarde, com a aurora a espreitar pela janela, o médico afirmou que a menina estava salva. As lágrimas corriam-nos pelas faces e derretiam os cremes e as pinturas do rosto. Mas Lohengrin tomou-me nos braços e disse, «Coragem, minha querida! Voltemos para os nossos convidados.»

E ao longo de todo o caminho de regresso, no automóvel, estreitava-me e murmurava, «Minha querida muito querida, basta-me esta única noite e a memória que dela vou guardar para sempre, e sempre te amar.»

No Casino, o tempo voara tão rapidamente que a maior parte dos convidados mal se havia apercebido da nossa ausência.

Todavia, houve alguém que tinha contado os minutos com grande precisão. A senhorita dos diamantes havia assistido à nossa saída com olhos ciumentos e, ao regressarmos, agarrou numa das facas que estavam em cima da mesa e quis arremessá-la a Lohengrin. Por sorte, ele apercebeu-se da intenção a tempo e horas, agarrou-lhe o pulso e, logo de seguida, levantou-a nos braços, fazendo-a balouçar por cima da sua cabeça. Assim a levou, aparatosamente, até ao vestiário das senhoras, como se o incidente fosse uma brincadeira de carnaval previamente combinada. Entregou-a aos cuidados das empregadas de serviço, dizendo simplesmente que a senhora parecia atacada de uma pequena crise de histerismo, recomendando que lhe dessem a beber um copo de água! Regressou depois ao salão de baile, extremamente calmo e pronto para tudo. De facto, a boa disposição e alegria de todo o grupo não cessou de crescer até às cinco horas da manhã, momento em que atingiu o ponto mais alto, quando eu interpretei as diversas emoções da noite, mesmo as conflituosas, dançando um Tango Apache com Max Dearley.

Quando, ao nascer do sol, os convidados começaram a sair, a senhora dos diamantes regressou sozinha ao hotel e Lohengrin ficou comigo. A sua generosidade para com as meninas, a ansiedade e o verdadeiro desgosto que sentiu com a doença de Erica, tudo isso o fez ganhar o meu amor.

Na manhã seguinte, propôs-me um passeio no seu iate, agora rebaptizado. Levámos a minha menina pequenina connosco e, deixando a escola ao cuidado das preceptoras, fizemo-nos à vela para Itália.

O dinheiro traz sempre uma maldição consigo, e aqueles que o possuem não podem ser felizes mais de vinte e quatro horas.

Se eu tivesse percebido que o homem, com quem estava, tinha um carácter de menino mimado, que cada palavra minha, cada acto dos meus deveria ter sido cuidadosamente preparado para lhe agradar, tudo poderia ter corrido bem. Mas eu era muito nova e demasiado ingénua para pensar nisso e passava o tempo a tagarelar, expondo-lhe as minhas ideias sobre a vida, sobre a *República,* de Platão, sobre Karl Marx e sobre uma reforma do mundo, sem suspeitar, por um instante sequer, da devastação que causava. Este homem, que havia declarado que me amava pela minha coragem e pela minha generosidade, mostrava-se cada vez mais inquieto e alarmado à medida que ia descobrindo a espécie de fogosa e apaixonada revolucionária que tinha metido a bordo do seu iate. Gradualmente, foi compreendendo que não havia maneira de conciliar os meus ideais com a paz do seu espírito. O apogeu chegou quando, um serão, me perguntou qual o meu poema favorito. Encantada, trouxe-lhe o meu livro de cabeceira e li-lhe a *Canção da Estrada Larga,* de Walt Whitman. Transportada de entusiasmo, não me apercebi do efeito que estava a causar e, quando ergui os olhos, fiquei estarrecida por ver o seu belo rosto congestionado de raiva. Exclamou:

— Que coisa podre! Tenho a certeza de que esse homem nunca conseguiu ganhar qualquer coisa na vida.

Eu gritei:

— Não estás a ver? Ele tem a visão da América Livre!

— A visão que vá para o diabo!

E de repente, percebi que a sua visão da América era a de dúzias de fábricas empenhadas em acumular a sua própria fortuna. Porém, a perversidade característica da mulher é tal, que após esta querela e tantas outras do mesmo género atirei-me para os seus braços, tudo esquecendo sob a brutalidade das suas carícias. Também me consolei a pensar que em breve ele abriria os olhos, passaria a ver claro e, portanto, estaria apto a ajudar-me a fundar a minha grande escola para as filhas do povo.

Entretanto, o magnífico iate navegava pelo Mediterrâneo azul.

Ainda hoje vejo tudo como se tivesse acontecido ontem: a ampla ponte do iate, a mesa posta para o almoço com pratas e cristais e Deirdre, na sua túnica branca, a dançar à nossa volta. É evidente que eu estava caidinha de amores e feliz. No entanto, pensava continuamente e com tristeza nos fogueiros a alimentar as fornalhas da casa das máquinas, nos cinquenta marujos do iate, no Capitão e no seu Imediato, na despesa imensa, exclusivamente gasta para dar prazer a duas pessoas. Inconscientemente sofria, enquanto os dias assim passavam, afastando-me do meu caminho. Por vezes, dava comigo a comparar o conforto e a despreocupação desta vida de luxo, desta festa sem fim, deste abandono ao prazer e ao sossego, com a amarga labuta da minha mocidade. Então, reacendia-se no meu corpo e na minha mente a impressão causada pelos gloriosos alvores da madrugada a transformarem-se no deslumbramento de um meio-dia abrasador. O meu Lohengrin, o meu Cavaleiro do Graal, também tu hás-de vir a partilhar a grande ideia!

Passámos um dia em Pompeia e Lohengrin teve o romântico desejo de me ver dançar no Templo de Pestum, à luz do luar. Contratou de imediato uma pequena orquestra de músicos napolitanos, a quem deu instruções para se dirigirem ao templo e aí aguardarem a nossa chegada mas, precisamente nesse dia estourou uma tempestade de Verão e caiu uma chuva diluviana. Durante esse dia e o seguinte, o iate ficou impossibilitado de sair do porto e quando, finalmente, chegámos a Pestum, encontrámos os músicos da orquestra completamente encharcados, miseravelmente sentados nos degraus do templo, onde há vinte e quatro horas nos esperavam.

Lohengrin encomendou dúzias de garrafas de vinho e cordeiro *à la* Pélicaire, que comemos à moda árabe, com os dedos. A orquestra esfomeada comeu e bebeu tanto e estava tão fatigada pela espera no templo, que todos os músicos foram incapazes de tocar. Como começou a chuviscar, subimos todos a bordo do iate, que desfraldou as velas e rumou para Nápoles. A orquestra, muito atenciosa, tentou tocar para nós na ponte do iate mas, como o barco começou a balouçar, os músicos enjoaram e, um a um, retiraram-se para as cabines…

Foi este o final da romanesca ideia de dançar ao luar no Templo de Pestum!

Lohengrin queria continuar a navegar pelas águas do Mediterrâneo, mas eu lembrei-lhe que tinha um contrato com o meu empresário na Rússia e, surda a todos os seus rogos, tomei a difícil decisão de honrar os meus compromissos. Lohengrin levou-me de volta a Paris. Poderia ter ido comigo para a Rússia, mas receou dificuldades com o passaporte. Encheu de flores o meu compartimento do comboio e dissemos um terno adeus, um ao outro.

É estranho o que acontece quando abandonamos alguém que amamos. Embora o mais horrível desgosto nos destroce, assalta-nos também uma curiosa sensação de libertação.

Esta digressão pela Rússia foi tão triunfal como as anteriores, embora marcada por um acontecimento que poderia ter sido trágico mas redundou numa história quase cómica. Uma tarde, Craig quis ver-me e foi visitar-me. Durante um curto instante, estive prestes a crer que nada mais importava, nem a escola, nem Lohengrin, nada, nada, a não ser a grande alegria de o tornar a ver. No entanto, um traço dominante do meu carácter é a fidelidade.

Craig encontrava-se num dos melhores momentos da sua vida. Estava a encenar o *Hamlet* para o Teatro de Arte de Stanislavsky. Todas as actrizes da companhia de Stanislavsky estavam enamoradas dele. Os actores estavam maravilhados com a beleza de Craig, com o seu génio e a sua extraordinária vitalidade. Estava sempre a fazer-lhes discursos intermináveis sobre a arte do teatro e eles faziam o melhor que podiam e sabiam para o acompanhar nas suas fantasias e nos seus sonhos.

Quando o vi, senti de novo o mesmo encanto, o mesmo fascínio de antigamente e as coisas poderiam ter tido um fim muito diferente se porventura eu não estivesse acompanhada por uma secretária muito bonita. Na última noite, a noite da nossa partida para Kiev, ofereci um jantar íntimo a Stanislavsky, a Craig e à secretária. A meio do jantar, Craig perguntou-me se eu queria ou não ficar com ele. Como eu não podia responder, foi acometido por uma das suas fúrias dos tempos passados, arrancou a secretária da cadeira, levou-a nos braços para o quarto vizinho e fechou a porta à chave. Stanislavsky ficou terrivelmente chocado e esforçou-se, tanto quanto pôde, por persuadir Craig a abrir a porta. Quando nos apercebemos de que a persuasão não sortia efeito, a única coisa que podíamos fazer era sair para a estação de caminho-de--ferro, onde nos informaram que o comboio havia partido dez minutos antes.

Regressei com Stanislavsky ao seu apartamento e tentámos conversar sobre a arte moderna, sem convicção, evitando falar de Craig e da sua aventura. Era porém evidente que Stanislavsky estava perturbado e chocado com o comportamento de Craig.

No dia seguinte apanhei o comboio para Kiev. Alguns dias depois, apareceu-me nessa cidade uma secretária bastante pálida e um tanto agitada. Perguntei-lhe se não queria ficar na Rússia com Craig. Enfaticamente respondeu-me que não, pelo que regressámos a Paris, onde L. nos esperava.

Possuía um apartamento estranho e sombrio na Place des Vosges. Para aí me levou... e aí me meteu num leito Luís XIV, onde totalmente me cobriu de carícias. Pela primeira vez soube até que ponto os nervos e os sentidos podem ser sacudidos e estimulados. Pareceu-me que renascia para a vida de uma maneira nova e com uma alegria que nunca antes conhecera.

Tal como Zeus, adquiria muitas e variadas formas e agora eu vi-o e conheci como Touro, logo depois como um Cisne, e ainda como uma Chuva de Ouro. O seu amor transportava-me por cima das ondas do mar, acariciava-me delicadamente com as penas brancas, seduzia-me e coroava-me numa Nuvem de Ouro.

Aprendi também a conhecer todos os restaurantes realmente bons da cidade de Paris, onde L. era recebido com vénias de submissão e tratado como um rei. Todos os *Maîtres d'Hotel* e todos os cozinheiros rivalizavam para lhe agradar, pois ele distribuía dinheiro de uma maneira própria da realeza. Também pela primeira vez soube qual era a diferença entre um *poulet cocotte* e um *poulet simple* e aprendi a distinguir a qualidade das hortulanas, das trufas e dos cogumelos. De facto, os nervos adormecidos da minha língua e do meu palato despertaram, aprendi a reconhecer as regiões produtoras de vinho, quais os anos de boa colheita e quais as castas que nos oferecem o mais requintado sabor e o mais requintado aroma. Aprendi ainda muitas outras coisas que até então ignorava.

E agora, pela primeira vez, visitei um costureiro da moda e deixei-me seduzir pela fatal sedução dos tecidos, das cores e dos modelos... até dos chapéus. Eu, que sempre vestira e usara uma pequena túnica branca, de lã no inverno, de linho no verão, sucumbi à tentação de encomendar vestidos magníficos e ao prazer de os usar. Tinha porém uma desculpa. Não era um costureiro vulgar, mas um génio chamado Paul Poiret que, ao vestir uma mulher realizava uma obra de arte. Todavia isto foi, para mim, a passagem da arte sagrada para a arte profana.

Todos estes prazeres tinham os seus revezes e havia dias em que falávamos dessa misteriosa doença, a neurastenia.

Recordo-me de uma manhã em que, durante um agradável passeio ao Bois de Boulogne, na companhia de Lohengrin, descortinei a alastrar no seu rosto uma trágica expressão vinda de muito longe. Era uma expressão que, a seu tempo, aprendi a recear. Perguntei-lhe qual a razão, e ele respondeu:

— Tenho sempre debaixo dos olhos o rosto da minha mãe dentro do seu caixão. Esteja eu onde estiver, essa visão persegue-me, o rosto sem vida da minha mãe. De que nos serve viver, se tudo acaba na morte?

Compreendi então que a riqueza e o luxo não proporcionam felicidade! A gente rica tem certamente muito mais dificuldade em realizar na vida qualquer coisa de sério. O iate ancorado no porto está sempre a convidá-los para vogar pelo Azul dos Mares.

CAPÍTULO XXIII

Passámos esse Verão no iate, ao largo da costa da Bretanha. Por vezes acontecia o mar estar tão encapelado que eu saía do iate e seguia-o num automóvel ao longo da costa. L. não deixava o barco, mas não era um grande marinheiro e, com frequência, ficava tremendamente enjoado. São assim os prazeres dos ricos!

Em Setembro fui para Veneza com o meu bebé e a ama, onde permanecemos, só os três, durante algumas semanas. Um dia fui à Basílica de São Marcos. Sentei-me sozinha a contemplar o azul e o dourado da cúpula e, de repente, pareceu-me ver o rosto de um rapazinho. Mas o rapazinho era um anjo de olhos grandes e azuis e com uma auréola de cabelos cor de ouro.

Fui ao Lido e aí passava o tempo sentada, a ver a minha pequena Deirdre a brincar na areia. Foram dias de meditação. O que em sonhos tinha visto na Basílica de São Marcos enchia-me, ao mesmo tempo, de alegria e de inquietação. Eu sempre amei, mas agora conhecia qualquer coisa da ligeireza e do egoísmo caprichoso, daquilo a que os homens chamam amor. Assim aguardava o anunciado sacrifício que ia impor à minha Arte, talvez fatal para ela e para o meu trabalho. Subitamente comecei a sofrer uma intensa nostalgia da minha Arte... do meu trabalho... da minha escola. Esta vida humana, a minha vida, parecia-me tão pesada, para além dos meus sonhos de Arte.

Creio que em cada vida existe uma linha espiritual, uma curva ascendente, e tudo o que se cola a esta linha e a fortalece constitui a nossa vida real. O resto é apenas palha que sacudimos do corpo enquanto a alma avança e progride. A minha Arte é esta linha espiritual e a minha vida só conheceu duas razões de ser, o Amor e a Arte. E muitas foram as vezes em que o Amor destruiu a Arte, e muitas foram também as vezes em que o imperioso chamamento da Arte impôs um trágico fim ao Amor. Na verdade, estes dois nunca estão de acordo e travam entre si uma batalha constante.

Neste estado de indecisão e de angústia mental, parti para Milão, para consultar um médico amigo com quem marcara um encontro para expor-lhe os meus problemas. Assim que o fiz, exclamou:

— Porquê? Que insensatez! Vós, uma artista única, atrever-se a correr o risco de privar o mundo, para sempre, da vossa Arte! Perfeitamente impossível. Por favor, segui o meu conselho e desisti de cometer tal crime contra a humanidade!

Eu ouvi-o num estado de indecisão angustiada, ora revoltada pela deformação de novo imposta ao meu corpo, que era o instrumento da minha Arte, ora torturada pelo apelo, pela esperança, pela visão do rosto daquele anjo, o rosto do meu filho.

Pedi ao meu amigo que me concedesse uma hora para tomar uma decisão. Lembro-me do quarto do hotel, um quarto muito sombrio, onde de repente reparei no retrato de uma mulher muito estranha, vestida à maneira do século dezoito, cujos olhos belos e cruéis me fitavam e pareciam troçar de mim. «Seja o que for aquilo que vieres a decidir», pareceu-me ouvi-la dizer, «vai tudo dar ao mesmo. Olha para a minha beleza, a brilhar há tantos anos. A morte tudo engole, mesmo tudo. Por que hás-de voltar a sofrer para trazer ao mundo uma vida que a morte há de engolir?»

Os seus olhos tornaram-se mais cruéis, mais sinistros, e a minha angústia mais terrível. Para não a ver, tapei os olhos com as mãos. Tentei pensar e decidir. Implorei àqueles olhos, através da névoa das minhas lágrimas, mas eles não mostravam piedade, continuavam a troçar de mim. Quer na Vida, quer na Morte, pobre criatura, caíste numa cilada implacável.

Por fim levantei-me e falei aos olhos:

— Não, não sois capaz de me perturbar. Eu creio na Vida, no Amor, na santidade da Lei da Natureza.

Seria imaginação minha, ou de facto vi subitamente brilhar naqueles olhos cruéis o clarão cintilante de um sorriso terrível e trocista?

Quando o meu amigo médico regressou, participei-lhe a minha decisão e, desde esse momento, nada a pôde alterar.

Voltei para Veneza e, uma vez aí chegada, tomei Deirdre nos braços e murmurei-lhe:

— Vais ter um irmãozinho.

Deirdre riu e bateu as palmas, toda contente:

— Oh! Que coisa boa, que coisa boa!

— Sim, sim! Vai ser muito bom.

Enviei um telegrama a L. e ele veio a correr para Veneza. Parecia deliciado, cheio de alegria, muito amoroso e com imensa ternura. O demónio da Neurastenia tinha desaparecido completamente, pelo menos por um tempo.

Tinha já assinado um contrato com Walter Damrosch e, em Outubro, embarquei para a América.

L. nunca tinha visto a América e, lembrando-se que nas veias lhe corria sangue americano, ficou possesso de louca excitação. Naturalmente, reservou as cabines mais cómodas e mais sumptuosas e todas as noites encomendava uma ementa especial, que mandava imprimir. Viajámos como reis. Viajar com um milionário simplifica as coisas, pelo que foi fácil instalarmo-nos numa magnífica suite do Hotel Plaza, onde entrámos entre duas alas de funcionários que à nossa passagem se inclinavam reverentemente.

Parece-me que nos Estados Unidos vigora uma lei qualquer que não consente que dois amantes viagem sós e aluguem um quarto de hotel. O pobre Gorki e a sua amante, com quem vivia há dezassete anos, foram rechaçados de Herodes para Pilatos e a sua estada na América foi um verdadeiro tormento. Mas é evidente que, quando um dos dois é senhor de grande riqueza, estes pequenos aborrecimentos são facilmente aplanados.

Esta digressão pela América foi das mais felizes, mais cheias de sucessos e mais rentáveis, pois dinheiro atrai dinheiro. Mas, num dia de Janeiro, uma dama muito nervosa entrou no meu camarim a exclamar:

— Minha querida Miss Duncan, vê-se muito claramente da primeira fila. Não podeis continuar assim!

Repliquei:

— Oh, minha querida Mrs X., mas é precisamente isso que a minha dança pretende exprimir: o Amor, a Mulher, a Forma do Corpo, a Primavera. A pintura de Botticelli, estais a ver: a terra fecunda, as três Graças *enceinte* a dançarem, a Madonna também *enceinte*, os Zéfiros. Tudo o que sussurra a prometer uma Vida Nova. Eis o significado da minha dança.

A estas palavras, Mrs X. assumiu uma expressão divertida. Mas nós reflectimos sobre a questão que ela pusera, e entendemos que o melhor seria interromper a digressão e regressar à Europa, pois o meu estado abençoado tornava-se cada vez mais visível.

Tive a grande alegria de saber que Augustin e a sua menina estavam com vontade de se juntarem a nós. Ele tinha-se separado da mulher e a viagem seria certamente uma boa distracção.

— Não gostarias de passar o Inverno a subir o Nilo numa *dahabeah*? Fugir dos céus cinzentos e carregados de nuvens para sítios onde o sol brilha? Visitar Tebas, Dendera, tudo o que sempre sonhaste ver? O iate está pronto para nos levar até Alexandria, a *dahabeah* tem já uma equipagem de trinta marujos nativos e um cozinheiro de primeira classe. As cabines são sumptuosas, têm quarto de dormir e sala de banho.

— Ah! Mas a minha escola, o meu trabalho?

— A tua irmã Elizabeth dirige a escola muito bem e tu ainda és muito nova. Tens muito tempo à tua frente para te preocupares com o teu trabalho.

Decidimos, portanto, passar o Inverno a navegar pelo Nilo acima e teria sido uma felicidade sonhada — e quase foi — se de vez em quando não tivesse aparecido o mesmo monstro Neurastenia a tapar o sol com a sua mão negra como carvão.

Enquanto a *dahabeah* navegava suavemente Nilo acima, a alma viajava pelos tempos de outrora, um milhar, dois milhares, cinco milhares de anos para trás, atravessando os nevoeiros do Passado até às Portas da Eternidade.

Como foi boa e calma esta viagem, uma viagem em que eu levava dentro de mim a promessa de uma vida nova. Visitámos os templos que falavam dos Antigos Reis do Egipto, penetrámos pelas areias douradas do deserto, descemos até aos mistérios profundos dos Túmulos dos Faraós. A pequenina vida dentro de mim parecia vagamente desconfiar desta viagem pelas terras da escuridão e da morte. Numa noite de luar, no Templo de Dendera, pareceu-me que os olhos de todas as figuras mutiladas da Deusa Hathor, a Afrodite egípcia, figura repetida com uma insistência alucinante por todo o templo, estavam viradas, todas elas sem excepção, para o meu menino que ia nascer.

Particularmente maravilhoso é o Vale dos Mortos, onde a maior das maravilhas é o túmulo de um Principezinho que não viveu o tempo suficiente para vir a ser um grande Faraó ou um Rei. Morrer em idade tão tenra, atravessar séculos e séculos como «o menino morto», e ele ali repousa há já seis mil anos. Se porventura tivesse vivido, teria hoje seis mil anos de idade.

Quais as recordações que ainda guardo dessa viagem pelo Egipto? A púrpura do sol nascente, o vermelho de fogo do sol poente, as areias de ouro do deserto, os templos; os dias de sol passados no adro de um templo a sonhar com a vida dos Faraós... a sonhar com o meu bebé que vai nascer; as mulheres do campo a caminho pelas margens do Nilo com vasos e bilhas pousadas nas magníficas cabeças e os corpos volumosos a balançarem sob as túnicas pretas; a fina silhueta de Deirdre a dançar no convés; Deirdre a passear nas ruas antigas de Tebas. A minha menina pequena a erguer os olhos para os mutilados deuses antigos.

Quando viu a esfinge, exclamou:

— Oh, Mamã, esta boneca não é muito bonita, mas é imponente!

Andava, por esse tempo, a aprender palavras com mais de três sílabas.

A menina pequena diante dos Templos da Eternidade, o Principezinho nos túmulos dos Faraós, o Vale dos Reis e as caravanas a atravessarem o deserto, o vento a ondular a areia e a fazê-la voar para longe... para onde?

No Egipto, o sol levanta-se com uma intensidade extraordinária cerca das quatro horas da manhã. A partir dessa hora era impossível dormir, pois começava a ouvir-se a lamúria monótona, contínua e sincopada dos *sakieh* a tirar água do Nilo. Logo de seguida surgia ao longo da margem do rio a procissão dos trabalhadores do campo que, conduzindo camelos, vinham tirar água para a rega, amanhar e lavrar os campos. Assim continuavam até ao sol posto, uma pintura a fresco, viva e animada.

A *dahabeah* avançava lenta e suavemente ao som dos cantares dos marinheiros, cujos corpos bronzeados se endireitavam e curvavam ao ritmo do movimento dos remos.

As noites eram uma beleza. Tínhamos a bordo um piano Steinway e um jovem artista inglês, de grande talento, que ao serão nos tocava Bach e Beethoven, cuja música solene se harmonizava admiravelmente com a imensidade do espaço e com os templos do Egipto.

Algumas semanas mais tarde atingimos Ouadi Halfa e entrámos na Núbia, onde o Nilo é tão estreito que, de barco, quase se pode tocar em ambas as margens. Aqui chegados, os cavalheiros do grupo deixaram-nos para ir a Cartum. Eu e Deirdre ficámos sós na *dahabeah* e devo dizer que, durante semanas, passei o tempo mais calmo, mais tranquilo da minha vida naquela terra maravilhosa, onde os cuidados e aborrecimentos parecem coisas fúteis. O barco parecia embalado pelo ritmo dos séculos. Para aqueles que tiverem recursos suficientes, uma viagem pelo

Nilo, numa *dahabeah* bem apetrechada, é o melhor tratamento de repouso que há no mundo.

O Egipto é para nós uma terra de sonho. Para o pobre *fellah* é uma terra de trabalho mas, em qualquer caso, é a única terra que eu conheci onde o trabalho pode ser realmente belo. O *fellah*, que vive quase exclusivamente de sopa de lentilhas e de pão sem fermento, é senhor de um corpo magnífico e ligeiro; quer esteja curvado a laborar no campo ou a tirar água no Nilo, apresenta-se sempre como um modelo de bronze, pronto a encantar o coração de um escultor.

....

Regressámos a França e aportámos a Villefranche. L. alugou, para a temporada, uma luxuosa villa em Beaulieu, com terraços a descerem até ao mar. Com a sua habitual impetuosidade divertiu-se a comprar terrenos em Cap Ferrat, com a intenção de construir um grande castelo italiano.

Demos umas voltas de automóvel para visitar as torres de Avignon e as muralhas de Carcassonne, que deviam servir de modelo para o seu castelo. Um castelo domina hoje Cap Ferrat mas... que tristeza!... como tantos outros dos seus caprichos, nunca foi concluído.

Nesses dias, ele andava obcecado por um anormal desassossego. Quando não se precipitava para Cap Ferrat, no intuito de adquirir mais terrenos, metia-se no rápido de Paris à segunda-feira e regressava na quarta-feira. Eu ficava em sossego no jardim à beira do mar a ponderar nas diferenças que distinguem e separam a Vida da Arte. Frequentemente interrogava-me, sem saber se uma mulher pode de facto e na realidade ser uma artista, dado que a Arte é um senhor e um patrão que tudo exige e em tudo manda, enquanto a mulher que ama alguém, tudo abandona para se entregar à vida e ao amor. De qualquer modo, eu ali estava, pela segunda vez, imobilizada e separada da minha Arte.

No primeiro dia de Maio, numa manhã em que o mar estava muito azul, o sol brilhava e a Natureza inteira desabrochava em flores e alegria, o meu filho nasceu.

Ao contrário do estúpido e campónio doutor de Nordwyck, o inteligente Dr. Bosson soube como aliviar as dores e o sofrimento com doses adequadas de morfina e, em consequência, esta segunda provação foi bastante diferente da primeira.

Deirdre entrou no meu quarto, com as suas amorosas faces transfiguradas por uma expressão de maternidade precoce.

— Oh, Mãe! Que menino tão bonito! Não precisas de te preocupar com ele, Mãe. Vou sempre embalá-lo nos meus braços e tomar conta dele.

Estas palavras acudiram-me à memória quando ela morreu e eu a vi com o irmão apertado nos seus pequenos braços brancos e já rígidos.

Por que será que as pessoas chamam por Deus, implorando a sua ajuda? Se Ele existe, não deve ter conhecimento destas coisas.

Assim, de novo me achei à beira do mar, deitada com um bebé nos braços. Só que, em vez da modesta e branca Villa Maria sacudida pelo vento, era numa mansão palaciana em que me encontrava e o Mar do Norte, soturno e turbulento, dera lugar ao Mediterrâneo azul.

CAPÍTULO XXIV

Quando regressei a Paris, L. perguntou-me se eu não quereria dar uma festa a todos os meus amigos. Recomendou-me que organizasse o respectivo programa e disse-me que, com muito gosto, me dava *carte blanche* para tudo o que fosse necessário. A gente rica nunca sabe como se pode divertir. Se oferecem um jantar, este não é muito diferente do jantar oferecido por um porteiro pobre, e isso sempre me fez pensar na festa maravilhosa que se pode dar, caso se disponha de bastante dinheiro. Veja-se então como eu fiz:

Pediu-se aos convidados que chegassem a Versailles às quatro horas da tarde. Aí no parque, haviam sido instalados toldos e mesas com toda a variedade de bebidas e petiscos, desde caviar e champanhe até chá e bolos. Em seguida, num espaço aberto onde se tinham montado algumas tendas, a orquestra Colonne, sob a direcção de Pierné, brindou-nos com um programa composto por obras de Richard Wagner. Lembro-me como foi maravilhoso ouvir o idílio de Siegfried à sombra das árvores frondosas, naquela esplêndida tarde de Verão e lembro-me da solenidade com que soaram os acordes da Marcha Fúnebre de Siegfried, nos momentos exactos em que o sol se punha.

Depois do concerto, um magnífico banquete desafiou os convidados a gozarem prazeres mais materiais. O banquete, de variados pratos de grande requinte, prolongou-se até à meia-noite, hora em que os jardins se iluminaram e, ao som das músicas de uma orquestra vienense, todos puderam dançar e assim fizeram até às primeiras horas da manhã.

Foi desta maneira que eu entendi que um homem rico deve gastar o seu dinheiro a entreter os amigos. Nesta festa participaram toda a elite e todos os artistas de Paris, que muito a apreciaram.

Mas o facto mais extraordinário de tudo o que aconteceu, embora eu tivesse organizado a festa para satisfazer os desejos de L., que teve de despender 50 000 francos (francos de antes da guerra!), foi ele não ter estado presente.

Cerca de uma hora antes do início da festa, recebi um telefonema comunicando-me que ele tinha sofrido uma congestão e estava muito mal e impedido de comparecer. Pedia-me, portanto, que eu, sozinha, recebesse os convidados.

Não é de espantar que me sentisse inclinada a tornar-me comunista, quando tantas e tantas vezes assisti a acontecimentos que demonstravam ser tão complicado um homem rico descobrir a felicidade como era difícil a Sísifo fazer rolar pela montanha acima a pedra arrancada ao Inferno.

Nesse mesmo verão L. meteu na cabeça a ideia de que nos devíamos casar, apesar de, por diversas vezes, já lhe ter manifestado a minha oposição ao casamento. Desta vez disse-lhe:

— O casamento de um artista é uma grande estupidez. Tenho de passar a minha vida em digressões pelo mundo inteiro. Como é que tu podes passar a tua vida sentado num camarote de teatro a assistir às minhas actuações?

Respondeu-me:

— Se nos casarmos, não tens de andar às voltas pelo mundo.

— Então, o que havemos de fazer?

— Podemos passar o tempo na minha casa de Londres, ou na minha propriedade no campo.

— E então, o que havemos de fazer?

— Então, temos o iate.

— Mas então o que havemos de fazer?

L. propôs-me ensaiar este modo de vida durante três meses.

E assim, fomos nesse Verão para Devonshire, onde ele possuía uma esplêndida mansão palaciana que tinha mandado construir segundo os modelos de Versailles e do Petit Trianon, com numerosos quartos, salas de banho e apartamentos, além de catorze automóveis na garagem e um iate no porto. Porém, eu não tinha contado com a chuva. No Verão inglês está sempre a chover, todos os dias e durante o dia inteiro. Os ingleses parecem não se importar. De manhã levantam-se e logo muito cedo tomam um pequeno-almoço de ovos e bacon, presunto e rins e *porridge*. Envergam em seguida os impermeáveis e vão passear para os campos húmidos até à hora do almoço, quando comem muitos e variados pratos, concluindo a refeição com as natas do Devonshire.

Do almoço até às cinco da tarde é suposto que se ocupem com a correspondência do dia, embora eu desconfie que vão para a cama dormir. Pelas cinco horas descem para o chá, composto de muitas variedades de bolos, pão, manteiga, chá e compotas. Depois do chá, agrupam-se e fingem que jogam bridge até que chega a hora de se preocuparem com o assunto mais importante do dia, que é, nada mais, nada menos do que vestirem-se para o jantar, onde aparecem em trajos de cerimónia, as senhoras muito decotadas e os cavalheiros com camisas engomadas. Assim vestidos, devoram jantares de vinte pratos. Concluído o último prato, os cavalheiros entretêm-se com uma superficial conversa política ou abordam ao de leve algumas questões de filosofia, até que finalmente chega a hora de se retirarem.

Não é difícil imaginar como este estilo de vida me agradou... Ao fim de duas semanas, achava-me literalmente desesperada.

Ora acontece que no solar havia um maravilhoso salão de baile decorado com uma tapeçaria Gobelins e um quadro sobre a coroação de Napoleão, pintado por David. Parece que David pintou dois quadros sobre este mesmo tema, um encontra-se no Louvre e o outro na sala de baile da casa de L. no Devonshire.

Reparando no meu desespero crescente, L. disse:

— Por que deixaste de dançar? Podes fazê-lo no salão de baile.

Pensei imediatamente na tapeçaria de Gobelins e na pintura de David.

— Como queres que faça os meus gestos simples diante daquelas paredes, num chão escorregadio e encerado?

Ele replicou:

— Se isso te causa problemas, diz a alguém que traga as tuas cortinas e a tua carpete.

Assim, dei ordens para me trazerem as cortinas, que foram penduradas por cima da tapeçaria, e a carpete, que se estendeu no chão encerado.

— Mas preciso de um pianista.

— Manda vir um pianista.

Logo que L. anuiu ao meu pedido, enviei um telegrama a Colonne: «Estou a passar o Verão em Inglaterra. Devo trabalhar, enviem-me um pianista.»

Da orquestra Colonne, tinha feito parte um primeiro violino, um homem de aspecto bizarro, com uma enorme cabeleira a oscilar no alto de um corpo disforme. Este primeiro violino também tocava piano. Porém o seu aspecto era tão repelente que sempre que o olhava ou lhe tocava na mão sentia uma repulsa física. Pedi muitas vezes a Colonne que não o trouxesse à minha presença. Colonne respondia-me que ele me adorava e eu replicava que nada podia fazer para dominar a sensação de repulsa, que muito simplesmente não podia suportar a sua presença. Uma noite em que Colonne estava doente e não pôde dirigir a orquestra, para eu dançar no Teatro da Gaieté Lyrique, fez-se substituir por esse homem. Fiquei verdadeiramente furiosa e exclamei:

— Não posso dançar, se for ele a reger.

Veio ao meu camarim e, com lágrimas nos olhos, disse-me:

— Isadora, adoro-vos. Deixai-me reger a orquestra desta vez.

Olhei-o com frieza:

— Não. Devo dizer-vos que o vosso físico me horroriza.

Ouviu estas palavras e de imediato rompeu a soluçar.

A assistência esperava e Lugné-Poe persuadiu Pierné a substituí-lo na condução da orquestra.

Num dia particularmente chuvoso, recebi um telegrama de Colonne: «Vou enviar um pianista. Chega em tal dia, a tantas horas.»

Fui esperar o pianista à estação de caminho-de-ferro e qual não foi o meu espanto, ao ver o tal homem X. a apear-se do comboio.

— Como é possível que Colonne vos tenha enviado? Ele bem sabe como eu vos detesto.

Respondeu a gaguejar:

— *Je vous demande pardon, Madame, le cher Maître m'a envoyé*[1].

Quando L. soube quem era o pianista, exclamou:

— Pelo menos, não tenho razão para me encher de ciúmes!

L. ainda sofria os efeitos daquilo que sempre considerou ter sido uma congestão e tinha no palacete um médico e um enfermeiro experientes. Havia definido uma certa linha de conduta que eu devia seguir e insistiam para não a alterar. Instalara-me num quarto isolado no outro extremo da casa e disseram-me para não incomodar L., fosse a que pretexto fosse, dado que ele devia passar várias horas por dia no quarto e alimentar-se exclusivamente de arroz, macarrão e água. Além disso, o médico vinha medir-lhe a tensão arterial de hora a hora. Por vezes, metiam-no numa espécie de gaiola trazida de Paris, onde permanecia sentado enquanto se ligavam milhares de volts de electricidade. Ficava com um ar muito patético e comovedor, e dizia:

— Espero que isto me faça bem.

Toda a situação agravava o meu nervosismo e a minha inquietação, o que, associado à chuva incessante, talvez explique os acontecimentos extraordinários que se seguiram.

Para dissipar o meu aborrecimento, comecei a trabalhar com X., apesar de ele continuar a desagradar-me. Sempre que ele tocava para eu dançar, colocava um biombo entre mim e ele, e dizia-lhe:

— A vossa figura é incrivelmente desagradável. Não suporto vê-la.

A Condessa A., uma velha amiga de L., residia no palacete. Uma vez, disse-me:

— Como podeis tratar o pianista dessa forma?

---

[1] Peço-vos desculpa, Senhora, mas o caro Maestro mandou-me vir.

E um dia insistiu para que o convidássemos a fazer-nos companhia no automóvel fechado em que todas as tardes dávamos umas voltas depois do almoço.

Com muita relutância, convidei-o.

O automóvel não tinha *strapontins*, pelo que tivemos de nos sentar os três no banco traseiro, eu no meio com a Condessa à minha direita e X. à esquerda. Como habitualmente, chovia copiosamente. Já tínhamos dado um pequeno passeio pelo campo, quando fui assaltada por uma tal aversão a X., que bati no vidro de separação e dei ordem ao condutor para dar meia volta e regressar a casa. Ele aquiesceu e, pretendendo agradar-me, fez a manobra com grande brusquidão. A estrada rural estava sulcada de trilhos dos automóveis e, quando virou para trás fui arremessada para os braços de X. Ele fechou-os à minha volta. Endireitei-me, recostei-me no banco, olhei para ele e subitamente senti que todo o meu ser ardia em chamas tão vivas como as que se acendem num monte de palha. Nunca havia sentido nada tão violento. De repente, ao olhar para ele, tive uma revelação e fiquei muda de espanto por só naquele momento me ter apercebido do que via. O seu rosto era de uma beleza perfeita e nos seus olhos brilhava a chama suave e discreta do génio. Nesse preciso instante compreendi que ele era um grande homem.

Ao longo de todo o caminho de regresso a casa, não deixei de o fitar num arrebatamento de paixão e, quando entrámos no salão, deu-me a mão. Com os olhos fixos nos meus, levou-me delicadamente para trás do biombo do salão de baile. Como foi possível que de uma tão violenta antipatia nascesse amor tão violento?

O único estimulante que, nesses dias, L. estava autorizado a tomar era uma bebida recém-descoberta, hoje vendida aos milhares de garrafas e que se supõe activar os fagócitos. O mordomo recebeu instruções para, todos os dias, dar este fortificante aos hóspedes, com os cumprimentos de L. Embora mais tarde eu viesse a saber que a dose correcta devia ser apenas uma colher de chá, L. insistia que devíamos beber nunca menos do que a quantidade correspondente a um copo de vinho cheio.

A partir do dia em que déramos o passeio de automóvel, apoderou-se de nós, de X. e de mim, uma obsessão. Queríamos estar sós, na estufa, no jardim, mesmo nas longas caminhadas pelas veredas do campo. Contudo, estas violentas paixões têm sempre um fim violento, e chegou o dia em que X. teve de deixar a mansão palaciana para nunca mais voltar. Foi um sacrifício que fizemos para salvar a vida de um homem que se supunha estar às portas da morte.

Muito tempo depois, quando ouvi a lindíssima música do *Espelho de Jesus*, percebi que tinha toda a razão em acreditar que este homem era um génio… e o génio teve sempre por mim uma atracção fatal.

Porém, o episódio serviu para me provar que, na verdade, eu não fora feita para a vida doméstica. Por isso, no Outono, de modo um pouco mais discreto e com menos satisfação, embarquei novamente para a América, para dar cumprimento a um terceiro contrato. Então, pela centésima vez, tomei a firme decisão de dedicar o resto da minha vida à Arte, que, embora seja um patrão exigente e impiedoso, é cem vezes mais agradecido do que os seres humanos.

Durante esta digressão fiz um apelo definitivo à América para me auxiliar a fundar a minha escola. Os meus três anos de experiência da vida dos ricos convenceram-me de que era uma vida desesperada, esvaziada de sentido e egoísta, e provaram-me que a verdadeira e real alegria só pode ser encontrada numa linha universal. Nesse Inverno, discursei para o público das frisas da Metropolitan Opera e os jornais publicaram o escândalo nas primeiras páginas: «Isadora Insulta os Ricos». O que eu disse foi qualquer coisa como isto:

«Tem sido referido que eu disse coisas muito desagradáveis a propósito da América. Talvez o tenha feito, mas não quer dizer que eu não ame a América. Talvez signifique que ame demasiadamente a América. Uma vez conheci um homem perdido de amores por uma mulher que não lhe ligava qualquer importância e o tratava mal. Não havia, contudo, um só dia em que ele não lhe escrevesse uma carta insultuosa.

Quando lhe perguntou: "Por que me escreves coisas tão ordinárias?" Ele respondeu-lhe: "Porque te amo loucamente".

«Um psicólogo poderá explicar-vos esta história e, provavelmente, a explicação também se aplica ao meu caso com a América. É claro que eu amo a América. Esta escola, estas crianças, eu própria, não somos todas a descendência espiritual de Walt Whitman? E esta dança, a que chamamos "Grega"? Foi da América que ela brotou, é a dança da América do futuro. Todos estes movimentos e gestos, de onde vieram? Saíram da grande Natureza da América, da Sierra Nevada, do Oceano Pacífico que banha a costa da Califórnia, dos vastos espaços das Montanhas Rochosas, do Vale Yosemite, das Cataratas do Niágara.

«Beethoven e Schubert foram filhos do povo ao longo de toda a sua vida. Foram homens *pobres* e as suas obras, tanto a de um como a do outro, foram inspiradas pela Humanidade e à Humanidade pertencem. O povo tem necessidade de grandes dramas e de grande música e tem necessidade de grande dança.

«Estive no East Side e aí dei um espectáculo gratuito. Houve quem me dissesse: "Se interpretares uma sinfonia de Schubert no East Side, o povo não demonstrará qualquer interesse".

«Pois bem! Demos um espectáculo gratuito — o teatro sem bilheteira… um sonho — e o povo compareceu. Sentado em silêncio, trespassado de comoção, as lágrimas rolaram-lhe pelas faces. Foi desta maneira que o povo se interessou, embora me tivessem dito que não estaria interessado. Há imensa vida, poesia e arte aguardando a hora de jorrarem do povo de East Side. Construí para esse povo um grande anfiteatro, a única forma democrática de teatro, onde cada um dos espectadores pode ver tão bem como todos os outros, onde não existem frisas nem, camarotes, nem balcões. Olhai para a galeria no alto dos teatros. Pensais que é correcto colocar seres humanos no tecto, como moscas, e pedir-lhes para apreciarem a Arte e a Música?

«Construí um teatro simples e magnífico. Não há necessidade de cobri-lo de ouro, nem há necessidade de toda essa ornamentação, esses estuques e essas ninharias a que nos habituaram. A arte verdadeiramente bela vem do espírito humano e não necessita de embelezamentos exteriores. Na nossa escola não temos trajos especiais, nem ornamentos. Temos apenas a beleza que flui da alma humana exaltada e inspirada, e do corpo que é o seu símbolo. Se a minha Arte vos ensinou, hoje e aqui, alguma coisa, espero que tenha sido isto que acabo de vos dizer. A beleza tem de ser procurada e encontrada nas crianças, na luz dos seus olhos e na graça das suas mãos pequeninas estendidas em gestos e movimentos de encantar. De mãos dadas, no palco, são uma visão mais bela do que qualquer colar de pérolas de uma dessas senhoras sentadas num camarote de teatro. São elas as minhas pérolas e os meus diamantes, não quero nem preciso de outros. Dai a beleza, a liberdade e a força às crianças. Dai a arte ao povo que dela precisa. A grande música não deve continuar guardada para deleite de alguns privilegiados e cultivados. Deve ser oferecida gratuitamente às massas populares. É tão necessária ao povo como o ar e o pão, porque ela é o vinho espiritual da humanidade.»

Durante esta viagem tive a alegria de me deliciar com a amizade do genial artista David Bispham. Assistiu a todos os meus espectáculos e eu assisti a todos os seus recitais. Também se encontrou comigo na minha suíte do Hotel Plaza, onde ceávamos e ele cantava «On the Road to Mandalay» ou «Danny Deever». Ríamos perdidamente e abraçávamo-nos, felizes e contentes um com o outro.

Este capítulo pode denominar-se «Uma Apologia do Amor Pagão» porque, após ter descoberto que o amor tanto pode ser um passatempo como uma tragédia, a ele me entreguei com uma inocência pagã. Os homens pareciam-me tão esfomeados de beleza, tão esfomeados daquele amor que refresca e exalta sem se sentir medo nem responsabilidade! Terminada qualquer actuação no palco, vestida com a minha túnica e a cabeça coroada de rosas eu ficava tão bonita! Que razão poderia haver para não aproveitar este encanto? Longe iam os dias em que vivia de um copo de leite quente e da *Crítica da Razão Pura*, de Kant. Agora parecia-me mais natural bebericar um champanhe e ouvir um companheiro amável e bem educado dizer-me que eu era linda. O divino corpo pagão, os lábios apaixonados, os braços enlaçados, o doce e refrescante sono repousado nos ombros de um bem-amado, todas estas alegrias me pareciam simultaneamente inocentes e deliciosas. Pode haver gente que se escandalize, mas eu não compreendo a razão. Se todos nós nascemos com um corpo condenado a sofrer dores, pelo menos algumas, como as dos dentes furados, ou quando nos arrancam um dente, ou quando os chumbam; se qualquer de nós, por mais virtuoso que seja, está sujeito a apanhar uma doença, uma gripe, etc., etc., qual a razão por que não havemos de retirar deste mesmo corpo, que é nosso, o máximo de prazer quando a ocasião se apresenta? Um homem trabalha o dia inteiro com a cabeça e o cérebro, por vezes carregado de ansiedade e atormentado pela gravidade dos problemas que tem para resolver; se assim é, qual a razão para não se acolher nuns lindos braços, onde encontrará conforto e alívio para as suas dores e tormentos e onde poderá passar algumas horas de beleza e esquecimento? Espero que todos aqueles a quem ofereci essa satisfação a não esqueçam e dela se recordem com o mesmo gosto que eu. Não tenho tempo para escrever a propósito de todos eles nestas memórias. Também não é possível falar, num só volume, de todas as horas inesquecíveis que passei nos bosques e nos campos, ou da maravilhosa felicidade que me foi dada pelas sinfonias de Mozart e de Beethoven, ou das horas de enlevo que passei na companhia de artistas como Isaye, Walter Rummel, Hener Skene e outros.

Continuamente, gritava:

— Sim, deixem-me ser Pagã, ser Pagã!

Contudo, provavelmente, nunca consegui mais do que ser uma Puritana do Paganismo ou uma Pagã do Puritanismo.

Nunca irei esquecer o meu regresso a Paris. Deixara a minha menina e o meu menino em Versailles, ao cuidado de uma preceptora. Logo que abri a porta, o meu pequenino correu para mim, com uma auréola de caracóis dourados em torno do seu rosto adorável. Quando o deixara ainda era um bebé de berço.

Em 1908, comprara o estúdio de Gervex em Neuilly, que tinha uma sala de música semelhante a uma capela. Fui viver com os meus filhos para esse estúdio e aí trabalhava o dia inteiro, por vezes até à noite, com o meu fiel amigo Hener Skene, pianista infatigável e muito talentoso. Por norma, dávamos início ao trabalho logo de manhã bem cedo e, como a luz do dia nunca penetrava no estúdio devido aos cortinados azuis que pendurara à volta das janelas, não dávamos conta de que o tempo ia passando. Todavia, o estúdio estava iluminado, mas por lâmpadas montadas em arco. Por vezes, eu dizia-lhe:

— Não tens vontade de comer? Não faço ideia que horas são!

Olhávamos então para o relógio de parede e descobríamos que o dia passara e já eram quatro horas da manhã seguinte. Estávamos tão empenhados no nosso trabalho que tínhamos chegado àquele ponto a que os hindus dão o nome de «estado de êxtase estático».

Havia um pavilhão no jardim para as crianças, a preceptora e a ama, de modo que a música nunca as incomodava. O jardim era adorável e, na Primavera e no Verão, dançávamos com as portas do estúdio completamente abertas.

No estúdio não nos limitávamos a trabalhar, também nos distraíamos. L. gostava imenso de oferecer jantares e organizar festas. Não foram poucas as vezes em que o amplo estúdio se transformou num jardim tropical ou num palacete espanhol, aonde acorriam todos os artistas e toda a gente famosa de Paris.

Uma noite, lembro-me muito bem, Cécile Sorel e Gabriele D'Annunzio improvisaram comigo uma pantomima em que D'Annunzio revelou grande talento histriónico.

Durante muitos anos tive um grande preconceito contra ele provocado pela admiração que sentia pela Duse. Imaginava que ele a tinha tratado mal e recusava-me a encontrá-lo. Um amigo disse-me:

— Posso trazer D'Annunzio, para te ver?
Respondi:
— Não, não podes. Se o trouxeres, serei muito mal-educada.
Mas, apesar destas minhas prevenções, um dia o meu amigo apareceu, seguido por D'Annunzio.
Embora nunca antes o tivesse visto, quando deparei com aquele ser extraordinário, repleto de luz e magnetismo, só pude exclamar:
— *Soyez le bienvenu. Comme vous êtes charmant!* (Sede bem-vindo. Como sois encantador!)
Quando, em 1912, me encontrei com D'Annunzio em Paris, ele decidiu que havia de conquistar-me. Isto não era qualquer cumprimento especial, pois D'Annunzio estava sempre desejoso de fazer amor com qualquer mulher que andasse nas bocas do mundo e pendurava-as em torno da cintura, tal como os índios da América penduram os escalpes. Mas, por causa da minha admiração pela Duse, resisti-lhe. Penso ter sido a única mulher do mundo a resistir aos seus avanços. Foi um impulso heróico!
Quando D'Annunzio pretendia fazer amor com uma mulher, todas as manhãs lhe enviava um pequeno poema com uma florzinha a enriquecê-lo. Todas as manhãs, pelas oito horas, eu recebia essa florzinha e, mesmo assim, consegui manter-me firme no meu impulso heróico.
Uma vez, — nesse tempo tinha um estúdio numa rua próxima do Hotel Byron — D'Annunzio disse-me, num tom de voz muito peculiar:
— À meia-noite estarei de volta.
Durante o dia inteiro, uma amiga e eu preparámos o estúdio. Recheámo-lo com flores brancas, com lírios brancos e todas as flores que se levam a um funeral e acendemos miríades de velas. D'Annunzio ficou *ébloui* com o estúdio que, com as velas e as flores brancas, parecia uma capela gótica. Entrou, recebemo-lo com afabilidade e conduzimo-lo até um divã cheio de almofadas. Em seguida, dancei para ele. Depois, cobri-o de flores e pus velas acesas à sua volta, dando passos curtos, leves e bem ritmados ao som dos acordes da *Marcha Fúnebre* de Chopin. Gradualmente, uma a uma, fui extinguindo as velas, deixando somente uma

junto da sua cabeça e outra aos seus pés. D'Annunzio parecia hipnotizado. Então, sempre com movimentos muito leves, ao som da música, apaguei a vela que tinha aos pés. Quando avancei solenemente para a vela junto à cabeça, com um esforço tremendo e grande energia, ele pôs-se de pé num salto e, lançando um estrondoso berro de terror, precipitou-se para fora do estúdio, enquanto o pianista e eu, perdidos de riso, nos atirávamos para os braços um do outro.

A segunda vez que resisti às tentativas de D'Annunzio ocorreu em Versailles, quando o convidei para almoçar no Hotel Trianon Palace. Foi cerca de dois anos mais tarde. Saímos do Hotel para dar um passeio no meu automóvel.

— Não quereis dar uma volta pela floresta, antes do *déjeuner*?

— Oh, claro que sim! Será maravilhoso!

Fomos de automóvel para a Floresta de Marly, em cuja orla deixámos o carro para andar a pé pelos bosques. D'Annunzio estava extasiado.

Deambulámos por algum tempo, não muito, e eu sugeri:

— Agora, voltamos para trás, para o *déjeuner*.

Porém, não conseguimos encontrar o automóvel. Tentámos portanto encontrar, a pé, o Hotel Trianon e o *déjeuner*. Andámos, andámos, mas não encontrámos o portão! Por fim, D'Annunzio começou a choramingar como uma criança:

— Quero o meu almoço! Quero o meu almoço! Tenho miolos na cabeça e os meus miolos querem comer. Quando estou com fome, não posso andar!

Reconfortei-o o melhor que pude; finalmente encontrámos o portão e regressámos ao Hotel, onde D'Annunzio se refastelou com um magnífico almoço.

A terceira vez que resisti aos avanços de D'Annunzio aconteceu anos mais tarde, durante a guerra. Eu estava em Roma, alojada no Hotel Regina. Por um estranho acaso da sorte, D'Annunzio ocupava o quarto contíguo ao meu. Era seu costume sair todas as noites para jantar com a Marquesa Casatti. Uma noite, ela também me convidou. Dirigi-me para o seu palácio e entrei na antecâmara. Estava tudo muito bem arranjado, em estilo grego. Sentei-me à espera da Marquesa e, subitamente, na linguagem mais ordinária que se possa imaginar, ouvi a mais violenta invectiva contra mim. Olhei em redor e vi um papagaio verde. Reparei que não tinha corrente a prendê-lo. Levantei-me e, num salto, passei para o salão seguinte. Aí me sentei à espera da Marquesa e, de repente, ouvi um ruído — brrr. Olhei à volta e vi um buldogue branco. Também não tinha corrente a prendê-lo, pelo que pulei para o salão seguinte, atapetado com inúmeras peles de urso branco. Até nas paredes havia peles de urso penduradas. Sentei-me à espera da Marquesa. De súbito, ouvi um assobio. Olhei à volta e vi uma cobra metida numa gaiola, a endireitar-se e a assobiar-me. Pulei para o salão seguinte todo forrado com peles de tigre, onde deparei com um gorila a arreganhar os dentes. Corri para o último salão, a sala de jantar, onde encontrei a secretária da Marquesa. Por fim, a Marquesa desceu para jantar. Vestia um pijama dourado e transparente. Disse-lhe:

— Vejo que gosta de animais!

Respondeu, a olhar para a secretária:

— Oh, sim! Adoro-os, especialmente macacos.

Por estranho que pareça, depois deste excitante aperitivo, o jantar decorreu com a mais requintada das formalidades.

Depois do jantar, voltámos para o salão do orangotango e a Marquesa deu ordem para lhe trazerem a cartomante. Esta chegou, com um chapéu alto terminado em bico e trajada de bruxa. Sem perda de tempo, começou a manipular as cartas e foi anunciando os nossos destinos.

Entretanto, D'Annunzio entrou no salão; era muito supersticioso e acreditava em todas as cartomantes. Esta leu-lhe a mais extraordinária das sinas. Disse-lhe:

— Haveis de voar pelos ares e praticar terríveis acções. Haveis de cair às portas da morte, mas haveis de atravessar a morte, passar para além da morte e viver em grandiosa glória.

A mim, disse:

— Haveis de despertar as nações para uma nova religião e fundar grandiosos templos por todo o mundo. Tendes o privilégio da mais extraordinária protecção e sempre que um acidente vos ameace, podeis contar com a intervenção dos vossos maravilhosos anjos da guarda. Haveis de viver até uma idade sem conta. Vivereis para sempre.

Concluídas as leituras da cartomante, regressámos ao Hotel. D'Annunzio disse-me:

— De hoje em diante, vou aparecer no teu quarto todas as noites, ao baterem as doze badaladas. Conquistei todas as mulheres do mundo, mas ainda tenho de conquistar Isadora.

De facto, todas as noites passou a entrar no meu quarto ao soar a meia-noite. Mas eu disse para mim própria:

— Vou ser uma mulher única. Vou ser a única mulher do mundo que soube resistir a D'Annunzio.

Contou-me as coisas mais maravilhosas sobre a sua vida, a sua juventude e a sua arte.

— *Isadora, je n'en peux plus! Prends moi, prends moi!*[1]

Eu andava tão *bouleversée* pelo seu génio que, quando me dizia estas palavras, não sabia o que devia fazer. Por isso, limitava-me a conduzi-lo amavelmente para fora do meu quarto e acompanhá-lo até à porta do seu. Assim se passaram cerca de três semanas. Por fim, sentia-me tão perturbada que não tive melhor ideia do que correr para a estação e meter-me no primeiro comboio que aparecesse.

Ele estava sempre a perguntar-me:

— *Pourquoi ne peux tu pas m'aimer?*[2]

— *À cause de Eleonore*[3].

No Hotel Trianon, D'Annunzio tinha um peixinho dourado de que muito gostava. Estava metido numa grande e bonita taça de cristal

---

[1] Isadora, não posso mais! Sou teu, sou teu!
[2] Por que razão não podes amar-me?
[3] Por causa de Eleonora.

e D'Annunzio entretinha-se a dar-lhe de comer e a falar-lhe. O peixinho dourado agitava as barbatanas, abria e fechava a boca como se fosse responder-lhe.

Um dia, acabara de me alojar no Trianon, perguntei ao gerente do Hotel:

— Onde está o peixinho de D'Annunzio?

— Ah, madame, que história triste! D'Annunzio foi a Itália e pediu-nos que tratássemos do peixe. «Este peixinho dourado», disse ele, «é muito querido ao meu coração. É um símbolo da minha felicidade!» Estava sempre a telegrafar-nos: *Como está o meu querido Adolphus?* Um dia, Adolphus começou a nadar um pouco mais devagar em torno da taça e cessou de perguntar por D'Annunzio. Agarrei nele e atirei-o pela janela fora. Mas nesse mesmo dia recebi um telegrama de D'Annunzio: *Tenho o pressentimento de que Adolphus não está bem.* Respondi-lhe, igualmente pelo telégrafo: *Adolphus está morto. Morreu a noite passada.* D'Annunzio respondeu: *Enterrem-no no jardim. Arranjem-lhe um túmulo.* Primeiro arranjei uma sardinha. Embrulhei-a em papel prateado, enterrei-a no jardim e espetei uma cruz em que escrevi: «Aqui jaz Adolphus!» D'Annunzio regressou de Itália e perguntou: «Onde está o túmulo do meu Adolphus?» Mostrei-lhe no jardim o túmulo da sardinha e ele comprou imensas flores com que cobriu o túmulo e ali ficou durante muito tempo a chorar lágrimas de desgosto.

Uma destas festas teve um desfecho trágico. Eu tinha arranjado o estúdio de modo a assemelhar-se a um jardim tropical, com mesas para duas pessoas escondidas no meio da espessa folhagem e de plantas raras. Nesse tempo, já estava razoavelmente bem informada sobre as diversas intrigas que corriam por Paris. Foi portanto fácil sentar na mesma mesa os pares que desejavam reunir-se, apesar das eventuais lágrimas de algumas das esposas. Os convidados estavam todos vestidos com trajos persas e dançámos ao som da orquestra cigana. Entre os convidados, contavam-se Henri Bataille e Berthe Bady, a sua célebre intérprete, meus amigos de longa data.

Como anteriormente já disse, o estúdio parecia uma espécie de capela. Ao longo das paredes estavam penduradas as minhas cortinas azuis, com quinze metros de altura, mas no cimo havia um pequeno compartimento com um varandim, que a arte de Poiret havia transformado num verdadeiro domínio de Circe. Cortinas pretas, de veludo de zibelina, reflectiam-se nas paredes em espelhos dourados, uma carpete preta e um divã com almofadas de tecidos orientais completavam o mobiliário e a decoração. As janelas tinham sido fechadas e seladas e as portas pareciam as estranhas aberturas dos túmulos etruscos. O próprio Poiret, ao dar a obra por concluída disse:

— *Voilà des lieux où on ferait bien d'autres actes et on dirait bien d'autres choses que dans des lieux ordinaries*[1].

Era bem verdade. A pequena sala era deslumbrante, fascinante e ao mesmo tempo perigosa. Não haverá qualquer coisa de característico nos mobiliários que estabelece a diferença entre um leito virtuoso e um tálamo criminoso, entre os cadeirões respeitáveis e os divãs pecaminosos? Seja como for, o que Poiret dissera era certo. Naquele compartimento qualquer um se sentia outro e falava de modo diferente do habitual no meu estúdio, semelhante a uma capela.

Nessa noite, uma noite que não esqueço, o champanhe correu com a liberdade e a abundância habituais nas festas dadas por L. Às duas horas da madrugada, dei por mim sentada no divã da sala de Poiret, ao lado de Henri Bataille. Embora ele sempre tivesse sido para mim como um irmão, nessa noite, certamente fascinado pelo lugar, falou e comportou-se de modo diferente. Imagine-se agora quem havia de aparecer! Não foram duas, nem três pessoas... apenas e só L. Quando viu Henri Bataille comigo no divã dourado, reflectidos nos espelhos sem fim, começou a apostrofar os convidados a meu respeito e proclamou que ia desaparecer para longe e nunca mais voltar.

---

[1] Eis aqui espaços onde se representariam outras cenas e se diriam coisas diferentes das que se fazem e dizem em espaços vulgares.

Esta cena teve um efeito bastante chocante nos convidados e eu receei que, num instante, a comédia se transformasse em tragédia. Chamei Skene e disse-lhe:

— Depressa, toca *A Marcha de Isolda* ou o serão fica estragado.

Rapidamente me desfiz da minha túnica bordada, que troquei por um vestido branco, enquanto Skene, sentado ao piano, tocava de modo ainda mais maravilhoso do que era habitual. Dancei até ao raiar da aurora.

Mas essa noite teve uma consequência trágica. Nós estávamos inocentes, Bataille e eu, mas L. nunca ficou convencido e jurou que jamais voltaria a ver-me. Defendi-me o melhor que pude, mas foi em vão e Henri Bataille, que ficara muito incomodado com o incidente, chegou mesmo a escrever uma carta a L. Não serviu de nada.

L. apenas consentiu em encontrar-se comigo no seu automóvel. As suas maldições soavam aos meus ouvidos como o som metálico e estridente dos sinos demoníacos. De repente cessou de me amaldiçoar, abriu a porta do automóvel e empurrou-me para fora, para a noite escura. Aturdida, caminhei sozinha pelas ruas durante horas e horas. Homens bizarros faziam-me caretas e sussurravam propostas inequívocas. O mundo pareceu-me subitamente transformado num Inferno obsceno.

Dois dias mais tarde, ouvi dizer que L. tinha partido para o Egipto.

CAPÍTULO XXV

O meu melhor amigo e o que mais me apoiou, nesses dias, foi o músico Hener Skene. Tinha um temperamento e um carácter muito particulares e desprezava o sucesso e a ambição, o que era de facto estranho. Adorava a minha arte e os seus momentos mais felizes vivia-os a tocar para mim. De todos os meus admiradores, foi seguramente o mais sincero e o mais ardente. Era um pianista maravilhoso, com nervos de aço. Acontecia com frequência tocar para mim a noite inteira; uma noite eram as sinfonias de Beethoven, outra noite, o ciclo completo do *Anel dos Nibelungos*, desde o *Ouro do Reno* até ao *Crepúsculo dos Deuses*.

Em Janeiro de 1913, fizemos juntos uma digressão pela Rússia. Esta viagem ficou marcada por um incidente estranho. Chegámos a Kiev uma manhã, ao despontar do dia, e tomámos um trenó para nos conduzir ao hotel. Ainda mal acordados do sono da viagem, vi subitamente, de cada um dos lados da estrada, muito distintamente, duas filas de caixões funerários de crianças. Agarrei o braço de Skene, dizendo-lhe:

— Olha! Todas as crianças… morreram todas as crianças!

Ele tentou sossegar-me:

— Não é nada disso.

— O quê? Não estás a ver?

— Não. O que vês é neve, apenas neve. A neve amontoou-se nas bermas da estrada. Que estranha alucinação, a tua! Estás mesmo cansada.

Nesse dia, para descansar e acalmar os nervos, tomei um banho russo. Na Rússia, as câmaras onde se tomam banhos de vapor quente dispõem de prateleiras compridas de madeira onde as pessoas se deitam. Estava eu estendida numa dessas prateleiras e a encarregada do serviço acabara de sair da câmara, quando, muito de repente, o calor me incomodou tão fortemente que perdi os sentidos e caí redonda no chão ladrilhado de mármores.

A encarregada encontrou-me desmaiada e o pessoal dos banhos teve de me levar para o hotel. Chamaram um médico que diagnosticou uma ligeira concussão cerebral.

— Não deveis dançar esta noite. A febre está alta.

— Mas horroriza-me a ideia de desapontar o público.

Insisti em não faltar ao teatro.

O programa era Chopin. Muito inesperadamente, no final do programa, disse a Skene:

— Toca a *Marcha Fúnebre* de Chopin.

Ele retorquiu:

— Porquê? Nunca a dançaste!

— Não sei... toca.

Insisti tão energicamente que ele acabou por aceder ao meu pedido e eu dancei a *Marcha Fúnebre*. Dancei, procurando transmitir a imagem de uma pobre criatura que transporta nos braços o corpo do seu menino morto. Com passos lentos e hesitantes, leva-o para o último e derradeiro lugar de repouso. Dancei a descida para o túmulo e, por fim, o espírito a fugir da prisão da carne e a elevar-se para a Luz... para a Ressurreição.

Quando terminei e o pano desceu, fez-se um silêncio curioso e estranho. Olhei para Skene. Estava pálido de morte e a tremer. Agarrou-me as mãos. Estavam geladas e implorou-me:

Nunca mais me peças para tocar esta música. Eu senti a morte a passar ao meu lado. Respirei o odor das flores brancas... flores de funeral... e vi as urnas das crianças... urnas funerárias...

Estávamos ambos a tremer, abalados e sem forças. Creio que um espírito misterioso nos transmitiu nessa noite um singular pressentimento daquilo que estava para acontecer.

Quando regressámos a Paris, em Abril de 1913, Skene tocou para mim a mesma *Marcha Fúnebre* no Teatro do Trocadero, no final de um longo espectáculo. Após um silêncio religioso, em que o público parecia assombrado de medo e respeito, estouraram aplausos frenéticos. Viam-se mulheres a chorar e outras prestes a cair numa crise de histerismo.

Talvez o passado, o presente e o futuro sejam semelhantes a uma estrada longa. Para além de cada curva, a estrada continua. Somente não a vemos e a isso damos o nome de futuro, mas o futuro ali está, ao virar da curva, à nossa espera.

Depois da visão da *Marcha Fúnebre*, em Kiev, comecei a sentir-me assaltada pelo estranho pressentimento de um mal a aproximar-se, o que me causou grande depressão. No regresso, dei alguns espectáculos em Berlim e de novo senti o apelo de compor uma dança em que alguém que avança pelo mundo e pela vida, de repente se sente esmagado por uma horrível desgraça. Mas esse mesmo ser, embora ferido por um cruel golpe do Destino, reage, ergue-se e caminha, talvez para uma nova esperança.

Durante a digressão pela Rússia, os meus filhos ficaram entregues aos cuidados de Elizabeth. Trouxeram-nos para Berlim. Estavam de muito boa saúde, felizes e contentes. A dançar à nossa volta, eram a verdadeira expressão da alegria. Todos juntos, regressámos a Paris, para a minha grande casa de Neuilly.

Uma vez mais me achava em Neuilly, a viver com os meus filhos. Do varandim, e sem que Deirdre se apercebesse, era frequente deliciar-me a vê-la improvisar danças da sua invenção. Dançava também poemas que ela própria havia composto. Revejo-a a dançar esses poemas, uma silhueta infantil no grande estúdio azul e a sua voz doce e igualmente infantil a dizer: «Agora sou um passarinho e, a voar, subo muito alto, até às nuvens»; ou: «Agora sou uma flor a olhar para o passarinho lá no alto, e a baloiçar no meu ramo, assim... assim». Vendo a sua graça delicada e a sua beleza, sonhava que talvez ela fosse capaz de continuar com a minha escola e dirigi-la como eu sempre imaginara que devia ser. Ela era a minha melhor aluna.

Patrick também começava a dançar, com uma música misteriosa e incompreensível da sua autoria. Devo porém dizer que nunca consentiu que eu o ajudasse e ensinasse. «Não», dizia ele solenemente. «Patrick dança sozinho as danças de Patrick».

A viver em Neuilly, a trabalhar no estúdio, a ler durante horas na minha biblioteca, a brincar no jardim com os meus filhos, ou a ensiná-los a dançar, sentia-me imensamente feliz e receava que outras possíveis digressões viessem de novo separar-me deles. A cada dia que passava, eles tornavam-se mais belos e adoráveis, e a cada dia que passava tornava-se para mim mais difícil ganhar coragem para os abandonar. Sempre tinha profetizado que havia de aparecer um grande artista e que nesse artista estariam combinados dois génios, o de criar música e simultaneamente criar dança. E quando o meu menino dançava, parecia-me ver o artista destinado a criar a dança nova inspirada pela música nova.

Eu estava ligada a estas duas crianças adoráveis não somente pelos vínculos pungentes da carne e do sangue, mas ainda por outros laços mais altos e mais fortes, quase sobre-humanos, os laços da Arte. Estavam ambos apaixonados pela música e, quando Skene tocava ou eu dançava, teimavam em permanecer no estúdio. Ficavam sentados, imóveis, e a expressão dos seus rostos era tão intensamente apaixonada que, por vezes, eu receava os efeitos que tão profunda atenção lhes pudesse causar.

Recordo-me de uma tarde em que o grande artista Raoul Pugno tocava Mozart. Os meninos entraram em bicos de pés e, enquanto ele tocava, ficaram mudos e quietos de cada lado do piano. Logo que acabou, as duas crianças, ao mesmo tempo como se estivessem combinados, enfiaram as cabecinhas louras por baixo dos seus braços e fitaram-no com tal admiração que ele exclamou, surpreendido:

— De onde vieram estes anjos... estes anjos de Mozart?

Os meninos riram-se, treparam para os joelhos dele e esconderam a cara na sua barba.

Emocionada e cheia de ternura, olhava para aquele pequeno e lindíssimo grupo. Mas o que teria eu sentido se soubesse como todos os três estavam perto daquela terra de sombras «de onde nenhum viajante regressa!»

Estávamos no mês de Março[1]. Eu dançava alternadamente no Châtelet e no Trocadero mas, apesar da vida profissional me sorrir, sentia-me continuamente atormentada por uma estranha opressão.

Uma vez mais, dancei no Trocadero a *Marcha Fúnebre* de Chopin com Skene a tocar o órgão, e uma vez mais senti na fronte o mesmo sopro glacial e respirei o mesmo aroma intenso de angélicas brancas e outras flores funerárias. Deirdre, uma figurinha pequena e encantadora, toda de branco no camarote central, quando me viu dançar esta música, começou subitamente a soluçar, como se sentisse o coração desfeito, e gritou:

— Oh, por que está tão triste a minha Mamã, tão triste?

Foi a primeira nota, ainda muito ténue, do prelúdio da tragédia que devia matar todas as minhas esperanças de uma vida de alegria e felicidade... matá-las para sempre. Creio que existem dores que matam, embora aquele que as sofre pareça continuar a viver. O corpo arrasta-se pelos penosos caminhos da terra, mas o espírito está destroçado... destroçado para sempre. Ouvi gente proclamar que a dor e a tristeza enobrecem. Tudo o que posso dizer é que os últimos dias que vivi, antes da desgraça me ter caído em cima, foram realmente os últimos dias da minha vida espiritual. Desde então, só tenho um desejo... fugir... fugir daquele horror. A minha vida tem sido uma sucessão de fatídicas abaladas sem razão. Vejo-me igual ao triste Judeu Errante e ao Holandês Voador. Desde então, toda a minha vida nada mais tem sido do que um navio fantasma num mar fantasma.

Devido a coincidências estranhas, os acontecimentos psíquicos têm muitas vezes reflexos no mundo das coisas materiais. Poiret, quando a meu pedido projectou o compartimento exótico e misterioso de que tenho falado, colocou em cada uma das portas douradas uma dupla cruz negra. De princípio, achei a ideia muito original e bizarra mas, pouco a pouco, as pequenas cruzes duplas foram-me impressionando de um modo muito estranho.

---

[1] Confusão de Isadora. Atrás tinha afirmado terem regressado a Paris em Abril de 1913. (*N. do T.*)

Como já disse, a despeito de todas as circunstâncias aparentemente bem afortunadas da minha vida, encontrava-me, nesses dias, submetida a uma estranha opressão, uma espécie de pressentimento sinistro. Uma noite acordei sobressaltada, apavorada. À luz da candeia nocturna, que deixara acesa, vi emergir daquela dupla cruz negra, em frente do meu leito, uma figura vestida de preto que se aproximava dos pés da cama e me fitava longamente com olhos repletos de piedade. Por uns instantes fiquei paralisada de horror mas, logo depois, consegui acender todas as luzes e a figura fantasma desvaneceu-se. Porém a curiosa alucinação, a primeira que tive deste género, ainda se renovou várias vezes, com dias de intervalo.

Fiquei tão perturbada que uma noite, num jantar oferecido pela minha simpática amiga Mrs Rachael Boyer, contei-lhe o sucedido e confiei-lhe as minhas inquietações. Ela mostrou-se muito alarmada e, com o seu habitual bom coração, insistiu em telefonar imediatamente ao seu médico, «porque», dizia ela, «deves estar com os nervos em franja».

O jovem e atraente Dr. René Badet chegou. Descrevi-lhe as minhas visões.

— Os vossos nervos estão evidentemente sob uma grande tensão. É indispensável passar alguns dias no campo, em sossego.

Repliquei-lhe:

— Mas tenho de dar recitais em Paris, pois estou a cumprir um contrato.

— Então podeis mudar-vos para Versailles. É tão perto que não vos faz diferença ir e vir de automóvel. O bom ar vai fazer-vos bem.

No dia seguinte comuniquei a minha decisão à preceptora dos meninos. Ficou muito agradada e disse-me:

— Versailles vai ser muito bom para as crianças.

Fizemos as malas e estávamos à porta prontos para partir, quando apareceu no portão do jardim uma figura esguia, vestida de preto, que começou a avançar na nossa direcção. Seriam os meus nervos ainda muito tensos, ou seria realmente a mesma figura que à noite emergia da dupla cruz negra? Aproximou-se de mim e disse:

— Vim a correr, para vos ver. Tenho sonhado convosco nestas últimas noites e percebi que preciso de vos ver.

De súbito, reconheci-a. Era a antiga Rainha de Nápoles. Alguns dias antes, tinha levado Deirdre a visitá-la e dissera-lhe:

— Deirdre, vamos ver uma Rainha.

— Então, tenho de vestir o meu *robe de fête*.

Era assim que Deirdre chamava a um vestidinho que Poiret desenhara para ela, uma coisa bonita e complicada com muitos folhos e bordados.

Passei algum tempo a ensinar-lhe como devia fazer as cortesias próprias da Corte. Estava maravilhada, mas nos últimos instantes começou a chorar e disse:

— Oh, Mamã, tenho medo de ver uma Rainha verdadeira!

Talvez a minha pequenina Deirdre se julgasse obrigada a fazer uma entrada cerimoniosa numa verdadeira Corte, como a das pantomimas feéricas, mas quando, na linda casa situada na orla do Bois, foi apresentada à elegante e requintada mulher de cabelos brancos entrançados em coroa no alto da cabeça, atreveu-se corajosamente a executar a reverência já ensaiada e, toda sorridente, correu para os braços reais que se abriram para a receber. Não teve medo da graciosa Rainha, que era a bondade em pessoa.

Nesse dia, em que ela me apareceu de surpresa, vinha envolvida num grande véu de luto. Participei-lhe que estávamos de partida para Versailles e expliquei-lhe a razão. Disse-me que teria imenso gosto em nos acompanhar... seria uma boa escapadela. Pelo caminho, numa súbita atitude de grande ternura, chamou os meus dois pequeninos, acolheu-os nos braços e apertou-os contra o peito. Quando vi aquelas duas cabeças louras envoltas na cor negra do véu, de novo me assaltou a estranha opressão que, nos últimos dias, tantas vezes me afectara.

Em Versailles tomámos chá com as crianças, conversando muito alegremente, e depois escoltei a Rainha da Nápoles no seu regresso a casa. Nunca encontrei ninguém com um temperamento mais doce e acolhedor, com um espírito mais compreensivo e mais fino, do que a irmã da infeliz e malfadada Elizabeth.

Na manhã seguinte, ao acordar no admirável parque do Hotel Trianon, haviam-se dissipado todos os meus receios e pressentimentos. O médico tinha razão, era do ar livre do campo que eu precisava. Ai de mim, se o coro da Tragédia Grega ali tivesse estado! poderia ter declamado que muitas vezes, ao tomarmos uma estrada para fugir à infelicidade, caminhamos directamente ao seu encontro, como foi o caso do desafortunado Édipo. Se eu não tivesse ido para Versailles, para fugir à profética visão da Morte que me assediava, os meus filhos não se teriam deparado com a morte três dias mais tarde, nessa mesma estrada.

Lembro-me muito bem dessa noite, pois dancei como nunca antes havia dançado. Eu não era uma mulher, mas uma chama de alegria, uma labareda. Dos corações do público soltavam-se e difundiam-se fagulhas e saíam espirais de fumo que subiam para o alto. Após uma dúzia de repetições, como um adeus dancei o *Moment Musical* e, enquanto dançava, parecia-me que uma voz cantava dentro do meu coração: «Vida e Amor / o êxtase Infinito / tudo me pertence / tudo é meu e para dar àqueles que precisam». E de repente pareceu-me que Deirdre estava sentada num dos meus ombros e Patrick no outro, num equilíbrio perfeito, numa alegria total, numa felicidade absoluta. Eu dançava e olhava para um lado e para o outro e via um e outro a rir e as suas faces a brilharem de contentamento, via o seu sorriso de meninos pequenos e os meus pés não se cansavam.

Terminada esta dança, tive uma grande surpresa. Lohengrin, que eu não via desde a sua partida para o Egipto alguns meses antes, entrou no meu camarim. Pareceu-me profundamente impressionado pela minha dança dessa noite e comovido com o nosso reencontro. Sugeriu que podia juntar-se a nós, para a ceia no apartamento de Augustin no Hotel des Champs Elysées. Dirigimo-nos para o Hotel e esperámos diante da mesa posta. Os minutos passaram, uma hora passou… e ele não aparecia. Este seu procedimento perturbou-me e deixou-me num estado de cruel nervosismo. Apesar de saber que a viagem ao Egipto não decorrera sem companhia, dera-me grande alegria e satisfação ter voltado a vê-lo, pois sempre o amei e ansiava por lhe mostrar o filho que, durante a ausência do pai, tinha crescido e era bonito e robusto. Bateram as três horas da madrugada e ele não aparecia. Amargamente desapontada, deixei o Hotel para me juntar aos meus filhos em Versailles.

Após a emoção do espectáculo e o fatigante nervosismo da espera, sentia-me completamente esgotada. Atirei-me para a minha cama e adormeci profundamente.

Na manhã seguinte acordei cedo quando os meninos entraram no quarto, como aliás era seu costume, e subiram para a minha cama a rir às gargalhadas. Depois, como também era costume, tomámos juntos o pequeno-almoço.

Patrick estava mais turbulento do que habitualmente. Divertia-se a virar as cadeiras de pernas para o ar e, por cada cadeira que tombava no chão, gritava de contentamento.

Aconteceu então uma coisa muito singular. Na véspera, à noite, alguém cujo nome nunca cheguei a saber, enviou-me dois magníficos exemplares encadernados das obras de Barbey d'Aurevilly. Estendi a mão e agarrei um dos dois volumes que estavam em cima da mesa a meu lado. Preparava-me para me zangar com Patrick, que fazia um barulho exagerado, quando abri o livro ao acaso e os meus olhos caíram no nome «Niobe» e li estas palavras:

Belle, et mère d'enfants dignes de toi, tu souriais quand on te parlait de l'Olympe. Pour te punir, les flèches des Dieux atteignirent les têtes dévouées de tes enfants, que ne protégea pas ton sein découvert[1].

A preceptora apercebeu-se do meu interesse pelo livro e exclamou:
— Por favor, Patrick, não faças tanto barulho. Estás a incomodar a Mamã.

---

[1] Bela e mãe de filhos dignos de ti, tu sorrias quando te falavam do Olimpo. Para te punirem, as flechas dos Deuses atingiram as queridas cabeças dos teus filhos que o teu seio descoberto não protegeu.

Era uma boa mulher, muito gentil, com uma paciência como no mundo não há igual e adorava ambas as crianças. Disse-lhe, peremptória:

— Oh! Deixa-o à vontade. Pensa no que seria a vida sem o barulho das crianças.

E logo, directamente, acudiu-me o pensamento: Como a vida seria esvaziada e sombria sem eles, porque mais do que a minha Arte e mil vezes mais do que o amor de um homem, elas preencheram a minha vida e rechearam-na de felicidade. Continuei a leitura:

Quand il ne resta plus de poitrine à percer que la tienne, tu la tournas avidement du côté d'où venaient les coups... et tu attendis! Mais en vain, noble et malheureuse femme. L'arc des Dieux était détendu et se jouait de toi.

Tu attendis ainsi, toute la vie, dans un désespoir tranquille et sombrement contenu. Tu n'avais pas jeté les cris familiers aux poitrines humaines. Tu devins inerte, et l'on raconte que tu fus changée en rocher pour exprimer l'inflexibilité de ton coeur[1]*...*

Depois fechei o livro, porque um medo súbito oprimiu-me o coração. Abri os braços e chamei os meus meninos; enquanto os estreitava, os meus olhos encheram-se de lágrimas. Lembro-me de cada palavra e de cada gesto dessa manhã. Quantas vezes, nas noites sem sono, tenho revivido cada um desses momentos, perguntando-me em vão porque não me ocorreu uma visão a prevenir-me. Eu poderia ter evitado o que estava para acontecer.

Era uma manhã sossegada e cinzenta. As janelas estavam abertas para o parque, onde nas árvores desabrochavam as primeiras flores. Foi

---

[1] Quando não havia outros peitos a furar senão o teu, tu viraste-o ansiosamente para o lado de onde vinham as flechas... e esperaste! Mas em vão, nobre e infeliz mulher. O arco dos Deuses estava em repouso e troçava de ti...

Tu assim esperaste, toda a vida, num desespero tranquilo e sombriamente contido. Tu não soltaste os gritos habituais dos peitos humanos. Ficaste inerte, e conta-se que foste mudada em rochedo para exprimir a inflexibilidade do teu coração...

a primeira vez do ano em que senti a peculiar torrente de alegria que nos invade com a primeira doçura da Primavera. A gozar as delícias primaveris e a contemplar os meus filhos, tão cor-de-rosa, tão belos e tão felizes, senti uma tal onda de alegria e felicidade que repentinamente saltei do leito e comecei a dançar com eles, todos três a borbulhar de riso e contentamento. A preceptora também sorria.

De súbito, o telefone tocou. Era a voz de L. a pedir-me que me encontrasse com ele na cidade e levasse os meninos. «Quero vê-los.» De facto, ele não os via há quatro meses.

Fiquei contentíssima, a pensar que isto anunciava a reconciliação que eu tanto desejava. Em voz sussurrada comuniquei a novidade a Deirdre. Gritou imediatamente:

— Oh, Patrick, sabes onde vamos hoje?

Estou sempre a ouvir a voz infantil: «Sabes onde vamos hoje?»

Meus pobres meninos, tão lindos e tão frágeis! Se nesse dia eu tivesse sabido o destino cruel que vos aguardava! Para onde vos teria levado?

A preceptora também ouviu a novidade e disse-me:

— Madame, acho que vai chover. Talvez seja melhor eles ficarem aqui.

Quantas e quantas vezes, num horrível pesadelo tenho ouvido a sua advertência e amaldiçoado a minha inconsciência. Porém, pensei que o encontro com L. seria muito mais simples se as crianças fossem comigo.

Na viagem de automóvel, durante esta última corrida de Versailles para Paris, com aqueles dois pequeninos seres aconchegados nos meus braços, senti a esperança a renascer e a confiança na vida a renovar-se. Sabia que, ao ver Patrick, L. esqueceria todos os seus ressentimentos contra mim e sonhava que o nosso amor havia de nos levar à realização de qualquer coisa realmente grandiosa.

Antes da partida para o Egipto, L. havia comprado, no centro de Paris, uma área muito considerável de terreno onde tencionava construir um teatro para a minha escola… um teatro que viria a ser um local de encontro e um porto de abrigo para todos os grandes artistas do mundo. Pensava na Duse e pensei que a Duse ali encontraria o quadro próprio para a sua divina arte, e que Mounet-Sully ali poderia ver satisfeita a ambição há tanto tempo acariciada de encenar a trilogia de *Édipo Rei*, *Antígona* e *Édipo em Colona*.

Em tudo isto eu pensava durante esta corrida para Paris e o meu coração delirava com as grandes esperanças da Arte. Estava escrito pelo destino que este teatro nunca seria construído, que a Duse não encontraria um templo digno dela e Mounet-Sully havia de morrer sem realizar o seu desejo de oferecer ao público a trilogia de Sófocles. Como se explica que as esperanças do artista sejam quase sempre um sonho sem concretização?

Tudo se passou como eu havia previsto. L. ficou encantado por tornar a ver o seu rapazinho e igualmente Deirdre, por quem tinha muita ternura. Divertimo-nos imenso ao almoço, num restaurante italiano onde comemos esparguete com fartura e bebemos Chianti e onde conversámos sobre o futuro do maravilhoso teatro. L. disse:

— Será o Teatro de Isadora.

Repliquei:

— Não. Será o Teatro de Patrick, porque Patrick é o Grande Compositor. É ele que vai criar a Dança para a Música do Futuro.

Quando acabámos de almoçar L. disse:

— Sinto-me tão feliz, hoje. Por que não vamos ao *Salon des Humoristes*.

Mas eu estava comprometida com um ensaio, pelo que L. saiu com o nosso jovem amigo H. de S. que almoçara connosco, enquanto eu, as crianças e a preceptora regressámos a Neuilly. Quando chegámos à porta de casa, perguntei à preceptora:

— Não queres esperar aqui em casa com os meninos?

Mas ela respondeu:

— Não, Madame. Parece-me que o melhor é regressar a Versailles. Os pequenos precisam de descansar.

Então, disse-lhes:

— Eu não demoro. Volto cedo.

Já dentro do automóvel, prontos a partir, a pequenina Deirdre pousou os lábios no vidro da janela. Inclinei-me e beijei o vidro no sítio exacto onde ainda estavam os seus lábios. O vidro frio causou-me uma impressão insuportável.

Entrei no grande espaço do meu estúdio. Ainda não chegara a hora do ensaio. Pensei que seria bom descansar enquanto esperava e subi ao meu apartamento onde me estendi no divã. Havia flores e uma caixa de bombons que alguém me enviara. Peguei num dos chocolates e saboreei-o indolentemente enquanto cismava: «Feitas bem as contas, sou muito feliz... talvez a mulher mais feliz do mundo. A minha Arte, o meu sucesso, a fortuna, o amor, mas acima de tudo, os meus filhos queridos e lindos.»

Continuava a saborear preguiçosamente os meus bombons, sorrindo para mim própria e a pensar «L. voltou, vai tudo correr bem», quando soou aos meus ouvidos um grito estranho que parecia vindo do outro mundo.

Virei a cabeça. L. ali estava à minha frente, a cambalear como um bêbado. Os seus joelhos cederam... caiu aos meus pés... e dos seus lábios soltaram-se estas palavras:

— Os meninos... os meninos... morreram!

Recordo-me de uma calma estranha que se apoderou de mim, da garganta a arder como se tivesse engolido carvão em brasa. Mas eu não compreendia. Falei-lhe com muita suavidade, tentei acalmá-lo, disse-lhe que não podia ser verdade.

Começaram a chegar muitas outras pessoas, mas eu não conseguia imaginar o que tinha acontecido. Entrou então um homem com uma barba preta. Disseram-me que era médico. Disse-me:

— Não é verdade. Vou salvá-los.

Acreditei nele. Quis acompanhá-lo, mas seguraram-me e impediram-me de o fazer. Hoje sei que procederam assim por entenderem que seria melhor para mim não entrar em contacto imediato com a realidade, pois sabiam que não restava a mais pequena esperança. Recearam que o choque me enlouquecesse, mas uma enorme exaltação tinha tomado conta de mim. Vi todos a chorar à minha volta, mas eu não chorava. Pelo contrário, sentia um imenso desejo de consolar todos e cada um. Olhando hoje para trás, sinto grande dificuldade em compreender o estado de espírito em que me encontrava. Seria uma clarividência suprema? Teria eu consciência de que a morte não existe? Que aquelas duas pequenas imagens de cera não eram os meus filhos, mas meramente as suas roupas abandonadas? Que as almas dos meus filhos viviam numa nuvem de luz e viviam para sempre?

Só por duas vezes ressoa o grito da mãe, que se ouve sem se saber porquê... na hora do nascimento e na hora da morte. Sei que é assim porque, quando senti nas minhas mãos aquelas mãos pequeninas que jamais voltariam a apertar as minhas em agradecimento, nesse instante ouvi os meus gritos, os mesmos gritos que soltei e ouvi na hora do seu nascimento. Porquê os mesmos? Se um é o grito da suprema alegria e o outro é o da tristeza? Não sei porquê, mas sei que são o mesmo grito. Não é verdade que no universo inteiro só há um grito esplendoroso que em si encerra a Tristeza, a Alegria, o Êxtase, a Agonia... o Grito Maternal da Criação?

Quantas vezes nos acontece andarmos a passear despreocupados numa bela manhã e deparar com a negra e sinistra procissão de um enterro cristão... Estremecemos, pensamos em todos aqueles que amámos e já morreram e afastamos a ideia arrepiante de que um dia também faremos parte, tristes e chorosos, de um cortejo igualmente negro e lamentoso.

Desde a minha mais tenra infância, sempre senti grande antipatia por tudo o que está ligado a igrejas ou a dogmas da igreja. As leituras de Ingersoll, de Darwin e da filosofia pagã alimentaram e fortaleceram esta antipatia. Sou totalmente contra o código moderno do casamento e considero um horror a moderna ideia dos funerais, um horror sinistro e bárbaro. Tive a coragem de recusar o casamento e de recusar que os meus filhos fossem baptizados. Naturalmente, tive também a coragem de não consentir a mascarada a que dão o nome de funeral cristão. Só tinha um desejo, que este horrível acidente fosse transformado em qualquer coisa de grande beleza. A infelicidade era demasiado grande para verter lágrimas. Eu não conseguia chorar. Uma multidão de amigos queria ver-me e aparecia a chorar. Uma multidão de gente chorava no jardim e na rua, mas eu não queria chorar, sentia apenas uma vontade imensa que toda aquela gente, que se vestia de preto para me consolar, fosse transmudada em beleza. Eu não me vesti de preto. Para quê mudar de trajo? Sempre afirmei que o luto era absurdo e inútil. Augustin, Elizabeth e Raymond compreenderam-me, armaram no estúdio um grande monte de flores e, quando retomei consciência da realidade, a primeira coisa que ouvi, foi a orquestra Colonne a tocar as magníficas lamentações do *Orfeu*, de Gluck.

Mas como é difícil, num só dia, esquecer o horror e criar a beleza! Se eu tivesse podido fazer o que desejava e queria, não teria aparecido nenhum daqueles sinistros homens de chapéu preto, não teria havido carretas de enterro, nem se teria assistido a nenhuma daquelas horríveis e inúteis fantochadas que fazem da Morte um horror macabro em vez de uma exaltação. Como foi esplendorosa a acção de Byron ao queimar o corpo de Shelley numa pira ardente junto ao mar! Mas a nossa civilização não me deu outra alternativa senão o crematório privado de beleza.

Como eu teria apreciado, ao despedir-me dos restos dos meus filhos e da sua adorável preceptora, um gesto de nobreza, de uma última radiação!

Estou certa de que há-de vir o dia em que a Inteligência do Mundo se vai finalmente revoltar contra estes horrendos ritos da Igreja, para criar e participar numa cerimónia em que a beleza presta a derradeira homenagem aos mortos. Aliás, o crematório é já um grande avanço no caminho que conduz ao fim do horrível costume de enterrar os mortos numa cova. Deve haver muita gente que sente o mesmo que eu mas, sempre que tentei exprimir estas ideias fui asperamente criticada por muita gente fanaticamente religiosa, gente que considerava que eu, por preferir dizer adeus aos meus queridos na Harmonia, na Cor, na Luz e na Beleza, e por levar os seus corpos para o crematório, em vez de os colocar debaixo da terra para serem devorados pelos vermes, era de certeza uma mulher terrível e sem coração. Quanto tempo temos ainda de esperar para que a inteligência prevaleça e, entre nós, reine na Vida, no Amor... e na Morte?

Cheguei à lúgubre cripta do crematório e vi diante de mim os caixões com os seus corpos, as suas cabeças de cabelo dourado, as mãos juntas, delicadas como flores, os pés pequenos e ágeis. Eram os seres que, acima de tudo, eu mais amava... que iam ser entregues... e de quem nada restaria senão uma patética mão cheia de cinzas, para sempre.

Regressei ao meu estúdio de Neuilly. Sentia um vago desejo de pôr fim à vida. Como poderia continuar a viver, depois de ter perdido os meus meninos? As meninas da minha escola rodearam-me e foram as suas palavras: «Isadora não deixe de viver, viva por nós. Não somos também suas filhas?» que em mim despertaram o desejo de me dedicar à tarefa de acalmar o desgosto destas crianças que ali permaneciam de coração desfeito a chorar lágrimas pela morte de Deirdre e de Patrick.

Se este desgosto me tivesse atingido alguns anos mais cedo, eu poderia tê-lo suportado; se tivesse acontecido mais tarde, não teria sido tão terrível. Mas naqueles dias, na plenitude da energia da vida, abalou completamente as minhas forças. Se porventura um grande amor me tivesse consolado e dado abrigo, e me tivesse levado para longe!... Mas L. não respondeu ao meu apelo.

Raymond e a mulher, Penélope, estavam de partida para a Albânia, para trabalhar no auxílio aos refugiados. Persuadiram-me que seria bom para mim, juntar-me a eles. Parti para Corfu com Elizabeth e Augustin. Quando chegámos a Milão para passar a noite, fiquei instalada no mesmo quarto em que, quatro anos antes, passei horas de dor e de tormentos a debater-me com o nascimento de Patrick. E agora ele já nascera, viera ao mundo com o rosto do anjo que eu vira no sonho em São Marcos, e já partira.

Quando fitei de novo os olhos sinistros da dama do retrato, que pareciam dizer: «Não foi isto que vos predisse? Tudo conduz para a morte», senti um horror tão violento que corri pelo corredor fora e supliquei a Augustin que me levasse para outro hotel.

Apanhámos o barco de Brindisi e pouco tempo depois, numa linda manhã de Verão, chegámos a Corfu. A natureza inteira estava alegre e sorridente, mas não me concedeu qualquer consolação. Aqueles que me acompanhavam dizem que durante dias e semanas eu passava os dias sentada, com os olhos fixos na minha frente. Não dava conta do tempo, tinha penetrado numa terra lúgubre e cinzenta, onde não tinha vontade de viver nem sequer de me mexer. Quando uma dor profunda nos bate à porta, nada sabemos fazer, os gestos e as palavras desvanecem-se. Tal como Niobe mudada em pedra, eu sentava-me imóvel, suspirando pela aniquilação que a morte concede.

L. encontrava-se em Londres. Pensei que, no caso de ele aparecer, talvez eu pudesse escapar à ameaça deste horrível coma mortal. Talvez o calor dos seus amorosos braços me fizesse regressar à vida.

Um dia, pedi que ninguém me viesse incomodar. Fechada no quarto, com os cortinados das janelas corridos, estendi-me ao comprido na cama, com as mãos cruzadas sobre o peito. Tinha atingido o ponto limite do desespero e repetia constantemente um apelo a L.: «Vem, vem para o pé de mim. Preciso de ti. Estou a morrer. Se não vens, sigo o caminho dos meus meninos.»

Repetia estas palavras como uma Litania, sem me deter, sem me cansar.

Quando me levantei, a meia-noite já soara. Tornei a deitar-me e dormi um sono doloroso.

De manhã, Augustin acordou-me com um telegrama na mão:

«Por amor de Deus enviem-me notícias de Isadora. Vou já partir para Corfu. L.»

Nos dias que se seguiram, esperei. Esperei alumiada pelos primeiros alvores de esperança que romperam as minhas trevas.

Uma manhã L. chegou, pálido e agitado.

— Pensei que tinhas morrido —, disse ele.

Em seguida contou-me que, na mesma tarde em que lhe enviara a mensagem, eu lhe aparecera numa vaporosa visão aos pés da cama e lhe dissera exactamente as mesmas palavras da mensagem que eu tão frequentemente repetira: «Vem, vem para o pé de mim. Preciso de ti. Se não vens, eu morro.»

Assim que ficou provada uma ligação telepática entre nós dois, senti nascer em mim a esperança de que, também por um espontâneo gesto de amor, a desgraça do passado pudesse ser redimida e eu voltasse a sentir no peito um sussurro reconfortante anunciando que os meus filhos talvez pudessem regressar à terra. Mas isso não aconteceu. A minha ansiedade, a minha dor, eram demasiado intensas para que L. as pudesse suportar. Uma manhã, ele partiu bruscamente sem prevenir ninguém. Vi o barco afastar-se de Corfu e percebi que ele se achava a bordo. Vi o barco a desaparecer nas águas azuis e uma vez mais fiquei só.

Então falei para mim própria dizendo que ou punha fim à vida ou encontrava um meio para viver, apesar da torturante e constante angústia que noite e dia me devorava. De facto, todas as noites, acordada ou adormecida, revivia a terrível e derradeira manhã, ouvia a voz de Deirdre a dizer: «Adivinha onde vamos hoje?» e ouvia a preceptora a contrapor: «Madame, talvez seja melhor eles não saírem hoje.» E ouvia-me a replicar, apavorada: «Tens razão. Toma conta deles, querida senhora, toma conta e não os deixes sair hoje.»

Raymond regressou da Albânia. Vinha cheio de entusiasmo, como era seu costume.

— O país inteiro carece de ajuda. As aldeias estão devastadas, as crianças morrem de fome. Como podes ficar aqui, amarrada aos teus desgostos egoístas? Vem comigo e ajuda-me a alimentar as crianças e a reconfortar as mulheres.

As suas alegações surtiram efeito. Voltei a envergar a minha túnica grega e a calçar as sandálias e acompanhei Raymond à Albânia. Tinha organizado um campo de auxílio para os refugiados albaneses da maneira mais original que se possa imaginar. Começou por se dirigir ao mercado público de Corfu, onde comprou lã em bruto. Carregou a lã num pequeno barco a vapor que alugara para o efeito e transportou a carga para Santi Quaranta, o porto principal dos refugiados.

— Mas Raymond, disse-lhe eu, como vais alimentar os refugiados com lã em bruto?

Ele respondeu:

— Espera, já vais ver. Se eu lhes trouxer pão, só lhes chega para um dia. Mas eu trago-lhes lã e isso assegura-lhes o futuro.

Aportámos na costa rochosa de Santi Quaranta, onde Raymond instalara um centro. Num cartaz lia-se: «Aqueles que quiserem fiar lã, receberão uma dracma por dia».

Uma fila de pobres mulheres magras e esfomeadas rapidamente se formou. Com a dracma recebiam também milho, que o governo grego vendia no porto.

Dias depois, Raymond pilotou o seu pequeno barco e regressou a Corfu. Aí, contratou alguns carpinteiros para lhe fazerem teares e outros instrumentos de tecelagem e, de volta a Santi Quaranta, exibiu outro cartaz: «Quem quer fiar e tecer lã, segundo desenhos a fornecer, a uma dracma por dia?»

Acorreu à chamada uma multidão de gente esfomeada. Para os desenhos, Raymond inspirou-se nos desenhos dos vasos gregos antigos. Muito rapidamente reuniu uma fileira de mulheres tecedeiras a trabalharem à beira-mar. Ensinou-as a cantar num ritmo que acompanhava a cadência do trabalho. Os desenhos, uma vez tecidos, decoravam mantas magníficas que Raymond enviou para Londres, onde seriam vendidas com cinquenta por cento do lucro. Com o resultado financeiro desta operação, montou uma padaria e vendia pão branco cinquenta por cento mais barato do que o milho vendido pelo governo grego. Assim reuniu os meios para fundar a sua aldeia.

Nós vivíamos numa tenda junto ao mar. Todas as manhãs, ao nascer do sol, mergulhávamos no mar e nadávamos. Uma vez por outra, Raymond dispunha de algumas sobras de pão e batatas; íamos então para as aldeias situadas nos montes e distribuíamos o pão pela gente esfomeada.

A Albânia é um país estranho e trágico. Foi aí que se ergueu o primeiro altar dedicado ao Zeus dos Trovões. Chamaram-lhe Zeus dos Trovões porque nesta terra, tanto de Inverno como de Verão, as tempestades são contínuas e a chuva violenta não se cansa de cair. Acabei por perceber que andar aos tombos pelo meio da tempestade, de túnica e sandálias a tomar um saudável banho de chuva, é muito mais divertido do que passear metida dentro de um impermeável.

Presenciei muitas cenas trágicas. Uma mãe sentada debaixo de uma árvore com um bebé nos braços e três ou quatro criancinhas a tentarem trepar-lhe para os joelhos, todos esfomeados e sem um lar para se acolherem. A casa incendiada, o marido e pai das crianças, morto pelos turcos, o rebanho de gado roubado, as colheitas destruídas, e a pobre mãe ali sentada com os filhos que lhe restavam. A estes e outros infelizes, Raymond distribuía os seus sacos de batatas.

Extenuados, regressávamos ao nosso campo e, todavia, uma felicidade indefinível florescia dentro de mim. Os meus meninos tinham abalado para muito longe, mas havia outros... que tinham fome e sofriam. Não poderia eu viver para estes?

Foi em Santi Quaranta, onde não havia cabeleireiros, que pela primeira vez cortei o meu cabelo. Deitei-o ao mar.

Quando readquiri a saúde e as forças, esta vida entre os refugiados tornou-se insuportável. Não tenho a menor dúvida de que existe uma grande diferença entre a vida do artista e a do santo. A minha vida de artista despertava. Era impossível, assim me parecia, com os meus limitados meios, travar a torrente de miséria dos refugiados albaneses.

CAPÍTULO XXVI

Um dia senti que devia abandonar este país de montanhas, de grandes rochedos e de tempestades. Disse a Penélope:

— Sinto que não posso continuar a ver esta miséria. Anseio por me sentar numa mesquita, à luz débil e calma de uma candeia. Quero de novo sentir um tapete persa debaixo dos meus pés. Estou cansada destes caminhos. Não queres vir comigo numa curta fugida a Constantinopla?

Penélope ficou encantada. Trocámos as nossas túnicas por vestidos vulgares e apanhámos o barco para Constantinopla. Ao longo do dia permaneci na minha cabine, mas à noite, enquanto os outros passageiros dormiam, pus um lenço na cabeça e saí para a luz do luar. Escondida ao longo da amurada do barco e de olhos postos na lua, pude ver uma figura completamente vestida de branco, até as luvas eram de pelica branca. Era um homem novo, com um pequeno livro preto na mão que de vez em quando parecia ler, pois ouvia um suave murmúrio, talvez uma invocação. Dois magníficos olhos negros iluminavam-lhe o rosto pálido e fatigado, coroado por uma cabeleira negra como azeviche.

Ao aproximar-me, o desconhecido falou-me:

— Atrevo-me a falar-vos —, disse ele, — porque sinto uma aflição tão grande como a vossa e estou de volta a Constantinopla para consolar a minha mãe que está em grande sofrimento. Um mês atrás recebeu a notícia do trágico suicídio do meu irmão mais velho e, apenas duas semanas mais tarde, seguiu-se outra tragédia, o suicídio do meu segundo irmão. Sou o único filho que lhe resta mas, como posso eu servir-lhe de consolação? Eu, que me encontro num estado de miserável desespero e creio que a melhor e mais feliz coisa que me pode acontecer é seguir os meus irmãos.

Conversámos os dois e ele disse-me que era actor de teatro. O pequeno livro que tinha nas mãos era um exemplar do *Hamlet*, cujo papel estudava.

No final da tarde, voltámos a encontrar-nos na ponte do barco como dois fantasmas infelizes mergulhados nos seus íntimos pensamentos e todavia, cada um de nós, encontrando algum conforto na presença do outro, ali permaneceu até de madrugada.

À chegada a Constantinopla, esperava-o uma mulher alta e bonita, vestida de luto carregado, que o beijou.

Penélope e eu alojámo-nos no Péra Palace Hotel e passámos os dois primeiros dias da nossa visita a deambular por Constantinopla, principalmente pelas estreitas ruas da cidade antiga. No terceiro dia recebi uma visita inesperada, a mãe do meu triste amigo do barco, a mulher que o tinha ido esperar. Vinha tomada de uma angústia desmesurada. Mostrou-me o retrato dos dois lindos filhos que havia perdido e disse:

— Foram-se embora, não consigo trazê-los de volta, mas vim suplicar-vos que me ajudeis a salvar o último... Raoul. Sinto que ele quer seguir os irmãos.

— Que posso fazer —, disse eu, — e de que maneira é que ele corre perigo?

— Deixou a cidade e encontra-se na pequena aldeia de San Stefano, isolado numa vivenda. Quando partiu, o imenso desespero na expressão do seu rosto fez-me recear o pior. Causastes-lhe profunda impressão e penso que podeis mostrar-lhe a maldade do seu comportamento. Fazei que ele tenha piedade da mãe e fazei que regresse à vida.

— Mas qual a razão do seu desespero? — perguntei.

— Não sei. E também não sei a razão do suicídio dos irmãos. Belos, jovens, ricos, por que procuraram a morte?

Imensamente tocada por este apelo de mãe, prometi-lhe deslocar-me à aldeia de San Stefano e fazer tudo o que pudesse para trazer Raoul à razão. O porteiro do hotel informou-me de que a estrada era má e quase impossível para um automóvel. Dirigi-me portanto para o porto e aluguei um pequeno rebocador. Soprava um certo vento e as águas do Bósforo estavam muito agitadas, mas chegámos em segurança à pequena aldeia. Graças às indicações da mãe, foi fácil encontrar a vivenda de Raoul. Era uma casa branca no meio de um jardim, situada num lugar solitário perto do cemitério antigo. Não havia campainha. Bati e não obtive resposta. Empurrei a porta, esta abriu-se e eu entrei. A sala do rés-do-chão estava vazia. Subi um curto lance de escadas, abri outra porta e encontrei Raoul num pequeno quarto caiado de branco e com as portas e o chão igualmente brancos. Estava estendido num sofá com estofo branco, vestido como o tinha visto no barco no seu completo fato branco e luvas de imaculada brancura. Perto do sofá, via-se uma pequena mesa com uma jarra de cristal exibindo um lírio branco e, ao lado, um revólver.

O rapaz que, segundo me pareceu, não comia há dois ou três dias, achava-se perdido numa terra longínqua, onde a minha voz dificilmente o alcançava. Pus-me a sacudi-lo para o chamar à vida, falei-lhe da mãe, como a morte dos outros dois filhos lhe dilacerava o coração e, finalmente, dei-lhe a minha mão e consegui arrastá-lo para o meu barquito, tendo o cuidado de me esquecer do revólver.

Durante o regresso não cessou de chorar e recusava-se a voltar a casa da mãe. Convenci-o, portanto, a vir para o meu apartamento do Péra Palace, onde tentei arrancar-lhe o segredo do seu profundo sofrimento, pois queria parecer-me que nem mesmo a morte dos irmãos explicava suficientemente o seu estado de espírito. Por fim, murmurou:

— Não. Tu tens razão. Não é a morte dos meus irmãos, é Sylvio.

— Quem é Sylvio? Onde é que *ela* está? —, perguntei eu.

— Sylvio é o mais belo ser que existe neste mundo e está aqui. Sim. Ele está em Constantinopla com a mãe.

Ao perceber que Sylvio era um rapaz, fiquei um tanto horrorizada. Mas, como fui sempre admiradora de Platão e, sem qualquer dúvida, considerava o seu *Fedro* a mais delicada e requintada canção de amor alguma vez escrita, não me senti tão escandalizada como certa gente teria ficado. Creio que o amor mais sublime é uma pura chama espiritual, não necessariamente dependente do sexo.

Eu estava determinada a salvar a qualquer preço a vida de Raoul, pelo que desisti de mais observações e limitei-me a perguntar:

— Qual é o número do telefone de Sylvio?

Não foi preciso muito tempo para ouvir a voz de Sylvio na ponta do fio do telefone, uma voz doce que me pareceu sair de uma alma igualmente doce.

— Vem aqui já de seguida —, disse-lhe eu.

Sylvio apareceu quase imediatamente. Era um jovem encantador, com cerca de dezoito anos de idade. Assim devia ser Ganimedes quando perturbou e emocionou o poderoso Zeus.

«E quando este sentimento permanece e ele se aproxima do amigo e o beija, em exercícios de ginástica ou em outras ocasiões, é então que a fonte de onde brota o fluido a que Zeus, amoroso de Ganimedes, dá o nome de Desejo, faz correr o mesmo fluido para o amante e o inunda e penetra na sua alma e a enche e depois transborda. E tal como a brisa e o som batem na rocha e depois ressoam num eco que regressa ao lugar de onde partiu, assim acontece com o fluido da beleza a passar diante dos olhos, que são as janelas da alma, e a regressar àquele que é o mais belo e o mais amado. Aí chegado, o fluido da beleza não perde tempo, tudo semeia, tudo rega com a sua água, tudo cresce e a alma do bem-amado enche-se também de amor. E, assim, o bem-amado também ama, mas não sabe o quê; não compreende e não sabe explicar o que sente, julga que alguém lhe transmitiu uma cegueira. O amante é o espelho do bem-amado e nesse espelho se revê sem ter consciência do que está a ver.»

(Jowett)

Jantámos juntos e juntos passámos o serão. Um pouco mais tarde, na varanda fronteira ao Bósforo, tive o prazer de assistir a uma amável conversa em que Raoul e Sylvio trocaram doces confidências, o que me deu a certeza de que a vida de Raoul estava a salvo, pelo menos de momento. Telefonei à sua mãe e narrei-lhe os meus esforços bem sucedidos. A pobre mulher ficou esfuziante de alegria e mal conseguia exprimir a sua gratidão.

Nessa noite, quando me despedi e desejei uma boa-noite aos meus amigos, senti que tinha praticado uma boa acção e posto a salvo a vida de um belo rapaz. Porém, alguns dias depois recebi nova visita daquela mãe de cabeça perdida.

— Raoul voltou para a sua vivenda, em San Stefano. Deveis salvá-lo outra vez.

Pensei que isto era um abuso da minha bondade, mas não pude resistir ao apelo da pobre mãe. Desta vez, porém, como havia achado o percurso marítimo bastante arriscado, decidi optar pela estrada e meti-me num automóvel. Fui chamar Sylvio e disse-lhe que ele tinha a obrigação de me acompanhar. Perguntei-lhe:

— Desta vez, qual a razão de toda esta loucura?

— Bem, é assim! — respondeu Sylvio. — É certo que eu amo Raoul, mas não posso dizer que o amo tanto como ele me ama, pelo que o melhor a fazer é deixar de viver.

Partimos ao pôr do sol e, após muitos solavancos e muitos estremeções, chegámos à vivenda. Entrámos de improviso e, mais uma vez, trouxemos o melancólico Raoul para o hotel. Com Penélope discutimos pela noite fora sobre a melhor maneira de encontrar um remédio eficaz para a estranha doença que afectava Raoul.

No dia seguinte, Penélope e eu andámos a vaguear pelos bairros antigos de Constantinopla. A dado momento, numa ruela estreita e escura, Penélope apontou para uma tabuleta, onde estava escrito em arménio, língua que ela sabia traduzir, que ali residia uma mulher que adivinhava o futuro.

— Vamos consultá-la —, disse Penélope.

Entrámos numa casa velha e, após termos subido uma escada de caracol e percorrido corredores sujos e arruinados, num quarto das traseiras encontrámos uma mulher muito velha debruçada num caldeirão de onde se exalavam estranhos odores. Era arménia mas falava um pouco de grego, pelo que Penélope a pôde entender. Contou-nos como, por ocasião do último massacre levado a cabo pelos turcos, ela assistira à terrível matança de todos os seus filhos, filhas, netos e netas, incluindo um bebé de colo. A partir desse momento, tornou-se clarividente e pode ler o futuro.

Por intermédio de Penélope, perguntei-lhe:

— Que vê no meu futuro?

A velha olhou fixamente, por um curto instante, para o fumo do caldeirão e pronunciou umas palavras que Penélope traduziu:

— Em ti, ela saúda a filha do Sol. Foste enviada à terra para espalhar muita alegria por toda a gente do mundo. Com esta alegria será fundada uma religião. Depois de muitas viagens e vagabundagens, para o fim da tua vida irás construir templos por todas as partes do mundo. O tempo vai passar e tu hás-de regressar a esta terra, onde também vais erguer um templo. Todos estes templos serão consagrados à Beleza e à Alegria, porque tu és a filha do Sol.

Naquele dia e considerando a condição de dor e desespero em que me encontrava, esta profecia pareceu-me estranha e curiosa. Em seguida, Penépole perguntou-lhe:

— Qual vai ser o meu futuro?

Ela falou a Penélope e eu reparei que esta empalideceu e ficou terrivelmente assustada. Perguntei-lhe:

— Que te disse ela?

— O que ela diz é muito inquietante —, respondeu Penélope. — Diz que eu tenho um cordeirinho, que é naturalmente o meu filho Menalkas. Diz: «Estais desejando um outro cordeirinho», que deve ser a filha por quem estou sempre à espera. Mas diz que este desejo jamais será satisfeito. Diz ainda que em breve vou receber um telegrama a comunicar-me que alguém que eu amo está muito doente e outro que eu também amo se encontra à beira da morte. Depois disto — continuou Penélope, — diz ainda que a minha vida não terá longa duração mas, num lugar elevado de onde se abrange o mundo inteiro, eu farei a minha última meditação antes de deixar este globo.

Penélope ficou muito perturbada. Deu algumas moedas à velha e, dizendo-lhe adeus, pegou-me na mão e correu apressada pelos corredores, desceu as escadas, saiu para a rua e metemo-nos no primeiro carro de praça que nos apareceu e nos conduziu de volta ao hotel.

Logo que entrámos, o porteiro entregou-nos um telegrama. Penélope apoiou-se no meu braço, quase desmaiada. Tive de a levar para o quarto, onde abri o telegrama. Li o seguinte: «Menalkas muito doente, Raymond muito doente. Venham já e depressa».

A pobre Penélope ficou desvairada. Precipitadamente metemos as nossas coisas nas malas e quisemos saber a que horas haveria um barco para Santi Quaranta. O porteiro informou-nos que ao pôr do sol partia um. Mas apesar da nossa pressa, lembrei-me da mãe do Raoul e escrevi-lhe: «Se quereis salvar o vosso filho do perigo que o ameaça, fazei que ele abandone Constantinopla imediatamente. Não pergunteis porquê mas, se for possível, trazei-o ao barco em que devo partir esta tarde, às cinco horas.»

Não recebi resposta e foi à hora da partida que Raoul apareceu com uma mala na mão, parecendo mais morto do que vivo. Correu pela prancha de embarque e entrou a bordo. Perguntei-lhe se tinha bilhete e cabine, mas não tinha pensado em nenhuma dessas coisas. Felizmente, nestes barcos do Oriente, as pessoas são amáveis e prestáveis e consegui entender-me com o capitão. Ficou acordado que, como não havia cabine disponível, ele dormiria no salão vizinho à minha. Insisti nesta solução porque realmente sentia por este rapaz uma solicitude maternal.

Ao chegarmos a Santi Quaranta, encontrámos Raymond e Menalkas a arder em febre. Fiz tudo o que pude para persuadir Raymond e Penélope a saírem deste deprimente país da Albânia e regressarem comigo à Europa.

Fui chamar o médico de bordo para o ver e aconselhar, mas Raymond recusou-se a abandonar os seus refugiados e a sua aldeia e, muito naturalmente, Penélope não quis deixar o marido sozinho. Fui, portanto, forçada a abandoná-los naquele rochedo desolado, tendo como único abrigo uma pequena tenda sobre a qual soprava um autêntico furacão.

O barco prosseguiu na rota para Trieste. Raoul e eu sentíamo-nos muito infelizes e as suas lágrimas não cessavam de correr. Eu tinha telegrafado, dando instruções para que o meu carro nos aguardasse em Trieste, pois receava o contacto com os passageiros do comboio. Seguimos então de automóvel em direcção ao Norte, atravessando as montanhas da Suíça.

Detivemo-nos algum tempo nas margens do Lago de Genève. Formávamos um par curioso, cada um mergulhado no seu próprio desgosto e, talvez por essa razão, cada um dos dois encontrava no outro um bom companheiro. Passámos dias no Lago, metidos num pequeno barco e, por fim, consegui arrancar de Raoul a promessa sagrada de renunciar para sempre ao suicídio, por amor de sua mãe.

E assim, uma manhã fui despedir-me dele ao comboio. Regressava ao seu teatro e nunca mais o vi. Contudo, ouvi dizer mais tarde que ele tinha feito uma carreira de sucesso e que a sua interpretação de Hamlet causara grande impressão. Não duvido que assim tenha acontecido, pois de facto quem poderia declamar as palavras: «Ser ou não ser», com melhor compreensão que o pobre Raoul? Contudo, ele era tão jovem, tão verdadeiramente jovem… espero que tenha tido tempo para encontrar a felicidade.

Na Suíça, sozinha, entregue a mim própria, fui assaltada por um sentimento de grande lassitude e melancolia. Não conseguia demorar-me no mesmo lugar. Devorada pelo desassossego, viajava pela Suíça ao volante do meu carro e por fim, obedecendo a um impulso irresistível, tomei o caminho de regresso a Paris. De facto, eu estava só, totalmente isolada, pois tornara-se impossível a convivência com qualquer pessoa. Mesmo a companhia do meu irmão Augustin, que na Suíça viera viver comigo, se revelou incapaz de me libertar deste feitiço. Por fim, cheguei a um ponto tal que até o som da voz humana se tornou odioso e, quando alguém entrava no meu quarto para me visitar, parecia-me um ser irreal e distante, muito ao longe. Assim cheguei uma noite a Paris, à porta da minha casa de Neuilly, que encontrei deserta, com excepção do velho que tratava do jardim e habitava no cubículo do porteiro, junto ao portão.

Entrei no meu grande estúdio e, por um momento, a vista dos cortinados azuis recordou-me a minha Arte e o meu trabalho. Decidi fazer um esforço para os retomar. Com esta intenção, mandei chamar o meu amigo Hener Skene, para vir tocar piano para mim, mas o som da música familiar teve como único efeito provocar-me uma crise de lágrimas. Foi esta, sem dúvida, a primeira vez em que chorei. Tudo naquela casa me reavivava a lembrança dos dias felizes que ali vivera. Não foi preciso muito tempo para uma alucinação me dar a ouvir as vozes dos meus filhos no jardim e um dia em que, por acaso, entrei na casinha onde eles viviam e vi os seus vestidos e os seus brinquedos espalhados por todo o lado, senti-me completamente derrotada e compreendi que seria impossível continuar em Neuilly. Contudo, ainda fiz alguns esforços e chamei alguns amigos em meu auxílio.

À noite não conseguia dormir e sabia que a proximidade do rio, quase ao lado de casa, constituía um grande perigo. Assim, um dia, incapaz de suportar por mais tempo aquela atmosfera sufocante, meti-me de novo no meu automóvel e rumei para sul. Somente dentro do carro a uma velocidade de setenta ou oitenta quilómetros por hora, comecei a sentir um certo alívio da indescritível angústia daqueles dias e daquelas noites.

Subi e cruzei os Alpes, desci para Itália e continuei a minha vagabundagem, umas vezes dando por mim dentro de uma gôndola nos canais de Veneza, a pedir ao gondoleiro que remasse durante a noite inteira, outras vezes achando-me na antiga cidade de Rimini. Passei uma noite em Florença, onde sabia que vivia C. e senti grande vontade de o chamar mas, sabendo que estava casado e bem assente na vida doméstica, pensei que a minha visita poderia causar discórdia e refreei o meu desejo.

Um dia, numa pequena cidade à beira-mar, recebi um telegrama que dizia: «Isadora, sei que andas a passear por Itália. Peço-te que me venhas ver. Farei o melhor que puder para te confortar.» Estava assinado Eleonora Duse.

Nunca cheguei a saber como ela descobrira o meu paradeiro para me enviar o telegrama, mas quando li o nome mágico, percebi que Eleonora Duse era a única pessoa que eu podia e devia ver. O telegrama fora remetido de Viareggio, exactamente no promontório oposto ao local em que me encontrava. Parti imediatamente no meu automóvel, depois de ter enviado um agradecimento como resposta a Eleonora anunciando-lhe a minha chegada.

Na noite em que cheguei a Viareggio, rebentou uma tremenda tempestade. Eleonora vivia numa pequena moradia situada no campo, num lugar afastado, mas deixara uma mensagem no Grande Hotel, dizendo que me esperava e pedindo-me para não perder tempo.

CAPÍTULO XXVII

Na manhã seguinte, meti-me no carro e fui ver a Duse, que vivia numa pequena vivenda pintada de cor-de-rosa e situada por trás de uma vinha. Caminhando por uma vereda ladeada de videiras, veio ao meu encontro como um anjo glorioso. Apertou-me nos braços e os seus olhos maravilhosos irradiavam tal amor e tal ternura que eu senti-me justamente como Dante se deve ter sentido quando, no Paraíso, reencontrou a divina Beatriz.

Passei a viver em Viareggio, procurando e encontrando coragem no brilho radioso dos olhos de Eleonora. Embalava-me nos seus braços a consolar a minha dor e o meu pesar, mas não era só consolação, pois parecia-me que ela tomava a minha pena como sua e a escondia no coração. Percebi então que, se não tinha suportado a convivência com outras pessoas, isso devia-se ao facto de todas essas pessoas terem representado uma comédia, tentando reanimar-me com o esquecimento das desventuras passadas. Pelo contrário, Eleonora dizia:

— Fala-me de Deirdre e de Patrick.

Insistia para que lhe contasse as suas conversas, lhe descrevesse os seus gestos e maneiras e lhe mostrasse fotografias, que beijava e molhava com lágrimas. Nunca me disse: «Deixa de te lamentar e chorar.» Lamentava-se e chorava comigo e, pela primeira vez desde que eles morreram, senti que não estava só. Eleonora Duse era um ser de excepção. O seu coração era tão grande que podia receber toda a tragédia do mundo, o seu espírito era o mais radioso que alguma vez brilhou por entre as negras tristezas desta terra. Muitas foram as vezes em que, enquanto caminhávamos pela beira-mar, me pareceu ver a sua cabeça entre as estrelas do céu e as suas mãos a atingirem o alto das montanhas.

Erguendo os olhos para o alto da montanha, um dia disse-me:

— Repara nas encostas agrestes e selvagens do Monte Croce. Como parecem sombrias e inacessíveis, ao lado dos bosques do Ghilardone, das suas lindas árvores floridas e das vinhas soalheiras a descerem para o vale mas, se olhares com atenção para o cume do negro Monte Croce hás-de notar a discreta cintilação das pedras de mármore branco à espera que o escultor lhes dê a imortalidade. Enquanto o Ghilardone apenas produz aquilo que as necessidades materiais do homem reclamam, o outro coloca ao seu dispor o indispensável para realizar o seu sonho. É assim a vida do artista, obscura, sombria, trágica, mas oferecendo o mármore branco de onde brotam as aspirações do homem.

Eleonora adorava Shelley e por vezes, durante o final de Setembro tempestuoso, quando um relâmpago iluminava as soturnas ondas, apontava para o mar e dizia:

— Olha! As cinzas de Shelley a brilhar. Ele ali está, a andar por cima das ondas.

No hotel, os hóspedes estrangeiros incomodavam-me constantemente com os seus olhares curiosos e persistentes. Resolvi, portanto, alugar uma vivenda. Mas, o que terá influenciado a minha escolha? Uma casa enorme de tijolos vermelhos no fundo de um pinhal de árvores melancólicas e rodeada por um muro muito alto. Se o exterior era triste, o interior era lúgubre, de uma melancolia que desafia qualquer descrição. Na aldeia corria a lenda de que a casa havia sido habitada por uma dama que, após uma paixão mal sucedida por um cavalheiro altamente colocado na corte austríaca — havia quem dissesse ter sido o próprio Francisco José — teve a enorme tristeza de ver enlouquecer o filho dessa união. No andar superior existia um pequeno quarto com as janelas protegidas por grades, as paredes pintadas com desenhos fantasmagóricos e um pequeno postigo quadrado na porta por onde, evidentemente, era introduzida a alimentação do desgraçado rapazinho louco, sempre que se tornasse uma perigosa ameaça. No telhado havia um grande mirante descoberto, de um dos lados dava para o mar e, do outro, para as montanhas.

Foi esta a sinistra moradia, com pelo menos sessenta quartos, que eu tive a fantasia de alugar. Creio que aquilo que nela me atraiu foi o pinhal que a circundava e a vista maravilhosa que se gozava do mirante. Perguntei a Eleonora se não gostaria de ir viver comigo mas ela recusou polidamente e mudou-se da sua vivenda de Verão para uma pequena casa branca, perto da minha.

A Duse era de uma grande originalidade em matéria de correspondência. Se a amiga vivia num outro país, limitava-se a enviar-lhe um longo telegrama de tempos a tempos num período de três anos mas, se vivia perto, enviava-lhe uma palavrinha de encantadora ternura quase todos os dias, chegando mesmo a duas ou três vezes por dia. Eu vivia perto e eram frequentes os nossos encontros e os nossos passeios pela beira-mar. Então a Duse dizia: «A Dança Trágica a passear com a Musa da Tragédia».

Um dia, a Duse e eu andávamos despreocupadas pela borda da água quando, de repente, ela se virou para mim. O sol a esconder-se desenhou uma auréola de fogo em torno da sua cabeça. Fitou-me longamente, com um olhar muito estranho, e numa voz surda, disse-me:

— Isadora, não procures a felicidade, deixa de a procurar. Trazes na fronte a marca dos predestinados à infelicidade na terra. O que te aconteceu foi apenas o princípio. Não voltes a desafiar o Destino.

Ah, Eleonora! Se eu tivesse dado atenção ao teu aviso! Mas a esperança é uma planta difícil de matar. Não importa quantos ramos são destruídos, novos rebentos vão sempre nascer.

Duse era então uma criatura magnífica, no pleno esplendor da sua vida e da sua inteligência. Quando andava pela praia dava grandes passadas, como nunca vi em outra mulher. Não usava espartilho e a sua figura, ao tempo robusta e volumosa, teria desencantado os profissionais da moda. No entanto, era uma figura de grande nobreza. Nela tudo revelava uma alma grande e torturada. Muitas vezes lia-me trechos de tragédias gregas, ou de Shakespeare e, quando a ouvi ler certas linhas da *Antígona*, pensei que era um crime não se dar a ouvir ao mundo esta esplêndida interpretação. Não é verdade que o seu longo afastamento do palco, na plenitude e na maturidade da sua Arte, fosse devido, como certa gente prefere afirmar, a um amor infeliz ou a qualquer outra razão de ordem sentimental, nem mesmo a problemas de saúde. A verdade nua e crua consistiu no facto de ela não dispor da ajuda e do capital necessários para pôr em prática a suas ideias de arte, do modo que queria e desejava. O mundo, a gente que «ama a Arte» deixou a maior actriz da terra inteira a remoer o próprio coração, na pobreza e na solidão, durante quinze longos anos. Quando Morris Guest se apercebeu do que se passava e conseguiu finalmente organizar-lhe uma digressão pela América, já era demasiado tarde. Ela morreu no decurso desta última digressão, em que pateticamente tentava amealhar o dinheiro necessário para levar a cabo a obra pela qual esperou tantos e tão longos anos.

Aluguei um grande piano para a minha vivenda e, em seguida, enviei um telegrama ao meu fiel amigo Skene, que imediatamente apareceu. Eleonora estava apaixonada por música e, todas as noites, ele tocava Beethoven, Chopin, Schubert, Schumann. Por vezes, ela cantava, numa voz baixa e com um timbre estranho, a sua canção favorita, *In questa tomba oscura, lascia mia pianga* e, ao pronunciar as últimas palavras, *Ingrata… Ingrata,* a voz e o rosto adquiriam uma expressão tão profundamente trágica e tão carregada de censura que se tornava impossível olhá-la sem que as lágrimas nos corressem[1].

Um dia, ao crepúsculo, levantei-me subitamente, pedi a Skene para tocar e dancei para ela o Adágio da *Sonata Patética* de Beethoven. Foram os meus primeiros passos de dança desde o dia 19 de Abril. A Duse agradeceu apertando-me nos braços e beijando-me disse-me:

— Isadora, que fazes tu aqui? Tens de voltar à tua Arte. É a tua única salvação.

---

[1] *Lied* romântico de Beethoven. (*N. do T.*)

Eleonora sabia que uns dias antes eu tinha recebido uma proposta de contrato para uma digressão na América do Sul. Insistiu comigo:

— Aceita esse contrato. Se soubesses como a vida é curta e como podem ser compridos os anos de tédio, de tédio, nada mais que tédio! Foge da tristeza e do tédio... foge!

Fugir... fugir, dizia ela, mas o meu coração estava demasiado pesado. Podia atrever-me a uns passos de dança para Eleonora, mas exibir-me de novo diante de um público, parecia-me impossível. Todo o meu ser estava imensamente torturado, cada batida do meu coração era um lamento pelos meus filhos. Ao lado de Eleonora sentia-me confortada, mas as noites, naquela vivenda solitária, com salas a ecoarem o vazio e a tristeza, passava-as à espera da manhã. Levantava-me e ia nadar para o mar. Pensava sempre em nadar para longe, para tão longe que fosse incapaz de regressar, mas o meu corpo, ele só, tomava a decisão de novamente pisar a terra. É assim tenaz a vontade de viver de um corpo jovem!

Numa cinzenta tarde de Outono, andava a passear sozinha pelas areias da praia, quando de repente vi, mesmo à minha frente, os meus filhos Deirdre e Patrick a caminharem de mãos dadas. Chamei-os, mas começaram a rir e a correr. Segui atrás deles, também a correr... e a chamá-los... mas acabaram por desaparecer na névoa do vapor das ondas do mar. Então apoderou-se de mim uma terrível apreensão. Esta visão dos meus filhos! Estaria eu doida? Tive, por uns momentos, a nítida percepção que um dos meus pés pisava a linha que separa a loucura da sanidade mental. Vi o manicómio à minha frente, a vida de lúgubre monotonia, e num assomo de amargo desespero caí por terra. Com o rosto contra a areia, chorei e gritei bem alto.

Não sei quanto tempo ali estive deitada, quando senti uma mão bondosa a acarinhar-me a cabeça. Olhei para cima e vi um homem que me pareceu uma das admiráveis figuras contemplativas da Capela Sixtina. Ele ali estava, acabado de sair do mar. Disse-me:

— Por que chorais? Posso fazer alguma coisa para vos ajudar?

Olhei para ele… e respondi:

— Sim. Salvai-me… salvai mais do que a minha vida… a minha razão, o meu juízo. Dai-me um filho.

Nessa noite, do telhado da minha vivenda contemplámos, os dois, o sol que ao longe se escondia no mar. A lua levantava-se e inundava de uma luz cintilante a encosta de mármore da montanha e quando senti os seus braços fortes e jovens a envolverem-me e os seus lábios contra os meus, quando toda a sua paixão de italiano se abateu sobre o meu ser e o meu corpo, senti que estava resgatada da dor e da morte, devolvida à luz… e ao amor.

De manhã, quando contei tudo isto a Eleonora não me pareceu nada surpreendida. Os artistas vivem tão continuamente numa terra de lendas e fantasias que lhe pareceu muito natural que o jovem seguidor de Miguel Ângelo tivesse saído do mar para me confortar e, embora ela detestasse encontrar-se com estrangeiros, consentiu muito amavelmente que lhe apresentasse o meu jovem Ângelo. E assim, visitámos o seu estúdio, pois ele era escultor.

Depois de ter visto os seus trabalhos, perguntou-me:

— Realmente pensas que ele é um génio?

— Sem dúvida, repliquei. E provavelmente será um segundo Miguel Ângelo.

A juventude é dotada de uma energia maravilhosa. A juventude acredita em tudo, e eu quase acreditei que o meu novo amor havia de vencer a minha dor. Estava tão cansada do meu sofrimento horrível e permanente! Havia um poema de Victor Hugo que lia e relia constantemente e que, finalmente muito me ajudou a convencer-me: «Sim, eles vão voltar; esperam apenas um pouco e depois vêm ver-me». Mas… ai de mim! Esta ilusão depressa se desvaneceu.

Julgo que o meu amado pertencia a uma família italiana de grande severidade e estava noivo de uma menina pertencente a outra família italiana não menos severa. Nunca me falou disto, mas um dia estava tudo bem explicado numa carta de adeus, que me escreveu. Contudo, não fiquei irritada. Estava persuadida que fora ele quem salvara a minha razão e o meu juízo e a solidão já não me fazia sofrer. A partir desse momento entrei numa fase de intenso misticismo. Sentia que os espíritos dos meus filhos pairavam à minha volta e que haviam de regressar para serem o meu consolo na terra.

Com a aproximação do Outono, Eleonora mudou-se para o seu apartamento em Florença e eu também abandonei a minha lúgubre vivenda. Fui primeiro para Florença e logo de seguida para Roma, onde planeava passar o Inverno. O Natal foi passado em Roma. Foi bastante triste, mas no meu íntimo dizia: «Que importa, não me encontro nem na tumba nem no manicómio. Estou aqui.» O meu fiel amigo Skene ficou sempre comigo. Nunca me interpelou, nem duvidou de mim, contentava-se em dar-me a sua amizade, a sua adoração... e a sua música.

Para uma alma carregada da tristeza, Roma é uma cidade maravilhosa. No estado em que me encontrava, a claridade esfuziante de Atenas e a sua perfeição teriam tornado a minha dor ainda mais aguda. Roma, pelo contrário, com as suas ruínas imponentes, os seus túmulos e os seus monumentos recheados de história e de alma, testemunhas de muitas gerações passadas e já mortas, actuou em mim como um calmante. Gostava, particularmente, de vaguear pela Via Ápia de manhã cedo, quando por entre longas fileiras de túmulos chegavam de Frascati as carroças carregadas de vinho com os condutores adormecidos e reclinados, como faunos, nas pipas de vinho. Parecia-me então que o tempo deixara de existir. E era como um fantasma que há um milhar de anos vagueava pela Via Ápia com a vastidão dos campos da Campânia à minha volta e as grandes arcadas de um céu de Rafael por cima da cabeça. Por vezes levantava os braços para este céu e dançava... uma trágica figura entre os túmulos alinhados.

À noite, Skene e eu saíamos a passear sem destino certo e acontecia que com frequência nos detínhamos numa das muitas fontes que nunca cessam de derramar a água das nascentes inesgotáveis da montanha.

Gostava de me sentar perto da fonte, a ouvir a água a murmurar e a salpicar-me. E, ali sentada, chorava em silêncio enquanto o meu querido companheiro me acariciava as mãos com ternura e compaixão.

Destes tristes devaneios fui um dia despertada por um telegrama de L. a suplicar-me que, em nome da minha Arte, regressasse. Não perdi tempo e apanhei o comboio para Paris que, pelo caminho, passava por Viareggio. Vi o telhado da vivenda de tijolos vermelhos no meio dos pinheiros e recordei os meses que ali passara entre o desespero e a esperança. Lembrei-me também da minha amiga, a divina Eleonora, de quem agora me separava.

L. tinha reservado para mim um magnífico apartamento no Crillon, fronteiro à Praça da Concórdia, que mandara encher de flores. Quando lhe contei a minha experiência vivida em Viareggio e o sonho místico da reincarnação dos meus meninos e do seu regresso à terra, escondeu o rosto nas mãos e, depois do que me pareceu uma grande luta interior, disse:

— A primeira vez que eu vim para perto de ti, para te ajudar, foi em 1908, mas o nosso amor conduziu-nos à tragédia. Agora vamos fundar a tua escola, como é teu desejo, e vamos criar beleza para os outros, nesta triste terra.

Em seguida disse-me que havia comprado o Grand Hôtel de Bellevue, cujo terraço domina toda a cidade de Paris e cujos jardins descem até ao rio. Além disso, dispõe de quartos em número suficiente para alojar um milhar de crianças. Disse-me ainda que dependia exclusivamente de mim manter-se a escola em permanente actividade e exclamou:

— Assim será se estiveres disposta a pôr de lado, desde já, todos os teus sentimentos pessoais e a consagrar a tua existência a uma só ideia.

Considerando a inextricável rede de tristezas, dores e catástrofes que a vida me tinha proporcionado e sobre as quais somente a minha ideia espalhava um brilho luminoso e sem mancha, dei o meu acordo.

Na manhã seguinte, visitámos Bellevue e, logo a partir desse dia, decoradores e fornecedores de mobiliário e outras coisas começaram a desenvolver a sua actividade para transformar aquele hotel banal num Templo da Dança do Futuro.

Cinquenta candidatas foram escolhidas por meio de um concurso efectuado no centro de Paris. Havia ainda as alunas da primeira escola, as preceptoras.

As salas de dança eram as salas de jantar do velho hotel, com as minhas cortinas azuis. No centro do salão instalei um estrado a que se acedia por uns degraus. Este estrado destinava-se a ser usado pelos espectadores ou pelos autores que, por vezes, preferiam ensaiar as suas obras num ambiente semelhante. Eu tinha chegado à conclusão de que a monotonia e o langor da vida numa escola vulgar resultam, em parte, do facto de todos os pavimentos estarem ao mesmo nível. Mandei, por isso, construir entre diversas salas pequenas passagens que subiam de um lado e desciam do outro. A sala de jantar foi arranjada segundo o modelo da britânica Câmara dos Comuns, com filas de cadeiras em bancadas sobrepostas em cada lado da sala, sendo os lugares de cima destinados às alunas mais velhas e às professoras e os de baixo às crianças.

No meio desta vida agitada e fervilhante, consegui encontrar, uma vez mais, coragem para voltar a ensinar, e as minhas alunas aprenderam o que tinham a aprender com uma rapidez extraordinária. Três meses depois da abertura da escola, tinham feito tantos progressos que despertavam o espanto e a admiração de todos os artistas que apareciam para as ver. Sábado era o Dia do Artista. De manhã, das onze horas à uma, tinha lugar uma lição pública em honra dos artistas e, em seguida, graças à habitual generosidade de L. era servido um belo almoço aos artistas e às crianças, em conjunto. Quando o tempo se apresentava bom e agradável, o almoço servia-se no jardim, seguido de uma sessão de música, poesia e dança.

Rodin, cuja casa se situava na colina oposta, em Meudon, visitava-nos com frequência. Sentava-se na sala de dança a fazer esboços das raparigas novas e das crianças a dançar. Disse-me uma vez:

— Se eu tivesse todos estes modelos quando era jovem! Modelos que sabem mexer-se e que se movem de acordo com a Natureza e a Harmonia! É verdade que lindos modelos pousaram para mim, mas nenhum compreendia a ciência do movimento como as vossas alunas sabem fazê-lo.

Comprei para as crianças capas multicoloridas e, quando saíam da escola para passear nos bosques, quando dançavam e quando corriam, pareciam um bando de aves maravilhosas.

Acreditava que esta escola de Bellevue havia de continuar e permanecer, e que aí havia de passar todos os anos do resto da minha vida, e aí deixaria como legado todos os resultados do meu trabalho e do meu esforço.

No mês de Junho demos um festival no Trocadero. De um camarote assisti à dança das minhas alunas. Em certos momentos do programa, a assistência punha-se de pé e aplaudia e gritava de entusiasmo e alegria. No final do espectáculo, os aplausos não paravam, prolongavam-se de tal maneira que parecia que aquela multidão não queria abandonar a sala.

Creio que este extraordinário entusiasmo por crianças, que de modo algum eram artistas ou bailarinas experimentadas, devia-se somente à esperança de um movimento novo da humanidade, movimento que obscuramente eu havia previsto. Os gestos que tínhamos acabado de ver foram certamente os que a visão de Nietzsche descreve:

«Zaratustra o dançarino, Zaratustra o de corpo leve, o que faz sinal com a ponta das asas, pronto para voar, que faz sinal a todas as aves, preparado e pronto, o de alma ditosa e leve.»

Aquelas que os nossos olhos tinham acabado de ver dançar eram as que futuramente haviam de dançar a *Nona Sinfonia* de Beethoven.

CAPÍTULO XXVIII

A vida em Bellevue começava logo de manhã com uma explosão de alegria. Ouviam-se os pezinhos a correr ao longo dos corredores e as vozes das crianças a cantar em conjunto. Quando eu descia encontrava-as já na sala de dança e, assim que me viam, gritavam em coro: «Bom dia Isadora.» Como poderia alguém sentir-se triste em tal ambiente? É certo que muitas vezes me aconteceu procurar no meio delas os dois pequeninos rostos desaparecidos. Subia então para o meu quarto para chorar sozinha. Todavia, encontrava todos os dias a força necessária para prosseguir o meu ensino e a graça encantadora da dança daquelas meninas dava-me coragem para viver.

No ano 100 a. C. existia numa das colinas de Roma uma escola conhecida pelo nome de «Seminário dos Sacerdotes Bailarinos de Roma». Os alunos desta escola eram seleccionados entre as famílias mais aristocráticas e, além disso, deviam descender de uma linhagem ancestral com antiguidade de vários séculos, durante os quais, nunca a mais pequena mancha conspurcara o bom nome da família. Embora lhes ensinassem todas as artes e todas as filosofias, a dança era o seu principal meio de expressão. Dançavam no teatro em todas as estações do ano. Primavera, Verão, Outono e Inverno. Nessas ocasiões, desciam da colina até Roma, onde participavam em várias cerimónias e dançavam para o povo, oferecendo a sua actuação pela purificação daqueles que os observavam. Estes jovens dançavam com tanto ardor e alegria, com uma tal pureza, que a sua dança enobrecia os espectadores e actuava como um remédio para as almas doentes. O sentido da sua missão era para mim tão claro e evidente que, ao fundar a minha escola, sonhei acreditar que Bellevue, situada numa Acrópole perto de Paris, poderia ter para esta cidade e para os seus artistas o mesmo significado que a Escola dos Sacerdotes Bailarinos teve para Roma.

Um bando de artistas vinha todas as semanas a Bellevue com os seus cadernos de desenho, pois a escola já se revelara como uma fonte de inspiração. Aliás, centenas de esboços e inúmeros modelos de figuras de bailarinas que ainda hoje se podem ver e admirar, ali se inspiraram. Sonhei que, graças a esta escola, poderia surgir uma nova concepção, uma concepção ideal, das relações entre o artista e o seu modelo, e sonhei que, por influência das figuras e dos gestos das minhas alunas a movimentarem-se ao som da música de Beethoven e de César Franck, a dançarem o Coro da Tragédia Grega ou a recitarem Shakespeare, o modelo deixaria de ser a pobre criatura pequena e muda que se vê nos estúdios dos artistas, para se mostrar como um ideal vivo, um ideal em movimento, e afirmar-se como a suprema expressão da vida.

Para concretizar estas esperanças, L. encarou a possibilidade de construir no alto de Bellevue o teatro, cujo projecto fora tão tragicamente interrompido. Seria um teatro dotado com uma orquestra sinfónica que os parisienses frequentariam nos dias de festa.

Uma vez mais, recorreu aos serviços do arquitecto Louis Sue e o projecto bem como as plantas do teatro, que haviam sido postos de parte, voltaram à biblioteca, com o desenho das fundações já traçado. Neste teatro eu esperava realizar o sonho de devolver às artes da música, da tragédia e da dança a sua expressão mais pura. Aqui, Mounet-Sully, Eleonora Duse ou Suzanne Desprès interpretariam Édipo, ou Antígona ou Electra, enquanto as alunas da minha escola dançariam os coros. Também aqui esperava celebrar o centenário de Beethoven com a *Nona Sinfonia* e um milhar de alunas minhas. Imaginei o dia em que as crianças desceriam a colina em longas filas, como nas Panateneias, para embarcarem assim que chegassem ao rio, desembarcarem nos Inválidos e continuarem a sagrada procissão até ao Panteão, onde celebrariam a memória de um qualquer grande Homem de Estado ou de um Herói.

Passava horas e horas por dia a instruir as minhas alunas e, quando me sentia excessivamente cansada, reclinava-me num sofá e dirigia-as com gestos das mãos e dos braços. A eficácia do meu ensino parecia tocar a raia do maravilhoso. Bastava-me estender os braços para as crianças, para estas começarem a dançar. Não as ensinava a dançar, assim me parecia, limitava-me a abrir um caminho por onde o Espírito da Dança escorria sobre elas.

Preparávamos uma representação das *Bacantes* de Eurípedes, e o meu irmão Augustin que devia desempenhar o papel de Dionisius e já o sabia de cor, todas as noites o lia para nós ou, em alternativa, uma das peças de Shakespeare ou o *Manfredo* de Byron. D'Annunzio, que estava entusiasmado com a escola, com frequência almoçava ou jantava connosco.

O pequeno grupo de alunas da primeira escola, que agora não eram crianças, mas sim raparigas novas e altas, ajudava-me a ensinar as mais pequenas. Foi um espectáculo tocante e comovente ver a grande mudança que nelas tinha ocorrido e a segurança com que transmitiam os meus ensinamentos.

No mês de Julho de 1914 uma estranha angústia abateu-se sobre a terra. Eu senti-a, e as meninas também a sentiram. Quando nos encontrávamos no terraço a olhar e a admirar a cidade de Paris, as meninas ficavam frequentemente silenciosas e tristes. Nuvens grandes e negras amontoavam-se no céu. Uma calma misteriosa e inquietante parecia pairar por cima da terra. Eu sentia-a e parecia-me que os movimentos do bebé que trazia no ventre eram mais débeis, menos fortes do que os dos outros dois já desaparecidos.

Creio que, em consequência do esforço exercido para transformar o meu desgosto e o meu luto numa vida nova, estava muito cansada. Como o mês de Julho avançava, L. teve a ideia de enviar as alunas da escola para Inglaterra e aí passarem as férias na sua casa do Devonshire. Assim, duas a duas, as minhas meninas entraram, uma manhã, no meu quarto para me dizerem adeus. O mês de Agosto devia ser passado na praia e o regresso ficou marcado para Setembro. Depois de todas terem partido, a casa pareceu-me estranhamente vazia e, apesar de todos os meus esforços, um profundo abatimento tomou conta de mim. Sentia-me terrivelmente fatigada e sentava-me horas sem fim no terraço, a contemplar Paris. Parecia-me que, dia a dia, cada vez mais, um perigo desconhecido nos espreitava do lado Este.

Uma manhã chegou a sinistra notícia do assassinato de Calmette, que deixou Paris inteira num estado de grande inquietação e apreensão. Foi um acontecimento trágico, o mensageiro da maior das tragédias. Calmette tinha sido sempre um bom amigo da minha Arte e da minha escola e fiquei muito chocada e entristecida com esta notícia.

Fiquei agitadíssima e cheia de medo. Agora que as meninas tinham partido, Bellevue parecia tão vasta e tão tranquila e a sala de dança tão melancólica! Tentei acalmar os meus receios, pensando no bebé que em breve iria nascer, pensando nas meninas que não tardariam em regressar e fazer novamente de Bellevue um centro de vida e alegria. Contudo, as horas arrastavam-se, até que um dia o meu amigo Dr. Bosson, que então era nosso hóspede, apareceu com as faces muito pálidas e um jornal na mão, onde li os cabeçalhos das notícias a anunciar o assassinato do Arquiduque. Começaram a circular rumores e, pouco depois, veio a certeza da guerra. Como é bem certo que os acontecimentos futuros projectam a sua sombra antecipadamente! Agora sabia que a nuvem escura, desde há um mês suspensa sobre Bellevue, era a guerra. Enquanto me ocupava a planear o renascimento da Arte do Teatro e festivais de grande alegria e exaltação humanas, outras forças preparavam a guerra, a morte e o desastre. Ai de mim! De que valia a minha frágil força perante a investida da catástrofe?

No primeiro dia de Agosto, senti as primeiras dores do parto. Na rua, debaixo das minhas janelas, ouviam-se vozes a apregoar as novidades da mobilização. Fazia muito calor e as janelas estavam abertas. Os meus gritos, o meu sofrimento, a minha agonia eram acompanhados pelo rufar do tambor e pela voz do pregoeiro.

A minha amiga Maria trouxe um berço para o quarto, todo forrado de musselina branca. Cravei os olhos no berço. Estava convencida de que Deirdre e Patrick vinham de volta para mim. Os tambores continuavam a bater. Mobilização... Guerra... Guerra. Era isto a guerra? cismava eu. Mas o meu bebé tinha de nascer, e vir ao mundo era tão difícil para ele! Outro médico tomou o lugar do meu amigo Bosson que havia sido mobilizado e recebido ordem para se juntar ao exército. O médico não cessava de repetir: *Courage, Madame!* Para que servia dizer *courage* a uma pobre criatura dilacerada por horríveis dores. Teria sido muito melhor que me tivesse dito: «Esquecei que sois uma mulher, esquecei que deveis acolher a dor com nobreza e, bem assim, todas as torturas; esquecei tudo e gritai, dai uivos e berros.» Teria sido ainda melhor, se ele fosse suficientemente humano para me dar a beber uma taça de champanhe. Mas este médico tinha o seu sistema que consistia em dizer-me: *Courage, Madame*. A enfermeira estava muito perturbada e repetia constantemente: *Madame, c'est la guerre, c'est la guerre*. E eu pensava: «O meu bebé vai ser um rapaz, mas ainda é muito novo para ir para a guerra.»

Finalmente, ouvi o choro do bebé. Chorava... Chorava e vivia. Grande tinha sido o medo e grande o terror que, ao longo daquele ano terrível, eu sentira, mas, agora tudo se desvanecia num esplendor de alegria. A aflição e a tristeza, as lágrimas, a longa espera e a dor, tudo era resgatado por um incomparável momento de alegria. Seguramente, se Deus existe, Ele é um grande encenador de teatro. Todas as longas horas de medo e de aflição se transformaram em alegria no preciso instante em que me puseram nos braços um lindo menino.

Mas os tambores continuavam a rufar, «Mobilização... Guerra... Guerra».

«É a guerra?» cismava eu. «Que me importa? O meu bebé está aqui, a salvo nos meus braços. Os outros que façam a guerra. Que tenho eu a ver com isso?»

É tão egoísta a alegria humana! Debaixo da minha janela e do lado de fora da porta ouvia-se um vaivém agitado e ouviam-se vozes, mulheres a chorar, apelos, discussões a propósito da mobilização, mas eu embalava o meu bebé e atrevia-me, mesmo em face deste desastre geral, a sentir-me gloriosamente feliz e a ser levada para os Céus inundada de uma alegria incomparável, a alegria de novamente apertar nos braços um filho meu.

Veio a noite. O quarto estava cheio de gente que queria ver o bebé nos meus braços. «Agora vais ser outra vez feliz», diziam.

Pouco a pouco, um a um, foram saindo e eu fiquei só com o bebé. Sussurrei: «Tu quem és? Deirdre ou Patrick? Voltaste para ao pé de mim.» De repente, a pequenina criatura olhou-me fixamente e começou a arquejar, respirando com dificuldade, e um longo suspiro, que mais parecia um silvo assustador, escapou-se dos seus lábios gelados. Chamei a enfermeira. Ela veio, olhou para o bebé e, alarmada, agarrou-o bruscamente e levantou-o nos braços. Do quarto ao lado, ouvi vozes a reclamar oxigénio e água quente.

Após uma hora de espera angustiante, Augustin entrou e disse:

— Minha pobre Isadora... o teu bebé... morreu.

Creio que nesse momento atingi o cúmulo do sofrimento que na terra me estava reservado, porque nessa morte eu via os outros dois a morrerem outra vez. Tudo se passava como a repetição da primeira agonia, a que ainda se juntava qualquer coisa mais.

A minha amiga Mary apareceu e, a chorar, levou o berço. No quarto ao lado ouvi um martelo a fechar a pequena urna que seria o único berço do meu pobre bebé. Estas marteladas pareciam bater no meu coração as derradeiras notas do mais agudo e lancinante desespero. Enquanto ali permanecia, devastada e desamparada, uma tripla torrente de lágrimas, leite e sangue brotava do meu corpo.

Uma amiga veio ver-me e disse:

— Por que não dominas o teu desgosto pessoal? A guerra já reclama centenas e centenas de pessoas que a auxiliem. Os feridos e os moribundos já começaram a chegar da frente de combate.

Ao ouvir isto, pareceu-me perfeitamente natural disponibilizar Bellevue para aí instalar um hospital.

De facto, nesses primeiros dias da guerra não havia homem nem mulher que não se sentisse animado do mesmo entusiasmo. O admirável desafio e o maravilhoso entusiasmo que abriam caminhos para cemitérios e países devastados, quem poderia dizer que, esses desafios e esses entusiasmos, eram um bem ou um mal? É certo que nos dias de hoje tudo isso nos parece ter sido rigorosamente inútil, mas quem o pode julgar? E Romain Rolland, instalado na Suíça a coberto de toda a confusão, apelou para que, sobre a sua cabeça pálida e pensativa, se anunciassem as maldições de uns e as bênçãos de outros.

De qualquer modo, desse momento em diante todos nós éramos chama e éramos fogo, e até os artistas diziam: «O que é a Arte? Os rapazes oferecem as suas vidas, os soldados dão as suas vidas. A Arte o que é?» Se eu tivesse tido um grão de inteligência e bom senso, teria respondido «A Arte é maior do que a vida», e teria permanecido no meu estúdio a criar Arte. Mas deixei-me ir atrás do resto do mundo e disse: «Tomem todas estas camas, tomem conta desta casa que foi feita para a Arte e façam dela um hospital para acolher os feridos.»

Um dia, dois maqueiros vieram ao meu quarto e perguntaram-me se eu não gostaria de visitar o meu hospital. Como estava incapaz de andar, levaram-me de maca, de quarto em quarto. Reparei que tinham retirado das paredes de todos os quartos os meus baixos-relevos das bacantes, dos faunos bailarinos, das ninfas e dos sátiros, tal como todas as tapeçarias e cortinas. Em seu lugar, viam-se efígies baratas de um Cristo negro numa cruz dourada, fornecidas por um dos armazéns católicos que, durante a guerra, venderam milhares destes exemplares. Pensei no primeiro acordar dos pobres soldados feridos e pensei que, para todos eles, teria sido muito mais agradável ver os quartos como antes eram. Qual a razão para os obrigar a ver aquele pobre Cristo negro estendido numa cruz dourada? Que tristeza de vista, a que se lhes punha diante dos olhos!

Na minha esplêndida sala de dança, as cortinas azuis haviam desaparecido e filas intermináveis de pequenas camas de ferro aguardavam os soldados feridos e sofredores. A minha biblioteca, onde os poetas nas prateleiras sorriam para os iniciados, estava agora mudada num teatro de operações cirúrgicas à espera dos mártires. No estado de fraqueza em que me encontrava, todas estas constatações me afectaram profundamente. Percebi que Dionisius tinha sido completamente vencido. O que agora se via, era o reino de Cristo após a Crucificação.

Pouco tempo depois desta visita, ouvi um dia os primeiros e pesados passos dos maqueiros a transportar os primeiros feridos.

Bellevue! A minha Acrópole, que devia ser uma fonte de inspiração, uma Academia para a elevação da vida por meio da filosofia, da poesia e da música! De esse dia em diante, a Arte e a Harmonia desvaneceram-se, e dentro das suas paredes ressoaram os meus primeiros clamores da mãe ferida e do menino apavorado pelos tambores da guerra, ao entrar neste mundo. O meu templo da Arte foi transformado num Calvário do Martírio e, por fim, num ossário de homens feridos a sangrar ou mortos. Onde eu tinha imaginado música celestial, ouviam-se apenas roucos estertores de dor.

Bernard Shaw diz que enquanto os homens continuarem a torturar e matar animais, e a comer a sua carne, a guerra não acaba. Penso que toda a gente de bom senso e juízo será da mesma opinião. As meninas da minha escola eram todas vegetarianas. Cresceram, ficaram fortes, saudáveis e belas seguindo um regime de frutas e vegetais. Por vezes, durante a guerra, quando ouvia os gritos dos feridos, lembrava-me do bramido dos animais no matadouro e concluía que, tal como nós torturamos estas criaturas indefesas, assim os deuses nos torturam. Quem pode gostar dessa coisa horrível chamada guerra? Provavelmente os comedores de carne que, por já terem matado uma vez, sentem necessidade de continuar a matar... a matar aves e animais, o frágil e terno veado... e a caçar raposas. O carniceiro, com o avental manchado de sangue, incita ao derramamento de sangue e ao assassínio. Porque não? De cortar a garganta a um bezerro a cortar a de um irmão ou irmã não vai uma distância superior a um passo. Enquanto formos, nós próprios, os túmulos vivos dos animais assassinados, como se pode esperar que na terra reine o ideal e a paz!

Logo que me pude mover, Mary e eu mudámo-nos de Bellevue para a beira-mar. Tivemos de atravessar a zona de guerra e, sempre que declarava o meu nome, éramos tratadas com a máxima das cortesias. Quando, no seu posto, uma sentinela dizia: «É Isadora, deixem-na passar», eu tinha a impressão de que acabara de receber a maior honra que alguma vez me fora prestada.

Fomos para Deauville, onde encontrámos quartos livres no Hotel Normandie. Eu sentia-me doente e muito fatigada e fiquei muito satisfeita por ter encontrado este porto de abrigo e repouso. Mas as semanas iam passando e eu continuava num estado de langor e sentia-me tão fraca que mal podia ir à praia respirar a brisa fresca do oceano. Por fim, percebendo que estava realmente doente, mandei chamar o médico ao hospital.

Para surpresa minha, ele não veio e contentou-se em enviar uma resposta evasiva. Não tendo ninguém que me examinasse, fiquei no Hotel Normandie, demasiado doente para pensar em quaisquer planos de futuro.

Nesse tempo o Hotel era um refúgio para muitos e distintos parisienses. Nos quartos contíguos aos nossos alojava-se a Condessa de La Beraidière, que tinha como hóspede o poeta Conde Robert de Montesquiou. Depois do jantar era frequente ouvir a sua débil voz de falsete a recitar os seus poemas e, no meio das notícias da guerra e da carnificina, que constantemente chegavam, era uma maravilha ouvi-lo proclamar, extasiado, o poder da Beleza.

Sacha Guitry estava também hospedado no Normandie e todas as noites, no salão do hotel, entretinha uma audiência deliciada com uma irresistível e inesgotável reserva de histórias e anedotas.

Sempre que chegava o correio da frente de combate, com as notícias da tragédia do mundo, vivia-se uma sinistra hora de leitura.

Este modo de vida, rapidamente se tornou odioso e, como me sentia demasiado doente para viajar, aluguei uma vivenda mobilada. Chamava-se «Preto e Branco» e tudo o que havia no interior, mantas, cobertores, cortinas, mobiliário, ou era branco ou era preto. Quando me instalei, pareceu-me muito cheio e só depois de ter tentado habituar-me, me apercebi de como devia ser deprimente ali viver.

Encontrava-me, portanto, longe de Bellevue, longe da esperança da minha Escola, da minha Arte e de uma Futura Vida Nova. Mudara-me para esta pequena vivenda preta e branca junto ao mar. Achava-me só, doente e abandonada. O pior seria provavelmente a doença. Mal tinha forças para um curto passeio na praia. Chegou o Outono, com as tempestades de Setembro. L. escreveu-me a participar que tinha levado a minha escola para Nova Iorque, esperançado em aí encontrar refúgio durante o tempo da guerra.

Um dia, sentindo-me mais abandonada do que habitualmente, fui ao hospital consultar o médico que recusara ir ver-me a casa. Deparei com um homem baixo e de barba preta. Talvez fosse imaginação minha, mas pareceu-me que, logo que me viu, se preparou para fugir. Aproximei-me e disse-lhe:

— Que se passa Doutor? Que tendes contra mim, por que razão não fostes ver-me quando vos pedi? Não sabeis que estou realmente doente e preciso do vosso conselho?

Balbuciou umas desculpas, com o mesmo ar assombrado, e prometeu ir ver-me no dia seguinte.

De manhã recomeçaram as tempestades de Outono. O mar estava bravo, a chuva caía sem parar. O doutor chegou à vivenda «Preto e Branco».

Eu estava sentada, esforçando-me em vão por atear um lume de lenha na lareira, mas a chaminé fumava muito mal. O médico apalpou-

-me o pulso e fez-me as perguntas do costume. Falei-lhe do triste acontecimento de Bellevue, do meu desgosto, do meu bebé que não conseguiu viver. Continuou a fitar-me da mesma maneira alucinada.

De súbito, apertou-me nos braços e cobriu-me de carícias, exclamando:

— Não estais doente. É a vossa alma que adoeceu, que está doente de amor. A única coisa que vos pode curar é o Amor.

Só, cansada e triste, nada pude dizer. Apenas sentia gratidão, uma gratidão imensa por aquela apaixonada e espontânea explosão de afecto. Fitei os olhos daquele estranho doutor e neles encontrei o amor e devolvi-lhe o amor com toda a dolorosa força da minha alma ferida e do meu corpo igualmente ferido.

Todos os dias, uma vez concluído o seu trabalho no hospital, vinha visitar-me. Contava-me as coisas terríveis que nesse dia tinham acontecido, os sofrimentos dos feridos, as operações cirúrgicas, muitas sem esperança... todos os horrores da horrível guerra.

Por vezes acompanhei-o nas suas visitas nocturnas de médico de serviço, quando as enfermeiras do enorme hospital instalado no Casino dormiam, com uma única lanterna acesa em cada sala. De vez em quando, um pobre mártir acordava e revolvia-se a suspirar e a gemer. O médico ia de um lado ao outro, balbuciando palavras de conforto, dando-lhes a beber uma poção ou um anestésico abençoado.

Após estes dias difíceis e estas noites de piedade, aquele homem sentia necessidade de amor e de paixão, ao mesmo tempo patética e feroz. Seguiam-se abraços ardorosos e horas de louco prazer, de que o meu corpo emergiu forte e a minha saúde recomposta. Foi tal o sucesso que finalmente pude retomar os meus passeios pela beira-mar.

Uma noite perguntei ao bizarro doutor qual a razão por que recusara ver-me da primeira vez que lhe fizera o pedido. Não respondeu à minha pergunta. Vi tamanha dor e tão grande tragédia nos seus olhos, que tive medo de insistir na questão. Contudo, a minha curiosidade aumentou.

Havia por certo algum mistério. Percebi que o meu passado estava, de algum modo, ligado à sua recusa de responder à minha pergunta.

No primeiro de Novembro, Dia dos Mortos, estava eu à janela da vivenda quando reparei que a pequena parte do jardim pavimentada de pedras pretas e brancas tinha exactamente o aspecto de duas sepulturas. Esta aparência do jardim tornou-se numa alucinação, cuja intensidade chegou ao ponto de me impedir de olhar as pedras sem estremecer. Encontrava-me enredada, sem dúvida alguma, numa teia de sofrimento e de morte, o dia inteiro isolada na vivenda ou a vaguear pelas areias do mar, agora frias e desoladas. Um após outro, chegavam a Deauville comboios com trágicos carregamentos de feridos e moribundos. O Casino, outrora elegante e onde, na temporada anterior, ressoara a música de bandas de jazz e se ouviam risos, transformara-se numa enorme pousada de sofrimento. Progressivamente, fui tornando-me numa prisioneira da melancolia e a paixão de André adquiria, de noite para a noite, uma intensidade cada vez mais fantástica e sombria. Quando deparava com o seu olhar desesperado, como o de um homem perseguido por uma terrível recordação, respondia invariavelmente às minhas perguntas: «Quando souberes tudo, teremos de nos separar. Não me perguntes mais nada.»

Uma noite acordei e vi-o inclinado para mim, a observar o meu sono. O desespero dos seus olhos era tão atroz que não consegui suportá-lo. Supliquei-lhe:

— Diz-me a verdade. Não posso viver mais tempo sem saber o que é esse sinistro mistério.

Recuou alguns passos e, de cabeça levemente inclinada, olhava-me fixamente. Eu via, diante de mim, um homem baixo, entroncado e de barba preta. Esse homem perguntou-me:

— Não me conheces?

Olhei-o. O nevoeiro dissipou-se. Soltei um grito. Recordei-me. Um dia terrível! Era ele, o médico que tinha vindo dizer-me para não perder a esperança. Aquele que tentara salvar os meus meninos. Disse-me:

— Agora já sabes o que tenho sofrido. Quando estás a dormir ficas tão parecida com a tua menina, que eu julgo que ela está ali morta. Tudo fiz para a salvar. Durante horas, boca a boca, esforcei-me sem descanso por lhe dar o meu sopro... por lhe dar a minha vida.

Estas suas palavras causaram-me uma tão horrível dor, que toda a noite chorei sem parar. E a sua infelicidade parecia igual à minha.

Nessa noite descobri que amava este homem com uma paixão que até então ignorava. De aí em diante, o nosso amor e o desejo recíproco que sentíamos um pelo outro não cessou de aumentar mas, ao mesmo tempo, aumentava também a sua alucinação, até que numa outra noite voltei a acordar e voltei a ver os mesmos olhos a fitarem-me com uma tristeza de enlouquecer. Nesse momento compreendi que a obsessão que o assediava haveria de nos conduzir, a ambos, à loucura.

No dia seguinte caminhei ao longo da praia, para muito longe, com uma vontade terrível de nunca mais regressar à melancólica vivenda «Preto e Branco», nem ao amor fatal que ali me aguardava. Caminhei durante tanto tempo e até tão longe que o crepúsculo chegou e, em seguida, a escuridão total. Eram horas de regressar. A maré subia, estava quase cheia e, por mais de uma vez, os meus pés molharam-se nas ondas que vinham pela areia acima. Fazia muito frio, mas eu senti um grande desejo de as desafiar e avançar pelo mar adentro, para pôr fim, para sempre, ao intolerável tormento que não conseguia aliviar, nem pela arte, nem pelo retorno de um filho à vida, nem pelo amor. Sempre que fazia um esforço para escapar ao sofrimento, encontrava apenas destruição, agonia, morte.

A meio do caminho para a vivenda, surgiu André. Tinha ficado muito inquieto porque achara o meu chapéu que, distraída a andar pela praia, deixara cair na areia, e convencera-se de que eu tinha descoberto nas ondas do mar uma maneira de acabar com a minha aflição. Quando, após ter feito léguas e léguas de marcha, me viu aproximar viva, chorou como uma criança. Voltámos para a vivenda, tentando consolarmo-nos um ao outro mas percebemos que a nossa separação era absolutamente indispensável se porventura quiséssemos manter a saúde mental, porque o nosso amor, com a sua terrível obsessão, só nos poderia conduzir à morte ou ao manicómio.

Uma outra coisa aconteceu que tornou a minha desolação ainda mais intensa. Tinha solicitado que me enviassem de Bellevue uma mala com roupas quentes. Um dia, a mala chegou à vivenda, mas tinham-se enganado. Quando a abri, vi que continha as roupas de Deirdre e de Patrick. Ao ver ali mesmo diante dos meus olhos, uma vez mais, os amorosos vestidos que eles usavam antes de morrer, os seus casaquinhos, sapatos e capas, ouvi novamente o grito que ressoara nos meus ouvidos quando os vi mortos, estendidos nas suas urnas funerárias. Era um grito estranho, prolongado e lamentoso, que não podia reconhecer como meu, pois a voz não era a minha. Era antes o grito de um animal cruelmente ferido, era o seu grito de morte emitido pela minha garganta.

Quando André regressou, encontrou-me desmaiada, estendida em cima da mala aberta com todos os amorosos vestidos apertados nos meus braços. Levou-me para a sala contígua e, em seguida, pegou na mala e saiu com ela. Nunca mais voltei a ver a mala.

CAPÍTULO XXIX

Quando a Inglaterra entrou na guerra, L. transformou o seu solar de Devonshire num hospital e, para salvaguarda das meninas da minha escola, que eram de diversas nacionalidades, embarcou-as para a América. Augustin e Elizabeth, que estavam com a escola em Nova Iorque, enviavam-me frequentes telegramas aliciando-me a juntar a eles. Foram tantos os telegramas que, por fim, decidi satisfazer-lhes a vontade.

André levou-me a Liverpool e pôs-me a bordo de um grande paquete da *Cunard liner*, de partida para Nova Iorque.

Sentia-me tão triste e cansada que, durante toda a travessia, não abandonava a minha cabine senão à noite, para subir à ponte do navio, onde ficava sozinha, enquanto os outros passageiros dormiam. Quando Augustin e Elizabeth me viram à chegada a Nova Iorque, ficaram muito impressionados com o meu aspecto muito mudado e o meu ar de doente.

Encontrei a minha escola instalada numa moradia; as minhas alunas formavam um radiante grupo de refugiadas de guerra. Aluguei um espaçoso estúdio na 4.ª Avenida e na Rua 23, que decorei com as minhas cortinas azuis, e recomeçámos a trabalhar.

Chegada da França ensanguentada e heróica, fiquei indignada com a aparente indiferença da América pela guerra, e uma noite, no final de uma actuação na Metropolitan Opera House, envolvi-me no meu xaile vermelho e improvisei a *Marselhesa*.

Foi um apelo aos jovens americanos para que se alistassem e fossem proteger a maior civilização da nossa época, a cultura que a França transmitiu ao mundo. Na manhã seguinte, os jornais mostraram-se entusiásticos. Num deles, lia-se:

«Miss Isadora Duncan foi premiada com uma extraordinária ovação quando, concluído o seu programa, deu uma apaixonada interpretação da *Marselhesa*. A assistência levantou-se e aclamou-a durante vários minutos. As suas atitudes inflamadas inspiravam-se nas figuras clássicas do Arco do Triunfo, em Paris. Os seus ombros estavam nus, assim como um dos lados do tronco até à cintura. A sua pose admirável arrebatou os espectadores, provocando-lhes arrepios pela beleza das figuras de Rude que se vêem no famoso Arco. A assistência explodiu em aplausos e "bravos" perante esta viva representação da arte e da nobreza da sua arte.»

O meu estúdio rapidamente se tornou num local de encontro de todos os poetas e artistas, o que fez renascer a minha coragem. Como o recém-construído Century Theatre estava livre, aluguei-o para a temporada e desde logo dei início à criação do meu *Dionysion*.

Contudo, o pretensioso arranjo do teatro irritava-me. Para o transformar num Teatro Grego, removi todos os lugares da plateia da orquestra e, no espaço assim aberto, coloquei um grande tapete azul, onde o coro poderia evoluir. Decorei os horrorosos camarotes e frisas com grandes cortinados azuis e, com trinta e cinco actores, oitenta músicos e um cento de cantores, montei a tragédia *Édipo*, com o meu irmão Augustin no papel principal e um coro constituído por mim e pela minha escola.

A grande maioria da assistência era constituída por homens e mulheres do East Side que, na América de hoje, são certamente dos mais reais e autênticos amadores de Arte. O acolhimento do East Side tocou-me tão profundamente que decidi dar um espectáculo gratuito nesse bairro, com toda a minha escola e uma orquestra. De facto, assim aconteceu no Yiddish Theatre e, se porventura dispusesse dos meios financeiros necessários, teria continuado a dançar para aquela gente, cuja alma é inteiramente feita para a música e a poesia. Mas… ai de mim! Esta arriscada aventura teve um custo exorbitante e conduziu-me a uma irremediável bancarrota. Apelei a alguns milionários nova-iorquinos e de todos eles recebi a mesma resposta: «Qual é o vosso interesse em dar espectáculos de tragédias gregas?»

Nesse tempo, toda a cidade de Nova Iorque tinha a mania, ou a paixão, do «jazz». Mulheres e homens da melhor sociedade, velhos e novos, passavam todo o tempo nos monstruosos salões de hotéis como o Biltmore, a dançar o fox-trot ao som dos uivos e dos latidos bárbaros de uma orquestra negra. Fui convidada para um ou dois bailes de gala e não pude esconder a minha indignação por tais divertimentos, enquanto a França escorria sangue e precisava de ajuda financeira. Na verdade, a atmosfera que ali se respirava em 1915 enojava-me. Resolvi, portanto, regressar à Europa com a minha escola.

Porém, não dispunha dos recursos indispensáveis para adquirir os bilhetes. Reservei os beliches no barco da viagem de regresso, o *Dante Alighieri*, mas não tinha dinheiro para os pagar. Três horas antes da largada do barco ainda tinha a bolsa vazia e eis que entrou no estúdio uma jovem americana vestida com simplicidade, que me perguntou se era para aquele mesmo dia que estava marcada a nossa partida para a Europa. Apontei para as meninas, já envolvidas nas suas capas de viagem, e disse:

— Vede! Estamos todas prontas, mas ainda não arranjámos dinheiro que chegue para pagar todos os bilhetes.

— De quanto precisais? — perguntou ela.

— Cerca de dois mil dólares.

A esta minha resposta, aquela surpreendente jovem puxou da carteira, contou duas notas de mil dólares e colocou-as em cima da mesa, dizendo:

— Fico contente por vos poder ajudar nesta ocasião.

Olhei, maravilhada de espanto, para a desconhecida, que nunca tinha visto antes e que sem solicitar o mais pequeno agradecimento, pôs ao meu dispor aquela avultada quantia de dinheiro. Devia ser certamente, imaginava eu, uma qualquer milionária desconhecida. Mais tarde vim a saber que isto não correspondia à verdade. Para me entregar o dinheiro, vira-se obrigada a vender, na véspera, todas as suas acções e outros papéis bancários.

Como tantos outros, assistiu à nossa partida. O seu nome era Rute.
— Em tempos passados Rute dissera: «O teu povo será o meu povo. O teu caminho será o meu caminho.» E foi uma Rute como essa que, desde então, foi para mim esta outra Rute[1].

Tínhamos sido proibidas de novamente nos manifestarmos em Nova Iorque a cantar a *Marselhesa*. Por esta razão, na hora da partida, estávamos todas reunidas na ponte do barco e cada menina escondia na manga uma pequena bandeira francesa. Tinha dado instruções para que, quando se ouvisse o apito a anunciar a largada e o barco começasse a afastar-se do cais, começaríamos a acenar com as bandeiras e a cantar a *Marselhesa*. Assim fizemos com grande alegria e entusiasmo, embora fosse grande e receosa a preocupação dos funcionários que, no cais, não cessavam de se agitar.

A minha amiga Maria, que tinha vindo dizer-me adeus, no último momento não conseguiu suportar a separação e, sem bagagem nem passaporte, juntou-se a nós a cantar e declarou:

— Eu vou convosco!

E foi assim que, a cantar a *Marselhesa* eu e a minha escola já habituada à vida nómada, abandonámos a América de 1915, as suas riquezas e o seu amor pelo prazer, e rumámos para Itália. Atingimos Nápoles num dia de grande entusiasmo. A Itália tinha decidido entrar na guerra. Estávamos radiantes com o nosso regresso. Participámos numa festa no campo e lembro-me de me ter dirigido a uma multidão de camponeses e de trabalhadores, todos admirados com a nossa presença, dizendo-lhes:

— Dai graças a Deus pelo vosso lindíssimo país e não invejeis a América. Aqui, nesta terra maravilhosa, de céu azul, de vinhas e olivais, sois mais ricos do que qualquer milionário americano.

Em Nápoles tivemos uma discussão a propósito da escolha do nosso próximo destino. A minha grande vontade era irmos para a Grécia

---

[1] Rute dos tempos passados é certamente a heroína do «Livro de Rute» do Antigo Testamento. (*N. do T.*)

e acampar em Kopanos até ao fim da guerra. Porém, esta ideia assustava as alunas mais velhas porque os seus passaportes eram alemães. Decidi, portanto, procurar refúgio na Suíça, onde aliás seria provavelmente possível dar uma série de espectáculos.

Com esta intenção partimos para Zurique, onde, alojada no Hotel Bar du Lac, se encontrava a filha de um bem conhecido milionário americano[1]. Pareceu-me uma boa oportunidade para a interessar pela minha arte e, uma tarde, pus as meninas a dançar para ela no relvado do jardim do hotel. Desempenharam-se com tanta graça e encanto que admiti que a americana milionária ficaria muito bem impressionada. Porém, quando me aproximei dela e lhe falei da minha escola, solicitando uma eventual ajuda, respondeu-me:

— Sim, as meninas podem ser adoráveis, mas não me interessam. Estou unicamente interessada na análise da minha alma.

Havia estudado, durante vários anos, com o Doutor Jung, discípulo do celebérrimo Freud, e todos os dias passava horas a relatar por escrito os sonhos da noite anterior.

Nesse Verão, com o objectivo de me manter perto das minhas alunas, instalei-me no Hotel Beau Rivage, em Ouchy. Tinha um belo apartamento, com uma varanda sobranceira ao lago. Aluguei uma espécie de barraca enorme que tinha sido um restaurante. No interior, ao longo das paredes, pendurei as minhas cortinas azuis, fonte inesgotável e garantida de inspiração, e transformei-a num templo onde ensinava e orientava as meninas e onde dançava todas as tardes e todos os serões.

Um dia, tive a grande satisfação de receber a visita de Weingartner e da sua mulher,. A tarde e o serão desse dia foram dedicados a dançar, para ele, música de Gluck, Mozart, Beethoven e Schubert.

Da minha varanda, via todas as manhãs, reunido numa outra varanda sobranceira ao lago, um grupo de belos rapazes novos vestidos

---

[1] O milionário american é John Rockfeller. (*N. do T.*)

com quimonos de seda brilhante. Pareciam agrupados em torno de um homem mais velho, grande, louro e com uma figura que fazia lembrar Oscar Wilde. Sorriam-me da sua varanda e uma noite convidaram-me para cear. Achei-os encantadores e inteligentes. Eram refugiados de guerra e entre eles estava o jovem e belo Duque de S.

Em certas noites, levaram-me a dar uma volta pelo romântico Lago Leman, numa canoa motorizada. A canoa crepitava de champanhe. Regra geral, aportávamos pelas quatro horas da manhã em Montreux, onde um misterioso conde italiano nos oferecia uma ceia às quatro horas. Este homem elegante e belo, mas de uma beleza agressiva, quase macabra, dormia o dia inteiro e só à noite se levantava. Muito frequentemente, tirava do bolso uma pequena seringa de prata e, enquanto todos fingiam não reparar em nada, espetava a agulha no braço branco e delgado e injectava um líquido. A sua alegria tornava-se então esfuziante e o seu espírito vivíssimo e arguto. Dizia-se que, ao longo do dia, tinha de aguentar sofrimentos horríveis.

A divertida convivência com estes jovens amáveis e simpáticos distraía-me da minha habitual e solitária tristeza, mas a sua evidente indiferença pelos encantos femininos ofendia o meu orgulho. Decidi pôr à prova os meus poderes de sedução e fui tão bem sucedida que uma noite, somente acompanhada por um jovem americano, o chefe do bando, partimos num soberbo carro da marca Mercedes. A noite estava maravilhosa. Numa rápida correria pelas margens do Lago Leman, ultrapassámos Montreux. Eu gritava: «Mais longe, mais longe.» Finalmente, já de madrugada, chegámos a Viege. Continuei a gritar: «Mais longe, mais longe!» Acelerámos, a estrada subia pelas neves eternas e atravessámos o desfiladeiro do Monte Saint Gothard.

Contentíssima, ria e gozava a pensar no adorável bando das jovens belezas que, ao acordarem de manhã, certamente se aperceberiam, para sua consternação, de que o seu Sultão, e meu amigo, tinha abalado na companhia de um exemplar do sexo abominável. Exerci todos os meus poderes de sedução e bem depressa começámos a descer para Itália. Não parámos até chegar a Roma, e de Roma seguimos para Nápoles. Aí, quando o brilho do mar ofuscou os meus olhos, senti um enorme desejo de rever Atenas.

Apanhámos um pequeno vapor italiano e, uma manhã, dei por mim a subir novamente os degraus de mármore branco do Propileu, em direcção ao templo da divina e sabedora Atena. Lembrei-me clara e nitidamente da última vez que ali tinha estado e senti vergonha. Senti-me envergonhada ao pensar e reconhecer que, desde essa última visita, eu tinha sido terrivelmente infiel à sabedoria e à harmonia. Ai de mim! Quanta dor, quanto sofrimento eu paguei pela paixão que me arrebatou!

A cidade inteira estava num tumulto. A queda de Venizèlos fora proclamada no dia seguinte ao da nossa chegada e considerava-se provável que a Família Real se colocasse ao lado do Kaiser. Nessa noite dei um jantar muito agradável. Entre os convidados contava-se o Secretário do Rei, M. Melas. No meio da mesa coloquei um monte de rosas vermelhas e, debaixo das rosas, escondi um pequeno gramofone. Na mesma sala encontrava-se um grupo de altos funcionários vindos de Berlim. Subitamente ressoou da mesa dos alemães o brinde *Hoch der Kaiser!* (Viva o Kaiser!) No mesmo instante, afastei as rosas e pus a girar o meu gramofone, que começou a tocar a *Marselhesa*. Sem perder um segundo, propus o brinde *Vive la France!*

O secretário do Rei pareceu ter ficado um pouco inquieto, mas no fundo estava perfeitamente encantado, pois aprovava fervorosamente a causa dos Aliados.

Entretanto juntara-se uma numerosa multidão na praça fronteira às nossas janelas, todas abertas. Agarrei no retrato de Venizèlos, ergui-o bem alto por cima da minha cabeça, e pedi energicamente ao meu jovem amigo americano que me seguisse. Com o gramofone a tocar arrojadamente a *Marselhesa*, chegámos ao centro da praça onde, ao som da música do discreto instrumento e dos cânticos de toda aquela gente, agora delirante de entusiasmo, dancei o hino de França. Depois, discursei para a multidão:

«Tendes, vós todos, um segundo Péricles, o grande Venizèlos. Por que razão consentis que o perturbem e lhe resistam? Por que razão não o apoiais e o seguis? O que ele pretende é apenas devolver à Grécia a sua grandeza.»

Formámos em seguida um cortejo que se pôs a caminho da residência de Venizèlos onde, debaixo das suas janelas, cantámos alternadamente o Hino Grego e a *Marselhesa*, até que os soldados, de baioneta calada, vieram dispersar brutalmente a nossa manifestação.

Após este episódio, que realmente me encantou, tomámos o barco de volta para Nápoles, de onde prosseguimos viagem para Ouchy.

Até ao fim das hostilidades exerci esforços desesperados para manter a minha escola, na convicção de que a guerra terminaria e que seriam capazes de regressar a Bellevue. Mas a guerra continuava e vi-me obrigada a solicitar um empréstimo às entidades competentes, com um juro de cinquenta por cento. O dinheiro assim obtido destinava-se a pagar as despesas do funcionamento da escola na Suíça.

Com o objectivo de arranjar dinheiro, em 1916 aceitei um contrato para a América do Sul e embarquei para Buenos Aires.

À medida que vou progredindo na redacção destas memórias, melhor me vou apercebendo da impossibilidade de narrar a minha própria vida ou, melhor dizendo, as diferentes vidas de todas as mulheres que eu fui. Incidentes que me pareceram durar uma infinidade necessitaram apenas de algumas páginas para serem narrados. Períodos de tempo que me pareceram milhares de anos de dor e sofrimento, dos quais, por meio de uma autodefesa natural e devido à necessidade de continuar a viver, me ergui uma pessoa completamente diferente, passam rapidamente nesta descrição. Muitas vezes pergunto a mim própria, desesperada, quem é e onde está o leitor capaz de vestir de carne o esqueleto que lhe apresento. Tento escrever a verdade, mas a verdade foge para longe e esconde-se. Como encontrar a verdade? Se eu fosse um escritor e me tivesse servido da minha vida para criar vinte romances, teria estado mais perto da verdade. E depois dessas novelas, teria ainda a história do artista para escrever e essa seria uma história muito independente de todas as outras. De facto, a minha vida de artista e as minhas ideias e pensamentos sobre a Arte desenvolveram-se e ainda se desenvolvem longe de mim. Diria que tudo se passa num outro organismo, bastante independente daquilo a que eu chamo a minha Vontade.

Contudo, aqui estou eu, tentando escrever a verdade sobre tudo o que me aconteceu e muito receosa de que não tenha feito mais do que uma grande e horrível confusão. Mas, já que dei início à tarefa impossível de registar no papel os acontecimentos da minha vida, irei até ao fim, embora possa ouvir, desde já, as vozes de todas aquelas a quem chamam boas mulheres a dizerem: «Que história vergonhosa! Todos os seus infortúnios são apenas o justo castigo dos seus pecados.» Porém, eu não tenho consciência de ter pecado. Nietzsche disse: «A mulher é um espelho» e no espelho que eu sou, se reflectiram as pessoas e as forças que me queriam dominar. A essas pessoas e a essas forças eu reagi e, tal como as heroínas das *Metamorfoses*, de Ovídio, mudei de forma e de carácter segundo os decretos dos deuses imortais.

O barco fez escala em Nova Iorque e, assim que aportou, Augustin, a quem não tinha agradado a minha ideia de, em tempo de guerra, viajar sozinha para tão longe, veio juntar-se a mim. A sua companhia foi realmente um grande conforto. A bordo encontravam-se também alguns jogadores de boxe comandados por Ted Lewis, que costumavam levantar-se às seis da manhã para treinar e, em seguida, nadar na grande piscina de água salgada existente a bordo. Eu fazia também os meus exercícios ao mesmo tempo que eles e, à noite, dançava para eles. A viagem era, portanto, muito agradável e alegre e não me parecia demorada. Maurice Dumesnil acompanhava-me.

Baía foi a minha primeira experiência de uma cidade semi-tropical. Era uma cidade verdejante e húmida, que me pareceu muito afável. Embora chovesse continuamente, as mulheres passeavam pelas ruas com vestidos leves de algodão que ficavam encharcados e, colados ao corpo, desenhavam todas as suas formas e curvas. Pareciam completamente esquecidas da chuva e era-lhes indiferente estarem secas ou encharcadas em água. Foi também a primeira vez que vi a mistura das raças negra e branca ser aceite com naturalidade e indiferença. Num restaurante onde almoçámos vi um homem negro sentado a uma mesa com uma rapariga branca e, numa outra mesa, estava um homem branco com uma rapariga negra. Numa das pequenas igrejas vimos diversas mulheres com bebés mulatos nos braços, todos nus, aguardando a hora do baptismo.

Em todos os jardins florescia o hibisco vermelho e, por toda a cidade da Baía, pululavam os amores promíscuos das raças negra e branca. Em alguns bairros da cidade, mulheres pretas, brancas e amarelas debruçavam-se preguiçosamente das janelas das casas de má fama e os seus olhares não pareciam desvairados ou furtivos, como é característico das prostitutas das grandes cidades.

Duas ou três noites após a nossa chegada a Buenos Aires fomos a um cabaré de estudantes. A sala era a habitual, comprida, de tecto baixo, cheia de fumo e repleta de jovens morenos abraçados a raparigas igualmente morenas, todos a dançarem o tango. Eu nunca tinha dançado o tango, mas o jovem argentino, que era o nosso cicerone, convenceu-me a fazer uma experiência. Logo nos primeiros e tímidos passos senti as batidas do meu coração a responderem ao ritmo sedutor e langoroso dessa dança voluptuosa, doce como uma demorada carícia, inebriante como o amor debaixo do céu das terras do Sul, cruel e perigosa como os encantos de uma floresta tropical. Tudo isto eu senti enquanto os braços do jovem de olhos negros me guiavam com uma pressão confiante, e que, de vez em quando, mergulhava nos meus os seus olhos atrevidos.

A dado momento, fui inesperadamente reconhecida pelos estudantes, que logo me rodearam. Um deles explicou-me que nessa noite se celebrava a Libertação da Argentina e pediu-me que dançasse o seu Hino Nacional. Sempre gostei de agradar aos estudantes e, por isso, anui com prazer. Depois de ter escutado a tradução da letra do hino, envolvi-me na bandeira da Argentina e esforcei-me por representar os sofrimentos daquela colónia outrora escravizada, a sua libertação do tirano e a conquista da independência. O meu sucesso foi prodigioso. Os estudantes, que nunca tinham visto uma dança semelhante, aclamaram-me entusiasmados e pediram-me para a repetir, por várias vezes, enquanto cantavam em coro.

Regressei ao hotel, orgulhosa com o sucesso e encantada com Buenos Aires mas, ai de mim! Estava a rejubilar demasiado cedo. Na manhã seguinte o meu empresário ficou furioso quando leu nos jornais o relato sensacional da minha actuação e informou-me que, de acordo com a lei, considerava o meu contrato anulado. Todas as melhores famílias de Buenos Aires estavam a cancelar as suas subscrições e preparavam-se para boicotar os meus espectáculos. Deste modo, a noite que tanto me havia deliciado provocou a ruína da minha digressão por Buenos Aires.

A Arte concede unidade e harmonia a tudo o que na vida é caos e discórdia. Um bom romance eleva-se artisticamente até um certo apogeu e não descreve a queda que se segue ou pode seguir-se. O amor, na Arte, termina como em Isolda, com uma trágica e admirável nota de fecho, mas a Vida está cheia de quedas e ascensões, e uma história de amor na vida real termina geralmente na discórdia, termina por aquilo que, no meio de uma frase musical, é uma dissonância clamorosa e estridente. Muitas vezes, na vida real, uma história de amor, após ter vivido o apogeu, renasce unicamente para morrer de morte miserável na tumba das reclamações financeiras e nos honorários dos homens de lei.

Eu tinha iniciado esta digressão na esperança de angariar suficientes fundos financeiros para manter a minha escola durante a guerra. Imagine-se a minha consternação ao receber um telegrama da Suíça, dizendo que a minha ordem telegráfica para disponibilizar dinheiro tinha sido travada, devido a restrições impostas pela guerra. E como a directora da pensão para crianças, onde deixara alojadas as meninas, não acedia a acolhê-las sem pagamento prévio, estas corriam o risco de serem postas na rua. Com os meus habituais impulsos, insisti com Augustin para que este partisse imediatamente para Genève, levando no bolso os fundos necessários para salvar as minhas alunas, sem me aperceber que eu ficaria sem dinheiro suficiente para pagar a conta do hotel. E, como o meu irritado empresário havia partido para o Chile com uma companhia de ópera cómica, o meu pianista Dumesnil e eu ficámos em Buenos Aires sem recursos.

O público era frio, pesado, não sabia apreciar! Com efeito, o meu único sucesso em Buenos Aires foi o daquela noite no cabaré, quando dancei o Hino da Liberdade. Fomos obrigados a deixar as malas no hotel e a sair. Prosseguimos, portanto, a nossa viagem para Montevideu. As minhas túnicas de dança não tinham, felizmente, qualquer valor para os proprietários do hotel!

Em Montevideu encontrámos um público que era o oposto das audiências argentinas. Era um público louco de entusiasmo, que nos facultou os meios necessários para continuar a digressão até ao Rio de Janeiro. Todavia, aí chegámos sem dinheiro e sem bagagem, mas o director do Teatro Municipal era tão simpático e amável que imediatamente marcou dias muito próximos para os meus espectáculos. O público que nesta cidade frequentava os teatros era tão inteligente, tão vivo e tão vibrante que com facilidade levava qualquer artista a evidenciar todas as suas capacidades e a mostrar tudo o que de mais belo encerra no seu íntimo.

Foi também nesta cidade que encontrei o poeta João do Rio, muito amado e querido por todos os jovens da cidade, porque todos os jovens do Rio começam por ser, cada um deles, um outro poeta. Quando passeávamos juntos éramos seguidos por todos estes jovens a gritar: «Viva João do Rio! Viva Isadora!»

Deixei Dumesnil no Rio, pois ele causara tão grande sensação que preferiu ficar, e regressei a Nova Iorque. A viagem foi triste e solitária, devido à ansiedade que sentia pela minha escola. Alguns dos jogadores de boxe que tinham viajado comigo, regressavam agora no mesmo barco que eu, mas como criados de bordo. Não tinham obtido sucesso nem ganho dinheiro.

Entre os passageiros encontrava-se um americano de nome Wilkins, que estava sempre bêbado e todas as noites ao jantar, dizia: «Levem esta garrafa de Pommery 1911 à mesa de Isadora Duncan.» Era um espanto geral.

Quando aportámos em Nova Iorque, ninguém me esperava, pois o meu telegrama não tinha sido entregue devido a dificuldades de guerra. Lembrei-me de chamar pelo telefone um grande amigo, Arnold Genthe. Não é só um génio, é também um feiticeiro. Trocara a pintura pela fotografia, mas a sua fotografia era misteriosa e mágica. É certo que, como os outros, apontava a câmara para as pessoas e tirava fotografias, mas a imagem que captava nunca era um simples retrato de alguém, antes a visão que ele concebia do modelo que posava. Tirou-me muitas fotografias que não são imagens do meu ser físico e da sua aparência, são imagens de um estado de alma e uma delas é, sem dúvida, a minha verdadeira alma.

Foi sempre o meu maior amigo, pelo que, ao ver-me só nas docas, telefonei-lhe. Qual não foi a minha surpresa, quando me respondeu uma voz familiar que, porém, não era a voz de Arnold. Era Lohengrin que, por estranha coincidência, tinha ido visitar Genthe nessa manhã. Quando me ouviu dizer que me achava sozinha no cais, sem dinheiro e sem amigos, respondeu imediatamente que não perderia tempo e vinha já ajudar-me.

Poucos minutos depois, apareceu. Quando vi a sua figura alta e autoritária, tive um curioso sentimento de confiança e segurança e fiquei tão feliz por vê-lo de novo como ele ficou por me ver a mim.

Entre parêntesis quero fazer notar, nesta autobiografia, que sempre fui fiel aos meus amores e nunca teria deixado qualquer deles se, porventura, eles também me tivessem sido fiéis. Aqueles que eu amei, tal como os amei, ainda hoje os amo e para sempre hei-de amar. Se muitos deles abandonei... só posso acusar a leviandade dos homens e a crueldade do Destino.

Assim, após estas viagens desastrosas, fiquei contentíssima por ver o meu Lohengrin que, uma vez mais, vinha em meu auxílio. Com os seus modos habituais de grande autoridade, rapidamente resgatou a minha bagagem do poder alfandegário. Dirigimo-nos em seguida para o estúdio de Genthe e fomos os três almoçar em Riverside Drive, num restaurante de onde se podia admirar o monumento dedicado a Grant.

Estávamos encantados por nos encontrarmos outra vez juntos e bebemos muito champanhe. Sentia que o meu regresso a Nova Iorque era um feliz presságio. L. vivia um dos seus dias de maior simpatia e de grande generosidade. Depois do almoço correu para a Metropolitan Opera House, celebrou um contrato de aluguer da sala e passou a tarde e o serão a redigir e enviar convites a todos os artistas para um espectáculo de gala gratuito. Este espectáculo foi um dos mais belos acontecimentos da minha vida. Estavam presentes todos os artistas, actores e músicos de Nova Iorque e eu tive a satisfação de dançar sem estar submetida à opressão da bilheteira. Naturalmente, concluído o espectáculo e tal como sempre fiz durante a guerra, dei-lhe um outro final dançando a *Marselhesa*.

Recebi uma tremenda ovação, dedicada à França e aos aliados.

Disse a L. que tinha enviado Augustin a Genève e falei-lhe da ansiedade que o problema da escola me causava. Com a sua extraordinária generosidade, deu ordem telegráfica para disponibilizarem os fundos necessários para deslocar a escola para Nova Iorque. Mas, quem diria! Para um certo número de alunas, o dinheiro chegou tarde. Todas as alunas mais novas tinham sido recolhidas pelos pais, por exigência da directora. Esta dispersão da escola, uma escola a que tinha sacrificado anos de trabalho, causou-me imensa dor, mas senti-me de algum modo recomposta com a chegada de Augustin, pouco tempo depois, acompanhado pelas seis meninas mais velhas.

L. continuou a comportar-se da melhor e mais generosa maneira e tudo o que fazia ou decidia não era, em seu entender, suficientemente bom para as meninas ou para mim. Arrendou um grande estúdio no extremo de Madison Square Garden, onde passámos a trabalhar todas as tardes. De manhã, levava-nos a dar longos passeios de automóvel. Estava sempre a dar presentes a cada uma delas... pode dizer-se que, naqueles dias, o poder do dinheiro fez da nossa vida uma maravilha.

Mas, à medida que o rigoroso inverno nova-iorquino avançava, a minha saúde ia enfraquecendo. L. sugeriu que eu fizesse uma viagem a Cuba, e fez-me acompanhar pelo seu secretário.

Guardo de Cuba as mais encantadoras memórias. O secretário de L. era um jovem escocês e um poeta. A minha saúde não me permitiu dar qualquer espectáculo, mas passámos três semanas em Havana, passeando de carro ao longo da costa e admirando os pitorescos arredores. Recordo-me de um incidente trágico-cómico ocorrido durante a nossa estada.

A cerca de três quilómetros de Havana havia uma antiga leprosaria circundada por um muro alto. Porém, a altura do muro não tinha dimensão suficiente para nos impedir de ver uma máscara de horror a espreitar de vez em quando. As autoridades acabaram por compreender que era muito pouco apropriado manter este hospital ao lado de uma elegante estação de férias de inverno muito em moda. Decidiram, portanto, mudá-lo para outro lugar. Contudo, os leprosos recusaram-se a sair dali. Colaram-se às portas, às paredes, alguns treparam para os telhados e até correu o boato de que outros chegaram mesmo a fugir e esconderam-se em Havana. A mudança da leprosaria sempre me pareceu um episódio, ou o tema, de uma bizarra e inquietante peça de teatro de Maeterlinck.

Numa outra casa que visitei, habitava um membro de uma das mais antigas famílias cubanas, uma senhora maníaca por macacos e gorilas. O jardim da velha moradia estava pejado de jaulas onde a senhora guardava os seus queridos bichinhos A casa era uma das curiosidades da terra. Recebia os visitantes com pródiga hospitalidade e acolhia os convidados com um macaco nos ombros e de mão dada com um gorila. Este macaco e este gorila eram os mais domesticados da colecção, mas havia muitos que não eram tão mansos e, quando passávamos em frente das suas jaulas, sacudiam as grades, soltavam urros e faziam caretas. Perguntei se não seriam perigosos. Respondeu-me com indiferença, dizendo que, à parte aqueles que, uma vez por outra, fugiam das jaulas e matavam um jardineiro, eram todos bastante inofensivos. Esta resposta causou-me um certo mal-estar e fiquei muito satisfeita quando chegou a hora da despedida.

 O lado mais estranho desta história reside no facto de ela ser muito bonita, com uns grandes olhos muito expressivos, bem instruída e inteligente. Estava habituada a reunir em sua casa as mais brilhantes luminárias do mundo da arte e da literatura. Como explicar, então, a sua fantástica afeição por macacos, chimpanzés e gorilas? Disse-me uma vez que, no seu testamento, tinha legado a colecção completa de macacos ao Instituto Pasteur, para trabalhos de investigação experimental na área do cancro e da tuberculose, o que me pareceu maneira muito singular de mostrar aos seus queridos bichos que, mesmo depois de morta, o seu amor perdurara.

 Tenho ainda uma outra recordação de Havana muito interessante. Numa noite de festa, quando todos os cabarés e cafés estavam apinhados de gente animadíssima, após o nosso habitual passeio pela beira do mar e pelo campo entrámos num café típico de Havana, cerca das três horas da manhã. Deparámos com o costumeiro arraial de morfinómanos, cocainómanos, fumadores de ópio, alcoólicos e outros destroços da vida. Tomámos lugar numa pequena mesa da sala baixa, mal iluminada e cheia de fumo. A minha atenção foi atraída por um homem pálido, de olhos alucinados e ferozes e faces cadavéricas. Com os dedos finos e compridos tocava nas teclas de um piano e, para meu grande espanto, ouviam-se os Prelúdios de Chopin interpretados com extraordinária compreensão e um génio maravilhoso. Escutei-o durante um certo tempo, não muito longo, e depois aproximei-me. Mas ele só soube dizer-me umas palavras curtas e incoerentes. A minha atitude chamava a atenção do café e, apercebendo-me de que era absolutamente desconhecida, assaltou-me o desejo fantástico de dançar para aquele estranho público. Envolvi-me na minha capa, dei algumas instruções ao pianista e dancei ao som da música de um certo número de Prelúdios. Gradualmente, os bebedores do pequeno café foram ficando em silêncio e, como eu continuava a dançar, não só consegui captar a sua atenção, como pus muitos deles a chorar. O pianista também despertou do seu transe de morfinómano e começou a tocar como se tivesse recebido uma inspiração.

Dancei até de manhã e, quando saí, todos me beijaram. Senti-me mais orgulhosa do que num qualquer teatro, porque aquilo que acabara de acontecer era a prova real do meu talento, sem a ajuda de um empresário e sem notícias na imprensa a atrair a atenção do público.

Pouco tempo depois desta noite, o meu amigo poeta e eu tomámos o barco para a Flórida e aportámos em Palm Beach, de onde enviei um telegrama a Lohengrin que se juntou a nós no Hotel Breakers.

O período mais terrível, mais difícil de suportar, de um grande desgosto não é o início, quando o choque da dor nos atira para um tal estado de excitação que quase nos deixa anestesiados. Pelo contrário, o período mais terrível vem depois, muito tempo mais tarde, quando os outros dizem: «Oh, ela aguentou-se muito bem», ou «ela já está como deve ser, a tudo resistiu». É então que participamos numa alegre ceia de convívio e sentimos a Dor a oprimir-nos o coração com a sua mão gelada ou a apertar-nos a garganta com as suas garras a arderem em brasa. O Gelo e o Fogo, o Inferno e o Desespero, tudo queremos dominar e, erguendo a taça de champanhe, esforçamo-nos por abafar a nossa miséria em todas as formas de esquecimento possível e até no impossível esquecimento.

Era este o estado a que agora eu estava reduzida. Todos os meus amigos diziam: «Ela já esqueceu, já veio ao de cima.» E no entanto, sempre que um menino pequeno entrava de repente na sala a gritar «Mamã», sentia um punhal cravado no coração e todo o meu ser se retorcia numa tal angústia que o cérebro apenas podia apelar a Letes, o Rio do Esquecimento. E, na verdade, assim fazia. No meio deste horrível sofrimento, aspirava a criar uma vida nova, a criar Arte. Ah, como invejo a resignação daquelas freiras de lábios pálidos que, a murmurar a noite inteira, rezam incessantes orações diante das urnas funerárias de desconhecidos. Esta maneira de ser suscita a inveja dos artistas, que se revoltam e gritam: «Eu quero amar, amar, quero criar alegria, alegria». Que Inferno!

L. trouxe consigo para Palm Beach, o poeta americano Percy MacKaye. Um dia em que estávamos todos sentados na varanda, L. esboçou o plano de uma futura escola, de acordo com as minhas ideias. Informou-me também que tinha comprado Madison Square Garden, local perfeitamente adequado às exigências da escola.

Embora tivesse ficado entusiasmada com o projecto como uma ideia geral a amadurecer, não me mostrei favorável à decisão de, em plena guerra, dar início imediato ao empreendimento. Esta minha atitude acabou por irritar L. de tal maneira que, com a mesma prontidão com que havia comprado o Jardim, anulou o negócio assim que regressámos a Nova Iorque.

No ano anterior, Percy MacKaye escrevera um belo poema depois de ter visto as minhas meninas a dançar:

«Uma bomba caiu em Notre Dame.
Os Alemães queimaram outra cidade belga.
Os Russos dominam o Leste. A Inglaterra está receosa.
Fechei os olhos e pus o jornal de lado.
Recifes cinzentos e claros de lodo e pálidos feixes de luz
Espalhados pelo lívido azul dos mares.
Que sorriso é este, de um pequeno duende,
Doce como as antenas das solitárias abelhas de Outono,
A enfeitiçar a beira-mar com um vaporoso e antigo deleite?
Que gnomos são estes,
Vestidos de azul como o mar e os recifes,
A dançar na orla prateada da escuridão, cada um deles num êxtase feliz,

A rezar uma prece de alegria,
Com corpo e gestos radiosos, ao sol que ao longe se esconde?
Vede: Agora detêm-se.
Como as aves a recolher ao ninho, cansadas de voar,
Afáveis e serenas,
Desfilam perante os olhos da sua mestra
Para lhe desejar uma boa noite:
Spokoini Notchi! Gute Nacht!
Bon Soir! Bon Soir! Good Night!
Que vidas são estas, encontradas ao acaso
E agora reunidas na Sagrada Família da Arte?
Sonhos: sonhos que Cristo e Platão em tempos sonharam.
Em harmonia, as suas sombras felizes afastam-se!
Meu Deus! Como tudo parecia simples
Até que, uma vez mais,
Diante dos meus olhos, a cor vermelha estremeceu:
Chacina. Dez mil inimigos chacinados!
Então e o sorriso! O sorriso esfuziante do mar antigo
Cantado ao anoitecer: Atenas! Galileia!
E da luz a extinguir-se clamaram as vozes dos elfos:
Spokoini Notchi! Gute Nacht!
Bon Soir! Bon Soir! Good Night!

CAPÍTULO XXX

No início de 1917 actuei na Metropolitan Opera House. Nessa época acreditava, como aliás muitos outros, que da vitória dos Aliados dependia a esperança da liberdade, da regeneração e da civilização do mundo inteiro, razão pela qual, no final de cada representção dançava a *Marselhesa*, a que todo o público assistia de pé. Isso não me impediu de dar os meus concertos de música de Wagner e creio que todas as pessoas inteligentes estarão de acordo comigo em que o boicote aos artistas germânicos durante a guerra foi uma coisa injusta e estúpida.

No dia em que foi anunciada a Revolução Russa, todos os amantes da liberdade sentiram-se inundados de uma esperançosa alegria e, nessa noite, dancei a *Marselhesa* no verdadeiro e original espírito revolucionário com que foi composta. De seguida dancei a minha interpretação da *Marcha Eslava*, na qual aparece o *Hino ao Czar* em que procurei exprimir a humilhação do servo espezinhado e chicoteado.

Esta antítese, ou esta dissonância, dos gestos em relação à música suscitou o desagrado, quase tempestuoso, da assistência.

É estranho que, em toda a minha carreira artística tenham sido estes gestos e movimentos de revolta e desespero, aqueles que mais me satisfizeram e mais frequentemente me atraíam. Na minha túnica vermelha, dancei constantemente a Revolução e a chamada dos oprimidos às armas. Na noite da Revolução Russa dancei com uma alegria feroz e indomável. O meu coração explodia de alegria, ao imaginar a libertação de todos aqueles que tinham sofrido, que tinham sido torturados e tinham morrido pela causa da Humanidade. Não é de admirar que L., que noite após noite assistia da sua frisa às minhas actuações, tenha acabado por ficar um tanto perturbado e tenha reflectido na possibilidade de esta escola de beleza e de graça, de que ele era o patrono, poder tornar-se numa ameaça e num perigo que o conduzisse, a ele e aos seus milhões, à aniquilação. Mas a impulsão da minha Arte era extremamente forte e eu não conseguia travá-la, mesmo para agradar àquele que amava.

L. deu uma festa no Sherry, em minha honra. Começou com um jantar a que se seguiu um baile para terminar com uma ceia de grande requinte. L. aproveitou a ocasião para me presentear com um maravilhoso colar de diamantes. Nunca desejei possuir jóias e nunca usei nenhuma, mas ele estava tão contente que lhe permiti colocar os diamantes em torno do meu pescoço. Pela manhã, após litros e litros de champanhe terem continuado a refrescar os convidados e a minha cabeça se sentir um pouco mais leve com os momentâneos prazeres e com a intoxicação do vinho, ocorreu-me a infeliz ideia de ensinar o tango apache, tal como o tinha visto dançar em Buenos Aires, a um dos convidados, por sinal um belo rapaz. De repente, senti o meu braço violentamente agarrado e torcido por uma mão de ferro. Olhei para o lado e vi L. a ferver de raiva.

Foi esta a única vez em que usei o malfadado colar, pois alguns dias após o incidente, num outro acesso de raiva, L. desapareceu. Deixou-me nas mãos uma exorbitante conta de hotel, bem como todas as despesas da minha escola. Em vão lhe solicitei ajuda, pelo que não tive outro remédio senão levar o famoso colar de diamantes a uma casa de penhores. Assim fiz e jamais voltei a ver o colar.

Fiquei, portanto, encalhada em Nova Iorque, sem dinheiro nem outros recursos e, ainda por cima, estávamos já no final da temporada, pelo que era praticamente impossível organizar qualquer outra actividade. Felizmente tinha em meu poder um casaco de arminho e ainda uma maravilhosa esmeralda comprada por L. ao filho de um marajá que, por sua vez, perdera todo o seu dinheiro em Monte Carlo. Dizia-se que a esmeralda havia sido arrancada da cabeça de um ídolo famoso. Vendi o casaco de arminho a uma soprano famosa, a esmeralda a outra soprano, também famosa, e aluguei uma vivenda em Long Beach, para os meses de Verão, onde instalei as minhas alunas. E assim ficámos aguardando a chegada do Outono, época em que seria possível ganhar algum dinheiro.

Com a minha habitual imprevidência, logo que consegui o dinheiro para a vivenda, para o automóvel e para as exigências do dia-a-dia, pouco ou nada me preocupei com o futuro. Como me encontrava praticamente sem um tostão no bolso, teria sido muito mais sensato aplicar os resultados da venda das peles e das jóias em obrigações e títulos bancários mas, naturalmente isso nunca me ocorreu e todas nós passámos um verão agradabilíssimo em Long Beach, recebendo muitos artistas, como aliás era nosso gosto e hábito. Entre os hóspedes que nos fizeram companhia durante várias semanas, contava-se o genial violinista Isaye, que se divertiu tanto como um rapazinho novo.

Contudo, como se pode calcular, após as delícias do Verão, ao chegarmos a Nova Iorque encontrei-me sem recursos financeiros e, de cabeça perdida, tive de esperar dois meses para celebrar um contrato para a Califórnia.

No decurso desta digressão achei-me muito perto da minha cidade natal e um dia chegámos a Oakland. Exactamente antes da chegada, li nos jornais a notícia da morte de Rodin. Ao pensar que nunca mais voltaria a ver o meu querido amigo, vieram-me as lágrimas aos olhos, que correram sem parar. Vi, no cais de Oakland, os repórteres à minha espera para me entrevistarem. Como não queria que reparassem nos meus olhos inchados, cobri o rosto com um véu de renda preta, o que levou os jornalistas a escrever, no dia seguinte, que eu tinha afectado um ar de mistério.

Tinham passado vinte e dois anos desde que eu deixara São Francisco para me meter na minha grande aventura. É fácil imaginar a minha emoção quando, ao regressar à cidade natal, a encontrei completamente alterada pelo terramoto e pelo incêndio de 1906. A cidade era outra, totalmente diferente e mal podia reconhecê-la.

Embora o público selecto e rico do Columbia Theatre fosse dos mais simpáticos e dos mais conhecedores, eu não estava satisfeita; preferia e queria dançar para o povo, num espaço vasto e alargado. Mas quando fiz esta proposta ao Greek Theatre, ela foi-me recusada. Nunca consegui saber as razões da recusa. Teria sido devida a uma estratégia errada do meu empresário, ou a uma má vontade, cujos fundamentos não compreendia? Ainda hoje não sei.

Em São Francisco voltei a encontrar a minha mãe, que desde há anos não via. Por uma inexplicável nostalgia do lar, a minha mãe recusava-se a viver na Europa. Achei-a muito envelhecida e mal cuidada, e uma vez em que fomos almoçar à Cliff House, vi as nossas duas figuras num espelho. Não pude deixar de reparar no contraste entre, por um lado, o meu rosto triste e os olhos cansados da minha mãe e, por outro lado, as duas almas aventureiras e corajosas que, quase vinte e dois anos antes, tinham partido cheias de esperança em busca da fama e da fortuna. Uma e outra haviam sido encontradas. Porquê, então, aquele fim tão trágico? Provavelmente por ser esta a consequência natural da vida neste globo imperfeito e insatisfatório, onde as mais elementares condições são hostis ao homem. Ao longo da minha vida encontrei muitos artistas de grande valor, encontrei pessoas inteligentes e, tal como se diz, bem sucedidas, mas nunca alguém a quem se possa chamar uma pessoa feliz, mesmo que, por vezes, tenham aparecido aqueles que nos procuram enganar. Por trás da máscara, com alguma perspicácia, podia sempre adivinhar-se a mesma inquietação e o mesmo sofrimento. Talvez neste mundo, aquilo a que se dá o nome de felicidade não exista. Existem apenas momentos felizes.

Momentos destes, eu vivi-os em São Francisco quando encontrei a minha alma gémea musical, o pianista Harold Bauer. Para meu espanto e contentamento, disse-me que eu era muito mais «um músico» do que uma bailarina e que a minha arte lhe havia revelado o sentido de trechos enigmáticos de Bach, Chopin e Beethoven. Durante semanas inesquecíveis conhecemos o prazer de uma maravilhosa colaboração artística, porque, tal como ele me assegurava que eu lhe havia desvendado certos segredos da sua arte, também ele me levou a descobrir interpretações da minha, com as quais nunca sonhara.

Harold tinha vivido uma vida subtil e intelectual, muito superior à das pessoas comuns. Ao invés da maior parte dos músicos, não se limitava exclusivamente à música, mas sabia apreciar todas as artes e tinha um vasto conhecimento da poesia e da mais profunda filosofia. Quando dois apaixonados pelo mesmo alto ideal da Arte se encontram, uma estranha embriaguez apodera-se deles, e foi uma intensa embriaguez sem vinho que vivemos dias e dias, com os nervos a vibrar de uma esperança ondulante. Quando a esperança se tornava realidade, os nossos olhares cruzavam-se e a nossa alegria atingia um tão veemente delírio que nos fazia gritar de modo tão forte que pareciam gritos de dor:

— Foi assim que sentiste esta frase de Chopin?

— Sim, assim mesmo, com mais qualquer coisa. Vou criar para ti os movimentos dessa frase.

— Ah, que concepção, a tua! Agora vou tocá-la para ti.

— Ah, que alegria! Que alegria tão grande, sem nome!

Eram estas as nossas conversas, que a cada instante mergulhavam mais fundo no conhecimento da música que ambos adorávamos.

Juntos, demos um espectáculo no Columbia Theatre, em São Francisco, que eu considero um dos mais felizes acontecimentos da minha carreira. O encontro com Harold Bauer colocou-me, uma vez mais, naquela maravilhosa atmosfera de luz e alegria que só se desenvolve quando se estabelece uma estreita relação com uma alma tão iluminada como a dele. Eu esperava que assim pudéssemos continuar e que juntos viéssemos a descobrir um novo e vasto domínio da expressão musical. Mas, ai de mim! Não me tinha apercebido das circunstâncias da sua vida familiar. A nossa colaboração terminou com uma separação dramática e forçada.

Durante a minha estada em São Francisco travei relações de amizade com um proeminente escritor e crítico musical Redfern Mason.

Um dia, após um dos concertos de Bauer, estávamos todos a cear e ele perguntou-me o que poderia escrever e publicar sobre mim e a minha vida e carreira, que fosse do meu agrado. Em resposta fi-lo prometer que daria satisfação ao meu pedido, custasse o que custasse. Ele anuiu e, sem perder tempo, agarrei num lápis e redigi um longo elogio ao concerto de Bauer, tendo como base o soneto de Shakespeare que começa com estes versos:

> *Minha música, a música tocando*
> *Que em bendita madeira os sons recria*
> *Sob os teus doces dedos ondulando...*
> *Invejo às teclas o saltitar macio*
> *A beijar-te por dentro a tenra mão...*

E termina:

> *Felizes teclas, num descaro assim,*
> *Dá-lhes os dedos e a boca a mim.*

(Tradução de Vasco Graça Moura)

  Redfern ficou terrivelmente embaraçado, mas tinha de comportar-se como um *desportista* honesto e, quando o artigo apareceu nos jornais do dia seguinte, com o seu nome como autor, todos os colegas troçaram implacavelmente da sua nova e súbita paixão por Bauer. O meu simpático amigo recebeu as troças com grande estoicidade e, quando Bauer deixou São Francisco, tornou-se no meu melhor camarada e amparo.

  Apesar do entusiasmo do distinto público que enchia o Columbia, sentia-me desanimada por ver que a minha cidade natal ignorava todos os apelos para apoiar o meu ideal de uma escola futura. Havia na cidade uma imensidão de imitadoras minhas que haviam já instalado várias escolas copiadas da minha, cópias que, aliás, pareciam satisfazer plenamente os meus concidadãos. Quero crer que estes receavam que as características da minha Arte, mais rígidas e inflexíveis, pudessem conduzir a algum desastre. Essas imitadoras limitavam-se a vender água morna e xaropes doces. Do meu trabalho tinham aprendido apenas aquilo a que chamavam «A harmonia e a beleza», mas esqueceram-se de tudo o que era mais sério e mais exigente. Esqueceram-se, de facto, do princípio criador e do significado real.

Num momento de profético amor pela América, Walt Whitman disse: «Ouço a América a cantar», e imagino a grandiosa canção que Walt ouvia, vinda das ondas do Pacífico, passando por cima das pradarias, com as vozes a erguerem-se do imenso coro de crianças, de jovens, de homens e mulheres a cantar a Democracia.

Quando li este poema de Whitman também eu tive uma visão, a visão da América a dançar a dança que seria a justa expressão da canção que Walt ouviu cantada pela América. Era uma música que por certo tinha um ritmo de tanta energia como a alegria, como a ondulação dos cumes das Montanhas Rochosas. Nada teria de comparável com o ritmo melodioso e sensual do jazz, mas seria semelhante à vibração da alma americana aspirando elevar-se até às alturas onde mora a vida em harmonia. Esta dança, que eu visionava, não tinha também qualquer vestígio do fox-trot ou do charleston. Era antes semelhante aos saltos constantes e esperançosos de uma criança desejosa de atingir as alturas, de ver o futuro realizar-se, de ter uma nova visão grandiosa que seria a expressão da América.

Muitas vezes sorri, de modo um tanto irónico, quando ouvia falar da minha dança a que algumas pessoas chamavam «grega». Quanto a mim, a sua origem reside nas histórias que a minha avó irlandesa gostava de nos contar. Descrevia-nos como, em 1849, tinha atravessado as pradarias com o avô, num grande carroção coberto com um toldo. Tinha ela dezanove anos e ele vinte e um. Contava-nos ainda como o primeiro filho nascera no carroção, durante uma famosa batalha travada contra os peles-vermelhas e como, após a derrota dos índios, o meu avô meteu a cabeça pela abertura da carroça, com uma espingarda fumegante nas mãos, para ver e saudar o seu menino recém-nascido.

Logo que chegaram a São Francisco, o meu avô construiu uma das primeiras casas de madeira e lembro-me de, ainda menina muito nova, ter visitado essa casa. Lembro-me também da avó, que estava sempre a pensar na Irlanda, ter o hábito de entoar canções irlandesas e dançar jigas irlandesas. Imagino, porém, que nessas jigas irlandesas se tenha insinuado alguma coisa do espírito heróico dos pioneiros e da batalha contra os peles-vermelhas, provavelmente alguns dos seus gestos e, ainda um pouco do espírito de Yankee Doodle, que o meu avô, o Coronel Thomas Grey, cantava quando marchava para casa, no regresso da guerra civil. Havia, certamente, um pouco de tudo isto na jiga irlandesa que a minha avó dançava e tudo isso aprendi com ela. Acrescentei-lhe as minhas aspirações pessoais de Jovem Americana e, por fim, a minha concepção espiritual da vida, encontrada nos versos de Walt Whitman. É esta, afinal, a origem da pretensa Dança Grega que eu difundi pelo mundo.

Foi esta a origem, a raiz, mas mais tarde, já na Europa, tive três grandes mestres, Beethoven, Nietzsche e Wagner. Beethoven criou a dança em ritmos potentes, Wagner em formas esculturais, Nietzsche em espírito. Nietzsche foi o primeiro filósofo da dança.

Muitas vezes pergunto a mim própria onde está o compositor americano capaz de ouvir cantar a América de Walt Whitman e, em seguida, entregar-se ao trabalho de compor a verdadeira música da «dança americana», música sem jazz cujo ritmo não é definido por nenhuma parte do corpo abaixo da cintura. O seu ritmo vai brotar do plexo solar, a morada temporal da alma, para ascender à Bandeira Semeada de Estrelas que no céu imenso desenha um arco que abraça as terras que, desde o Pacífico, se estendem pelas pradarias, se erguem na Serra Nevada e nas Montanhas Rochosas e terminam no Atlântico. A ti rogo, jovem compositor americano, que não percas tempo e comeces a criar a música da dança que há-de ser a expressão da América de Walt Whitman, a América de Abraham Lincoln.

Parece-me monstruoso que haja alguém que acredite que o ritmo do jazz é a expressão da América. O ritmo do jazz exprime o selvagem primitivo. A música da América tem de ser uma coisa diferente. Todavia, ainda não foi escrita. Nenhum compositor conseguiu, até hoje, captar esse ritmo, o ritmo da América, demasiadamente forte e potente para os seus ouvidos. Mas há-de chegar o dia em que vai jorrar por todos os cantos da terra, em que vai cair como chuva dos vastos espaços celestes. Então a América encontrará a sua expressão numa espécie de música titânica que ao seu caos dará as formas de uma harmonia. É esta música que os rapazes e as raparigas, ágeis, esbeltos e elegantes, vão dançar; não as convulsões cambaleantes e simiescas do charleston, mas um admirável e tremendo arrebatamento que os fará voar mais alto do que as pirâmides do Egipto e muito para além do Parténon da Grécia. Será uma expressão de beleza e de força, nunca conhecida por nenhuma civilização.

Esta dança não terá nada dos requebros vãos e leves do ballet, nem das sensuais contorções do negro. Estará isenta. Vejo a América a dançar, com um pé apoiado no cume mais elevado das Montanhas Rochosas, os dois braços estendidos do Atlântico ao Pacífico, a sua bela cabeça virada para o céu, a fronte a brilhar com uma coroa de milhões de estrelas.

Como é grotesco que na América se tenha encorajado a instalação de escolas de pretensa cultura física, de ginástica sueca e de ballet. Uma verdadeira americana nunca poderá ser uma bailarina de ballet. As pernas são demasiado compridas, o corpo demasiado livre para esta escola de graciosidade afectada e de andar na ponta dos pés. É evidente que todas as grandes bailarinas de ballet foram mulheres de baixa estatura e de pernas e braços curtos. Uma mulher alta e esbelta nunca poderá dançar ballet. O modelo humano que é a expressão da América no seu melhor nunca poderá dançar ballet. Mesmo a mais fantasista imaginação jamais poderá conceber a Deusa da Liberdade a dançar ballet. Se assim é, qual a razão para aceitar esta escola na América?

Henry Ford manifestou o desejo de que todas as crianças da Cidade Ford soubessem dançar. Ele não simpatizava com as danças modernas, mas recomendava que as deixassem dançar à moda antiga, ou seja, a valsa, a mazurca e o minuete. Porém, danças velhas como a valsa e a mazurca são apenas a expressão de um sentimentalismo doentio e romanesco, que a nossa juventude ultrapassou. O minuete é a imagem do servilismo untuoso dos cortesãos do tempo de Luís XIV e das saias de balão. O que têm estes gestos e movimentos a ver com a livre e independente juventude da América? Será que Mr Ford desconhecia que os gestos são tão eloquentes como as palavras?

Qual a razão para as nossas crianças dobrarem o joelho no minuete, essa dança fastidiosa e servil, ou rodopiarem no labirinto do falso sentimentalismo da valsa? É mil vezes preferível deixá-las avançar a passo largo, aos pulos e aos saltos, de cabeça bem erguida e braços abertos; deixá-las traduzir, pela sua dança, a linguagem dos nossos pioneiros, a coragem dos nossos heróis, a justiça, a bondade, a pureza dos nossos homens de Estado e todo o amor, toda a ternura das nossas mães.

Quando as meninas dançarem assim, a dança fará delas seres maravilhosos e sem igual, dignos de arvorarem o nome da Maior Democracia.

Teremos então a América a dançar!

CAPÍTULO XXXI

Acontecem dias em que a minha vida me parece uma Legenda Áurea semeada de jóias preciosas, em campo colorido com multidões de flores em botão, uma manhã radiosa com o amor e a felicidade a renascerem de hora a hora; dias em que não encontro palavras para descrever o êxtase e a alegria de viver; dias em que a ideia da minha escola me parece um raio de génio em que acredito verdadeiramente no seu imenso sucesso, ainda que impalpável; dias em que a minha Arte é uma ressurreição. Mas acontecem também outros dias em que, ao passar em revista a minha vida, um desgosto inominável me assalta e me deixa perdida numa sensação de vazio absoluto. O passado surge-me como uma série de catástrofes, o futuro afigura-se como uma calamidade sem remédio e a minha escola é, tão-só, a alucinação emanada do cérebro de um lunático.

O que é e onde está a verdade de uma vida humana? E quem a pode descobrir? O próprio Deus ficaria embaraçado. No meio de toda esta angústia e deleite, desta imundície e desta pureza luminosa, o meu corpo de carne sente-se devorado pelo fogo e pelo inferno, ou transportado pelo heroísmo e pela beleza. Onde está a verdade? Só Deus sabe, ou o Diabo. Mas eu suspeito que ambos estão perplexos.

Assim, em certos dias de fértil imaginação, a minha mente é como um vitral através do qual vislumbro belezas maravilhosas e fantásticas, formas esplêndidas e cores intensas e ricas. Mas noutros dias, apenas consigo olhar através de vidraças sujas e cinzentas e não vejo mais do que um nojento amontoado de lixo, chamado vida.

Se pudéssemos mergulhar na nossa interioridade para extrair pensamentos, como o mergulhador nos traz as pérolas que extrai das profundezas das águas, esses pensamentos seriam pérolas preciosas retiradas do silêncio das ostras bem fechadas e escondidas nas profundidades do nosso subconsciente!

Depois do longo combate para manter intacta a minha escola, sozinha, com o coração desfeito, sem coragem, o meu único desejo era regressar a Paris, onde talvez fosse possível realizar algum dinheiro, negociando a minha propriedade. Mary, que entretanto voltara da Europa, telefonou-me do Biltmore. Pu-la ao corrente do estado em que me encontrava e ela disse-me:

— O meu grande amigo Gordon Selfridge parte amanhã. Se eu lhe pedir, tenho a certeza de que te arranja um bilhete.

Estava tão cansada de lutar, com o coração tão desiludido com a minha estada na América, que aceitei a ideia com grande satisfação e na manhã seguinte zarpei de Nova Iorque. Contudo, a má fortuna perseguia-me pois, logo na primeira noite, quando andava a passear na ponte que, por causa da guerra, estava completamente às escuras, caí numa abertura existente na ponte. Foi uma queda de cerca de quinze pés de altura, que me deixou seriamente ferida. Gordon Selfridge comportou-se com muita solicitude e delicadeza. Pôs a sua cabine à minha disposição durante toda a viagem e acompanhou-me sempre, do modo mais encantador que se possa imaginar. Recordei-lhe a primeira visita que lhe fizera, há mais de vinte anos quando, menina pequena e esfomeada, lhe fui pedir que me emprestasse dinheiro para comprar um vestido de dança.

Foi esse o meu primeiro contacto com um homem de acção. Fiquei espantada com a sua maneira de olhar a vida, tão diferente e mais correcta do que estava habituada a ver em todos os artistas e sonhadores que conhecia. Quase se podia dizer que ele pertencia a um outro sexo, um terceiro sexo, pois a seu lado parecia-me que todos os meus amantes se haviam comportado de um modo decididamente feminino. Sempre convivi com homens mais ou menos neurasténicos que, devido ao efeito da bebida, mergulhavam na mais profunda tristeza e apatia para subitamente despertarem alegres e contentes. Selfridge não era assim. Tinha a mais extraordinária alegria, a mais constante boa disposição que alguma vez encontrei, o que muito me surpreendia, pois nunca tocava numa pinga de vinho e eu nunca imaginara que houvesse alguém que pudesse encarar a vida como uma coisa agradável. Sempre me pareceu que o futuro apenas nos acenava através da Arte ou do Amor, com breves e raros clarões de efémera alegria, ao passo que este homem descobria a felicidade na vida simples e real do dia-a-dia.

Quando cheguei a Londres, ainda não recomposta da minha queda, não dispunha de dinheiro suficiente para prosseguir até Paris. Aluguei, portanto, um apartamento na Duke Street e telegrafei a vários amigos de Paris, mas nenhum me respondeu, provavelmente devido à guerra. Deprimida, passei semanas terríveis na melancolia daquele alojamento, completamente à deriva. Só e doente, sem um cêntimo no bolso, a minha escola destruída... e a guerra que parecia não ter fim! À noite, sentava-me perto da janela sem luz, a observar os raides aéreos e a desejar que uma bomba me caísse em cima e pusesse fim às minhas penas. O suicídio é tão tentador! Muitas e muitas vezes dei por mim a pensar nele, mas houve sempre qualquer coisa que me fez recuar. Se porventura pílulas suicidas fossem vendidas nas farmácias com a mesma facilidade com que se vendem preservativos, creio que a intelectualidade de todos os países desapareceria de voluntária agonia.

Desesperada telefonei a L., mas não obtive resposta. Um empresário conseguiu organizar alguns espectáculos para as minhas alunas, que queriam fazer carreira na América. As suas actuações passaram, pouco depois, a ser realizadas sob o nome de Bailarinas de Isadora Duncan, mas nem sequer uma pequena parte dos lucros me foi enviada. Encontrava-me numa situação desesperada, até que, por um acaso da sorte, conheci um homem encantador, que fazia parte do pessoal superior da Embaixada da França e não hesitou em me resgatar e levar a Paris. Aluguei um quarto no Quai d'Orsay e recorri aos usurários para angariar os fundos necessários e indispensáveis.

Todas as manhãs, pelas cinco horas, éramos acordados pelo brutal troar da Grande Bertha[1], adequado início dos sinistros dias que continuavam com as notícias terríveis e frequentes vindas da frente de com-

---

[1] *Grande Bertha*: Nome dado aos canhões alemães que, em 1918 bombardeavam Paris. Bertha era o nome da filha do industrial alemão Krupp que produzia material de guerra. (*N. do T.*)

bate. A morte, o sangue e a carnificina enchiam as horas miseráveis do dia e à noite recomeçava o sibilante assobio anunciador dos raides aéreos.

Uma boa recordação desses tempos foi o encontro com o famoso «ás» Garros, numa noite em casa de um amigo. Ele tocava Chopin e eu dançava. Levou-me depois ao hotel, a pé, desde Passy até ao Quai d'Orsay. Veio então um raide aéreo, que seguimos atentamente com os olhos. Enquanto o ataque prosseguia, eu dancei para ele na Praça da Concórdia. Sentado no rebordo de uma das fontes, aplaudiu-me e acompanhou-me com os olhos negros e melancólicos iluminados pelo brilho das bombas que caíam e explodiam bastante perto de nós. Disse-me nessa noite que apenas procurava e desejava a morte. Pouco tempo depois o Anjo dos Heróis veio buscá-lo e levou-o para muito longe, para longe desta vida que não amava.

Os dias passavam numa lúgubre monotonia. De boa vontade teria sido enfermeira, mas compreendi a futilidade e a inutilidade de superfluamente me alistar, quando vi que as candidatas aguardavam pacientemente a sua vez em longas filas de espera. Decidi, portanto, retomar a minha Arte, embora sentisse o coração tão pesado, que seriamente receei que os meus pés não conseguissem suportar o peso.

Existe uma canção de Wagner de que muito gosto. O seu título é *O Anjo*, e fala-nos de uma alma triste e desolada que recebe a visita de um Anjo de Luz. Foi um anjo destes que eu vi e penetrou nas trevas destes dias negros quando um amigo, que veio ver-me, trouxe consigo Walter Rummel, o pianista. Logo que ele entrou, julguei estar a ver o retrato do jovem Liszt a sair da sua moldura, alto e esbelto, com uma madeixa de lustrosos cabelos a cobrir-lhe a fronte imensa e os olhos a cintilarem como duas fontes de luz. Tocou para mim. Chamei-lhe o meu Arcanjo. Trabalhámos no salão do teatro, que Réjane tinha graciosamente posto à minha disposição. Durante os bombardeamentos da Grande Bertha e pelo meio das notícias da guerra a ecoarem aos nossos ouvidos, tocou para mim os *Pensamentos de Deus na Solidão*, de Wagner, e *São Francisco a Pregar às Aves*. Eu criei novas danças, inspiradas pela sua interpretação destas peças de música, danças todas embebidas em oração, doçura e luz. Uma vez mais, a minha alma retornava à vida, ressuscitada pelas melodias celestiais que soavam sob o toque dos seus dedos. Foi o início do amor mais sagrado, mais puro e mais etéreo da minha vida.

Nunca houve ninguém que tocasse Liszt como o meu Arcanjo, porque ele era um visionário. Descortinava, para além da pauta escrita, aquilo que o delírio realmente significa, o sentido profundo do delírio que diariamente se entretém a conversar com os anjos.

Ele era a doçura e a bondade e todavia, a paixão abrasava-o. Os gestos e os actos de amor, executava-os com um delírio mais forte do que ele próprio. Os seus nervos consumiam-no, apesar da rebeldia da sua alma. Não abria caminho à paixão com o ardor espontâneo da juventude. Pelo contrário, a sua aversão era tão evidente como o desejo irresistível que dele se apoderava. Era como um santo a dançar num braseiro de carvão a arder. Amar um homem destes é tão perigoso como difícil. A aversão pelo amor pode facilmente transformar-se em ódio pelo agressor.

Como é estranho e como é terrível alguém aproximar-se de um ser humano através da sua cobertura de carne e encontrar uma alma… através dessa cobertura de carne encontrar prazer, sensação, ilusão. Ah! Acima de tudo, a ilusão daquilo a que os homens chamam Felicidade… através da cobertura de carne, através da aparência e da ilusão, encontrar aquilo a que os homens chamam Amor.

O leitor não deve esquecer que estas memórias referem-se a numerosos anos e que, de cada vez que um novo amor me visitava, na forma de um demónio ou de um anjo, ou simplesmente de um homem, eu acreditava que era esse aquele por quem há tanto tempo esperava e que esse amor seria a ressurreição final e definitiva da minha vida. Creio, porém, que o amor traz sempre consigo esta convicção. Sobre cada uma das histórias de amor da minha vida poderia escrever-se um romance, mas todas elas acabaram mal. Estive sempre à espera daquela que haveria de acabar bem ou, melhor dizendo, daquela que haveria de durar para sempre… tal como acontece nas optimistas fitas de cinema!

O milagre do amor é a variedade dos temas e das chaves de que dispõe para se manifestar e, se comparamos o amor de um homem com o amor de outro homem, podem encontrar-se tantas e tão grandes diferenças como as que encontramos numa comparação entre a música de Beethoven e a música de Puccini. E o instrumento que vibra sob os dedos destes melodiosos artistas do amor é a mulher. Creio que a mulher que apenas conheceu um único homem é semelhante a alguém que apenas ouviu a música de um só compositor.

O Verão avançava e nós procurámos um retiro sossegado nas praias do Sul. Perto de Port de Saint Jean, em Cap Ferrat, num hotel quase deserto instalámos o nosso estúdio na garagem vazia. Ao longo de todo o dia e também ao serão, ele tocava música celestial e eu dançava.

Que tempo abençoado foram aqueles dias! Entretida e mimada pelo meu Arcanjo, rodeada pelo mar, a minha vida era só música. Sentia-me num sonho, o sonho dos católicos que, ao morrerem, seguem o caminho do Céu. A vida é um pêndulo! Quanto mais profundo é o sofrimento, mais alto é o êxtase; quanto mais nos afundamos na tristeza, com mais energia pulamos para a alegria.

De tempos a tempos, saíamos do nosso retiro para dar um espectáculo em benefício dos desventurados ou um concerto para os feridos de guerra, mas normalmente estávamos sós, através da música e do amor... através do amor e da música... a minha alma habitava nos cumes mais altos da felicidade.

Numa vivenda vizinha moravam um venerando padre e a irmã, Madame Giraldy. Ele tinha sido um monge branco, na África do Sul. Foram os nossos únicos amigos e, muitas vezes, dancei para eles a inspirada e abençoada música de Liszt. Porém, no fim do Verão encontrámos um estúdio em Nice e, quando o Armistício foi proclamado regressámos a Paris.

A guerra havia chegado ao fim. Assistimos ao desfile da vitória sob o Arco do Triunfo e gritámos: «O mundo está salvo!» Naqueles momentos éramos todos poetas. Mas, ai de mim! Tal como o poeta acorda de manhã, preocupado em achar pão e queijo para a sua querida, assim o mundo despertou a pensar nas suas necessidades comerciais.

O meu Arcanjo pegou-me na mão e seguimos os dois para Bellevue. Encontrámos a casa em ruínas, a cair aos bocados. Contudo, pensámos, por que não havemos de a reconstruir? E passámos meses ilusórios esforçando-nos por desencantar os fundos financeiros para esta tarefa impossível.

Por fim, ficámos convencidos de que a tarefa era mesmo impossível e aceitámos uma proposta razoável de compra por parte do governo francês, que considerava ser esta grande casa um local muito apropriado para instalar uma fábrica de gazes tóxicos a usar na próxima guerra. Depois do meu *Dionision* ter sido transformado num hospital para os feridos, cabia-me agora a sorte de, finalmente abandonar esta minha casa e deixar que se transformasse numa fábrica de instrumentos de guerra. A perda de Bellevue! Que grande pena! Bellevue, uma vista tão bonita!

Quando a venda foi finalmente concretizada e o dinheiro ficou disponível no banco, comprei uma casa na Rue de la Pompe, que era a antiga Salle Beethoven. Aí instalei o meu estúdio.

O meu Arcanjo era dotado de grande sensibilidade, muito compassivo e delicado. Compreendia e sentia também o imenso desgosto que tornava tão pesado o meu coração e me fazia passar noites e noites sem sono e cheia de lágrimas. Fitava-me então com olhos luminosos e de tal modo piedosos, que a minha alma sentia-se reconfortada.

No estúdio, as nossas duas artes misturavam-se maravilhosamente e, sob a sua influência, a minha dança tornava-se etérea e espiritual. Foi ele o primeiro a iniciar-me no pleno sentido espiritual das obras de Franz Liszt, cuja música escolhemos para organizar um recital inteiro. Na atmosfera tranquila da Salle Beethoven, dei também início aos estudos de alguns grandes frescos com movimento e luz, que tencionava criar a partir de *Parsifal*. Ali passámos horas abençoadas, com as nossas almas transportadas pela misteriosa força que nos possuía. Muitas vezes, enquanto eu dançava ele tocava, enquanto eu erguia os braços e a alma me fugia do corpo para longe, levada pelos arrebatamentos prateados dos acordes do Graal, parecia-nos que tínhamos criado uma entidade distinta de nós e, enquanto o som e o gesto voavam para o Infinito, outro eco nos respondia, vindo das alturas.

Creio que com a força psíquica deste momento musical e quando os nossos dois espíritos se achavam tão unidos e harmonizados na divina energia do amor, encontrávamo-nos ambos na fronteira de um outro mundo. O nosso público sentia a força deste poder combinado e era frequente pairar no teatro uma curiosa psicose que eu nunca conhecera.

Se o meu Arcanjo e eu tivéssemos porventura prosseguido estes estudos e estas experiências, teríamos, sem dúvida, atingido a hora da criação espontânea de movimentos impregnados de uma tal força espiritual que seriam para o mundo uma nova revelação. Como é de lamentar que uma paixão terrena tenha posto fim a esta santificada busca da mais sublime beleza! Tal como na lenda, o homem nunca está satisfeito e abre a porta à fada má que, por sua vez, traz consigo toda a espécie de penas e trabalhos. Do mesmo modo eu, em vez de me contentar com o gozo da felicidade que encontrara, senti regressar o velho desejo de refazer a escola e, com este intuito, telegrafei às minhas alunas ainda na América.

Elas vieram imediatamente e, assim que chegaram, reuni um grupo das mais fiéis e amigas e disse-lhes:

— Vamos já para Atenas, e vamos ver a Acrópole, pois ainda podemos fundar uma escola na Grécia.

Como as intenções de qualquer pessoa podem ser mal interpretadas! Um jornalista do *New Yorker* (1927) falou desta viagem dizendo: «A sua extravagância não conhece limites. Arranjou um grupo de amigas e, começando em Veneza, foi até Atenas.»

Ai de mim! As minhas alunas chegaram, bonitas e cheias de sucesso. O meu Arcanjo olhou para elas... e caiu... caiu de amores por uma delas.

Como descrever esta viagem, que foi para mim o Calvário do Amor? No Hotel Excelsior, no Lido, permanecemos algumas semanas e foi aí que, pela primeira vez, reparei na mútua afeição dos dois. No barco para a Grécia obtive a confirmação e, finalmente, esta certeza indesmentível estragou para sempre a visão que eu guardava da Acrópole à luz do luar. Foram estas as estações do meu Calvário do Amor.

À nossa chegada a Atenas, tudo parecia de bom augúrio para a escola. Graças à amabilidade de Venizèlos, o Zappeion foi posto à minha disposição. Aí instalámos o nosso estúdio e aí trabalhei todas as manhãs com as minhas alunas, esforçando-me por lhes inspirar uma dança digna da Acrópole. O meu plano era treinar um milhar de meninas para grandes festas dionísiacas a realizar no estúdio.

Íamos todos os dias à Acrópole e recordava a minha primeira visita, em 1904. Era para mim uma cena infinitamente comovente ver as formas juvenis das minhas alunas a realizar, através da dança, pelo menos uma parte do sonho que dezasseis anos antes tivera naquele mesmo local. Agora, que tudo parecia indicar que a guerra chegara ao fim, havia finalmente condições para satisfazer o meu antigo e sempre adiado desejo de criar uma escola em Atenas.

As minhas alunas, que tinham chegado da América com certas afectações e maneirismos que muito me desagradaram, perderam-nos rapidamente debaixo do glorioso céu de Atenas, diante do espectáculo esplendoroso das montanhas e do mar, e da grande Arte. O pintor Edward Steichen, que fazia parte do nosso grupo, fez na Acrópole e no nosso Teatro de Dionisius diversos e admiráveis esboços que anunciavam já, embora discretamente, a esplêndida visão daquilo que havia tanto tempo eu ansiava por criar na Grécia.

Encontrámos Kopanos em ruínas, habitada por pastores e pelos seus rebanhos de cabras monteses mas, nada intimidada, decidi limpar o terreno e reconstruir a casa. De imediato, pusemos mãos à obra. O entulho acumulado ao longo dos anos foi varrido e levado para longe, e um jovem arquitecto encarregou-se da tarefa de recolocar portas, janelas e telhado. Estendemos um tapete de dança na sala do andar superior, para onde levámos um grande piano. Era neste salão que, todas as tardes, com a deslumbrante vista do sol a esconder-se por detrás da Acrópole e a espalhar pelo mar suaves raios de purpúra e de ouro, o meu Arcanjo nos tocava música magnífica e inspiradora: Bach, Beethoven, Wagner, Liszt. Pelo fresco das tardes, todas nós coroávamos a fronte com grinaldas das maravilhosas flores de jasmim branco que os rapazes de Atenas vendem nas ruas, e descíamos despreocupadas até ao Cabo Faleno para cear junto ao mar.

No meio deste bando de donzelas coroadas de flores, o meu Arcanjo assemelhava-se ao Parsifal no jardim de Kundry, mas depressa reparei numa nova expressão dos seus olhos, mais própria da Terra do que do Céu. Eu estava convencida de que, protegida pelos seus baluartes intelectuais e espirituais, o nosso amor era invulnerável. Foi portanto necessário que passasse algum tempo para que a verdade alvorecesse no meu entendimento e que as asas reluzentes do meu Arcanjo adquirissem a forma de dois braços ardentes capazes de abraçar e estreitar o corpo de uma dríade. De nada me valeu a minha experiência e fiquei terrivelmente chocada. A partir desse momento, um sofrimento insuportável apoderou-se de mim. Mesmo contra a minha vontade, observava todos os sinais daquele amor que não cessava de crescer e por vezes sentia, com horror, despertar no meu íntimo um demónio a convidar-me ao assassínio.

Uma tarde, ao pôr do sol, quando o meu Arcanjo, que rapidamente ia adquirindo a semelhança de um ser humano, terminara precisamente a grande marcha do *Gotterdammerung*, e os últimos acordes se desvaneciam no ar, a confundirem-se com os raios purpurinos do sol a ecoarem no Hymeto e a iluminarem o mar, vi, de súbito, o encontro dos seus olhos a flamejarem com igual ardor na púrpura do sol a esconder-se.

Um espasmo de raiva assaltou-me com tal violência que entrei em pânico. Virei as costas, fugi e vagueei a noite inteira pelas colinas próximas do Hymeto, presa de um desespero frenético. É certo que ao longo da minha vida já havia conhecido o monstro de olhos verdes, cujas garras infligem o pior dos sofrimentos, mas nunca tinha sentido um furor tão violento como o que agora me assaltava. Amava-os, um e outro, mas ao mesmo tempo odiava-os e comecei a compreender e a sentir compaixão pelos desafortunados que, impelidos pela inimaginável tortura do ciúme, dão a morte àquele que é o seu amor.

Para me poupar a esta calamidade, juntei um pequeno grupo das minhas amigas, além do meu amigo Edward Steichen, e subimos pela maravilhosa estrada que passa pela antiga Tebas e vai até Calcis, onde vi as areias douradas em que imaginei as virgens de Eubeia a dançar em honra das malfadadas núpcias de Ifigénia.

Mas, naqueles momentos, todas as glórias da Hélade não conseguiram repelir o infernal demónio que me atormentava e constantemente me apresentava o retrato dos outros dois que deixara para trás, em Atenas. Passava o tempo a roer os meus órgãos vitais e, como se fosse um ácido, a desfazer o meu cérebro. No regresso, vi os dois no varandim da janela de um quarto de dormir, esfuziantes de juventude e de amor e desejos recíprocos. Esta visão levou a minha miséria ao extremo.

Hoje, não consigo compreender o estado em que me encontrava mas, naqueles dias, sentia-me enredada e prisioneira e era imposível fugir, tal como é igualmente impossível fugir à escarlatina ou a um ataque de bexigas. No entanto, apesar disto, não desisti de cuidar e instruir as minhas alunas, nem do plano da escola em Atenas, que continuou a avançar de modo muito satisfatório. Venizèlos e o seu ministro eram muito favoráveis aos meus planos e procuravam impulsioná-los. Diga-se ainda que a ideia da minha escola despertou um verdadeiro entusiasmo na população de Atenas.

Um dia, fomos todos convidados a participar numa grande manifestação em honra de Venizèlos e do jovem Rei, que teve lugar no Estádio. Cinquenta mil pessoas acorreram à manifestação, bem como toda a Igreja Grega e, quando o jovem Rei e Venizèlos deram entrada no Estádio foram acolhidos com uma estrondosa ovação.

A procissão dos Patriarcas nas suas batinas de brocado, rijas e esticadas por bordados de ouro a brilharem ao sol, foi uma cena deslumbrante.

Quando pela primeira vez entrei no Estádio com o meu peplo bem talhado e adornado, seguida por um grupo de figuras de Tanagra cheias de vida, o amável Constantino Melas veio ao meu encontro e ofereceu-me uma coroa de louros, dizendo:

— Tu, Isadora, trouxeste-nos de novo a imortal beleza de Fídias e trouxeste-nos os tempos da grandeza da Grécia.

Repliquei-lhe:

— Ah, ajuda-me a formar e instruir mil magníficas bailarinas para dançarem neste Estádio de maneira tão esplendorosa que atraia o mundo inteiro e o deixe extasiado de gozo e de espanto.

Acabei de proferir estas palavras e logo reparei no Arcanjo a segurar e a acariciar amorosamente a mão da sua favorita. Desta vez, senti-me reconciliada. Que valem as mesquinhas e triviais paixões humanas, pensei, ao lado da minha Grande Visão? E contemplei-os, e sorri-lhes com amor, e perdoei-lhes. Mas nessa mesma noite, quando vi no varandim as duas cabeças juntas, desenhadas diante da lua, senti-me de novo uma presa das mesquinhas paixões humanas. Desencadeou-se em mim uma tal tempestade, que me fez deambular ao acaso, só e abandonada, cismando que um gesto digno de Safo seria despenhar-me do alto dos rochedos do Parténon.

Não há palavras que possam descrever o sofrimento causado pela torturante paixão que me consumia, e a doce beleza que me circundava apenas contribuía para tornar mais intensa a minha infelicidade. Parecia não haver saída para a situação. Poderiam as complicações de uma paixão mortal levar-nos a renunciar aos planos imortais de uma grande colaboração musical? Poderia eu, além disso, expulsar a minha aluna da escola onde tinha sido educada? E no entanto, assistir dia a dia às manifestações do seu amor e coibir-me de gritar bem alto a minha dor e o meu desgosto, parecia-me impossível. Encontrava-me, de facto, num impasse. Restava-me a possibilidade de me elevar até às alturas espirituais que tudo dominam mas, a despeito da minha infelicidade, o constante exercício da dança, as longas excursões pelos montes e colinas, a água do mar onde todos os dias nadava, abriam-me um vivo apetite e suscitavam-me uma violenta emoção terrena, difícil de controlar.

Assim continuei e, enquanto me esforçava por ensinar às minhas alunas a beleza, a calma, a filosofia e a harmonia, permanecia interiormente presa nas garras do mais mortal tormento. Onde me teria conduzido esta situação? Não sei responder.

O único recurso que me restava consistia em assumir uma máscara de exagerada alegria e, todas as noites, tentar afogar as minhas dores nos vinhos espirituosos da Grécia, enquanto ceávamos à beira do mar. Talvez houvesse uma solução mais nobre, mas eu não estava capaz de a encontrar. Em todo o caso, foram estas as minhas pobres experiências humanas, que me esforço por transcrever aqui. Quer tenham ou não valido a pena, talvez possam aconselhar aos outros «Aquilo que *não* se deve fazer». Provavelmente cada um procura evitar os seus desastres e tormentos da única maneira que lhe é possível.

A esta difícil situação foi posto fim por um estranho golpe do destino. Uma coisa tão insignificante como a mordedura de um malicioso macaquinho acabou por ser fatal para o jovem Rei.

Durante vários dias balançou entre a vida e a morte, até que veio a triste notícia do seu falecimento, seguida de tanta agitação social e tantas ameaças de revolução, que o afastamento de Venizèlos e do seu partido se tornou absolutamente necessário. Por arrastamento, também nos vimos obrigadas a partir, pois tínhamos sido convidadas para a Grécia como suas hóspedes e, portanto, éramos agora vítimas políticas da situação. Assim se perdeu todo o dinheiro que eu havia gasto na reconstrução de Kopanos e no arranjo do estúdio, e vimo-nos obrigadas a esquecer o sonho de uma escola em Atenas e a apanhar o barco de regresso. O destino final era Paris, com passagem por Roma.

Que estranha e inquietante recordação me deixou esta última visita a Atenas em 1920 e, do mesmo modo, o regresso a Paris, as minhas tristezas reencontradas, a separação final e a partida do meu Arcanjo e da minha aluna, que para sempre me deixaram. Embora me sentisse a mártir destes acontecimentos, ela parecia pensar exactamente o contrário e censurava-me amargamente pelos meus sentimentos e pela minha falta de resignação.

Quando, finalmente, me encontrei só naquela casa da Rue de la Pompe, com a Sala de Beethoven bem preparada para a música do meu Arcanjo, o desespero tornou-se indescritível. Não conseguia ver a casa onde tinha sido tão feliz. Ansiava por deixá-la, por fugir dali e fugir do mundo, porque, nesses dias, convencera-me de que o mundo e o amor estavam mortos para mim. Quantas vezes, na vida de qualquer um de nós, se chega a esta conclusão! No entanto, se pudermos vislumbrar para além da colina que temos à nossa frente, descortinamos um vale cheio de flores e de felicidade, à nossa espera. Ofende-me particularmente a convicção de tantas mulheres ao dizerem que, depois dos quarenta anos de idade, a dignidade da vida deve excluir a prática do amor. Ah, como estão enganadas!

Ah, o grande mistério de sentir o corpo a viver, ao longo desta esquisita viagem que fazemos aqui na Terra! Em primeiro lugar o tímido corpo, leve e gracioso, da menina que eu era e a mudança para uma Amazona atrevida e ousada. Em seguida, a Bacante com uma grinalda de parras de videira e encharcada em vinho, a cair sem força e sem resistir perante os saltos do Sátiro. Depois o desabrochar, o crescimento, o desenvolvimento da carne suave e doce, da carne voluptuosa; os seios que se tornam tão sensíveis à mais discreta emoção de amor e fazem passar através de todo o sistema nervoso uma torrente de prazer; o amor que que agora se transforma numa rosa toda aberta, cujas pétalas se fecham com violência sobre a sua presa. Eu vivo no meu corpo como um espírito numa nuvem, uma nuvem de fogo rubro e de arrepios voluptuosos.

Que absurdo estar sempre a cantar o amor e a Primavera! As cores do Outono são as mais gloriosas, mais variadas, e as alegrias do Outono são mil vezes mais fortes, mais terríveis e mais belas. Como eu lamento aquelas pobres mulheres cuja crença pálida e estreita as desvia do dom magnífico e generoso do outono do amor. Foi assim com a minha pobre mãe e a este preconceito absurdo ficou a dever o envelhecimento e a doença do seu corpo, bem como o enfraquecimento de um cérebro activo e arguto, numa época em que tanto o corpo como o cérebro poderiam ter continuado saudáveis e excelentes. Se eu comecei por ser a presa tímida e depois a Bacante agressiva, agora fecho-me sobre o meu amante tal como o mar se fecha sobre um nadador temerário, envolvendo-o e fazendo-o rodopiar em ondas de nuvens de fogo.

Na Primavera do ano de 1921, recebi o seguinte telegrama do Governo Soviético:

«Somente o Governo Russo vos pode compreender.

Vinde para a Rússia; faremos a vossa escola.»

De onde vinha esta mensagem? Do Inferno? Não... mas do local mais próximo. Vinha daqueles que na Europa representavam o Inferno... do Governo Soviético de Moscovo. Percorri com os olhos a minha casa vazia, esvaziada do meu Arcanjo, de Esperança e do Amor, e respondi:

«Sim, vou para a Rússia e vou ensinar as vossas meninas, mas com uma condição. Deveis dar-me um estúdio e tudo o que for indispensável para trabalhar.»

A resposta foi «Sim», pelo que um dia achei-me a bordo de um barco, no Tamisa, largando de Londres para Reval, talvez para Moscovo.

Antes de deixar Londres fui consultar uma cartomante que me disse:

— Estais de partida para uma longa viagem. Ireis passar por muitas aventuras estranhas, tereis de aguentar muitas preocupações, e ides-vos casar...

Ao ouvir o verbo «casar», interrompi-a a rir:

— Eu? Eu, que sempre fui contra o casamento? Nunca hei-de casar.

A cartomante replicou:

— É só esperar e ver.

Durante a viagem para a Rússia, senti um grande desprendimento, senti-me como uma alma depois da morte, a caminho de uma outra esfera. Pensava que havia deixado para trás de mim e para sempre, todas as formas da vida europeia. Pensava e de facto acreditava que o estado ideal concebido por Platão, Karl Marx e Lenine tinha agora, graças a qualquer milagre, sido criado e instituído na terra. Com toda a energia do meu ser, desapontada pelas tentativas falhadas de realizar na Europa as minhas visões da Arte, uma só que fosse, achava-me pronta a penetrar no domínio ideal do Comunismo.

Não tinha trazido qualquer trajo comigo. Via-me a passar o resto da vida vestida com uma blusa de flanela vermelha, entre camaradas igualmente vestidos com a mesma simplicidade e cheios de amor fraterno.

À medida que o barco rumava para Norte, olhava para trás e fitava com desdém e piedade todas as velhas instituições e todos os velhos costumes da Europa burguesa de que me despedia. De agora em diante iria ser uma camarada no meio de camaradas e, seguindo um vasto plano, iria trabalhar para uma nova geração da humanidade. Adeus desigualdade, injustiça e brutalidade do Velho Mundo, que haveis tornado impossível a minha escola.

Quando fnalmente o barco chegou a bom porto, o meu coração bateu de alegria. Eis, pensava eu, o magnífico Novo Mundo que acaba de ser criado! Eis o Mundo dos Camaradas! O mundo outrora concebido na cabeça de Buda; o mundo anunciado pelas palavras de Cristo; o sonho que foi a derradeira esperança de todos os grandes artistas; o sonho que Lenine, pela sua grande magia mudou em realidade. Eu estava agora a entrar nesse sonho, para que o meu trabalho e a minha vida pudessem fazer parte das suas gloriosas promessas.

Adeus, Velho Mundo! Era um Novo Mundo que eu saudava.

PEQUENAS BIOGRAFIAS

A

AINSLIE, Douglas (1865-1948): Poeta e filósofo inglês, também tradutor e crítico.

ANDERSON, Mary (1859-1940): Actriz de teatro americana.

ARNOLD, Sir Edwin (1832-1904): Poeta e jornalista britânico, célebre pelo seu poema *The Light of Asia,* sobre a vida de Siddhartha.

ASTOR, Mrs Caroline (1830-1908): Figura da alta sociedade de Nova Iorque, famosa pelas festas e reuniões que organizava exclusivamente para a elite social.

B

BADY, Berthe (1872-1921): Actiz francesa de origem belga. Foi companheira de Henri Bataille.

BAHR, Herman (1863-1934): Escritor, dramaturgo e crítico austríaco.

BAKST, Léon (1866-1924): Pintor, cenógrafo e ilustrador russo, figura importante nas produções teatrais de Diaghilev nos Ballets Russes.

BARBEY D'AUREVILLE, Jules (1808-1889): Romancista francês, famoso pelos seus contos de mistério.

BARNARD, George Grey (1863-1938): Escultor americano e coleccionador de peças de arte medieval e gótica.

BATAILLE, Henri (1872-1922): Poeta, dramaturgo e escritor francês.

BAUER, Marion (1887-1955): Eminente professora e escritora francesa, particularmente sobre temas relacionados com a música.

BAUER, Harold (1873-1951): Pianista e professor americano.

BEAUGNIES, Jacques (1874-1925): Pintor francês.

BEAUNIER, André (1869-1925): Romancista e crítico literário francês.

BELASCO, David (1851-1931): Actor, encenador e dramaturgo americano, nascido na Califórnia no seio de uma família de judeus de origem portuguesa.

BELLOWS, George (1882-1922): Pintor americano famoso pelas suas obras realísticas.

BENOIS, Aleksandr (1870-1960): Pintor, cenógrafo, libretista de *ballet* e crítico de arte, russo, co-fundador da revista *Mir Iskusstva* (Mundo da Arte) juntamente com Bakst e Diaghilev.

BENSON, Frank Robert (1858-1939): Actor e encenador inglês, director de uma companhia de teatro particularmente dedicada a Shakespeare.

BISPHAM, David (1857-1921): Barítono americano que, além de cantor de ópera, se notabilizou como intérprete de canções *quaker.*

BLAKE, William (1757-1827): Poeta e pintor inglês do período do Iluminismo.

BULOW, Hans von (1830-1894): Maestro alemão do período romântico do século XIX. Hans von Bulow e Richard Wagner viveram ambos com Cosima Liszt, filha de Franz Liszt.

BURNE-JONES, Edward (1833-1898): Pintor inglês associado à última fase do movimento pré-rafaelita.

C

CALMETTE, Gaston (1858-1914): Jornalista francês, director do *Figaro,* assassinado em 16/03/1914, pela mulher do Ministro das Finanças, contra quem desencadeara uma campanha de imprensa.

CAMPBELL, Mrs Patrick (1865-1940): Actriz de teatro inglesa, cujo nome de solteira era Beatrice Stella Tanner. O seu talento e apaixonadas interpretações tornaram-na numa lenda do tempo.

CARPEAUX, Jean Baptiste (1827-1875): Escultor e pintor francês, cujo maior êxito e mesmo escândalo, foi o grupo escultural na fachada da Ópera de Paris intitulado *La Dance*.

CARRIÈRE, Eugène (1849-1906): Pintor francês, notável por retratos de artistas do seu tempo, como Verlaine, Gauguin, Anatole France e outros. Na escola de Belas Artes com o seu nome foi professor de alguns pintores do Fauvismo.

CASATTI, Marquesa Luisa (1881-1957): Figura da alta sociedade italiana, conhecida pela sua ostentação e excentricidade. Costumava passear com dois tigres à trela e cobras vivas ao pescoço.

COLONNE, Édouard (1838-1910): Músico francês, primeiro violino da Ópera de Paris, fundador e maestro da famosa orquestra com o seu nome.

COPEAU, Jacques (1879-1949): Director, encenador, dramaturgo e actor de teatro em França. Fundador do importante Théâtre du Vieux-Colombier, em Paris. Crítico de teatro em vários jornais.

CORREGGIO (1489-1534): Pintor da Renascença italiana, contemporâneo de Leonardo e Rafael. O seu verdadeiro nome era Antonio Allegri.

CRAIG, Edward Gordon (1872-1966): Actor, cenógrafo, produtor, e director de teatro, inglês. Autor de várias obras sobre teatro. As suas teorias tiveram grande influência no teatro do século XX.

D

DALY, Augustin (1838-1899): Encenador de teatro e dramaturgo americano. Fundou a sua própria companhia em Nova Iorque.

DAMROSCH, Walter (1862-1950): Maestro e compositor americano, de origem alemã. Notabilizou-se na condução da música de Wagner e foi pioneiro na transmissão de música clássica pela rádio.

D'ANNUNZIO, Gabriele (1863-1938): Romancista, poeta e dramaturgo italiano, símbolo do Decadentismo. Teve também uma excêntrica carreira política.

DAVID, Jacques-Louis (1748-1825): Pintor francês do período neoclássico. Pintor oficial da corte francesa e de Napoleão Bonaparte.

DEARLEY, Max (1874-1943): Cantor e bailarino francês, mas sobretudo comediante do teatro de *Vaudeville*.

DESPRÉS, Suzanne (1875-1951): Actriz de teatro francesa, casada com Lugné-Poe.

DIAGHILEV, Sergei (1872-1929): Produtor e director de espectáculos de *ballet*. Fundador da afamada Companhia *Ballets Russes*.

DOBSON, Henry Austin (1840-1921): Poeta e ensaísta muito afamado no final do século XIX.

DONATELLO (1386-1466): Um dos mais importantes e mais célebres escultores do período do renascimento cultural, considerado fundador da nova escultura.

DUMESNIL, Maurice (1884-1974): Pianista clássico francês.

DUSE, Eleonora (1858-1924): Actriz de teatro, italiana, famosa pelas interpretações das heroínas do teatro de Gabriele D'Annunzio.

E

EASTMAN, Max (1883-1969): Escritor, poeta e proeminente socialista americano. Patrono do movimento cultural Renascimento do Harlem. Defendeu diversas causas liberais e radicais, antes e depois da Primeira Guerra Mundial.

ELSSLER, Fanny (1810-1884): Bailarina austríaca do período romântico que introduziu no *ballet* a dança folclórica.

F

FEDERN, Karl (1868-1942): Ensaísta austríaco muito crítico em relação à política alemã do seu tempo e ao marxismo.

FORD, Henry (1863-1947): Industrial e milionário americano, fundador e proprietário das fábricas Ford.

FROHMAN, Charles (1856-1915): Produtor e empresário teatral americano, com intensa actividade em Inglaterra e na América. Monopolizou os teatros da Broadway.

FULLER, Loie (1862-1928): Actriz e bailarina americana, pioneira da dança moderna e das técnicas de iluminação teatral. Inventora da dança de *serpentina*.

FURTWANGLER, Wilhelm (1886-1954): Maestro e compositor alemão. Um dos mais prestigiados regentes do século XX, titular da Orquestra Filarmónica de Berlim durante o nazismo.

G

GAINSBOROUGH, Thomas (1727-1788): Pintor inglês. Um dos mais célebres artistas ingleses do Arcadismo.

GARROS, Roland (1888-1918): Aviador francês que fez a primeira travessia aérea do Mediterrâneo. Morreu em combate na Primeira Guerra Mundial.

GÉMIER, Firmin (1869-1933): Actor e director de teatro francês. Fundador do Teatro Nacional Popular e director do Teatro Odéon em Paris.

GENTHE, Arnold (1869-1942): Fotógrafo americano de origem alemã, famoso pelas suas fotografias de China Town, São Francisco, e pela cobertura fotográfica do terramoto de 1906 na mesma cidade.

GERVEX, Henri (1875-1942): Empresário teatral americano.

GEST, Morris (1875-1942): Empresário teatral americano.

GISH, Lillian (1893-1993): Actriz americana de teatro, cinema e televisão com uma carreira que teve a duração de setenta e cinco anos. Foi uma das maiores estrelas do cinema mudo.

GREENAWAY, Kate (1846-1901): Ilustradora inglesa de livros infantis.

GREFFUHL, Condessa de (1860-1952): Grande dama da alta sociedade parisiense que pelo seu porte, elegância e maneira de vestir inspirou a Marcel Proust a criação da Condessa de Guermantes. Foi também mecenas das artes durante a Belle Époque.

GUITRY, Sacha (1885-1957): Actor de teatro e cinema francês. Foi também autor de peças de teatro e realizador de filmes.

H

HAECKEL, Ernst (1834-1919): Biólogo, naturalista, filósofo, médico, professor e artista alemão, divulgador do trabalho de Darwin.

HALLÉ, Charles Edward (1846-1914): Pintor inglês e director da New Gallery.

HENRI, Robert (1865-1929): Pintor e professor americano. Figura importante do realismo americano.

HOFFA, Albert (1859-1907): Cirurgião, ortopedista e fisioterapeuta alemão.

HUMPERDINCK, Engelbert (1864-1921): Compositor alemão, colaborador de Wagner em Bayreuth e autor da ópera *Hansel und Gretel*.

I

INGERSOLL, Robert (1833-1899): Livre-pensador, orador e líder político americano do século XIX, célebre pela sua cultura e defesa do agnosticismo.

IRVING, Sir Henry (1838-1905): Famoso actor e director de teatro inglês da época vitoriana. Foi o primeiro homem de teatro ordenado «cavaleiro» devido aos serviços prestados no palco.

ISAYE, Eugène (1858-1931): Violinista, compositor e chefe de orquestra belga. Considerado «o rei do violino».

J

JOWETT, Benjamin (1817-1893): Padre e teólogo anglicano, inglês, professor da Universidade de Oxford. Traduziu Platão e Aristóteles.

K

KHAYYAM, Omar (1048-1131): Poeta, matemático e astrónomo persa. Autor do famoso poema *Rubaiyat*.

KSCHINSKY, Anna Pavlova (1881-1931): Bailarina do Teatro Imperial Russo.

L

LA BRAUDIÈRE, Condessa de: Dama da alta sociedade parisiense e uma das figuras inspiradoras de Marcel Proust.

LANG, Andrew (1844-1912): Poeta, romancista e crítico literário escocês. Coligiu histórias tradicionais para crianças.

LAVEDAN, Henri (1859-1940): Jornalista e autor dramático francês, membro da Academia Francesa.

LE MARRE, Madeleine (1845-1928): Pintora francesa, cujo salão foi um dos mais bem frequentados da *Belle Époque*.

LEHR, Harry (1869-1929): Figura destacada da alta sociedade americana que, nas suas recepções entretinha os convidados a cantar e a tocar piano.

LONGFELLOW, Henry W. (1807-1882): Poeta americano e professor em Harvey, onde contribuiu para difundir a cultura europeia nos estados Unidos.

LORRAIN, Jean (1855-1906): poeta e escritor francês da *Belle Époque* de tendência parnasiana.

LOUYS, Pierre (1870-1925): Poeta e romancista belga, de língua francesa. Nas suas obras exaltava a sensualidade pagã. Autor de uma famosa colecção de poemas em prosa, *Les Chansons de Bilitis*, de temas eróticos já abordados na Revista *La Conque*, por ele fundada.

LUGNÉ-POE, Aurélien (1869-1940): Actor e director de teatro francês. Fundou o *Théâtre de l'Oeuvre*, onde revelou ao público francês autores contemporâneos como Claudel, Maeterlinck, Ibsen, Strindberg e outros.

LYTLE, William (1826-1863): Poeta americano cujo poema *António e Cleópatra* suscitou grande entusiasmo nos Estados Unidos, tanto no Norte como no Sul. Morreu numa batalha da Guerra Civil, em que participou pelos Confederados.

M

MACKAYE, Percy (1875-1956): Escritor e poeta americano.

MAMONTOV, Savva (1841-1918): Industrial russo fundador da primeira companhia privada de ópera. Patrocinou um movimento de artistas denominado *Os Itinerantes*, defensores de uma arte próxima do povo. Notabilizou-se também como escultor.

MENDELSSOHN, Frau: Provável descendente do compositor Felix Mendelssohn que, por sua vez, pertencia a uma família de banqueiros.

MEREDITH, George (1828-1909): Poeta e romancista inglês do período vitoriano.

MESSAGER, André (1853-1929): Compositor francês também pianista. Distinguiu-se pelas suas óperas cómicas e operetas.

METCHNIKOFF, Ilya (1845-1916): Cientista russo, bacteriologista, que fez parte da direcção do Instituto Pasteur de Paris. Foi-lhe atribuído o prémio Nobel da Medicina em 1908.

MILLE, Pierre (1864-1941): Poeta, escritor e jornalista francês.

MONTESQUIOU, Conde Robert (1855-1921): Homem de letras, esteta e *dandy* francês. Poeta simbolista.

MOODY, William Vaughan (1869-1910): Poeta e escritor americano, professor na Universidade de Harvard e membro da Academia Americana de Artes e Letras.

MORRIS, William (1834-1896): Pintor, poeta e escritor inglês, socialista, ligado ao grupo dos Pré-Rafaelitas.

MOTTL, Felix (1856-1911): Compositor e maestro austríaco, um dos mais brilhantes do seu tempo.

MOUNET-SULLY, Jean (1841-1916): Famoso actor francês. Uma das grandes estrelas da *Comédie Française*. Foi também encenador de teatro.

MUCK, Karl (1859-1940): Maestro alemão, célebre pelas suas interpretações das obras de Wagner.

N

NESBIT, Evelyn (1874-1967): Famosa modelo americana que no final do século XIX e início do século XX pousou para os mais distinguidos artistas americanos.

NEVIN, Ethelbert (1862-1901): Pianista e compositor americano de canções ligeiras, A sua canção *The Rosary* obteve grande popularidade, tanto na América como na Europa. A sua peça para piano *Narciso* obteve igualmente grande sucesso.

NOAILLES, Condessa de (1876-1933): Dama da alta sociedade, considerada a rainha dos salões parisienses, poetisa e coleccionadora de arte.

NOUFFLARD, Charles (1872-1952): Industrial francês, cuja actividade foi sobretudo exercida nas colónias francesas em África. Autor de um livro sobre o Gabão.

P

PADEREWSKI, Ignacy (1860-1941): Pianista polaco, também compositor, de grande nomeada. Foi infatigável defensor da causa nacionalista do seu país.

PAVLOWA, Anna (1881-1931): Famosa bailarina russa de *ballet* que integrou a companhia de Diaghilev.

PETIPAS, Marius (1818-1910): Bailarino e coreógrafo francês muito afamado que dirigiu durante cinquenta anos o Ballet Imperial de São Petersburgo.

PIERNÉ, Gabriel (1863-1937): Compositor e chefe de orquestra francês.

POIRET, Paul (1879-1944): Costureiro e estilista de moda, francês, apreciado pelos seus modelos neoclássicos e orientalistas.

POLIGNAC, Princesa de (1865-1943): Americana casada com o Príncipe de Polignac. Possuía um estúdio de pintura em Paris que se tornou centro de convívio de artistas e intelectuais.

PUGNO, Raoul (1852-1914): Compositor e pianista francês.

R

RÉGNIER, Henri de (1864-1936): Poeta e romancista francês, membro da Academia Francesa, ligado ao movimento simbolista.

REHAN, Ada (1857-1916): Actriz de teatro e comediante americana, de origem irlandesa, que granjeou grande popularidade.

RENAN, Ernest (1823-1892): Escritor, filósofo, teólogo e historiador francês, autor de uma famosa *Vida de Jesus*, que desencadeou vigorosos protestos.

REINHARDT, Max (1873-1943): Encenador de teatro austríaco de origem judaica, que imigrou para os Estados Unidos com a chegada de Hitler ao poder. Um dos grandes inovadores da técnica teatral.

RÉJANE, Gabrielle (1856-1920): Actriz de teatro francesa, intérprete das heroínas do moderno teatro francês. Adquiriu o *Nouveau Théâtre*, que veio a ser o *Théâtre Réjane*.

RICHMOND, Sir William (1842-1921): Pintor retratista inglês.

RICHTER, Hans (1843-1916): Maestro austro-húngaro com grande dedicação às obras de Wagner. De 1897 a 1911 foi o maestro residente da Orquestra Hallé, em Manchester.

RIO, João do (1881-1921): Pseudónimo de João Paulo Coelho Barreto. Foi poeta, jornalista e teatrólogo brasileiro, cuja obra incidiu particualarmente sobre a vida carioca.

ROBIA, Luca Della (1400-1482): Escultor e ceramista da Renascença italiana, fundador da escultura em barro policromo.

ROBINSON, Edwin Arlington (1869-1935): Poeta americano, vencedor do Prémio Pulitzer.

ROLLAND, Romain (1866-1944): Romancista francês, autor do bem conhecido romance *Jean Christophe*. Recebeu o prémio Nobel da literatura em 1915.

ROSSETTI, Dante Gabriel (1828-1882): Poeta e pintor inglês, fundador da Irmandade Pré-Rafaelita em 1848.

RUDE, François (1784-1855): Escultor francês do Romantismo, autor de um grupo escultórico para o Arco do Triunfo, em Paris, conhecido como a *Marselhesa*.

RUMMEL, Walter (1887-1953): Compositor e pianista alemão, afamado pelas suas interpretações de Debussy.

S

SAINT-MARCEAUX, Madame de (1850-1930): Dama da alta sociedade parisiense, pianista e cantora amadora. No seu salão recebia artistas e intelectuais.

SARDOU, Victorien (1831-1908): Dramaturgo francês conhecido pelas suas comédias.

SCOTT, Capitão Robert (1868-1910): Explorador inglês, oficial da marinha real que chefiou duas expedições à Antártida.

SELFRIDGE, Harry Gordon (1858-1947): Milionário americano, fundador e proprietário dos conhecidos armazéns londrinos Selfridge.

SKENE, Hener (1877-1916): Pianista escocês, foi um dos mais assíduos companheiros musicais de Isadora Duncan.

SOREL, Cécile (1873-1966): Actriz de teatro francesa que em 1901 integrou a *Comédie Française*.

STANISLAVSKY, Constantin (1863-1938): Actor, encenador e director do teatro russo de grande destaque. Em 1898 fundou o Teatro de Arte de Moscovo.

STEICHEN, Edward (1879-1973): Fotógrafo e pintor luxemburguês, cuja actividade decorreu sobretudo nos Estados Unidos.

STRINDBERG, August (1849-1912): Dramaturgo, romancista e ensaísta sueco de grande nomeada, autor da bem conhecida peça *A Menina Júlia*.

SUE, Louis (1875-1968): Arquitecto, pintor e decorador francês. Executou a decoração da Ópera de Paris e da *Comédie Française*.

SWINBURNE, Algernon (1837-1909): Poeta, dramaturgo e inglês da época vitoriana, cujos escritos eróticos e anti-religiosos geraram controvérsia.

T

TERRY, Ellen (1847-1928): Actriz de teatro inglesa, conhecida pelas suas interpretações sakespearianas. Mãe de Edward Gordon Craig.

THAW, Harry K. (1871-1947): Industrial americano, casado com Evelyn Nesbit. Acusado de ter assassinado, durante um espectáculo musical, um indivíduo das relações da mulher, foi submetido a julgamento judicial.

THODE, Heinrich (1857-1920): Historiador de arte alemão, especialista do renascimento alemão.

TREE, Herbert Beerbohm (1852-1917): Actor e encenador de teatro inglês. Adaptou ao teatro obras de Charles Dickens e novelas populares. Fundou em 1904 a Academia Real de Arte Dramática.

TREE, Lady Helen (1863-1937): Actriz de teatro inglesa, casada com Beerbohm Tree. Passou a *lady* após o marido ter sido ordenado cavaleiro.

Torrence, Ridgeley (1874-1950): Poeta e dramaturgo americano, responsável pela compilação de teatro negro para a Fundação Rockfeller.

V

VENIZÈLOS, Elefthèrios (1864-1936): Primeiro-Ministro da Grécia, filiado no partido liberal.

W

WANAMAKER, John (1838-1922): Comerciante americano, fundador de um dos primeiros grandes armazéns comerciais.

WATTS, George (1817-1904): Pintor e escultor inglês, próximo dos Pré-Rafaelitas.

WEINGARTNER, Felix (1863-1942): Maestro, compositor e pianista austríaco.

WHISTLER, James (1834-1903): Pintor inglês de origem americana, próximo do Impressionismo.

WHITMAN, Walt (1819-1892): Um dos mais famosos poetas americanos, considerado como o pai do verso livre.

WINDHAM, Mrs George: A mulher de George Windham, político do Partido Conservador e homem de letras nascido em 1863.

WINCKELMANN, Johann (1717-1766): Arqueólogo e historiador de arte alemão com grande influência no nascimento do neoclassicismo. Devotou-se particularmente à arte antiga.

Y

YACCO, Sada (1871-1946): Actriz e dançarina japonesa. Representou o Japão na primeira exposição universal de Paris.